Lüder Gerken • Joachim Starbatty

Schlesien auf dem Weg in die Europäische Union

Marktwirtschaftliche

REFORMPOLITIK

Schriftenreihe der Aktionsgemeinschaft Soziale Marktwirtschaft N. F.

Herausgegeben von

Rolf Hasse und Joachim Starbatty

Bd. 6: Schlesien auf dem Weg in die Europäische Union –
Ordnungspolitik der Sozialen Marktwirtschaft
und Christliche Gesellschaftslehre

Schlesien auf dem Weg in die Europäische Union

Ordnungspolitik der Sozialen Marktwirtschaft und Christliche Gesellschaftslehre

Herausgegeben von

Lüder Gerken und Joachim Starbatty

Mit Beiträgen von

Tadeusz Donocik • Ulrich Ernst • Lüder Gerken
Theodor Herr • Eugen Hillengass • Heinz J. Kiefer
Paul Klemmer • Jan Kopiec • František Lobkowicz
Stanislaw Rabiej • Romuald Rak • Alfred Schüller
Martin Seidel • Joachim Starbatty • Eberhard Steinmetz
Axel Stühmer • Stanislaw Tillich • Rüdiger von Voss
Hans-Jürgen Wagener • Hans Willgerodt

 Lucius & Lucius • Stuttgart

Die Deutsche Bibliothek – CIP-Einheitsaufnahme

Schlesien auf dem Weg in die Europäische Union – Ordnungspolitik der Sozialen Marktwirtschaft und Christliche Gesellschaftslehre / hrsg. von Lüder Gerken und Joachim Starbatty. – Stuttgart : Lucius und Lucius 2001
 (Marktwirtschaftliche Reformpolitik ; N.F., Bd. 6)
 ISBN 3-8282-0155-5

© Lucius & Lucius Verlagsgesellschaft mbH • Stuttgart • 2001
Gerokstraße 51 • D-70184 Stuttgart

Druck und Einband: Spiegel, Ulm
Printed in Germany

Vorwort

Die Dokumentation interdisziplinärer Symposien ist ein Risiko, zumal wenn die Teilnehmer aus unterschiedlichen Berufsfeldern kommen. Oft sind die Aufsätze heterogen und die Qualität schwankend. Doch läßt sich ein umfassender Problemaufriß nur so gewinnen. Dies gilt vor allem für die Region Schlesien.

Kurt Biedenkopf hat das Phänomen, daß viele Bürger in den neuen Bundesländern die oft existentiellen Umwälzungen erstaunlich gut überstanden hätten, mit ihrer Verwurzelung in heimischer Scholle und historischem Bewußtsein erklärt. Die Menschen wüßten, daß auch nach schweren Schlägen, die die Region getroffen hätten, das Leben weitergehe und daß sich das Schicksal schließlich auch zum Guten wende. Haben aber die Menschen in Schlesien, nachdem der Großteil der deutschen Bevölkerung vertrieben wurde und sie ihrerseits auch Vertriebene war, ein solches Bewußtsein in der historisch kurzen Zeitspanne von ca. 50 Jahren erwerben können? Hat die Katholische Kirche beim Abstreifen der alten Haut des homo sovieticus helfen können? Hat sie dazu beigetragen, daß verbliebene Deutsche und Polen – aus teilweise unterschiedlichen Kulturkreisen – zusammenleben können?

Wie kann man Brücken bauen und vor allem Menschen in Schlesien dazu bewegen, solche Brücken auch zu betreten, zumal sie zumindest unterschwellig befürchten, daß ihnen genommen werden könnte, was ihnen in den letzten Jahren zugewachsen ist? Menschen, die sich bisher fremd gegenüberstanden, müssen lernen, aufeinander zuzugehen und miteinander zu arbeiten. Im Zuge der Erweiterung der Europäischen Union (EU) werden sich Regierungen, Verwaltungen und Bürger auch schwertun bei der Übernahme des Acquis communautaire, der auf einem anderen Fundament entstanden und teilweise aus spezifischen Situationen erwachsen ist.

Schlesien muß sich in einem gewaltigen Umstrukturierungsprozeß von den traditionellen Industrien Kohle und Stahl lösen; investitionsbereite Ersatzindustrien stehen kurzfristig nicht zur Verfügung. Wer mit offenen Augen durch diese traditionelle Industrieregion fährt, dem bleibt nicht verborgen, daß sie ausgequetscht wurde. Die erwirtschafteten Mittel sind nicht in die Erhaltung der Infrastruktur reinvestiert worden. Bei dem Sprung aus abgeschotteter sozialistischer Ordnung in die Weltwirtschaft ist natürlich auch der Strukturwandel abrupt; das sozialistische Planungssystem hat über Jahrzehnte hinweg eine – an weltwirtschaftlichen Maßstäben gemessen – unwirkliche Effizienz vorgespiegelt.

Wenn Wissenschaftler, Politiker, Kleriker und Unternehmer nach einer geeigneten Transformationsstrategie suchen, dann steht natürlich ein Konzept wie das der Sozialen Marktwirtschaft, zu deren konzeptioneller Ausgestaltung Franz Böhm, Ludwig Erhard, Walter Eucken, Alfred Müller-Armack, Wilhelm Röpke und

Alexander Rüstow wesentlich beigetragen haben, auf dem Prüfstand. Der deutsche Wiederaufbau nach dem Zweiten Weltkrieg, der teilweise auch ein Systemwechsel war, wird von vielen Menschen in den Reformländern als vorbildhaft betrachtet. Auch hofften sie wohl darauf, daß sich im Rahmen einer solchen Ordnungskonzeption Sicherheiten, die dem sozialistischen System zugute gehalten werden, mit marktwirtschaftlicher Dynamik, ausgedrückt in hoher individueller Kaufkraft, verbinden ließen. Demgegenüber machten Reformer, wie der Pole Leszek Balzerowicz und der Tscheche Vaclav Klaus, unmißverständlich klar, daß es eine solche Kombination nicht gibt. Sie lehnen daher die Soziale Marktwirtschaft als Ordnungsform ab. Sie lassen sie allenfalls als Slogan gelten, um Wahlen zu gewinnen. Die Skepsis gegenüber der Sozialen Marktwirtschaft fällt gerade bei informierten polnischen Staatsbürgern auf. Daher haben die Herausgeber auf eine klärende ordnungspolitische Diskussion großen Wert gelegt. Aus unterschiedlichen Perspektiven sind Einsichten zusammengetragen worden, die sich als Bausteine zu einem politischen Programm zusammenfügen. Auf jeden Fall machen sie klar, was das Konzept leisten kann und was es nicht leisten darf.

Wer die hier dokumentierten Beiträge studiert hat, wird in der Tat feststellen, daß sie heterogen sind, aber er wird zugleich auch entdecken, daß es keinen vergleichbar informativen Band über die Brückenregion Schlesien gibt. Es haben sich Gesprächspartner zusammengefunden, die vielfach bisher noch in keinerlei Kontakt zueinander standen. Entsprechend intensiv und teilweise auch schwierig und langwierig war die wissenschaftliche Vorbereitung dieses Projekts. Die Herausgeber hätten sich auf ein solches Unterfangen nicht ohne die Unterstützung und den Rat von Heinz J. Kiefer einlassen können. Seine Erfahrung bei der Führung interdisziplinärer Gespräche und die intimen Kenntnisse seiner Heimat Schlesien waren für das Gelingen geradezu konstitutiv. Er hat auch die Kontakte zu den Episkopaten Oppeln und Gleiwitz hergestellt. Wir danken Erzbischof Alfons Nossol und Weihbischof Jan Kopiec (Bistum Oppeln) sowie Bischof Jan Wieczorek und Protonotar Paul Pyrchala (Bistum Gleiwitz) für ihre Mitwirkung und die Unterstützung des gemeinsamen Symposions. Wir hoffen auf eine Fortsetzung der so fruchtbaren Begegnung.

Erzbischof Nossol und Bischof Wieczorek waren neben Erzbischof Zimon (Kattowitz) auch Schirmherren unseres Symposions. Wir danken ihnen wie auch Kurt Biedenkopf, Ministerpräsident des Freistaates Sachsen, und Sejmik-Marszalek Jan Olbrycht (Kattowitz) für die Übernahme der Schirmherrschaft. Sie haben damit die grenzüberschreitende Bedeutung des Symposions unterstrichen.

Eine besondere Freude war für die Teilnehmer des Symposions, daß sie in Plawniowitz, dem früheren Schloß der Grafen Ballestrem, tagen konnten, heute das Exerzitienhaus des Bistums Gleiwitz. Das Schloß ist liebevoll restauriert worden, und der angrenzende Park dient der Sammlung und dem Gespräch.

Dem Leiter des Hauses, Krystian Worbs, sagen wir Dank für Unterstützung und Gastfreundschaft.

Wir danken Waldemar Kuwaczka und seinem Team für die Hilfe bei der Vorbereitung der Tagung, für glänzende und rasche Übersetzungstätigkeit und für die professionelle Internet-Präsentation der Veranstaltung. Besonders danken wir Axel Stühmer, Geschäftsführer der ASM, und Andreas Schneider, Mitarbeiter der ASM, für unermüdlichen und effizienten Einsatz bei der Vor- und Nachbereitung des Symposiums und bei dessen Durchführung vor Ort.

Der Tagungsband dokumentiert einen Beginn. Wir hoffen, eine intensive Diskussion über die Brückenregion Schlesien angestoßen und ein Fundament sowohl für weiterführende wissenschaftliche Studien als auch für praktische Politik geschaffen zu haben.

Lüder Gerken   Joachim Starbatty

Walter Eucken Institut   Aktionsgemeinschaft Soziale Marktwirtschaft

Inhaltsverzeichnis

Schlesien auf dem Weg in die Europäische Union
Hrsg. von Lüder Gerken und Joachim Starbatty
Lucius & Lucius, Stuttgart, 2001

Einführung in das Symposion

Joachim Starbatty und Axel Stühmer, Tübingen

Auf Schloß Plawniowitz bei Gleiwitz (Oberschlesien) fand vom 4. bis 7. Mai 2000 das 7. Alfred Müller-Armack-Symposion statt. Die Aktionsgemeinschaft Soziale Marktwirtschaft veranstaltete es zusammen mit dem Walter Eucken Institut (Freiburg/Br.). Oberschlesien als Region mitten im Herzen Europas erweckt wegen seiner wechselhaften und reichen Geschichte auch heute noch die Anteilnahme vieler Menschen, vor allem derer, die von dort stammen. Sie wird bei der Osterweiterung der EU eine zentrale Rolle spielen. Ziel des Symposions war es, in einen Dialog mit Entscheidungsträgern aus Kirche, Politik und Wirtschaft einzutreten, um so zur Erkennung und Lösung der strukturellen Probleme Oberschlesiens beizutragen und Perspektiven für den EU-Beitritt Polens und der Tschechischen Republik aufzuzeigen.

Carl Goerdeler, Kopf des deutschen Widerstandes gegen den National-sozialismus, ahnte frühzeitig (1937), daß die Gewaltherrschaft Deutschland in eine Katastrophe führen müsse. Er sagte über das nicht geglückte Attentat des 20. Juli 1944, daß es hinter dem, was an unserem Volke und anderen Völkern verbrochen worden sei, vollkommen zurücktrete. „In Wahrheit handelt es sich um einen großen, verzweifelten Versuch, das Vaterland und die Welt aus dem entsetzlichen Unglück zu retten, in das unendliche Schuld sie versetzt hat". Die erst jüngst überwundene deutsche Teilung und der Verlust der deutschen Ostgebiete sind der Preis für das nationalsozialistische Unheil, unter dem gerade Ost- und Mitteleuropa gelitten hat.

Kreisau, das schlesische Gut des preußischen Generalfeldmarschalls Helmuth Graf von Moltke, steht symbolhaft für den deutschen Widerstand. Bereits in den Überlegungen der Kreisauer und ihren Entwürfen für die Zeit nach der Überwin-dung des Nationalsozialismus wurde die Verständigungspolitik nach Osten als unverzichtbar angesehen, um eine neue Stabilität für Europa und ein höheres Maß an friedlicher Verständigung der Völker in der internationalen Politik errei-chen zu können. Es ist heute zu einer eindrucksvollen europäischen Begegnungs-stätte ausgebaut worden. Kreisau steht für Verbundenheit und Aufbruch in einem europäischen Frieden und für den demokratischen Neubeginn. Die Tagung wollte auch die Chancen eines wirtschafts- und gesellschaftspolitischen Konzepts, das sich im nachkriegszeitlichen Deutschland bewährt hatte, in der Umstrukturierung des oberschlesischen Industriereviers ausloten.

Ein Spezifikum Oberschlesiens und ganz Polens ist der Katholizismus, der sich auch und gerade in der Zeit der kommunistischen Diktatur behaupten konnte. Aus diesem Grunde ging mit dem Zusammenbruch des Kommunismus nicht wie z.B. in Rußland ein allgemeiner Werteverlust und eine weitreichende weltanschauliche Orientierungslosigkeit einher; vielmehr bildete das vitale christliche Menschenbild die Basis für die rasche Überwindung des totalitären Regimes; es war eine wesentliche Grundlage für rasche Erfolge bei der Transformation der planwirtschaftlichen in marktwirtschaftliche Strukturen. Der Zusammenhang zwischen christlichem Menschenbild und Transformationserfolgen liegt in der Tatsache begründet, daß in der Christlichen Gesellschaftslehre wie in der Sozialen Marktwirtschaft Subsidiarität und Solidarität als Grundlagen menschlichen Handels angenommen und gefordert werden. Die Soziale Marktwirtschaft will den Leistungswettbewerb fördern, unternehmerische Freiheit gewährleisten und unter Rücksichtnahme auf Schwächen des Individuums einen möglichst effizienten Einsatz der vorhandenen Produktionsmittel sicherstellen. Christliche Gesellschaftslehre und Soziale Marktwirtschaft sind hinsichtlich ihrer Verhaltensfundierung somit zwei Seiten ein und derselben Medaille und bilden eine wichtige Grundlage für den Umstrukturierungsprozeß Oberschlesiens.

In Oberschlesien stellt die Montanwirtschaft – analog zu den Entwicklungen im deutschen Ruhrgebiet – das wesentliche strukturelle Problem dar: Der Bergbau in der Region ist angesichts der Notwendigkeit, die Fördermengen binnen weniger Jahre zu halbieren, einem massiven Strukturwandel unterworfen. Die Arbeitslosigkeit im schlesischen Revier hat daher erheblich zugenommen und wird sich auch auf absehbare Zeit nicht wesentlich verringern. Der vorhandene Kapitalstock – vor allem im Bergbau gebunden – ist wie die Bausubstanz in den Städten und der Maschinenbesatz in der Landwirtschaft überaltert; nach 40 Jahren sozialistischen Raubbaus sind große Herausforderungen im ökonomischen wie im ökologischen Bereich zu bewältigen.

Oberschlesien kann die umfangreichen Umstrukturierungs- und Sanierungsaufgaben nicht aus eigener Kraft lösen. Dennoch geben neben der starken religiösen Verankerung der Bevölkerung die lange Bergbautradition und die daraus resultierenden Charaktereigenschaften der Bevölkerung Grund zur Hoffnung: Bergleute sind es gewohnt, Verantwortung zu übernehmen und verläßlich zu handeln. Diesen Standortfaktor sollten ausländische Investoren nicht unterschätzen.

Um eine erfolgreiche Umstrukturierung und Sanierung zu gewährleisten, müssen allerdings Unternehmergeist entwickelt und ausländisches Investitionskapital ins Land geholt werden; nur so kann dem weiteren Verfall der Strukturen entgegengewirkt werden. Insbesondere kleine und mittelständische Unternehmen – seit jeher und weltweit innnovative Motoren für Beschäftigung und Wachstum – müssen entstehen. Hierfür muß Wagniskapital verfügbar sein; Technologietransfer durch ausländische Direktinvestitionen und Joint Ventures mit ausländischen Unternehmen können dazu beitragen. Schließlich würde die ökonomische, rechtliche und kulturelle Einbeziehung der Alt-Schlesier in die langfristige Umstrukturierung nicht nur die Glaubwürdigkeit der Anwendung des Heimatrechts stärken und ein Werk des Friedens sein; sie würde darüber hinaus die trilaterale Identität, das europäische Bewußtsein und dringend benötigte Substanz in den Bereichen Human- und Sachkapital stärken.

Die Zentralregierungen müssen die Selbstheilungskräfte der Region aktivieren und die Schaffung eines verläßlichen Ordnungsrahmens prozeß- und transferpolitischen Eingriffen vorziehen. Es ist zu wünschen, daß die polnische Verwaltungsreform von 1998 und die damit verbundene Neuorganisation der Wojewodschaften sowie deren Selbstverwaltungen die Region stärken.

Wird diese Reform einen Institutionenwettbewerb einleiten, so ist zu erwarten, daß staatliche Mittel effizienter genutzt werden. Regionalprogramme wollen finanzielle Hilfe für kleine und mittelständische Unternehmen, für die Infrastrukturentwicklung und die Umstrukturierung der Montanindustrie bereitstellen. Sie weisen in die richtige Richtung, müssen aber unter Beibehaltung bzw. Schaffung marktnaher Allokationsmechanismen ausgebaut werden. Weiterhin bietet das dichte Fachhoch- und Hochschulnetz Voraussetzungen für die Humankapitalbildung und die technologische Revitalisierung in Oberschlesien. Allerdings kann die Bildung in diesem Prozeß nur eine katalytische Funktion übernehmen und die wirtschaftliche Entwicklung stützen und beschleunigen; sie kann keinesfalls unternehmerische Initiative ersetzen. Außerdem muß das touristische Potential Oberschlesiens mit seinen Wäldern, Seen, Kirchen, Klöstern und Schlössern stärker genutzt und im Ausland bekannt gemacht werden.

Im Hinblick auf den Beitritt Polens zur Europäischen Union nimmt Schlesien eine Schlüsselposition ein. Als Brückenregion steht es im Blickfeld der anderen Länder Europas, die an der dortigen Entwicklung und den Umstrukturierungserfolgen den Willen und die Bereitschaft der Nationalstaaten zu internationaler Kooperation ablesen können. Polen und Tschechien müssen sich dieser Vorreiterrolle Schlesiens bewußt sein. Sie müssen in den kommenden Jahren den unter kommunistischer Herrschaft verpaßten Entwicklungs- und Konvergenzprozeß Kerneuropas nachholen und den in der EU wirksamen Ordnungsprinzipien der Rechtsstaatlichkeit, der Demokratie und der Marktwirtschaft Geltung verschaffen; sie müssen weiter den „Acquis Communautaire" der EU adaptieren. Keine leichte Aufgabe, zumal im „Acquis" viel dirigistisches Beiwerk mitgeschleppt wird.

Diesen Anforderungen an die Beitrittskandidaten steht die Tatsache gegenüber, daß es in den betroffenen Ländern oftmals als Kränkung empfunden wird, auf die Aufnahme in die EU warten zu müssen und mit immer neuen Beitrittsvoraussetzungen konfrontiert zu werden. Die Menschen in Polen und Tschechien fühlen sich als Europäer, sind Teil der europäischen Kultur und können dem Bürokratismus aus Brüssel immer weniger Verständnis entgegenbringen.

Schlesien kann als Brückenland zwischen Deutschland, Polen und der Tschechischen Republik nach Aufnahme Polens und Tschechiens in die EU erneut eine Wachstumsregion werden. Nach den geltenden Regelungen der EU ist sogar davon auszugehen, daß Oberschlesien als besonders förderungswürdige Region – sogenannte Ziel-1-Region – eingestuft wird. Allerdings müssen hierzu noch einige Voraussetzungen erfüllt werden, die innerhalb der EU selbstverständlich sind. So die diskriminierungsfreie Zulassung ausländischer Banken und die Möglichkeit zum Grunderwerb für Ausländer. Außerdem sollten günstige Bedingungen für grenzüberschreitend tätige Unternehmen beispielsweise im Hinblick auf die Repatriierung von Gewinnen und die Rechtssicherheit geschaffen werden.

Die Grenzregionen müssen wirtschaftspolitische Spielräume wahrnehmen können, um ihre Randlage in eine Chance ummünzen zu können. Ein wesentlicher Katalysator dafür ist die konsequente Anwendung des Subsidiaritätsprinzips. Hierfür bietet der „Ausschuß der Regionen" in der EU eine wichtige und tragfähige Grundlage. Eine weitere wichtige Voraussetzung ist die Verbesserung der grenzüberschreitenden Infrastruktur, um die Mobilität von Gütern und Arbeitskräften innerhalb der Region zu stärken. Schließlich sollte die Kooperation im Bildungsbereich, dem Polizeiwesen, in Umweltschutz und Landwirtschaft sowie in den Bereichen Kunst, Kultur und Städtepartnerschaft weiter ausgebaut werden. Vielversprechende Ansätze in diesen Bereichen bestehen bereits. Ganz entscheidend für die Entwicklung der schlesischen Grenzregionen in Polen, der tschechischen Republik und Deutschland ist die Überwindung der menschlichen und mentalen Blockade in den Köpfen, die teilweise aus der Nachkriegsordnung, teilweise aber auch aus den in Zeiten des Kalten Krieges geschürten Ressentiments resultiert. Das Symposion wollte vor diesem Hintergrund eine Brücke bauen, auf der sich die Menschen in Schlesien und Europa entgegenkommen können.

I. Vermächtnis und Auftrag

Schlesien auf dem Weg in die Europäische Union
Hrsg. von Lüder Gerken und Joachim Starbatty
Lucius & Lucius, Stuttgart, 2001

Das ordnungspolitische Erbe von Kreisau

Rüdiger von Voss, Bonn

Mein herzlicher Dank gilt den Veranstaltern für die Einladung, am 7. Alfred Müller-Armack Symposion hier in Schlesien an einem traditionsreichen Ort mitzuwirken. Eine Vorbemerkung sei mir erlaubt: Meine folgenden Ausführungen zur Geschichte und den programmatischen Vorstellungen des Kreisauer Kreises stützen sich auf wissenschaftliche Arbeiten, auf die ich die Interessierten hinweisen darf. Es handelt sich um die Publikation von Ger van Roon „Neuordnung im Widerstand" (1967) und die Promotion von Albrecht von Moltke, die 1989 publiziert wurde und sich mit den wirtschafts- und gesellschaftspolitischen Vorstellungen des Kreisauer Kreises innerhalb der Deutschen Widerstandsbewegung beschäftigt. In diesem Band findet sich im übrigen eine detaillierte Darstellung der Lebenswege der Mitglieder des Kreisauer Kreises, ihrer politischen Herkunft und ihrer Vorstellungen. Sichtbar werden auch die unterschiedlichen Akzentuierungen, die zu Teilen weit in die Zukunft greifen. Derselbe Autor hat im Rahmen der von mir weit über 20 Jahre lang geleiteten „Forschungsgemeinschaft 20. Juli" und der von dieser veranstalteten Königswinterer Tagungen einen Vortrag gehalten, der 1992 in dem Band „Deutscher Widerstand – Demokratie heute" publiziert wurde.

Ich weise auf diese Publikation und auf den 1997 veröffentlichten Tagungsband „Widerstand und Verteidigung des Rechts" hin, weil in beiden Bänden weitere detaillierte Arbeiten vorgelegt wurden, die sich eingehend mit Geschichte und Programm des Kreisauer Kreises beschäftigen. Insoweit nehme ich Bezug auf Arbeiten von Peter Steinbach und Roman Bleistein, die sich ebenso detailliert mit der historischen Bedeutung des Kreisauer Kreises auseinandersetzen wie mit dessen christlichem und kirchlichem Hintergrund.

Bezugzunehmen ist des weiteren auf die Denkschrift des „Freiburger Kreises", die unter dem Titel „In der Stunde Null" 1979 erstmals publiziert wurde, und auf die von mir und meinem Schwager Gerhard Ringshausen zu verantwortende Publikation der Deutschlandpläne im Widerstand und Exil, die unter dem Titel steht „Die Ordnung des Staates und die Freiheit des Menschen". Diese Publikation zeigen den Spannungsbogen, in den die Kreisauer Vorstellungen eingepaßt werden müssen, wenn man zu einer ausgewogenen Beurteilung der unterschiedlichen Ordnungsvorstellungen des Deutschen Widerstandes in der Zeit des nationalsozialistischen Gewaltregimes kommen will. Diese Publikationen erleichtern ein tiefergehendes Studium und bereichern ganz sicherlich auch nachfolgende Diskussionen über diese Tagung.

Erlauben Sie mir einen Hinweis zur Gliederung meines Vortrages. Notwendig erscheint mir eine allgemeine einführende Anmerkung zur Geschichte und den Programmvorstellungen des Deutschen Widerstandes zur Neuordnung Deutschlands nach dem Ende der Diktatur. Ich werde dann etwas detaillierter auf die geschichtliche und politische Bedeutung des Kreisauer Kreises eingehen und anschließend das Staatsverständnis erläutern, das den Kreisauer Denkschriften zugrunde liegt. Diesen Ausführungen schließt sich eine Darstellung der wirtschafts- und gesellschaftspolitischen Vorstellungen des Kreisauer Kreises an.

Angelehnt an ein Wort von Theodor Heuss anläßlich des 10. Jahrestages des 20. Juli 1944 könnte man auch mit Bezug auf das dieser Tagung gestellte Thema sagen: Der Verlauf der deutschen Geschichte des hinter uns liegenden Jahrhunderts ist Vermächtnis und Auftrag zugleich, wenn man darüber nachdenken will, wie es gelingen kann, unter jeweils veränderten Bedingungen eine freiheitliche, demokratische und rechtsstaatliche, sozialverantwortete und zukunftsfähige Ordnung von Staat und Gesellschaft im Interesse des Menschen zu gewährleisten.

Hatten die Deutschen schon die Revolution von 1918 und das Scheitern des Wilhelminischen Kaiserreiches nicht angemessen politisch verarbeitet, so war es dann auch das Schicksal der Weimarer Republik, daß sich die demokratischen Kräfte nicht gegen den Ansturm der totalitären Versuchung zur Wehr setzen konnten.

Der Weimarer Republik fehlte der für eine freiheitliche demokratische Grundordnung notwendige geistige wie politische Zusammenhalt und der für die Wahrnehmung demokratischer Freiheitsrechte notwendige Konsensus einer notfalls streitbaren Demokratie. Das Trauma der Niederlage im 1. Weltkrieg löste Träume von einer „anderen Republik" aus, die ein Vakuum entstehen ließen, in das dann radikale Kräfte von rechts wie von links stoßen konnten. Aus heutiger Sicht steht man sprachlos vor einer Entwicklung, die dann sukzessive zum Niedergang des Rechtsstaates, zur Zerstörung der Weimarer Verfassung und der hieraus folgenden politischen Ordnung von Staat und Gesellschaft führte, und die eine totalitäre Herrschaft entstehen ließ, die ohne Vorbehalt als eine welthistorische Katastrophe zu bezeichnen ist.

Fragt man dann nach der Wirkungsmächtigkeit des Deutschen Widerstandes, so begegnet man entweder bis heute breitem Unverständnis und historischer Unkenntnis oder aber dem Vorbehalt des Landesverrates oder – wie Joachim Fest es genannt hat – der resignierenden Beurteilung eines Aufstandes der „letzten Kolonne". Der „Aufstand des Gewissens" ist und bleibt eine provokative Anfrage an die von dem Philosophen Helmut Plessner kritisch beschriebene

„verspätete Nation" der Deutschen. Und so ist und bleibt der 20. Juli 1944 anders als die Résistance in Frankreich und der Widerstand in vergleichbaren westlichen Ländern kein die Deutschen geistig vereinendes Band oder staatlicher Gedenktag, sondern beschränkt sich auf eine jährlich sich vollziehende Überprüfung von politischem Ethos in jeweils unterschiedlicher politischer Vorstellung von Rechtsstaat und Demokratie, von Freiheit und Gerechtigkeit, von Subsidiarität und Solidarität. Wie Theodor Heuss also sagte, bleibt der Widerstand Vermächtnis und Auftrag zugleich.

Bezogen auf die Vorstellungen des Deutschen Widerstandes zur Neuordnung Deutschlands kann mit Fug und Recht gesagt werden, daß kein unmittelbarer Zusammenhang zwischen den Diskussionen während der Diktatur und den Beratungen besteht, die zu dem am 23. Mai 1949 vom Parlamentarischen Rat angenommenen Grundgesetz führten. Fragt man heute die politischen Parteien in Deutschland, so kann allerdings nicht übersehen werden, daß die Väter und Mütter des Grundgesetzes durch die Erfahrungen von Widerstand und Exil geprägt waren. Dies gilt für die konservative ebenso wie für die liberale und sozialdemokratische Seite des politischen Spektrums. Es ist insbesondere die Erfahrung der Weimarer Reichsverfassung und die sich daran anschließende Diskussion über die Neuordnung Deutschlands während des Widerstandes, die den Übergang zu einer neuen Staats- und Verfassungsordnung ermöglichte. Hinzu kam die Kapitulation Deutschlands am 8. Mai 1945, die es notwendig machte, Ordnungsvorstellungen der Alliierten in die innerdeutsche Diskussion zu integrieren und insoweit Rücksicht zu nehmen auf veränderte außen- und sicherheitspolitische Parameter, die gleich nach dem Ende des Zweiten Weltkrieges durch das Ausbrechen des Kalten Krieges geprägt wurden.

So muß man sagen, daß die programmatischen Vorentwürfe des Deutschen Widerstandes und des Exils, also auch der Kreisauer Zukunftsentwurf, einen ebenso eigenen Rang einnehmen wie die politischen Ordnungsdebatten im Kontext der verfassungsgebenden Versammlungen und die daraus folgende Verfassungsgebung, die die gesamte Nachkriegszeit bestimmten und in ihren Kernelementen auch heute das wiedervereinigte Deutschland definieren. Die Dokumente des Deutschen Widerstandes spiegeln zum einen die Reaktionen auf den Obrigkeitsstaat des Kaiserreiches und zum anderen die die Weimarer Republik bestimmenden politischen Konflikte wider, die sich dann ebenso in den Programmdebatten des Deutschen Widerstandes niederschlugen wie in den Auseinandersetzungen in der unmittelbaren Nachkriegszeit. Sie wurden maßgeblich dadurch überwunden, daß sich Deutschland auf eine klare Westorientierung festlegte und sich dank der Tatkraft Konrad Adenauers und Ludwig Erhards eine Wirtschafts- und Gesellschaftsordnung etablieren konnte, die Demokratie und Rechtsstaatlichkeit ebenso verband, wie Demokratie und die Ordnung der Sozialen Marktwirtschaft. Hieraus bildete sich ein Konsens, der sich bei allen Schattierungen und Auseinandersetzungen als lebens- und bestandskräftig erwies und dann auch die Grundlage für die Wiedervereinigung Deutschlands bildete, ohne das Grundgesetz unseres Staates und die daraus folgende ordnungspolitische Konzeption von Wirtschaft und Gesellschaft in Frage stellen zu müssen.

Die Weimarer Republik war an der mangelnden politischen wie auch zugleich ordnungspolitischen Kompromißfähigkeit der Demokraten gescheitert. Es zeigte sich nach 1945 insbesondere in der verfassunggebenden Versammlung, daß eine neue Republik nur dann entstehen würde, wenn eine gemeinsame Verantwortung für die freiheitlichen Gewährungen und einen friedensstiftenden Ausgleich der Interessen besteht. Die Bindung an die westlichen Demokratien und der mit der berühmten Züricher Rede von Winston Churchill in Gang gesetzte europäische Einigungsprozeß haben diesen nationalen Konsens ebenso befördert wie der freiheitliche und sozialverantwortliche Aufbau von Wirtschaft und Gesellschaft, der den friedlichen Ausgleich der Interessen zum integralen Bestandteil des neuen sozialen Vertrages werden ließ.

Betrachtet man nun die Dokumente des Deutschen Widerstandes vor dem Hintergrund dieser politischen, ökonomischen wie sozialen Prozesse, so kann mit Einschränkungen die These gewagt werden, daß ohne die geistigen Vorarbeiten des Deutschen Widerstandes sich diese außen- wie sicherheitspolitische, wirtschafts- wie gesellschaftspolitische Entwicklung wohl kaum friedlich und einigend durchgesetzt hätte. Aus der Mitverantwortung für das Scheitern der Weimarer Republik, aus der Mitverantwortung für die Entfaltung der totalitären Herrschaft ist dann doch eine breit angelegte Bewußtseinshaltung in allen Parteien entstanden, die dem Deutschen Widerstand heute eine identitätsstiftende Funktion für das Nachkriegsdeutschland zuordnet.

Der Deutsche Widerstand steht in der Tradition der nationalen Freiheitsbewegungen. Dies ist auch der Grund dafür, daß der 20. Juli 1944 jedes Jahr – ohne Staatstrauertag zu sein – als nationaler Gedenktag von den politischen Führungen aller politischen Parteien des demokratischen Spektrums wahr- und zugleich ernst genommen wird. In diesem übergeordneten Sinne steht die deutsche Demokratie in der Verantwortung, das Vermächtnis des Deutschen Widerstandes zu pflegen und zugleich unter dem Begriff der „Verantworteten Freiheit" über die gemeinsame politische Zukunft nachzudenken.

Für die Würdigung des Schicksals der Männer und Frauen des Deutschen Widerstandes ist und bleibt nicht die Frage entscheidend, ob „zu spät" nachgedacht und gehandelt wurde. Entscheidend ist und bleibt, was aus der Kraft des Gewissens, aus der Verantwortung vor Gott und den Menschen, aus der Verantwortung für Freiheit und Gerechtigkeit gedacht und dann getan und wie das eigene Leben in die Waagschale geworfen wurde. Und dies erlegt uns eine große Verantwortung auf, um auch heute der Anfrage an unser Gewissen, an unsere freiheitliche und soziale Verantwortung gerecht zu werden.

So bleibt die wichtigste Erkenntnis: Die Bewahrung des Rechtes ist die wichtigste Voraussetzung für die Freiheit und die Gerechtigkeit und bleibt das wichtigste Fundament politischer Herrschaft. In diesem Sinne haben wir das Wort von Helmut James von Moltke in der Denkschrift von 1940 ernst zu nehmen, das sagt: „Es ist der Sinn des Staates, Menschen die Freiheit zu verschaffen, die es ihnen ermöglicht, die natürliche Ordnung zu erkennen und zu ihrer Verwirklichung beizutragen".

Die Bezeichnung „Kreisauer Kreis" ist nach dem 20. Juli 1944 in den Verhören der Geheimen Staatspolizei (GESTAPO), insbesondere in den sogenannten „Kaltenbrunner-Berichten" verwendet worden, um die aus damaliger Sicht verräterischen und staatsgefährdenden Aktivitäten einer Gruppe von Menschen um Moltke und York identifizieren zu können, die sich um eine geistige Neuorientierung und eine Neuordnung Deutschlands für die Zeit nach dem Zweiten Weltkriege und dem erhofften Ende der totalitären Diktatur der Nationalsozialisten bemüht haben. Kreisau, das heute in dem deutsch-polnischen Dialog wieder eine zentrale Rolle spielt und hoffentlich weiter spielen wird, war das Landgut des Generalfeldmarschalls von Moltke, das bis zum Ende des Zweiten Weltkrieges trotz aller Wirren der Zeit und vielfältiger wirtschaftlicher Schwierigkeiten im Eigentum der Familie von Moltke geblieben ist.

Lassen wir in diesem Zusammenhang die in der späteren Phase des Deutschen Widerstandes vielfältigen Querverbindungen zum militärischen Widerstand um Generaloberst Beck, General Henning von Tresckow, zum Obersten Graf von Stauffenberg und die politischen Kreise im Umfeld des ehemaligen Leipziger Oberbürgermeisters Goerdeler beiseite, so sind zu dem Kreisauer Kreis neben den herausragenden Persönlichkeiten Helmut James Graf von Moltke und Peter Graf York von Wartenburg insbesondere zu zählen Adam von Trott zu Solz, Hans-Bernd von Haeften, Theodor Steltzer, Eugen Gerstenmaier, Horst von Einsiedel, Carl Dietrich von Trotha, Carlo Mierendorff, Theodor Haubach, Julius Leber, Alfred Delp, Otto-Heinrich von der Gablentz, Paulus von Husen, Hans Lukaschek, Lothar König, Hans Peters, Adolf Reichwein, Augustin Rösch und Harald Poelchau. Zu erwähnen ist auch Günther Schmölders, der diesem Kreis als Gutachter zugearbeitet hat.

Hinsichtlich der Biographien, ihrer geistigen Gestalt, ihres politischen Wirkens, ihres Leidensweges bis zum gewalttätigen Tode sowie des politischen Wirkens Einzelner nach dem Zweiten Weltkriege sei verwiesen auf die Darstellungen von Albrecht von Moltke und auf die eindrucksvollen Bände von Annedore Leber, Willy Brandt und Karl-Dietrich Bracher „Das Gewissen steht auf" und „Das Gewissen entscheidet". Beide Bände sind 1984 wieder neu aufgelegt und in einem Band vereint wieder aufgelegt worden.

An den Namen der Angehörigen bzw. Teilnehmern des Kreisauer Kreises und ihren jeweiligen unterschiedlichen Lebensläufen, Berufen und geistigen wie politischen Profilen ist ablesbar, daß hier ein ungewöhnlicher „Brückenschlag" über tradierte parteipolitische und auch berufliche Barrieren hinaus geschlagen werden konnte, der in historisch vorbildlicher Weise eine staatspolitische Notwendigkeit definierte und vorwegnahm, die die Gründungsphase der Bundesrepublik Deutschland in der unmittelbaren Nachkriegszeit charakterisierte.

Das Gewicht der Persönlichkeit, die geistige Ernsthaftigkeit und politische Dringlichkeit der von allen Seiten erkannten Herausforderung und die gemeinsame Not unter der erdrückenden Diktatur des Nationalsozialismus bestimmten Freimut, Toleranz und die Fähigkeit, sich auch bei tiefgreifenden Meinungsverschiedenheiten gegenseitig Respekt zu zollen und anzuerkennen. Es befähigte den „Kreisauer Kreis" dazu, Konzepte einer Neuordnung zu entwickeln, die in vielfältiger Weise auch ihren Niederschlag in dem geistigen wie politisch praktischen Wiederaufbau Deutschlands nach dem Zweiten Weltkriege gefunden haben.

In dem bereits genannten von mir und Gerhard Ringshausen zu verantwortenden Dokumentationsband der Neuordnungspläne von Widerstand und Exil findet sich eine Vorbemerkung, die die Vorgeschichte wie folgt umreißt: Auf dem Gut Kreisau in Schlesien traf sich der Kern des „Kreisauer Kreises" an drei Wochenenden zu Pfingsten 1942 vom 22. bis 25. Mai, im Herbst vom 16. bis 18. Oktober 1942 und zu Pfingsten 1943, vom 12. bis 14. Juni. Diese Treffen gliedern die zentrale Phase der programmatischen Arbeit des sich vergrößernden Kreises. Vorangegangen war das Zusammenfinden von Moltke, York, Otto-Heinrich von der Gablentz, Horst von Einsiedel und anderen, die wie der Professor der Volkswirtschaft, Günter Schmoelders, auch in der Nachkriegszeit maßgeblichen Einfluß auf die Formulierung der Ordnungspolitik der Sozialen Marktwirtschaft genommen haben. Während die agrarpolitischen Probleme 1942/43 auf vier Treffen mit weiteren Fachleuten auf dem Gut von Ernst von Borsig, nahe bei Berlin, und dem Yorkschen Gut in Klein-Öls in Schlesien besprochen wurden, erarbeiteten die Kreisauer Treffen das sogenannte „Kreisauer Programm".

Die erste Kreisauer Tagung vertiefte die „Grundlagen der Staatslehre" hinsichtlich Kirche und Staat sowie Bildung und Erziehung, wobei der heute wieder weitbeachtete Pädagoge Adolf Reichwein über Schulfragen und Moltke über Hochschulreform und ihre zukunftsbestimmende Dringlichkeit referierte.

Für evangelische Antworten auf die theologischen Fragen hatte Gablentz Theodor Steltzer gewonnen. Beide gehörten zur evangelischen Michaelsbruderschaft, der auch Hans-Bernd von Haeften nahestand. Er nahm jedoch an keinem Kreisauer Treffen teil, schickte aber den Gefängnispfarrer Harald Poelchau, der in der späten Phase der Gefängniszeit für viele Verurteilte im Gefängnis Plötzensee eine menschlich entscheidende Rolle eingenommen hat.

Die katholische Seite vertraten der schon lange mit Moltke bekannte Jurist Hans Peters und der Jesuit Pater Augustin Rösch. Der Münchener Provinzial der Jesuiten, Augustin Rösch, gewann für die zweite Kreisauer Tagung und ihre

Vorbereitung seine Ordensbrüder Alfred Delp und Lothar König, um den katholischen Beitrag zum Staats- und Wirtschaftsaufbau einzubringen. Bereits im Sommer 1942 hatte der Berliner Bischof Konrad Graf von Preysing Moltke die Beachtung des katholischen Naturrechts nahegelegt, das Alfred Delp dann in die Kreisauer Diskussion einzubringen suchte.

Der als Verbindungsmann zum Württembergischen Landesbischof Theophil Wurm zu den Kreisauern gestoßene Eugen Gerstenmaier, Konsistorialrat im kirchlichen Außenamt, und in der Nachkriegszeit dann Bundestagspräsident und einer der wichtigsten Repräsentanten der CDU, lehnte naturrechtliches Denken im Unterschied zu den anderen Evangelischen des Kreises nicht ab. Hinsichtlich der bedeutsamen Querverbindungen zum christlichen Widerstand sei ausdrücklich auf Roman Bleistein und seine Darstellung Alfred Delps und seiner Rolle im Kreisauer Kreis verwiesen, die die Beziehungen zum Ausschuß für Ordensangelegenheiten des deutschen Episkopats, zum Vatikan, zur Katholischen Arbeiterbewegung bis hin zur Weißen Rose und zum militärischen Widerstand verdeutlicht.

Wichtig für die Wirtschaftsfragen und die politische Orientierung des Kreises wurden die Kontakte zu den Sozialdemokraten Carlo Mierendorff, Theodor Haubach und Wilhelm Leuschner, als dessen Vertreter Hermann Maaß an der zweiten und dritten Kreisauer Tagung teilnahm. Die Wirtschaftsfragen wurden erneut neben der Außenpolitik und Fragen der Bestrafung der Rechtsschänder auf der dritten Tagung thematisiert. Als Außenpolitiker des Kreisauer Kreises referierte Adam von Trott zu Solz, der wie sein Freund von Haeften seit 1941 zu dem Kreis gehörte. Für die Wiederherstellung des Rechts schlug Paulus von Husen in seiner Ausarbeitung, in Abweichung von der Auffassung von Moltkes, die Bestrafung der NS-Täter durch rückwirkende Gesetze vor. Die Ergebnisse faßte von Moltke im Sommer 1943 in den „Grundsätzen für die Neuordnung" zusammen, denen weitere Texte und Überarbeitungen folgten.

Am 19. Januar 1944 wurde Moltke im Zuge des Vorgehens des Reichssicherheitshauptamtes verhaftet. In der Zeit bis zum 20. Juli 1944 stellte sich den Mitgliedern des Kreises die Frage, ob sie den von Claus Schenck Graf von Stauffenberg vorbereiteten Umsturz trotz der Warnungen Moltkes unterstützen sollten. Kurz vor dem 20. Juli wurden Adolf Reichwein und Julius Leber verhaftet, unmittelbar nach dem Attentat Graf York, Eugen Gerstenmaier und Hans Lukaschek und in den darauffolgenden Tagen Haeften, Trott zu Solz und Delp. Im August folgten Steltzer und Haubach. Nur Gerstenmaier, Lukaschek und Steltzer entgingen dem Tod.

Die persönliche Verantwortung soll Wirtschaft und Selbstverwaltung von den kleinen Gemeinschaften bis zur Völkergemeinschaft bestimmen, die im Interesse des Friedens an die Stelle der „Aufrechterhaltung absoluter einzelstaatlicher Souveränität" tritt. Entsprechend vollzieht sich der Aufbau des Landes auf der Grundlage der Familie von überschaubaren Gemeinschaften aus, wobei nur bis zur Ebene der Kreise die Bürger, für die höheren Gremien aber jeweils die Vorausgehenden wahlberechtigt sind. Der starken Betonung von Subsidiarität und Dezentralisierung entspricht die Orientierung an Personen. Parteien sind deshalb nicht vorgesehen, vielmehr sollen Selbstverwaltung, Föderalismus und Elitebildung die egalitären Tendenzen von Demokratie und Vermassung überwinden.

Mit Blick auf die außenpolitischen Vorstellungen ist und bleibt gerade von Moltkes grundlegende Auffassung von dauerhafter Bedeutung, daß Deutschland in der Zukunft seine Rolle und sein Maß nur in einem Kontext europäischer Einigungsbemühungen finden wird. In einem Brief an einen englischen Freund vom April 1942 sagt er hierzu folgendes: „Die großen Gefahren, die uns bedrohen, sobald wir den Nationalsozialismus los sind, zwingen dazu, uns Europa nach dem Kriege vorzustellen. Wir haben nur dann Aussicht, unser Volk dazu zu bringen, diese Schreckensherrschaft schließlich zu stürzen, wenn wir ihm ein Bild jenseits der schrecklichen, hoffnungslosen nächsten Zukunft zeigen können. Ein Bild, wonach zu streben, wofür zu arbeiten, woran zu glauben, wofür neu zu beginnen sich für das enttäuschte Volk lohnt. Für uns ist Europa nach dem Krieg weniger eine Frage von Grenzen und Soldaten, von komplizierten Organisationen oder großen Plänen. Europa nach dem Krieg ist die Frage: ‚Wie kann das Bild des Menschen in den Herzen unserer Mitbürger wiederhergestellt werden?‘"

Ganz unbestreitbar hat es in dem Kreisauer Kreis eine Vorstellung von einem sich einigenden Europa gegeben, das eine Vorwegnahme der europapolitischen Konzeption ist, die in der Nachkriegszeit dann einen so starken Widerhall in der europäischen Bewegung gefunden hat, die schließlich zu den Römischen Verträgen führte und heute das Bemühen prägt, den verfassunggebenden Prozeß mit Blick auf europäische Menschenrechte und Grundsätze freiheitlicher demokratischer Ordnung in Gang zu setzen. Man könnte sich wünschen, daß dieses geistige Konzept wieder zum Grundton aller Bemühungen wird, die um die emotionale Zustimmung der Bürger werben.

Es ist in diesem Rahmen nicht möglich, die weitergehenden außenpolitischen Vorstellungen darzustellen, die auch Einfluß auf das Staatsverständnis des Kreisauer Kreises hatten und die uns heute wieder beschäftigen, wenn wir über die Zukunftsaussichten der Vertiefung und Erweiterung nach Osten nachdenken. Bei einem historisch bewußten Bemühen sollte nicht übersehen werden, daß die uns gemeinsam beschäftigende Verständigungspolitik nach Osten schon in der Zeit des Widerstandes als unverzichtbar angesehen wurde, um eine neue Stabilität für Europa und ein höheres Maß an friedlicher Verständigung der Völker in der internationalen Politik erreichen zu können. Für alle diese Fragen sei ausdrücklich auf Clemens von Klemperer verwiesen, der in seinem Werk „Die verlassenen Verschwörer – Der Deutsche Widerstand auf der Suche nach Verbündeten 1938

bis 1945" den außenpolitischen Bemühungen des Deutschen Widerstandes einen
dauerhaften historischen Platz zugeordnet hat.

Wenden wir uns nun den wirtschafts- und gesellschaftspolitischen Programmvorstellungen des Kreisauer Kreises innerhalb der deutschen Widerstandsbewegung zu, so ist das staatspolitische Verständnis des Kreisauer Kreises von entscheidender Bedeutung. Bezug genommen wird insoweit ausdrücklich auf Helmut
James von Moltkes Ausführungen „Über die Grundlagen der Staatslehre" in seiner Fassung vom 20. Oktober 1940, die auch in dem genannten Dokumentationsband von Gerhard Ringshausen und mir zu finden ist. Bezug genommen wird
auch auf Peter Steinbach und seine Darstellung des Kreisauer Kreises in seiner
historischen Bedeutung, der den Introitus der Programmvorstellungen wie folgt
formulierte: „Es ging niemals allein um die Konkretisierung einer verfassungs-
politisch manifesten Nachkriegsordnung, sondern um die Konturierung einer menschenwürdigen Ordnung, die nicht nur durch Institutionen wie Recht, Verwaltung, Regierung, Verbände, Wahlrecht, Kirchen, Schulen und Universitäten, sondern vor allem durch den Umgang der Menschen miteinander, also durch jene
Beziehungen, die erst ein Gemeinwesen konturieren, geprägt wurden". Nach der
von Ringshausen und mir vertretenen Auffassung thematisierte der schriftliche
und mündliche Gedankenaustausch des Kreisauer Kreises die Grundlagen von
Gerechtigkeit und Recht, Ordnung und Freiheit, Moral und Politik, um dem NS-
Staat wieder eine freiheitliche Ordnung entgegenzustellen.

Während York Staat und Freiheit einem ethischen Postulat unterwerfen wollte, lehnte Moltke jede Ideologisierung ab und vertrat im Anschluß an Kant und
Hans Kelsen die These, daß Recht und staatliche Macht die Freiheit des Einzelnen gegen die Willkür sichern und beschränken müssen. Als alleinige Bedingung
gilt dabei die nur im konkreten Fall einsichtige „Natur der Dinge", die „Natürliche Ordnung", die Gablentz gegen das naturrechtliche Mißverständnis als „Rechte
Ordnung" fassen wollte. Zu ihrer Erkenntnis und verantwortlichen Anwendung
müssen sich Bürger und Staatsmann auf „Ethische Gebote" und ihre glaubens-
mäßige Basis stützen. Dem gegenüber ist die Wirtschaft in einer Mittel-Zweck-
Relation staatlicher Lenkung unterworfen, um die Beschaffung der notwendigen
Lebensgüter zu gewährleisten.

Von dauerhafter Bedeutung bleiben das Verständnis des Rechts als „Schutz
der Schwachen", das Vertrauen in die Wirkung der Wahrheit und zugleich als
Ausdruck „Autonomer Moralität", so daß die „Majestät des Rechtes" ganz in das
Zentrum allen politischen Handelns gerückt wird. Die individuelle Freiheit muß
in den staatlichen Institutionen ihre Gewährleistung finden. Freiheit ist hierbei
nicht individualistisch definiert, sondern durch eine Ordnung der Mitmenschlichkeit, die auf die gleichmäßige Wahrnehmung von Rechten und Pflichten gerichtet ist. Moltke formulierte in einem Brief an York in aller Kürze, aber um so
eindrucksvoller: „Die letzte Bestimmung des Staates ist es daher, der Hüter der

Freiheit des Einzelnen zu sein. Dann ist es ein gerechter Staat". Es ist also die Freiheit der anderen, die dem Staat die Pflicht auferlegt, zur Bewahrung des Rechtes ohne Ansehen der Person alles zu tun, um eine Entfaltung der persönlichen Freiheit zu ermöglichen und gleichermaßen Gerechtigkeit und Chancengleichheit anzustreben.

Es ging also um den „Grund von Politik" oder – wie es Hermann Maaß wiederholt sagte –, um eine „höhere Idee", also um die Substanz des freiheitlichen, modernen und zukunftsträchtigen Verfassungsstaates. Wer den Widerstand und insbesondere das Denken des Kreisauer Kreises in einer solchen Weise wahrnimmt, kommt zu der Überzeugung, daß das Denken des Deutschen Widerstandes eine existentielle Vorbereitung eines modernen Rechts- und Verfassungsstaates gewesen ist, dem sich der politisch Handelnde auch ethisch verpflichtet weiß.

Mit Bezug auf die Darstellung der Wirtschaftsordnungskonzeption des Kreisauer Kreises und die Arbeiten von Albrecht von Moltke ist die Erkenntnis der Kreisauer von Bedeutung, daß die Frage der Wirtschaftsgestaltung vordringlich ist, wenn nicht alle Ordnung in Frage gestellt werden soll. Ausdrücklich wird in den Programmschriften gesagt: „Ohne eine Lösung der wirtschaftlichen Aufgaben gibt es keine Stabilität der gesellschaftlichen Verhältnisse innerhalb der Staaten, kein Friede unter den Staaten".

Erkannt wurde also der enge Zusammenhang zwischen der wirtschaftlichen Stellung einzelner Personen oder Bevölkerungsschichten und der Stabilität der Gesellschaft als Ganzes. Nach den großen Spannungen des Ersten Weltkrieges und der ihr folgenden ersten großen weltweiten Inflationswelle und den Verwerfungen der totalitären Diktatur, auch im wirtschaftlichen und sozialen Bereich, war allen klar, daß die soziale Sprengkraft ungleicher Wirtschaftsverhältnisse entschärft werden und die wirtschaftliche Stellung des Einzelnen in Zukunft besser gesichert werden müsse, als dies in den vorausgehenden Jahrzehnten gelungen war.

Hierbei wurde die Wirtschaft, der wirtschaftliche Prozeß als Ganzes nicht als Selbstzweck, sondern als ein dem Menschen dienendes Mittel zur verantwortlichen Gesellschaftsgestaltung gesehen: „Das Ziel der Wirtschaft ist der Mensch". Also nicht die wirtschaftliche, ökonomische Effizienz hat im Vordergrund der Betrachtung zu stehen, sondern vielmehr die Auswirkung von wirtschaftlichen Organisationsstrukturen auf die konkrete Lebensform des Einzelnen, der kleineren wie der größeren Gemeinschaft. Man war sich bewußt, daß die fortschreitende Arbeitsteilung, die zunehmende Technisierung und Massenproduktion die Welt weiter verändern wird und den Menschen in seiner individuellen Lebenswahrnehmung isolieren und in bedrängender Weise gefährden kann, wenn es nicht gelingt, der materiellen Dimension eine auf die Lebenswahrnehmung der Person abzielende neue ethische Dimension von Rechten und Pflichten zu erschließen.

Das Kreisauer Ordnungskonzept enthält ebenso eine deutliche Ablehnung einer zentral geplanten Wirtschaft, insbesondere nach den Herrschaftsmustern totalitärer Herrschaft, wie eine Ablehnung einer Wiederherstellung der Ungebundenheit der Wirtschaft nach einem Konzept liberaler und insoweit als extrem begriffener Wirtschaftstheorien. Nach Auffassung der Kreisauer verlangen die Menschen vielmehr von ihrer politischen Führung, „daß sie zu den Grundlagen der wirtschaftlichen und gesellschaftlichen Ordnung Stellung nimmt und sie handelnd zu gestalten sucht". Dies ist der Beginn eines ordnungspolitischen Konzeptes, das beide Extreme ablehnt, den wirtschaftlichen Liberalismus ebenso wie die kollektivistische Planwirtschaft.

Vor Augen stand ihnen eine „Dritte Idee", die marktwirtschaftliche und zugleich auch planwirtschaftliche Elemente positiv miteinander verbindet, diese in eine dialektische Spannung zueinander stellt, wobei dem marktwirtschaftlichen Prinzip einer sozialgebundenen Wettbewerbsordnung die eindeutige Priorität für staatliches wie gesellschaftliches und wirtschaftliches Handeln zugeordnet wird. Bei dem Eintreten für das Wettbewerbssystem bleibt Schmölders von weitreichender Bedeutung, der in seinen Denkschriften 1942/43 einen maßgeblichen Beitrag dazu leistete, eine gedankliche Entwicklung Raum greifen zu lassen, die dann auch in eindrucksvoller Weise in den Freiburger Denkschriften ihren historisch bedeutsamen Niederschlag gefunden hat.

Ein freier und zugleich fairer Wettbewerb bedeutet also nicht ungebundenen Wettbewerb, sondern das Eintreten für eine Marktwirtschaft, die durch soziale Komponenten und durch die bei York anklingenden ökologischen Komponenten ergänzt werden muß, um die Verwendung der Güter und Ressourcen im Interesse des Menschen und im Interesse einer freien und sozialverantwortlichen Staats- und Wirtschaftsordnung gestalten zu können. Dem Wirken Schmölders' ist es insbesondere zu danken, daß man sich ausdrücklich auf ein System der Marktwirtschaft und einen in diesem Rahmen sich entwickelnden Leistungswettbewerb mit sozialen Verantwortungsbezügen verständigte. Beachtenswert bleibt sein Konzept eines „personalen Sozialismus".

Leistungsdrang und soziales Bewußtsein sollten miteinander verbunden bleiben, wobei sich alle darüber im Klaren waren, daß das Grundprinzip der Wirtschaft ein geordneter Leistungswettbewerb sein sollte, der sich im Rahmen staatlicher Wirtschaftsführung vollzieht und hinsichtlich seiner Methoden ständiger staatlicher Aufsicht unterliegt. Gab es auch Befürworter einer staatlichen Wirtschaftslenkung wie Einsiedel und von Trotha, so hat sich die Mehrheit des Kreisauer Kreises doch auf die geschilderte ordnungspolitische Grundlage der marktwirtschaftlichen Orientierung verständigt.

Das Privateigentum hat freiheitsgewährende Bedeutung und sichert dem einzelnen Menschen seinen eigenen Lebensbereich. Eigentum aber verpflichtet, so wie dies dann auch im Grundgesetz der Bundesrepublik Deutschland und in seinem Artikel 14 Ausdruck gefunden hat. Die Sozialbindung des Eigentums schließt allerdings nicht aus, daß auch Vergesellschaftung überlegt werden muß. Dies ist ein deutlicher Spiegel der Erfahrungen der totalitären Kriegswirtschaft und eine Antwort auf die Mitverantwortung der Großindustrie für das Entstehen der totalitären Herrschaft. Die Verfassungen der Länder wie Bremen und Hessen zeigen deutlich, wie weit Verstaatlichungsvorstellungen gingen. Überlegungen also, die wenig später im sogenannten „Ahlener Programm" der CDU in der Britischen Besatzungszone ihren Ausdruck gefunden haben und erst in den „Düsseldorfer Leitsätzen" von Ludwig Erhard eine neuartige wirtschaftliche wie soziale Verständigung und ordnungspolitische Begradigung fanden. Von Bedeutung sind in diesem Zusammenhang nicht zuletzt Auffassungen aus dem Bereich der Katholischen Soziallehre, die unter der Mitwirkung von Oswald von Nell-Breuning in der Enzyklika „Quadragesimo Anno" niedergelegt wurden.

Man war sich in Kreisau einig, daß der Wettbewerb auch vor sich selbst geschützt werden müsse, um einer zunehmenden Vermachtung der Wirtschaft durch Kartell- und Monopolbildung begegnen zu können. Eine staatliche Aufgabe ist es also, eine Kartell- und Monopolaufsicht zu verwirklichen, die Einhaltung der Wettbewerbsregeln gegenüber Mißbrauch zu garantieren und zugleich Strukturkrisen zu begegnen. Die Freiheit, die individuelle wie ökonomische Freiheit, wurde also relativ zur sozialen Umgebung gesehen.

Man war sich darüber im Klaren, daß eine ungebundene Wirtschaft die Freiheit des Menschen gefährden kann. Gibt es also keine soziale Einbindung von Freiheitsrechten im weiteren Sinne, keine Verbindung von Freiheit und Verantwortung, so erwächst aus der ökonomischen Wirtschaftsmacht die Gefährdung von Freiheit für den Einzelnen wie für den Staat als Ganzes. Auch dann, wenn das marktwirtschaftliche Denken unter der Verantwortung von Ludwig Erhard und Müller-Armack eine historisch neuartige Ausprägung fand, so kann mit Fug und Recht gesagt werden, daß in der Zeit des Widerstandes, nicht zuletzt durch die Zuarbeit von Ludwig Erhard für Goerdeler und den Freiburger Kreis ein maßgebliches Fundament für die Ordnung der Sozialen Marktwirtschaft gelegt worden ist.

Zum Freiheitsverständnis der Kreisauer gehörte nach den Erfahrungen der Wirtschaftskrise der Zwanziger Jahre der Schutz vor Arbeitslosigkeit und der Schutz vor existenzbedrohender Not. Der Ruf nach wirtschaftlicher Sicherung ist demnach ein berechtigtes Verlangen nach echter Freiheit. In diesem Sinne ist die Sicherung des Rechts auf Arbeit, dem Schmölders ausdrücklich widersprach, zu sehen, das insbesondere auf das Denken der katholischen Soziallehre zurückzuführen ist, und die die Beiträge von Alfred Delp prägte.

Recht auf Arbeit, Familienlohn, eine aktive, die Familie schützende, begleitende staatliche Politik, Begrenzung der Arbeitszeit, Urlaubsregelungen, Erziehungs- und Ausbildungsbeihilfen sowie eine verbesserte Gesundheitsfürsorge, die Förderung des privaten Eigentums in Arbeitnehmerhand – alles dies sind elementare Versatzstücke des neuen wirtschafts- wie sozial- und insbesondere gesellschaftspolitischen Denkens der Kreisauer.

Schmölders war es, der neben den ersten Arbeitsmarkt der Wettbewerbswirtschaft einen zweiten Arbeitsmarkt im öffentlichen Sektor stellte, der durch Lohndifferenzierung bestimmt sein sollte, um die Menschen wieder in den ersten Arbeitsmarkt zurückführen zu können. Die Pflicht zur Arbeit sollten in diesem Kontext mit dem natürlichen Korrelat zum Recht auf Arbeit verbunden werden, begleitet durch eine staatliche Strukturpolitik bis hinunter in die Sektoren, die für ausgeglichene Lebens- und Wirtschaftsverhältnisse auf allen Ebenen des staatlichen und wirtschaftlichen Lebens sorgen sollte.

Besonders interessant sind in den Kreisauer Vorstellungen die Überlegungen zur staatlichen Intervention in den Wirtschafts- und Arbeitsprozeß. Steuerliche Sonderzonen, begrenzte Freizügigkeit, Planvorbereitungen, staatliche Lenkungsmaßnahmen im Sinne indirekter Eingriffe – alles dies sind Ansätze, über die wir heute wieder reden, um mit Strukturverwerfungen unter dem Zeichen der Verschärfung des internationalen Wettbewerbs und der Standorte fertig werden zu können. Hierbei war jedoch Einigkeit darüber gesichert, daß staatliche Lenkungsmaßnahmen sich überwiegend auf indirekte Eingriffe beschränken sollten, um der Gefahr zu entgehen, die freie Dispositionsmöglichkeit der Eigentümer und Unternehmen mit gesamtstaatlich nachteiligen Folgen einzuschränken.

Bei der Organisation der Wirtschaft vertrat der Kreisauer Kreis von Anfang an die Ansicht, daß die Beschäftigten, die Arbeitnehmer und ihre Organisationen in einer neuen Dimension an dem wirtschaftlichen, sozialen und gesellschaftlichen Neuaufbau beteiligt werden müssen. Hierbei sollte die gesellschaftliche Integration der Arbeitnehmer und ihrer Organisationen durch das Prinzip der Selbstverwaltung auch im wirtschaftlichen Bereich geordnet werden.

Der Betrieb stand dabei auf der untersten Stufe. Es wurde ein Betriebsbegriff vertreten, der sich nicht allein auf die technische Einheit zur Erzeugung von Gütern und Dienstleistungen beschränkte, sondern auf eine Wirtschaftsgemeinschaft abzielte, in der die arbeitenden Menschen im Zentrum der Überlegungen stehen. Folglich sollten sich Eigentümer und Belegschaften in einer „Betriebsgewerkschaft" zusammenfinden und das Unternehmen gemeinschaftlich betreiben. Über das Betriebsrätegesetz der Weimarer Zeit hinaus sollten den Betrieben und ihren Arbeitnehmern Mitbestimmungsrechte bei der Führung des Betriebes zugeordnet werden. Dies ist Ausdruck eines Denkens, das wir dann in den 70er Jahren unter Begriffen wie „Arbeitspartei" oder „Jugoslawisches Modell" diskutiert haben.

Diese Mitbestimmungsrechte sollten sich auf die gesundheitliche Gestaltung der Arbeitsprozesse und der Arbeitsstätten, auf die Lohnordnung, auf die Erholungsmöglichkeiten, auf die rechtliche und wirtschaftliche Besserstellung des Arbeitnehmers und damit auf alle Fragen der innerbetrieblichen Lebensweise konzentrieren, um den Beschäftigten einen rechtlich begründeten und mitentscheidenden Einfluß auf das betriebliche Geschehen zu sichern.

An dieser Stelle wird schon deutlich, wie schwierig dieser Diskussionsprozeß verlief, wollte man doch keine paritätische Einbindung der Arbeitnehmer in die Unternehmensführung verwirklichen. Man argumentierte vielmehr vorsichtig und sprach von beratender Beteiligung, von Information und Mitverantwortung. Hierbei sollte die unternehmerische Entscheidungsbefugnis letztendlich bei den Eigentümern belassen werden. Auf jeden Fall aber sollten die Arbeitnehmer an den Gewinnen und an dem Wertzuwachs des Betriebes beteiligt werden. Betriebliche Lohnbildung, betriebliche Gewinnbeteiligung, eine neue Tarifordnung standen auf der Agenda der Überlegungen. Kritisch ist anzumerken, daß Betriebsgewerkschaften konsequent an Vorbilder im angelsächsischen Bereich angelegt wurden. Es kann auch nicht erstaunen, daß zentralen Gewerkschaften eher eine Absage erteilt wurde. Eine Absage, die von dem Mißtrauen gegenüber zentraler Machtkonzentration geprägt war. Es war vielmehr die Vorstellung von einer gemeinschaftlichen Mitverantwortung, die das Denken prägte.

Im Fortlauf der Überlegungen hätte sich sicherlich erwiesen, daß das Ringen um eine neue Definition der Gewerkschaften noch nicht zu Ende war. Dem Einfluß von Leuschner und Maaß ist der Gedanke von starken Einheitsgewerkschaften zu danken. Dies hat dazu beigetragen, daß in der unmittelbaren Nachkriegszeit mit der Gründung des DGB eine Schwelle überschritten wurde, die sich deutlich von den Weimarer Erfahrungen und der Aufspaltung der Gewerkschaften in politische, ideologische, konfessionelle Lager absetzte.

Die gemeinsame Erfahrung der Verfolgung und Unterdrückung hat sicherlich dazu beigetragen, daß der „Einheitsgedanke" die Gegensätze der Vergangenheit überwinden konnte. Auch hier haben Widerstand und Exil einen maßgeblichen Beitrag dazu geleistet, daß wir die sozialen und politischen Spannungen der Weimarer Republik unter der Ordnung des Grundgesetzes überwinden konnten. Die später folgenden Reformen der Betriebsverfassung, der Unternehmensmitbestimmung und der Gesetzgebung der Personalvertretung im öffentlichen Sektor sind Folgen dieses neuen Konzeptes sozialer Partnerschaft.

Sehr zeitgebunden bleiben die Vorstellungen von einer überbetrieblichen Mitbestimmung der sozialen Organisationen. Zeitgebunden bleiben auch die Vorstellungen des Kreisauer Kreises wie auch Goerdelers von Gewerbekammern, Landwirtschaftskammern, von der Reichswirtschaftskammer, von Landeswirtschaftskammern bis hinunter in die Region. Hier finden Vorstellungen ihre Ausprägung, die einerseits als „ständestaatliche Konzepte" bezeichnet werden können. Andererseits finden sie sich in den wirtschaftsdemokratischen Vorstellungen von Fritz Naphtali, die dieser im Auftrag des Allgemeinen Deutschen Gewerkschaftsbundes schon 1928 erarbeitet und vorgelegt hat. Zu beachten ist hierbei jedoch, daß dieser Selbstverwaltungsgedanke für die Gesamtwirtschaft in den Gewerkschaften in Deutschland auch heute noch relevant und Bestandteil der gewerkschaftlichen Programmatik geblieben ist.

Zugegebenermaßen ist dies alles nur ein unzulänglicher Versuch, um die Breite des staatspolitischen, des wirtschafts- wie sozialpolitischen Denkens des Deutschen Widerstandes, hier bezogen auf den Kreisauer Kreis, darzustellen. Wir sind und bleiben jedoch bei dieser Darstellung von dem Gedanken getragen, daß in der Zeit des Deutschen Widerstandes ein entscheidender Beitrag dazu geleistet wurde, daß wir in der Nachkriegsordnung den Rechtsstaat wieder errichten, die Demokratie und eine sozialverpflichtete marktwirtschaftliche Ordnung Platz greifen lassen konnten. Ohne die Vorbereitungen des Deutschen Widerstandes wären uns möglicherweise politische wie soziale Erschütterungen nicht erspart geblieben, waren doch die Deutschen als Ganzes geistig wie auch praktisch schlecht auf die Neuordnung vorbereitet.

Die Gefährdung des Menschen, die Zerstörung der menschlichen Würde und des Respektes vor Recht und Anstand, die Ideen von einer humanen, freiheitlichen wie sozialverantwortlichen Staats-, Wirtschafts- wie Gesellschaftsordnung haben den Deutschen Widerstand und insbesondere Kreisau in eindrucksvoller Weise geleitet. Aus der Not der Zeit entstand ein neuer Mut zur Freiheit, zur Gerechtigkeit, zum Bemühen um menschenwürdige Lebensbedingungen. Wie auch immer unterschiedlich gedacht wurde, zielte alles auf die Wiederherstellung des Rechtsstaates und eine neue demokratische Ordnung. Einen Weg zurück gab es nicht mehr.

Es war die höhere Idee der Freiheit und Gerechtigkeit und hierzu gehörte unter der Zeit der Diktatur der Mut überzeugter, an dem persönlichen Gewissen orientierter Menschen. Und so schließe ich ganz bewußt mit den Worten von Pater Alfred Delp, der im Jahre 1944 einem Freund zu erklären versuchte, warum er sich im Kreisauer Kreis betätigt hatte und der Diktatur begegnen wollte. Er sagte und dies bleibt ein Auftrag: „Wer nicht den Mut hat, Geschichte zu machen, wird ihr armes Objekt. Laßt uns tun".

Literaturhinweise

Verwandte Literatur

Ger van Roon: Neuordnung im Widerstand, München 1967

Albrecht von Moltke: Die wirtschafts- und gesellschaftspolitischen Vorstellungen des Kreisauer Kreises innerhalb der deutschen Widerstandsbewegung, Bd. 16 Wirtschafts- und Rechtsgeschichte, Hrsg. F. W. Henning, Köln, Univ., Diss. 1989

Albrecht von Moltke: Die Wirtschaftskonzeption des Kreisauer Kreises in: Deutscher Widerstand – Demokratie Heute. Hrsg. von Huberta Engel im Auftrag der Forschungsgemeinschaft 20. Juli e.V., Bonn/Berlin 1992

Peter Steinbach: Der Kreisauer Kreis in seiner historischen Bedeutung in: Deutscher Widerstand – Demokratie Heute, a.a.O.

Roman Bleistein: Alfred Delp und seine Rolle im Kreisauer Kreis in: Widerstand und Verteidigung des Rechts. Hrsg. von Gerhard Ringshausen und Rüdiger von Voss, Bonn 1997

Die Denkschrift des Freiburger „Bonhoeffer-Kreises": „In der Stunde Null", eingeleitet von Helmut Thielecke mit einem Nachwort von Philipp von Bismarck, Tübingen 1979

Ludwig Erhard: Kriegsfinanzierung und Schuldenkonsolidierung, Faksimiledruck der Denkschrift von 1943/44, mit einem Geleitwort von Bundeskanzler Helmut Kohl, Berlin 1997

Die Ordnung des Staates und die Freiheit des Menschen – Deutschlandpläne im Widerstand und Exil; hrsg. von Gerhard Ringshausen und Rüdiger von Voss, Bonn 2000

Joachim Fest: Staatsstreich – Der lange Weg zum 20. Juli, Berlin 1994

Klemens von Klemperer: Die verlassenen Verschwörer – Der deutsche Widerstand auf der Suche nach Verbündeten 1938–1945, Berlin 1994

Peter Hoffmann: Widerstand – Staatsstreich – Attentat, Der Kampf der Opposition gegen Hitler, München 1969/70

Weiterführende Literatur

Bibliographie „Widerstand", bearbeitet von Ulrich Cartarius, Einleitung Karl Otmar Frhr. von Aretin München, New York, London, Paris 1984

Das Gewissen steht auf – Lebensbilder aus dem deutschen Widerstand 1933–1945; gesammelt und herausgegeben von Annedore Leber in Zusammenarbeit mit Willy Brandt und Karl Dietrich Bracher, neu herausgegeben von Karl Dietrich Bracher in Verbindung mit der Forschungsgemeinschaft 20. Juli e.V., Mainz 1984

„Spiegelbild einer Verschwörung" – Die Opposition gegen Hitler und der Staatsstreich vom 20. Juli 1944 in der SD-Berichterstattung (Geheime Dokumente aus dem ehemaligen Reichssicherheitshauptamt), Hrsg. Hans-Adolf Jacobsen, 2 Bände, Stuttgart 1984

II. Die Bedeutung der Kirche

Schlesien auf dem Weg in die Europäische Union
Hrsg. von Lüder Gerken und Joachim Starbatty
Lucius & Lucius, Stuttgart, 2001

Profil und Charakteristika der Diözese Oppeln

Jan Kopiec, Oppeln

Die Darstellung der kirchlichen Entwicklung seit 1945 in Schlesien muß sich vor allem mit den Beziehungen zwischen den einzelnen Gesellschaftsgruppen des heutigen Bistums Oppeln und anderer Bistümer in Schlesien befassen. Auch die konfessionellen Beziehungen sind zu berücksichtigen. Sie haben eine bedeutende Rolle bei der Bildung einer gleichberechtigten Gesellschaft im Rahmen des polnischen Staates gespielt – eines anfangs kommunistischen Staates, der sich seit der Wende 1989 auf dem Weg zur Demokratie befindet[1].

Bei der Analyse einer Situation, wie wir sie im Rahmen unseres Themas skizzieren, stoßen wir auf schwerwiegende Probleme.

I.

Das Jahr 1945 soll vom Standpunkt der damaligen Zeit betrachtet werden. Von den komplizierten Umständen dieser Epoche abgesehen wurden in Polen die in Potsdam getroffenen Entscheidungen als Schluß konfliktreicher Perioden verstanden. Damit gelten die gegenseitigen Auseinandersetzungen – besonders während der Teilungen Polens (1772/1795–1918) und während der Zeitspanne zwischen den beiden Weltkriegen auf Grund der in Versailles (1919) getroffenen Entschlüsse – als beendet.

Zusätzlich haben die Erlebnisse des Zweiten Weltkrieges, auch wenn die Verantwortung dafür den heidnischen Nazisten zugeschrieben werden muß, ohnehin viele schmerzliche Assoziationen hervorgerufen. Und so sind, als der Entschluß der Siegermächte zur Verschiebung der sowjetischen Grenzen und als Folge davon die Vertreibung der polnischen Bevölkerung nach Westen feststand, keine anderen Lösungen mehr überlegt worden. Ich möchte ausdrücklich sagen, daß ich diese Ereignisse nicht entschuldigen will, sondern einen Weg zu einem besseren Verständnis ebnen will.

---

[1] S. dazu meinen Aufsatz „Polen", in: Kirche und Katholizismus seit 1945, Bd. 2: Ostmittel-, Ost- und Südosteuropa, hrg. von E. Gatz, Paderborn 1999, S. 95–131 (hier auch die wichtigste Bibliographie).

Die Deutschen hingegen halten das Jahr 1945 für einen Anfang einer neuen, ungerechten Periode ihrer Geschichte. Es steht außer Zweifel, daß zwischen den Konsequenzen des Zweiten Weltkrieges und den politischen Entscheidungen dieser Jahre ein Zusammenhang besteht. Und ich bin fest überzeugt, daß wir nicht in der Lage sind, das zu ändern. Es ist uns allen klar, daß die Vertreibung oder Aussiedlung ganzer Volksteile aus ihrer Heimat kein menschliches Mittel der Politik ist. Doch nach sechs Jahren deutscher Besetzung, Unterdrückung, Deportation schlimmsten Ausmaßes und KZ-Lagern wurde die Vertreibung nicht nur von den Polen als entschuldigt angesehen. Diese Umstände haben die politischen Handlungen der katholischen Kirche Polens mitbestimmt.

Am Anfang steht – und wird immer stehen – die Tätigkeit von Kardinal August Hlond. Es ist schon sehr viel darüber geschrieben worden, und diese Angelegenheit gilt immer noch als kontrovers. Sie darf nicht – so wie vieles andere in der Geschichte – pauschal beurteilt werden. Ich würde nicht wagen, die kanonischen Bedingungen der neuen Situation vollständig zu erklären – ich glaube, sie sind auch im allgemeinen gut bekannt, zumal es keine neuen Quellen gibt. Ich möchte sie als Fundament für die Entwicklung betrachten – ausgehend von der Situation, in der die Kirche auf Basis der im Jahr 1945 getroffenen politischen Entscheidungen gehandelt hat[2].

Wir müssen nun einerseits hinnehmen, daß es im Jahre 1945, als die Aussiedlung beschlossen war und in diese Gebiete die Bevölkerung aus den ehemaligen polnischen Gebieten bereits eintraf, schon unvorstellbar war, weiter im Rahmen der deutschen Jurisdiktion zu regieren. Auch hätte eine solche Konstellation der kommunistischen Regierung die Vernichtungspolitik gegenüber der katholischen Kirche erleichtert. Meiner Meinung nach versuchte Hlond mit der Seelsorge für die neugekommenen Katholiken zu retten, was möglich war. Zusätzlich wurden die Entscheidungen als vorübergehend angesehen und sogar von der damaligen Regierung nicht anerkannt. Andererseits, wenn der Papst Pius XII. mit den Deutschen Mitleid hatte und selbst Kardinal Hlond zugab, daß er zu weit gegangen sei[3] (in tutto il territorio polacco – im Sinne des Konkordates von 1925, nicht im Sinne des Juli 1945 vor Potsdam!), hat der Apostolische Stuhl die Entscheidung

---

[2] Wie weit die Kontroversen gehen, s. von deutscher Seite: F. Scholz, Zwischen Staatsräson und Evangelium. Kardinal Hlond und die Tragödie der ostdeutschen Diözesen, Frankfurt/M., 1988; ders., Kollektivschuld und Vertreibung. Kritische Bemerkungen eines Zeitzeugen, Frankfurt/M., 1995.

[3] Dies hat Kardinal Hlond selbst geschrieben in einer Relation für den Papst: „Le cinque Administrazioni Apostoliche createe in Polonia nell´ Agosto 1945 – sub secreto 24. X. 1946"; veröffentlicht in polnischer Übersetzung, in: Peter Raina (Hrsg.), Kościół w PRL 1945–1989 (Kirche und Volksrepublik Polen 1945–1989), Bd. 1: 1945–1956, Poznaú 1994, S. 46–68.

nicht widerrufen. Das hat damals nicht dem Willen des Papstes entsprochen. Denselben Weg hat auch Kardinal Wyszyński gewählt und in Rom im April 1951 die früher beschlossenen bischöflichen Ernennungen akzeptiert; wiederum aber hat ihnen die polnische Regierung die Anerkennung versagt. Aufgrund dessen konnte dieses Anliegen nicht fortgesetzt werden. Sollte der kommunistische Widerspruch als Ausdruck der Übereinstimmung mit den deutschen Vorbehalten zu verstehen sein? Selbstverständlich kann dieses Thema so nicht aufgefaßt werden – dieses Dilemma von 1945 könnte aber heute klüger und gerechter gelöst werden, als es der Generation zur Zeit des Kriegsendes gelang.

II.

Trotz der Kontroversen um den kanonischen Status strebte die päpstliche Diplomatie nachhaltig nach einer Regelung. Schließlich begründete Paul VI. mit der Bulle Episcoporum Poloniae coetus (28. Juni 1972) auf kanonische Weise die neuen Bistümer im Rahmen der neugestalteten Kirchenprovinz Breslau – nämlich Oppeln und Landsberg; Stettin-Kammin und Köslin-Kolberg wurden in die Kirchenprovinz Gnesen eingegliedert, und Allenstein/Ermland kam zu Warschau wie auch das Bistum Danzig[4]. Früher waren die Bischöfe in Oppeln, Breslau, Landsberg und Allenstein nur Generalvikare des Primas, und erst am 25 Mai 1967 hat die Konsistorialkongregation in Rom sie als Apostolische Administratores ad nutum Sanctae Sedis ernannt. Gleich nach der Ratifizierung des deutsch-polnischen Vertrags vom 7. Dezember 1970 hat Papst Paul VI. die oben genannten Entscheidungen getroffen. Die Entwicklung der Kirche fand mit den Regelungen von Johannes Paul II. ihren sichtbaren Abschluß (25. März 1992): Mit der Bulle Totus Tuus Poloniae Populus wurden zwei Kirchenprovinzen in Schlesien gegründet – eine niederschlesische in Breslau mit dem Suffraganbistum Liegnitz und eine oberschlesische in Kattowitz mit den Suffraganbistümern in Gleiwitz und Oppeln[5].

III.

Das religiöse Leben fand in einer solchen Art und Weise statt, wie es dem materiellen und moralischen Aufbau in der Nachkriegszeit entsprach. Wir wollen jetzt sehen, in welcher Richtung sich Lage und Möglichkeiten für die Kirche entwickelt haben. Zunächst müssen wir betonen: Alles geschah bei heftiger politischer und ideologischer Konfrontation mit der kommunistischen Regierung, die mißtrauisch den polnischen Klerus der Kollaboration mit den Staaten, die dem Ostblock

---

[4] Druck in: Acta Apostolicae Sedis 64 (1972), S. 657–659.
[5] Idem, 84 (1992), S. 1103–4, 1109–1110.

feindlich gegenüberstanden, verdächtigte. Ohne regelmäßige Kontakte zum Apostolischen Stuhl war es sehr schwer, die vielfältigen Aufgaben der Kirche auszuüben. Die größte Schwierigkeit bestand darin, daß der polnische Staat die katholische Kirche nicht als Rechtssubjekt anerkennen wollte, sondern sie willkürlich behandelt hat. Auch hatte er sich das gesamte frühere deutsche Eigentum (auch das kirchliche) der West- und Nordgebiete angeeignet und für deren Nutzung hohe Zahlungen verlangt.

Die starke antireligiöse und antikirchliche Propaganda war in diesen Gebieten Polens besonders lästig, vor allem im Oppelner Schlesien, wo noch viele Deutsche, als Autochthone bezeichnet, geblieben waren. Als ersten Administrator hat Kardinal Hlond Bolesław Kominek (geb. 1903), Bistum Kattowitz, ernannt. Er war von seiner früheren Tätigkeit her gut für die Aufgabe des kirchlichen Oberhaupts im Oppelner Schlesien vorbereitet[6].

Es ist trotz aller Widrigkeiten gelungen, viele Kirchen wiederaufzubauen (so wurden bis zum Jahr 1950 in der Administratur Oppeln etwa 50 Kirchen aufgebaut und 40 wieder in Dienst genommen). Es wurden in Pfarreien, wo es als Folge der Vertreibung und nach dem Jahr 1957 auch wegen der freiwilligen Ausreise an Priestern fehlte, Seelsorger eingesetzt, die aus den Ostgebieten gekommen waren. Auf diese Weise sind 150 Priester aus dem Erzbistum Lemberg und auch aus anderen polnischen Diözesen (Krakau, Tschenstochau, Kattowitz, Przemysl) eingesetzt worden. Ihre Integration in eine einheitliche Seelsorge war eine außergewöhnliche Leistung. Seit 1952 haben Absolventen des Oppelner Priesterseminars zu wirken begonnen.

Im Laufe der Zeit entstanden alle Einrichtungen, die zu einem normal funktionierenden Bistum gehören: bereits 1945 das Ordinariat und das Referat für den Religionsunterricht an den Schulen, dann das Priesterseminar (1949), das Offizialat (1951) sowie ein Verlag mit Druckerei (schon 1946); regelmäßig wurden kanonische Visitationen durchgeführt und das Sakrament der Firmung gespendet. Seit 1956 hat Oppeln – auch andere Administraturen – einen eigenen Bischof, Franciszek Jop (gestorben 1976), in Breslau der spätere Kardinal Boleslaw Kominek (gestorben 1974); hinzu kamen die Weihbischöfe – in Oppeln Wenzel Wycisk und Heinrich Grzondziel (1959) aus dem einheimischen bzw. ehemaligen Breslauer Klerus.

---

[6] Dazu s. von polnischer Seite: A. Sitek, Organizacja i kierunki działalności Kurii Administracji Apostolskiej Śląska Opolskiego w latach 1945–1956 (Die Organisation und Tätigkeit des Ordinariats für das Oppelner Schlesien), Wrocław 1986; von deutscher Sicht: P. Baron, Kirche zwischen Nationalismus und Kommunismus. Das Ringen der Apostolischen Administratoren von Oppeln um eine zeitgerechte Seelsorge in Oberschlesien 1945–1972, Frankfurt/M., 1995; auch kurz gefasst bei J. Kopiec, Dzieje Kościoła katolickiego na Śląsku Opolskim, Opole 1991, S. 96–148.

Die pastorale Arbeit wurde gemäß der allgemeinen Sendung der Kirche durchgeführt. In der Gesetzgebung galten die Breslauer Bestimmungen. Generell blieb auch die Organisation der Dekanate (in Schlesien immer „Archipresbyterate" genannt) die des Breslauer Bistums; sie wurden nur durch die Dekanate Konstadt (polnisch Wołczyn) und Landsberg bei Rosenberg (polnisch Gorzów Śląski) ergänzt.

Die Seelsorge war wegen der gemischten Bevölkerung nicht einfach. Diese setzte sich einerseits aus der ansässigen Bevölkerung zusammen. In ihr lebte das kulturelle Erbe Schlesiens fort; die Kontinuität einer historischen Tradition blieb erhalten. So konnten wirksame, stabile gesellschaftliche Beziehungen aufgebaut werden. Sie wiederum lebten von der Kenntnis der selbstständigen Verwaltung des gesellschaftlichen Lebens, dem starken Gemeinschaftsgefühl und der Findigkeit gepaart mit dem Ethos solider Arbeit. Bevor sich die neue Gesellschaft nach dem Krieg herausbildete, wurde die ansässige Bevölkerung von einer Tragödie betroffen: die Vertreibung der deutschen Bevölkerung mit der nachfolgenden nationalen Verifikation.

Andererseits besteht die neue Gesellschaft aus den Flüchtlingen (den sogenannten Repatriierten) aus den Ostgebieten, die nach den Potsdamer Verträgen in die Sowjetunion eingegliedert wurden, vor allem aus den Wojwodschaften Lemberg (Lwów), Tarnopol, Stanisławów und darüber hinaus aus Flüchtlingen aus den zentralen und südlichen Regionen Polens, die auf der Suche nach Wohnung und Arbeit waren. Die Seelsorge unter der Bevölkerung wurde erschwert durch verschiedene Vorbehalte, durch Komplexe und Erfahrungen der letzten Jahre, vor allem des Zweiten Weltkrieges. Dieser ganze Prozeß dauerte ziemlich lange, und man muß gestehen, daß er beinahe bis heute noch andauert. Mit der Anerkennung der deutschen Minderheit (1990) kann er als abgeschlossen gelten.

Darüber hinaus hat das kommunistische System nach 1945 bezüglich des Staatsverständnisses fast alle enttäuscht. Hierher gehört das Verbot (wichtig für die Einheimischen, die sogenannten Autochthonen), die deutsche Sprache weiter zu pflegen. Nach und nach sonderten sich verschiedene Gruppen ab, obwohl die jüngere Generation in den siebziger Jahren die Abgrenzung nicht mitvollzog. Ich denke, daß die Analyse jener Prozesse bereits gut fortgeschritten ist; sowohl die deutschen als auch die polnischen Forschungen sind sehr umfangreich, und deswegen besteht hier keine Notwendigkeit, Näheres darzulegen.

Wir können allerdings feststellen, daß nach 1989 bei entsprechender Möglichkeit, das Leben normaler zu gestalten, sofort verschiedene Initiativen gestartet wurden. Ich möchte hier nur an die deutsche Minderheit in Schlesien und die Seelsorge in deutscher Sprache erinnern und gleichzeitig auf Spezialisten und Kenner der gegenwärtigen Situation verweisen. In diesem Bereich muß man besonders die Rolle der Wallfahrten betonen – schon vom 19. Jahrhundert an auf den St. Annaberg in Oberschlesien und seit einigen Jahren nach „Mariahilf" in

Zuckmantel – diese Wallfahrten werden nicht aus „normaler" Sehnsucht nach Vertiefung eigenen religiösen Erlebens unternommen, sondern erzeugen für die Gläubigen ein spezifisches Klima; für Oberschlesier und jetzt für die Mähren und die Deutschen, die jedes Jahr Mitte September nach Zuckmantel kommen, liegt die spezifische Bedeutung in der Suche nach Verständigung, im gegenseitigen Kennenlernen und in der Bereitschaft zur Mitarbeit. Als Symbol dafür darf das Gebetbuch „Droga do nieba" – „Weg zum Himmel" gelten – in polnischer und deutscher Sprache veröffentlicht. Die Mitwirkung der Kirche ist auch bei verschiedenen gesellschaftlichen Spannungen spürbar in der Betreuung politisch und pathologisch bedrohter Gruppen, bei den Aufrufen um die Friedensbewahrung, im Dienst in Gefängnissen und Untersuchungshaft, in der Seelsorge gefährdeter Jugendlicher.

IV.

Besonders möchte ich auf das Theologische Hochschulwesen im Oppelner Schlesien hinweisen, das als ein Prüfstein für die bisher durchgeführten Maßnahmen gelten kann. Im Jahre 1945 hätte niemand geglaubt, daß wir einmal über solche Errungenschaften in diesem Bereich würden berichten können.

Am Anfang (seit 1946) waren unsere Priesteramtskandidaten zu Gast im Priesterseminar für das Bistum Kattowitz; sie haben auch bei den Kapuzinern in Krakau und an der Jagellonischen Universität studiert. Kardinal Adam Sapieha, Erzbischof von Krakau, hat für die Apostolische Administratur in Oppeln die Gebäude des Augustinerklosters zur Verfügung gestellt, aber die kommunistischen Behörden haben das verhindert. Die großen Hindernisse, vor allem im materiellen Bereich, und die Frage, wo das Seminar gebaut werden sollte, wurden erst im Jahr 1949 überwunden bzw. beantwortet, als das Priesterseminar in Oppeln – vorübergehend nur für das erste Studienjahr – eröffnet und im nächsten Jahr als ganzes nach Neisse verlegt wurde. Dabei muß berücksichtigt werden, daß die Priesteramtskandidaten von 1953 bis 1977 das letzte Studienjahr in Oppeln – in der Nähe des Domes und des Ordinariates und seit 1956 auch des Bischofs – verbracht haben. Bis heute haben über 1200 Absolventen das Seminar durchlaufen. Man muß noch hinzufügen, daß dieses Studium bis 1989 einen innerkirchlichen Charakter hatte, weil der Staat diesen Hochschulen das Recht eines staatlichen Diploms abgesprochen hatte. Es ist auch zu erwähnen, daß viele Absolventen dieses Seminars auf Weisung des Bischofs in Lublin und zur Zeit auf Weisung des Bischofs Nossol auch im Ausland (Rom, Regensburg, Bamberg, Wien, Paris) weiter studiert haben – und noch studieren[7].

---

[7] Vgl. J. Kopiec, Vierzig Jahre Priesterseminar der Diözese Oppeln, „Archiv für schlesische Kirchengeschichte", Bd. 47/48 (1989/1990), S. 333–339.

Ein weiterer Schritt zur Vertiefung der theologischen Bildung war die Gründung des Diözesan-Pastoralen Instituts (1977) bereits durch den neuen Bischof Alfons Nossol; 1981 wurde dieses Institut zu einer Filiale der Katholischen Universität in Lublin. Die Diplome der hier im Rahmen der „formatio permanens" studierenden Priester und der im Rahmen der „ratio studiorum" der Theologischen Fakultät in Lublin studierenden Laien wurden gleichzeitig als staatlich anerkannt.

Zu unserer größten Befriedigung wurde 1994 die staatliche Universität Oppeln mit einer Theologischen Fakultät gegründet – das war damals in Polen die erste Hochschule dieser Art. Die Gründungsvorbereitungen für diese erste akademische Hochschule im Oppelner Schlesien dauerten lange. Es war klar, daß die Wojewodschaft Oppeln im Vergleich mit anderen Regionen Polens den niedrigsten Prozentsatz an Studenten hatte. Es war also notwendig, etwas zu unternehmen. Die Veränderungen in Polen nach 1989 haben das beschleunigt. Die Genehmigung für die Gründung der Universität mußte das Parlament (bzw. der Sejm) aussprechen, und mit Erlaß über die Entstehung der Universität vom 10. März 1994 wurden die Pädagogische Hochschule und die schon erwähnte Filiale der Katholischen Universität in Lublin zusammengelegt. Das Priesterseminar behält weiterhin seine Autonomie, doch studieren die Priesteramtskandidaten an der Theologischen Fakultät der Universität. Am 30. September 1994 wurde die Theologische Fakultät auch von der Vatikanischen Kongregation Pro educatione catholica in Rom anerkannt. Die gegenseitigen Bestimmungen für das Funktionieren der Theologischen Fakultät regelt eine Vereinbarung vom 20. September 1994 zwischen dem Vorsitzenden der Polnischen Bischofskonferenz, dem Bischof von Oppeln und dem polnischen Bildungsministerium. Die feierliche Inauguration der Universität am 4. Oktober 1994 und der Theologischen Fakultät am 28. Oktober d. J. ist für uns Anlaß der größten Freude in der Nachkriegszeit, dies um so mehr, als jetzt viele Themen des gegenseitigen Verhältnisses im historischen Kontext, aber auch im Hinblick auf die Zukunft wissenschaftlich erarbeitet werden können. Wichtig sind auch die bereits vorhandenen Kontakte zu anderen Bildungseinrichtungen in Schlesien und der Tschechischen Republik (Universität in Troppau/Opava und Olmütz).

Im Dienste der Wissenschaft werden auch Publikationen auf Rechnung der Kirche herausgegeben. Außer den katechetischen Publikationen und Gebetbüchern sind auch einige wissenschaftliche Arbeiten zu vermerken. Das Priesterseminar gibt als Theologische Hochschule seit 1968 die Reihe „Studia historyczno-teologiczne Śląska Opolskiego" heraus (bis jetzt 19 Bde), und die bisherige Filiale der Katholischen Kirche in Lublin gab die Reihen „Studia liturgiczno-pastoralne", „Monografie", und „Sympozja" heraus. Zugleich mit der Entstehung der Universität wird heute auch die Verlagsstruktur reorganisiert. Schon ist eine neue Reihe unter der Überschrift „Opolska Biblioteka Teologiczna" auf den Weg gebracht, in der die theologischen Studien von Mitgliedern der Theologischen Fakultät publiziert werden (bis heute 38 Bde). Als Ergänzung, sogar als eine Attraktion, ist das neue Wissenschafts- und Konferenzzentrum der Theologischen Fakultät in Kamień Śląski (Groß Stein) anzusehen, wo der Hl. Hiazynth geboren wurde. Sein Kult wird auch heute noch gepflegt.

V.

Das religiöse und kirchliche Leben ist sehr reich. Dazu kommt noch die interessante und vielfältige ökumenische Problematik – man sollte wissen, daß sich mit den Veränderungen in der Bevölkerung auch solche konfessioneller Art ergeben haben. Ich denke hier an den Zuzug von Gruppen der griechisch-katholischen Konfession (heute: byzantinisch-ukrainisch), für die in Neiße, Oppeln und im Industriegebiet die Seelsorge durchgeführt wird. Im heutigen Bistum Oppeln gibt es auch acht Seelsorgestellen der Evangelischen Kirche (Augsburger Konfession). Die gemeinsame Tätigkeit und die gegenseitigen Kontakte aller Gläubigen sind vor allem beim Feiern der Woche des Gebets um die Einheit aller Christen (jedes Jahr vom 18. bis 25. Januar) und bei karitativer und wissenschaftlicher Arbeit sichtbar. Diese nach 1945 geschehenen Konfessionsänderungen im Oppelner Schlesien bedürfen einer tiefgehenden Erforschung. Besondere Verdienste in diesem Bereich hat sich Erzbischof Nossol erworben, nach langen Bemühungen auf der Ebene von Bischofskonferenzen in Polen und auch im Vatikan alle Bekenntnisse zu einer näheren Zusammenarbeit zusammenzubringen.

Man könnte noch auf viele interessante Ebenen des kirchlichen Lebens hinweisen, die die Wirkung der Kirche in den letzten 55 Jahren, also der Nachkriegszeit, bezeugt. Wie weit sie auf das individuelle und kollektive Leben Einfluß genommen hat und nimmt, das lassen wir lieber den Soziologen beschreiben. Ich glaube, daß man mit Hoffnung in die Zukunft schauen darf: Die Kirche wird auch in den nächsten Generationen im Oppelner Schlesien mit ihrer Botschaft gegenwärtig sein und wird die neuen Bedürfnisse und Generationen integrieren können.

Schlesien auf dem Weg in die Europäische Union
Hrsg. von Lüder Gerken und Joachim Starbatty
Lucius & Lucius, Stuttgart, 2001

Ökumenischer Dialog und der Integrationsprozeß Europas

Stanislaw Rabiej, Oppeln

I. Anbahnung der Versöhnung

Konkrete Ereignisse des vergangenen Jahrhunderts machen uns den organischen Zusammenhang zwischen dem Vereinigungsprozeß Europas und den in ihm entzweit lebenden Christen klar. Die im Wandel begriffene geopolitische Karte Europas zog gravierende Teilungen nach sich. Die auf den Gebieten konkurrierender Systeme lebenden Christen versuchten, die zwischen West und Ost wachsende Mauer zu überwinden. Die nicht nachlassende Anstrengung, die wachsenden Unterschiede zu überbrücken, wurde in vielen Forschungs- und Bildungsstätten des christlichen Denkens unternommen. In der Regel erfreuten sie sich des Rufes einer ökumenischen Offenheit. Viele leitende Vertreter des gesellschaftlichen und kulturellen Lebens nahmen teil an dem Austausch, der nicht selten unter Gefährdung des eigenen Lebens und der eigenen Freiheit geschah. Die Vorarbeiten trugen besonders in den Treffen der 60er Jahre Früchte. Die Christen auf beiden Seiten der Mauer, die Deutschland teilte, fühlten sich ermuntert. Obgleich die Folgen des sogenannten Pariser und Prager Frühlings '68 mit Skepsis zu beurteilen sind, kann man die konstruktiven Wandlungen nicht leugnen, die sich in den gegenseitigen Beziehungen unter den durch den Krieg entzweiten Völkern Europas vollzogen.

Ein markantes Beispiel dafür ist der Text der Botschaft der polnischen Bischöfe an die deutschen Bischöfe. Auch hier wurde die Verzeihung als Voraussetzung für die Hoffnung auf eine Überwindung des im Europa der Nachkriegszeit angehäuften Hasses betrachtet. Es war offensichtlich, daß dieser Brief dem Geist des Zweiten Vatikanischen Konzils (1962–1965) entsprang. Die grundlegende Botschaft des Konzils – Aufruf zum Dialog mit der ganzen christlichen Welt, Verbreitung der Idee der Brüderlichkeit und der Ökumene – veranlaßte die Katholiken zur Reflexion über das uralte Problem der Übertragung evangelischer Glaubensinhalte in die Sprache des alltäglichen Umgangs der Menschen und der wechselseitigen Beziehungen zwischen den Gesellschaften und Völkern. In diesem Geiste schlugen die Autoren der Botschaft – gleichzeitig auch die Väter des

Konzils – vor, von dem alttestamentarischen Prinzip „Auge um Auge" abzuge-
hen und sich in der politischen Sphäre einem der schwierigsten Gebote – „Liebet
eure Feinde, tut Gutes denen, die euch hassen" – zuzuwenden. Ein Ausdruck der
konkreten Umsetzung dieser Überlieferung des Evangeliums ist die Abschluß-
bemerkung des Briefes: „In diesem allerchristlichsten und zugleich sehr menschlichen Geiste [...] gewähren wir Vergebung und bitten um Vergebung".

Den polnischen Bischöfen ist es durch ihre Erklärung gelungen, viele daran
glauben zu lassen, daß die Epoche einer aufgeschlossenen Kirche angebrochen
sei, einer Kirche, die Träger authentischer Werte ist und Mechanismen für die
Überwindung internationaler Konflikte beisteuert. In der konkreten Lage Mittel-
und Osteuropas bedeutete es eine Abkehr von der Vergeltungsmentalität im politischen Denken und die Anbahnung eines Dialogs. Um reale Grundlagen für
erneute Gespräche zu schaffen, hoben die Autoren der Botschaft in einer Analyse
der tausendjährigen Nachbarschaft hervor, was beide Völker verband und was
einen gemeinsamen Beitrag zur Entwicklung der europäischen Zivilisation leistete.
Dabei wurden die unrühmlichen Seiten der Geschichte nicht unterschlagen.
Die politische Weisheit setzte sich durch und bisher unangetastete Tabus wurden
gebrochen. Die Treue gegenüber den evangelischen Prinzipien veranlaßte wiederum die Bischöfe, die Bitte um Vergebung auszusprechen. Der Inhalt der Botschaft wurde ein entscheidender Anstoß für die deutsche Seite. Es waren in erster
Linie deutsche Intellektuelle, die – unterstützt durch die Autorität der offiziellen
Vertreter der Kirche – den mutigen Versuch einer Analyse der polnisch-deutschen
Probleme wagten. Auch katholische Laien in der Bundesrepublik meldeten sich
zu Wort. Die aus der Zurückhaltung des deutschen katholischen Episkopats resultierende Unzufriedenheit bewog sie dazu, im März 1968 das Memorandum
Bensberger Kreis zu veröffentlichen. Unterschrieben wurde es von 145 Perso-
nen, der Elite der westdeutschen Katholiken.

Dieser Briefwechsel bewirkte, daß „Versöhnung" und „Dialog" zu Begriffen
wurden, die auf beiden Seiten des Eisernen Vorhanges eine breitere Öffentlichkeit erreichten. Zwar waren die Initiatoren dieses Prozesses führende Gruppen
von Katholiken und weltlichen Protestanten, allerdings beschleunigte dies die
Wahrheitssuche und die Abkehr von der Mentalität der Konfrontation. Noch
einmal bestätigte sich, daß das Heranreifen zur Versöhnung auf der Ebene der
Gemeinschaft sich kraft einer früheren, stärkeren Erfahrung von Individuen vollzieht, die sich zu konkreten Werten bekennen.

II. Das Engagement der Kirche

Die späteren Jahrzehnte des 20. Jahrhunderts zeigten, daß die Versuche, der Kirche und ihrer Führung Passivität oder gar Integrationsverschleppung vorzuwer-
fen, unbegründet, willkürlich und ungerecht waren. Ein grundsätzlicher Umbruch

in der Gestaltung neuer Beziehungen in Europa wurde in der Zeit der Erneuerung nach dem Konzil initiiert. Die intellektuellen Eliten als Vertreter der Kirche bahnten einen Dialog an, der als deutliche Geste der Bereitschaft zur Kontaktaufnahme im ökumenischen Geist interpretiert werden kann. So fand der durch das Konzil postulierte „Ökumenismus", der Verständigung und Zusammenarbeit zwischen verschiedenen christlichen Kirchen sowie eine Dialogaufnahme unter ihnen forderte, seinen konkreten Ausdruck im gesellschaftlichen und politischen Tauwetter der 60er Jahre. Neben den Grundsätzen, die für die ökumenische Bewegung im vatikanischen Dekret Unitatis reintegratio von 1964 dargelegt wurden, sind hier praktische Hinweise zu finden, die den Ausgangspunkt für die Maßnahmen zur Realisierung ökumenischer Ziele bieten. Viele von ihnen kann man entdecken, wenn man den Weg der Reinigung und Vertiefung von Beziehungen zwischen den im gegenwärtigen Europa lebenden christlichen Gemeinschaften aufmerksam nachvollzieht.

Sobald der Weg der Versöhnung eingeschlagen worden war, wurden eher bestimmte Haltungen als theoretische Handlungsgrundsätze betont. Unter einer Vielzahl von Impulsen ragen einige besonders deutlich hervor: Die Achtung und der Respekt vor anderen Völkern und ihren Anstrengungen zur Erhaltung und Entwicklung christlicher oder humanistischer Werte, die Bekämpfung des Nationalismus und des Konfessionalismus, die Bildung eines Vertrauensverhältnisses, das zu Annäherung und Versöhnung führt; darüber hinaus sind konkrete Schritte zum Abbau von Vorurteilen und Ängsten und der Mut zu klaren Entscheidungen wichtig. Nur in einem solchen Klima werden die umfassenden ökumenischen Maßnahmen zu einer Bewegung, die zur Einheit in der Versöhnung führt.

Papst Paul VI. betont in seiner Adhortation Evangelii nuntiandi, die Verkündung des Evangeliums solle eine Anstrengung zur Überwindung der Schwelle zu den nicht-christlichen Religionen sowie jeglicher Gesellschaftskreise sein, die der Säkularisierung bzw. Atheisierung erlegen sind. Der Versuch, mit der Botschaft Jesu Christi breite Schichten des kulturellen, wissenschaftlichen und politischen Lebens zu erreichen, ist eine der Formen des sich anzubahnenden Dialogs. Angesichts der Gefahr einer Relativierungstendenz darf die Mühe, gerechte und humanistische Strukturen in der Welt aufzubauen, nicht gescheut werden. Solch ein Ziel scheint mit allen im Rahmen der ökumenischen Bestrebungen im Bereich des Christentums sowie der Integrationsbemühungen in Europa zu konvergieren.

Zweifelsohne verlaufen beide Prozesse – der ökumenische und integrative – in der zweiten Hälfte des 20. Jahrhunderts parallel. Europa ist ein Gebiet, in dem der Dialog zwischen den Befürwortern der Einheit des Christentums und den Protagonisten einer gesellschaftlich-kulturellen sowie ökonomisch-wirtschaftlichen Vereinigung stattfindet. Trotz der Beibehaltung der grundsätzlichen Autonomie einzelner religiös-konfessioneller Gemeinschaften sowie der Selbständigkeit der Nationalstaaten bleibt noch Platz für pro-unionistische Aktivitäten.

Die erwartete Einheit soll auf gemeinsamen Wurzeln, reichem geistigen Erbe, komplementärer materieller Errungenschaft und gleichen Perspektiven aufbauen. Diese sind nur auf dem Wege eines bereichernden Dialogs in Reichweite. Sie erfordern Zeit und Menschen mit Ausdauer, die die anstehenden schwierigen Aufgaben übernehmen.

III. Es gibt keinen anderen Weg

Glücklicherweise fehlte es in Europa und in der Kirche nie an Menschen, die dem Einheitswerk ergeben waren. Dem nicht selten herrschenden Mißmut stellten sich unermüdliche Politiker, Geistliche und Vertreter aus Kultur und Kunst entgegen. Nicht alle hatten die Möglichkeit, die Früchte ihrer Arbeit zu sehen. Von vielen positiven Entwicklungen konnten erst ihre Nachkommen profitieren. Es ist überflüssig zu betonen, wie viel auf diesem Feld vom gegenwärtig amtierenden Papst getan wurde. Durch seine polnische Herkunft trug er nicht nur zum Fall gewachsener Mauern, sondern auch zu umfassenden Integrationsaktivitäten in Europa bei. Durch die Autorität seiner Person überzeugt er Skeptiker von der Notwendigkeit der Vereinigung Europas auf einem starken Wertefundament. Ein gutes Beispiel in dieser Hinsicht bietet seine Ansprache im Parlament der Repulik Polen während seiner letzten Pilgerfahrt (Juni 1999). Das persönliche Engagement von Johannes Paul II. in diesem Prozeß ist nicht nur ein Ausdruck moralischer Unterstützung. Vielmehr steckt dahinter seine tiefe Überzeugung, daß diese Vereinigung Europas auch und vor allem im Rahmen der ökumenischen Bewegung fortgesetzt werden muß. Die Parallelität dieser Prozesse kann zum Gegenstand interessanter Untersuchungen werden. Dies versuchte ich in meiner druckfertigen, etwas provokativ betitelten Arbeit: „Die Einheit Europas und Spaltung der Christen" (1950–2000) nachzuweisen. Hier versuche ich, einige der oben gestellten Fragen zu beantworten. In der Schlußfolgerung verzichte ich auf Prognosen, die billigen Optimismus verbreiten, und versuche, den Prozeß der Vereinigung der christlichen Kirchen sowie unter den Einwohnern des Alten Kontinents wie eine Opfergabe zu beschreiben. Ähnlich wie bei diesem rituellen Akt führt der Vereinigungsprozeß zur Erkenntnis einer Zugehörigkeit zu einer bestimmten Gemeinschaft, Kultur, Tradition, Religion oder Konfession. Auf diesem Weg mangelt es nicht an krisenhaften Momenten. Diese sind u.a. dazu da, um den Einzelnen letztendlich von der Notwendigkeit einer intensiveren Teilnahme am gemeinsamen, zur authentischen Einheit (communio) führenden Werk zu überzeugen.

Mit der Integrationsforschung soll sich auch das unlängst (im März 2000) gegründete Institut für Ökumene und Integrationsforschung beschäftigen. Das Institut entstand auf Veranlassung von Erzbischof Nossol von der Theologischen Fakultät der Universität Oppeln. Die feierliche Einweihungszeremonie des

Instituts wurde von einem zu diesem Anlaß initiierten Internationalen Wissenschaftlichen Symposium Ökumenismus an der Schwelle zum dritten Jahrtausend
begleitet. Unter den Teilnehmern der Tagung war auch der Delegierte des Vati-
kans, Erzbischof Professor Kasper, der gegenwärtig Vorsitzender des Sekreta-
riats für die Einheit der Christen ist. Während der Feierlichkeiten zur Eröffnung
der neuen Wissenschafts- und Bildungsstätte wurde betont, daß sie aus fünf Lehr-
stühlen besteht, die sich in ihren Arbeiten nicht nur sensu stricto mit dem ökumenischen Dialog, sondern auch mit dem zugehörigen Integrationsprozeß beschäftigen sollen. Wie man selbst erahnen kann, betrifft der Integrationsprozeß nicht
nur die Vereinigung Europas in ihren verschiedenen Dimensionen. Gegenwärtig
besteht vielmehr die Notwendigkeit, sich der Bedeutung einer Wiederherstellung
der Bindungen auf vielen Ebenen des sozial-kulturellen, wirtschaftlich-politischen
sowie religiös-konfessionellen Lebens bewußt zu werden. Genaue Untersuchungen der Ergebnisse und der noch bevorstehenden Aufgaben im Vereinigungsprozeß sollen die Einsicht in den Zusammenhang zwischen der Ökumene der
Integration gewähren.

Schlesien auf dem Weg in die Europäische Union
Hrsg. von Lüder Gerken und Joachim Starbatty
Lucius & Lucius, Stuttgart, 2001

Kirchen und Gesellschaft in Mittel- und Osteuropa auf dem Weg nach Europa – aus der Perspektive von Renovabis

Eugen Hillengass, Freising

Wenn Europa im gesellschaftlichen und kirchlichen Raum in West und Ost zusammenwachsen soll, dann sind Veranstaltungen und Teilnehmergruppen wie diese von entscheidender Bedeutung; denn ein gemeinsames Europa entsteht nicht so sehr aus finanziellen, wirtschaftlichen und juristischen Gegebenheiten, sondern zuerst und vor allem aus Überzeugungen und ihren Umsetzungen in die Praxis, aus Wertvorstellungen und aus persönlichem Engagement. Ich bin deshalb dankbar, als Geschäftsführer der Solidaritätsaktion Renovabis, nicht als ihr Vorsitzender – diese Ehre wird immer Bischöfen zuteil – zu Ihnen sprechen zu können.

„Kirchen und Gesellschaft in Mittel- und Osteuropa auf dem Weg nach Europa – aus der Perspektive von Renovabis". Diese Perspektive ist selbstverständlich eingeschränkt, es ist eine kirchliche Perspektive und es ist notwendig eine einseitige Perspektive. Es geht mir aber nicht um eine allgemeine Zustandsbeschreibung, vielmehr legt unsere Arbeit ihren Schwerpunkt auf Europa. Und dabei wiederum nicht auf wirtschaftliche und finanzielle Gegebenheiten: Vielmehr geht es uns um die Gesellschaft und die Kirchen in dieser Gesellschaft. Sie merken schon, daß ich von Kirchen spreche, denn in Deutschland gibt es die beiden großen Kirchen, die katholische und die evangelische, wobei sich letztere in verschiedene Kirchen gliedert und in Mittel- und Osteuropa begegnet man der römisch-katholischen Kirche, den griechisch-katholischen Kirchen und den orthodoxen Kirchen des Moskauer Patriarchats, anderer Patriarchate und autokephalen Kirchen.

Wie stellen sich in diesem Rahmen nun die Entwicklungen dar? Zunächst möchte ich erklären, was Renovabis ist: Renovabis ist die Solidaritätsaktion der deutschen Katholiken mit den Menschen in Mittel- und Osteuropa. Sie wurde von der Deutschen Bischofskonferenz auf vielfältige Anregungen hin gegründet. Treibende Kraft waren hierbei Laien und Laiengruppen, das Zentralkomitee der deutschen Katholiken und verschiedene Vertriebenenorganisationen. Renovabis will nicht Hilfswerk sein, sondern Hilfe im Rahmen der Solidarität geben und vermitteln und zwar nicht nur mit Katholiken oder Christen, sondern grundsätzlich mit allen Menschen guten Willens von der deutschen Ostgrenze bis zum Pazifik und von Estland bis nach Albanien. Natürlich bedeutet dies zunächst Förderung von Projekten, ihre Bewertung, ihre Bewilligung oder Ablehnung, ihre Begleitung und in diesem Rahmen vielfältige Beratung. Renovabis hilft grundsätzlich, abgesehen von dieser Beratung, durch finanzielle Zuschüsse. Sachhilfen fallen selten und in kleinstem Rahmen an. Hilfstransporte werden von Renovabis weder veranstaltet noch im allgemeinen unterstützt. Wichtiger ist aber die Förderung partnerschaftlicher Verbindungen, damit Menschen einander kennenlernen, aufeinander zugehen, miteinander unterwegs sind und vor allem aufeinander hören. Solche Partnerschaften auf Pfarrebene standen am Beginn der Wirksamkeit von Renovabis und waren vor allem in der ehemaligen DDR schon vor der Wende teilweise 20 Jahre alt. Diese Partnerschaften ebenso wie die Renovabis-Projekte haben pastorale Aspekte, sozial-karitative und auch entwicklungspolitische Gesichtspunkte. Im Grunde ist Renovabis damit nur ein großes Beispiel für viele kleinere Nichtregierungsorganisationen, die ebenso und teilweise früher entsprechende Tätigkeiten ausüben. Ich erinnere nur an das Maximilian-Kolbe-Werk, die Ackermann-Gemeinde oder das Bonifatiuswerk sowie die vielen Caritas-Verbände.

Diese Hilfen und Partnerschaften entstehen oft aus christlichem und humanitärem Engagement, und häufig stellt sich deshalb die Frage der Nachhaltigkeit, die ja eine Person allein oder eine zu kleine Gruppe nicht garantieren kann. Eine Möglichkeit zur Sicherung dieser Nachhaltigkeit ist die Verankerung in einem größeren Rahmen. Ein solcher Rahmen kann im katholischen Raum von Renovabis ermöglicht werden, und das versuchen wir unter anderem durch den Hinweis auf Europa als umfassende Vision. Deutschland, Polen und der Tschechischen Republik, Ländern also, die in Mitteleuropa liegen, kommt dabei eine Schlüsselfunktion zu. Sie haben einen Bezug in den Osten und in den Westen. Wenn Europa als Ganzes wachsen soll, dann geht es darum, Europa über alle geographischen Gegebenheiten hinaus zu einer geistigen Wirklichkeit werden zu lassen. Wenn wir stolz darauf sind, wie viel von Deutschland und Frankreich seit Kriegsende getan wurde, um das gegenseitige Verständnis und kooperative Strukturen zu fördern, dürfen wir nicht vergessen, daß die Grenzen zwischen Deutschland und Frankreich aus deutscher Sicht nur die drittlängsten sind. Die Grenzen Deutschlands mit der Tschechischen Republik und die mit Polen sind länger. Das Sprachenproblem dagegen ist zwischen Tschechischer Republik, Polen und Deutschland, jedenfalls auf deutscher Seite, sehr viel größer als das zwischen Frankreich und Deutschland. Trotzdem gibt es nur ganz wenige Schulen in Deutschland, an denen Polnisch bzw. Tschechisch gelehrt wird. Wie machen wir diese Schwierigkeiten wett, die vornehmlich auf deutscher Seite liegen, denn Deutsch als Fremdsprache wird bei unseren osteuropäischen Partnern in großem

Maßstab gelehrt? „Je mehr Sprachen einer spricht, desto mehr Leben hat er gelebt", sagt Goethe. Sprache ist nicht nur ein Instrument für alltägliche Kommunikation, sondern auch der Ausdruck eines Volkscharakters, und den gilt es bei unseren Nachbarn kennenzulernen.

Diese Überlegung zeigt, daß noch ein weiter Weg von wirtschaftlichen Gegebenheiten hin zur geistigen Wirklichkeit Europa zu gehen ist. Zuweilen sind wirtschaftliche und gerade auch finanzielle und fiskalische Gegebenheiten sogar eher hinderlich als förderlich auf dem Weg zu einem geistigen Europa. Die Hindernisse stammen zu einen guten Teil von den verschiedenen Geschwindigkeiten, mit denen sich in Mittel- und Osteuropa und erst recht in Mittel- und Westeuropa die Gesellschaften und auch die Kirchen entwickeln. In manchen Teilen Osteuropas ist der Entwicklungsprozeß für die Menschen vor Ort zwar atemberaubend, verglichen mit den Entwicklungen im Westen aber doch ein ganzes Stück langsamer. Das gilt nicht so sehr im technischen Bereich, wohl aber im menschlichen. Vor allem geht die Schere innerhalb der Gesellschaften in vielen Gebieten Osteuropas immer weiter auf, und auch die Kirchen haben daran ihren Anteil. Vieles wird einerseits als verlockend, auf der anderen Seite aber als bedrohlich empfunden und führt zu Abwehrhaltungen. Aber auch in Mittel- und Osteuropa selbst ist das Entwicklungstempo der Gesellschaften und vor allem der Kirchen unterschiedlich. In den großen Flächenstaaten Osteuropas, der Ukraine und Rußland, zeigt sich dieses Auseinanderfallen ganz besonders. Ähnliches gilt für die Krisenregionen auf dem Balkan. Je nachdem, wo der geistige Mittelpunkt der einzelnen Kirchen ist, ist der Entwicklungsstand sehr verschieden. Das hängt auch mit der unterschiedlichen Zahl gut ausgebildeter Professoren ebenso zusammen wie mit der Zahl der Träger kirchlicher Verantwortung, also vor allem den Bischöfen. Letztere wurden teilweise aus der Untergrundsituation heraus geweiht oder haben erst vor kurzem ihr Amt übernommen, zum Teil nach ausführlicheren Studien im Westen. In der orthodoxen Kirche des Moskauer Patriarchats kommt dabei auch den Klöstern eine bedeutende Rolle zu. Allerdings darf man sich unter den dortigen Ordensleuten nicht immer die hochgebildeten Persönlichkeiten vorstellen, denen wir in vielen Abteien und Klöstern unseres Lebensraumes zu begegnen gewohnt sind.

Wir müssen uns daher fragen, inwieweit Ideen und materielle Gegebenheiten aus dem Westen Mittel- und Osteuropa verändern und wie auch Einflüsse anderer Regionen in Mittel- und Osteuropas Veränderungen bewirken. Über alle Grenzen hinweg sind es dabei auch vor allem die Medien, die zu Miterziehern werden und dadurch die Gegebenheiten verändern.

Denken Sie nur an die sprachliche Entwicklung: In vielen Teilen Mittel- und Osteuropas war das Französische die westliche Sprache, die am weitesten verbreitet war, vor allem bei den Gebildeten. Danach kam das Deutsche. Das Französische ist inzwischen zurückgefallen, das Deutsche ist dagegen immer noch lingua franca. Aber zunehmend nimmt vor allem bei der Jugend das Englische den ersten Platz ein. Radio und Fernsehen haben an diesem Wandel einen großen Anteil. Das führt dazu, daß die ganze Denkweise, die Bilder und Vorstellungen, die Entwicklungsideale und zum Teil auch die Wertmaßstäbe transkontinental geformt werden. Wenn Europa zusammenwachsen soll, dann müssen wir um diese außereuropäischen Einflüsse wissen.

Auch im Materiellen tut sich eine Schere innerhalb der Bevölkerung auf: man kann alle Güter kaufen, aber die meisten Menschen können sie sich nicht leisten. Der Einzelne bleibt dabei allzu leicht auf der Strecke, was nach ideengeschichtlichen Zusammenbrüchen, die nach alternativen Lösungsangeboten verlangen, auch wieder die Kirchen auf den Plan rufen sollte. Die Bildung und Ausbildung des Klerus und anderer Multiplikatoren, wie Lehrern und Katecheten, war aber gerade wegen der Verfolgung und wegen der Benachteiligung der Gläubigen in der Aus- und Weiterbildung behindert und kann erst allmählich neu aufgebaut werden. Es fehlen die Dozenten aus dem eigenen Sprach- und Kulturbereich. Ausländische Ersatzkräfte können nur zum Teil die Lücken füllen. All dies führt dazu, daß ausländische Einflüsse von den Meinungsträgern im Inland nur langsam assimiliert und in adäquater Form beantwortet werden können.

In der Zeit der Geltung antichristlicher und achristlicher Ideologien und entsprechender Verfolgungen waren die Kirchen in Mittel- und Osteuropa auf Widerstand eingestellt. Jeder Widerstand nach außen schließt die Reihen und führt zu Formulierungen, die in der Abwehr weniger Toleranz gegen andere Ideen zeigen, als dies in einer Atmosphäre der Freiheit der Fall ist. Die Kirchen mußten de facto von einem Tag auf den anderen ihre Hierarchien aufbauen und besetzen. Man hat dabei oft auf die bekannten Heroen des Widerstands zurückgegriffen. Zuweilen hat man auch Exponenten einer vergangenen Zeit neue Verantwortungen übertragen, weil sie schon vor Ort waren und weil sie die administrative Erfahrung hatten.

Folgen dieser Vorgehensweisen lassen sich allerorten beobachten: Entweder sind Personen als „Administratoren" zur Verantwortung gelangt, deren Stärke mehr im religiösen Bereich und weniger in den nun geforderten administrativen und einigenden Aufgaben lag, oder man hat auf Persönlichkeiten zurückgegriffen, ohne hinreichend die Folgen ihrer persönlichen Geschichte mit ihrer Einvernahme durch die früheren Autoritäten zu bedenken. Abgesehen davon hatten viele der seelsorgerisch Verantwortlichen in der Verfolgungszeit nur rudimentäre Studien betreiben können, so daß sie leicht in Konfrontation mit neuen Ideen gerieten, weil ihr Wissen gar nicht umfassend genug sein konnte.

Die Gesellschaften in Mittel- und Osteuropa sind keineswegs homogen. Vor allem ethnische Unterschiede, die lange Zeit nicht nur vom Kommunismus, sondern auch von anderen diktatorischen Regierungsformen unterdrückt wurden, werden jetzt wieder zu entscheidenden Störfaktoren. Am stärksten zeigt sich dies auf dem Balkan, wo die Folgen der Pariser Vorort-Verträge von 1919 und 1920 heute aufbrechen. Besonders bedeutsam werden ethnische Unterschiede, wenn sie durch konfessionelle Unterschiede oder unterschiedliche Religionszugehörigkeiten verstärkt werden, wie in Bosnien-Herzegowina, im Kosovo und auch in Makedonien. In Rumänien, der Slowakei und in Teilen der Ukraine gibt es ähnliche Konflikte. Es ist bemerkenswert, daß diese Spannungen nicht in blutige Gewalt mündeten.

Ethnische und konfessionelle Probleme bedingen und verstärken sich gegenseitig. Deshalb ist auch Ökumene als Form des Zusammenlebens im Glauben gefragt. Dabei sind die konfessionellen Verhältnisse in Mittel- und Osteuropa im stetigen Wandel begriffen. Das betrifft zunächst das Verhältnis zwischen katholischer und orthodoxer Kirche. Dieses Verhältnis ist dort besonders eigenartig, wo die orthodoxe Kirche in verschiedenen Ausprägungen auftritt, vor allem in der Ukraine, wo drei orthodoxe Kirchen tätig sind. Das Verhältnis zwischen den Glaubensgemeinschaften geht aber auch über die Grenzen des Christentums hinaus. An einigen Stellen, z.B. in Sarajewo, begegnet die katholische Kirche dem Judentum, und an vielen anderen Orten gibt es Berührungspunkte mit dem Islam. Der Islam ist in sich wiederum verschiedenartig, mal auf Konfrontation angelegt, wie in Mittelasien und Bosnien, mal kooperativ ausgerichtet, wie z.B. im Kosovo. In einzelnen Gebieten gibt es auch die im Westen klassische Situation der Koexistenz von katholischer und evangelischer Kirche. Dies allerdings nur in einzelnen Ländern und oftmals im Zusammenhang mit deutschsprachigen Siedlungen aus den letzten Jahrhunderten.

Wandlungen in den Kirchen und ihrem Selbstverständnis sind auch in den gewandelten wirtschaftlichen Verhältnissen und der Notwendigkeit, darauf zu reagieren, begründet. Staatliche Transfers sind rückläufig und sind oftmals auch nicht gewünscht; andere wirtschaftlich einträgliche Bereiche – wie Grund- und Immobilienbesitz – sind den Kirchen verlorengegangen. Kirchen suchen deshalb oftmals händeringend nach anderen Quellen zur Finanzierung ihrer Aktivitäten. Fragen nach Kirchenbanken und Produktionsbetrieben der verschiedensten Art wurden schon an Renovabis herangetragen. Ich habe dabei oftmals vor solchen Aktivitäten gewarnt, weil der nötige Sachverstand mir nicht immer gegeben schien. Nun habe ich von einem Wertpapierfonds gehört, der von kirchlicher Seite empfohlen wurde. Hier entsteht das Problem der Haftung für mögliche Ausfälle. Es handelt sich um den sogenannten Invesco-Fonds, der aus den Vereinigten Staaten stammt. Sicher wäre es hilfreich, wenn der nötige Sachverstand für solche Unternehmungen den Verantwortlichen in den Kirchen zur Seite gestellt würde.

Am Anfang habe ich darauf hingewiesen, daß die EU für Mittel- und Osteuropa große Bedeutung hat und vice versa. Dies möchte ich abschließend nochmals unterstreichen. Es scheint mir, daß die EU für Mittel- und Osteuropa eine Schicksalsfrage ist. Der Wiederaufbau nach den Verheerungen des Kommunismus im gesellschaftlichen und wirtschaftlichen Bereich kann nur gelingen, wenn ausreichend Hilfe von außen gewährt wird. Das verlangt öffentliche Mittel. Diese Hilfe wird aber nur gegeben werden, wenn sie dem Aufbau der Europäischen Gemeinschaft dient. Ich meine, daß dies in Mittel- und Osteuropa bei den Verantwortlichen vielleicht mehr gesehen wird als anderswo. Dem Volk aber fehlt diese Überzeugung noch. Gerade deshalb muß unsere kirchliche Arbeit ebenfalls auf die europäische Einigung im gesellschaftlichen und im kirchlichen Bereich hinwirken, das heißt aber vor allem Verständnis füreinander zu wecken und Kirche und Europa vorzuleben. Umgekehrt ist Mittel- und Osteuropa auch für die EU eine Schicksalsfrage, denn sie muß sich menschlich und wirtschaftlich mit den vernetzten Systemen in Amerika und in Ostasien messen. Das kann sie aber nur, wenn nicht allein das kleine Westeuropa in diesen Wettbewerb eintritt, sondern wenn das ganze Europa einschließlich Rußlands zusammenwirkt.

Die begrenzte Vernetzung in Schlesien zwischen dem deutschen, dem polnischen und dem tschechischen Anteil bietet Renovabis die Möglichkeit, entwicklungspolitische Akzente zu setzen und damit auch zur europäischen Zusammenarbeit beizutragen. Eines unserer ersten Projekte war das Jugendzentrum Kana in Gleiwitz, dann in Kattowitz, dann in Zory und endlich in Tarnow, wofür wir etwa 3 Millionen DM an Fördermitteln aufgewendet haben. Daraus erwuchs unter anderem der Radiosender „Puls" in Gleiwitz, der mit etwa 1 Mio. DM gefördert wurde. Ein besonders vorausschauendes Projekt ist die Theologische Fakultät an der Universität Oppeln, weil hier eine Vernetzung von Staat und Kirche im theologischen Bereich begonnen wurde, die auch anderweitig in Polen weitergeführt wird. Wegen der Bedeutung dieses Projektes haben wir eine weitere Förderung vom 3 Mio. DM bewilligt.

Diese Beispiele zeigen, was Renovabis anstrebt: Die Förderung der Kirchen um damit die Gesellschaft zu fördern und beide auf dem Weg nach Europa zu begleiten.

III. Christentum und Soziale Marktwirtschaft

Schlesien auf dem Weg in die Europäische Union
Hrsg. von Lüder Gerken und Joachim Starbatty
Lucius & Lucius, Stuttgart, 2001

Soziale Marktwirtschaft – Worthülse oder Programm?

Joachim Starbatty, Tübingen

I. Marktwirtschaft – mit oder ohne Adjektiv?

F. A. von Hayek hat das erläuternde Adjektiv „sozial" im Begriff „Soziale Marktwirtschaft" als „weasel-word" bezeichnet: Genauso wie ein Wiesel Eier aussaugen könne, ohne daß das von außen erkennbar sei, könnten auch bestimmte – in der Regel sympathisch anmutende – Worte ihres eigentlichen Inhalts entleert werden; sie würden dann mit anderen Inhalten aufgefüllt und entfalteten unter dem ursprünglichen Etikett eine gegenteilige Wirkung. In der Zusammensetzung mit Marktwirtschaft sickerten über das Adjektiv „sozial" Tendenzen ein, die den marktwirtschaftlichen Koordinationsprozeß unterminierten und schließlich lahmlegten (v. Hayek 1957, 72). Daher plädiert der tschechische Reformer, Vaclav Klaus, für eine Marktwirtschaft „ohne Adjektiv". Für ihn repräsentiert (2000, 108) die deutsche „Soziale Marktwirtschaft" ein anderes Beispiel für einen „Dritten Weg"; er gibt aber zu, daß deren Anfang mit einem einflußreichen Mitglied der Mont-Pelèrin-Gesellschaft verknüpft sei, mit Ludwig Erhard. Er fährt fort: „Um fair zu sein, muß ich betonen, daß er es (diesen Begriff, J. St.) anders als die jetzigen deutschen Politiker – ob SPD oder CDU – definierte" (2000, 109). Er verweist auf seine Rede, die er anläßlich der Verleihung des Ludwig-Erhard-Preises für Wirtschaftspublizistik gehalten hat.

Ähnlich äußert sich auch ein anderer prominenter Reformer, Leszek Balcerovicz. Bei Gesprächen gerade mit informierten polnischen Gesprächspartnern stößt man auf tiefe Skepsis, was die Verbindung von „sozial" und „Marktwirtschaft" angeht. Womöglich spielt auch der spezifische Erfahrungshintergrund eine wichtige Rolle. Viele Menschen gerade in Transformationsländern fanden den Begriff „Soziale Marktwirtschaft" sympathisch, weil sie offensichtlich hofften, die im real existierenden Sozialismus verheißene soziale Sicherheit, insbesondere der Arbeitsplätze, in einer Marktwirtschaft, charakterisiert durch hohe persönliche Einkommen, bewahren zu können. Das aber läßt sich nicht miteinander vereinbaren; in einer marktwirtschaftlichen Ordnung tragen die Bürger für sich selbst Verantwortung und werden so konkret mit den Risiken des eigenen Lebensentwurfs konfrontiert – bis hin zum ganz persönlichen Scheitern. Sie haben die Erfahrung gemacht, daß sich die soziale Sicherheit, die sie im Sozialismus gewohnt waren – wenn man genau hinguckt, war sie im Grunde nur vorgespiegelt –, nicht in die marktwirtschaftliche Ordnung transferieren ließ; also bei Beibehaltung des alten Sicherungssystems keine funktionierende Marktwirtschaft. Umgekehrt empfanden sie dann eine Marktwirtschaft, in der sie mit eigener Verantwortung und möglichem Scheitern konfrontiert wurden, als bedrohlich und damit auch als unsozial.

Blickt man in die neuen Bundesländer, so sind die Erfahrungen auch nicht ermutigend. Die Arbeitslosenziffern – vor allem bei Herausrechnung staatlicher Arbeitsbeschaffung – sind immer noch erschreckend hoch. Daher empfinden viele Bürger unsere Wirtschafts- und Gesellschaftsordnung als unsozial; dabei wird mehr als ein Drittel des deutschen Bruttoinlandsprodukts für soziale Zwecke ausgegeben, ohne daß freilich immer die wirklich Bedürftigen erreicht werden. Der Staat wollte immer sozialer sein – das soziale Netz wurde immer enger und damit auch kostspieliger –, und die Wirklichkeit wurde immer unsozialer. Genau das hat Werner Müller, Bundesminister für Wirtschaft und Technologie in einer sozialdemokratisch geführten Bundesregierung, bestätigt (Wirtschaftsbericht 1999): „ Die Soziale Marktwirtschaft wird seit Jahren langsam, aber stetig unsozialer. Die viel zu hohe Arbeitslosigkeit belegt dies ebenso wie die zu hohe Belastung mit Steuern und Abgaben zur Finanzierung einer unsozialen Anspruchsinflation an den Staat. Namentlich die permanente Sozialisierung des Mehrwertes der Arbeit lähmt Leistungswillen und Eigenverantwortlichkeit. Wir brauchen also die Rückbesinnung auf die Grundsätze der Sozialen Marktwirtschaft".

Wir wollen daher im folgenden prüfen, ob die Marktwirtschaft per se unsozial ist und ob wir sie unterminieren oder aushöhlen, wenn wir als staatliche Gemeinschaft bewußt soziale Zwecke realisieren wollen. Wenn wir Antworten auf diese Frage gefunden haben, wollen wir prüfen, was die Vertreter der Marktwirtschaft „mit Adjektiv" von den Vertretern der Marktwirtschaft „ohne Adjektiv" unterscheidet. Auch für die Diskussion in Deutschland ist eine solche Klärung nützlich, da prominente marktwirtschaftlich orientierte Ökonomen nahelegen, sich von dem Begriff „Soziale Marktwirtschaft" zu trennen.

II. Ebenen der Sozialität

Alfred Müller-Armack (1956, 244f.) hat die Soziale Marktwirtschaft als eine ordnungspolitische Idee definiert, „deren Ziel es ist, auf der Basis der Wettbewerbswirtschaft die freie Initiative mit einem gerade durch die marktwirtschaftliche Leistung gesicherten sozialen Fortschritt zu verbinden". Damit haben wir zwei Aktionsebenen: Wettbewerb und freie Initiative Einzelner und der daraus resultierende Strom an Gütern und Dienstleistungen einerseits, durch Politik gesicherter sozialer Fortschritt andererseits, wobei sich die politischen Aktionen, das ist Müller-Armacks Ortszuweisung, im Rahmen der marktwirtschaftlichen Ordnung zu vollziehen haben.

Um Mißverständnissen zwischen Vertretern der Marktwirtschaft mit und ohne Adjektiv vorzubeugen, wollen wir die Ebenen der Sozialität im Konzept der Sozialen Marktwirtschaft vorstellen. Mit „Sozialität" sollen Phänomene oder Konsequenzen ordnungspolitischer Entscheidungen (Festlegungen) charakterisiert werden, von denen soziale (gemeinschaftsbezogene) Wirkungen ausgehen. Zunächst wird herausgearbeitet, wo Gemeinsamkeiten liegen. Beide Gruppierungen vertrauen darauf, daß die „unsichtbare Hand" der Marktkoordination individuelle Aktionen in soziale Ergebnisse wandele. Willgerodt spricht von der „gesellschaftlichen Aneignung privater Leistungserfolge als Grundelement der wettbewerblichen Marktwirtschaft" (1975, 687ff.). Die Skepsis richtet sich gegen den Staat, wenn er zur Produktion sozialer Leistungen beitragen oder sogar selbst soziale Leistungen über Umverteilung produzieren will. Wir werden im folgenden drei Ebenen der Sozialität unterscheiden:

– soziale Ergebnisse als Konsequenz des Wirkens der unsichtbaren Hand,
– soziale Ergebnisse als Konsequenz bewußter Ordnungspolitik und
– soziale Ergebnisse als Konsequenz staatlicher Umverteilung.

1. Soziale Ergebnisse der unsichtbaren Hand

Preise als Informationsträger

Unbestritten sind Märkte aus sich heraus insofern sozial, als sich die Produktionsstruktur nach den Präferenzen der Konsumenten ausrichtet: Änderungen der Präferenzen ziehen eine Umorientierung der Produktion nach sich („Konsumentensouveränität"). Preise als Belohnungen für ein Tun oder eine Leistung anzusehen ist nicht falsch, aber die Fixierung darauf führt in die falsche ordnungspolitische Richtung. Preise sind im wesentlichen Anreize für zukünftiges Tun; sie sind Informationen für alle, die sich am Wirtschaftsprozeß beteiligen: Sie spiegeln die Qualität in der Vergangenheit liegender Entscheidungen, aber auch aktuelle Präferenzen wider und geben Auskunft über das, was zukünftig an Tätigkeiten wahrscheinlich lohnend ist. Preise bilden sich, wenn Wirtschaftssubjekte dezentral entscheiden und die Ergebnisse dieser Entscheidungen über Märkte koordiniert werden. Märkte sind Orte, wo Menschen sich versammeln, die etwas anzubieten haben – Ideen, Dienstleistungen oder Waren –, und zwar an zentralen oder günstig gelegenen Orten und zu Zeiten, die sich für alle als vorteilhaft oder annehmbar herauskristallisiert haben. Auf Märkten kommen Menschen zusammen, um Transaktionskosten zu sparen und um sich Informationen zu verschaffen über das, was vorhanden ist. Man geht über den Markt, sieht, was angeboten wird, verschafft sich so Markttransparenz, vergleicht, kann akzeptieren oder abwandern. Wettbewerb auf den Märkten erzwingt auch Effizienz. Diejenigen, die mit den Preisen nicht hinkommen, müssen versuchen, etwas anderes zu finden. „Der Wettbewerb als Entdeckungsverfahren" – so lautet F. A. von Hayeks treffende Formulierung (1969, 249).

Das gewaltenteilende Prinzip

Wenn Konsumenten über den Markt gehen und zwischen den Produkten verschiedener Anbieter auswählen können, können sie abwandern. Wenn sie sich nur einem gegenübersähen, müßten sie womöglich überhöhte Preise zahlen. Wenn umgekehrt viele Anbieter es mit nur einem Nachfrager zu tun hätten, müßten sie auf dessen Preisvorstellungen eingehen. Kommt ein zweiter, ein dritter Nachfrager hinzu, können sie auswählen. Das heißt, die Wanderungsmöglichkeit schränkt die Macht der jeweils anderen Marktseite ein: der Markt als gewaltenteilendes Prinzip. Ganz konkret: Die DDR ist in sich zusammengefallen, als die Menschen Wanderungsmöglichkeiten hatten, als die Ungarn den Draht durchschnitten und die Leute über die Grenze gehen konnten. Da war die DDR ausgehöhlt und zum Zerfall verurteilt. Das ist beim Fall der Mauer symbolhaft deutlich geworden. Wir wissen, wie lange die Menschen darauf gewartet haben. Wenn die Menschen Abwanderungsmöglichkeiten haben, können sie nicht mehr ausgebeutet werden. Es ist genau umgekehrt, wie Marx postuliert hat: Nur funktionierende Märkte schützen wirksam gegen Ausbeutung.

Das moralisch-disziplinierende Element

Die Konsumenten vergleichen auf Märkten Produkte und Qualitäten. Wenn sie an einem Stand betrogen worden sind, dann werden sie nicht mehr zu diesem Stand zurückkehren. Das heißt, die Möglichkeit der Abwanderung zwingt den einzelnen Produzenten dazu, ein Gut anzubieten und so anzupreisen, daß er den anderen nicht betrügt. Denn wenn er betrügt und der andere es merkt, wird dieser abwandern; dann wird derjenige, der betrogen hat, Geschäft und Stand auf dem Markt verlieren. Das heißt, auf Märkten ist verläßliches Verhalten, also eine gute Produktionsmoral, auch für die Anbieter vorteilhaft, weil sie so Nachfrager anziehen und zu ihren Kunden machen können. So werden sie zu ordentlicher Produktion geradezu gezwungen. Also ist der Markt eine Institution, die zu guter Moral beiträgt; nicht weil die Menschen von sich aus einen Hang zur Anständigkeit hätten – das mag sein, aber es ist eine unsichere Hypothese –, sondern weil der Markt unmoralisches Verhalten durch Abwanderung bestraft.

2. Soziale Ergebnisse durch Ordnungspolitik

Diese Ebene der Sozialität ist durch staatliche Prägung charakterisiert. Die staatliche Tätigkeit dürfte im einzelnen aber nicht prinzipiell strittig sein, geht es doch im Grunde darum, wie konstitutionelle Bedingungen für eine funktionierende Marktwirtschaft geschaffen und erhalten werden können, ob und wie das zentrale Element der Marktwirtschaft, der Wettbewerb, geschützt werden kann und wie Unternehmen auf Strukturwandlungen im Einklang mit der Belegschaft reagieren können. Bei Betriebsverfassungs- und Mitbestimmungsgesetz freilich mag es mit gutem Grund zu ordnungspolitischen Auseinandersetzungen kommen.

Stabiles Geld ist sozial

Geldwertstabilität ist für Ordoliberale das Ergebnis einer ordnungspolitischen Vorkehrung, nämlich der Ausgliederung der Geldproduktion auf eine unabhängige Notenbank. Sie erwarten, daß Länder mit unabhängiger Notenbank bessere Ergebnisse erzielen als Länder mit abhängiger Notenbank. Die Erklärung dafür lautet: Unabhängige Notenbanken sind nicht abhängig von Wahlterminen; sie sind keinem unmittelbaren politischen Druck ausgesetzt. Politiker sind auf Wahltermine fixiert. Sie wollen in der Regel für die Bevölkerung Gutes tun, insbesondere vor entscheidenden Wahlterminen. Und dann nehmen sie, wenn sie können, die Notenpresse dazu in Anspruch, bestechen also die Wähler über Geldvermehrung. Daher ist eine unabhängige Notenbank eine notwendige ordnungspolitische Voraussetzung für Geldwertstabilität. Aber das ist noch nicht ausreichend. Auch eine unabhängige Notenbank – so Walter Eucken (1952/1995, 257) – kann Fehler machen, wenn ihre Politik auf einer falschen theoretischen Basis beruht und wenn sie den Einflüsterungen mächtiger Gruppen nachgibt. Das kann nie ausgeschlossen werden. Also braucht auch die Notenbank Regeln. Die Deutsche Bundesbank hat sich weitgehend an die geldpolitische Regel gehalten, die wir Milton Friedman verdanken.

Freiburger Imperativ

Eucken setzt ferner auf eine staatlich gesicherte Wettbewerbsordnung. Erhard (1953, 134) plädiert zunächst einmal uneingeschränkt für offene Märkte als Voraussetzung für Wohlfahrtsgewinne und Machtkontrolle. Dies entspricht auch der von Hayekschen Position. Bezüglich der Wettbewerbsgesetzgebung selbst hielt von Hayek nur einen Satz für wichtig (vgl. hierzu Streissler 1973, 1425): Alle Verträge, die gegen den Wettbewerb verstoßen, sind nichtig! Daraus kann also nicht geklagt werden. Demgegenüber plädieren Ordoliberale für eine staatliche

Instanz, die dafür sorgt, daß Wettbewerb herrscht und erhalten bleibt: „Wettbewerb als staatliche Veranstaltung" (Leonhard Miksch 1947/1981, 177). Und daher der Ansatz, ein Gesetz gegen Wettbewerbsbeschränkungen zu schaffen, das durch institutionelle Vorkehrungen Wettbewerb sichert. Hier geht das Konzept der Sozialen Marktwirtschaft über von Hayek hinaus.

Sozialer Konsens in den Betrieben

Die Interessen der Belegschaft können von denen der Unternehmensführung abweichen, obwohl in der Regel die Interessenlage so unterschiedlich gar nicht ist. Alle haben schließlich ein Interesse an der Rentabilität und Erhaltung von Arbeitsplätzen. Aber es kann doch zeitweilig Divergenzen geben; es ist wichtig, diese Divergenzen produktiv aufzulösen. Das Betriebsverfassungsgesetz kann als eine Institution eingeschätzt werden, um Unternehmensführungen und Belegschaften auf gemeinsame Ziele zu verpflichten, sie gegenseitig erkennen zu lassen, wo das gemeinsame Interesse liegt (vgl. hierzu Böhm 1980, 315ff.; Leminsky 1979, 115ff.).

3. Soziale Ergebnisse durch Umverteilung

Der eigentliche Streit geht um die dritte Komponente, nämlich um die bewußte Produktion sozialer Leistungen durch den Staat über Umverteilung. Es geht also um die Frage und die Dimension sozialer Gerechtigkeit. Soziale Gerechtigkeit ist eine Formel, die viele verwenden, ohne sich über deren konkrete Bedeutung im klaren zu sein. Auch wenn Ordoliberale damit keineswegs verteilungspolitische Beliebigkeit meinen, so steht sie doch im politischen und wissenschaftlichen Streit. Alfred Schüller hat in diesem Band (s. S. 57ff.) aufgezeigt, wie die politische Praxis immer stärker aus Umverteilungsgründen finanzielle Mittel an sich zieht und bindet und so den einzelnen Bürger schließlich finanziell entmündigt. Über die Sicherung des Lebensabends entscheidet er dann nicht selbst, sondern politische Gremien tun das, nachdem er selbst mit seinen Beiträgen den Lebensabend anderer finanziert hat.

III. Zu den Differenzen zwischen den verschiedenen Richtungen

Die sozialen Konsequenzen der unsichtbaren Hand sind unumstritten. Bei der zweiten Ebene der Sozialität – Ordnungspolitik – könnte es Differenzen geben. Hier vertrauen die Vertreter der „adjektivlosen" Marktwirtschaft wohl mehr auf die Sanktionsmechanismen einer offenen Gesellschaft – Zustrom neuer Konkurrenten bei freiem Marktzutritt und Abwanderung unzufriedener Konsumenten –

als auf die disziplinierende Wirkung eines Gesetzes gegen Wettbewerbsbeschränkungen und eines Antimonopolamtes. Aber immerhin ließe sich dann mit Erich Streißler (1973, 1425) antworten: Nutzte es wenig, so schadete es doch auch nicht. Auseinandersetzungen dürfte es über Sinn und Reichweite der Umverteilung geben. Vertreter der Sozialen Marktwirtschaft sehen es als eine moralische Verpflichtung an, sich für die Schwächeren in der Gesellschaft verantwortlich zu fühlen. Es ist daher nötig, zumindest einen flüchtigen Blick auf das Menschenbild, das hinter der Konzeption der Sozialen Marktwirtschaft steht, zu werfen.

1. Das Menschenbild

Eine „menschenwürdige" Wirtschafts- und Gesellschaftsordnung muß am Menschen selbst Maß nehmen. Konkret: Kann das der Sozialen Marktwirtschaft zugrunde liegende Menschenbild christlich genannt werden? Ich konzentriere mich auf eine Auswertung der Schriften Wilhelm Röpkes, der sich von den Architekten der Sozialen Marktwirtschaft am intensivsten mit den Wurzeln des Menschenbildes der Sozialen Marktwirtschaft befaßt hat und dessen Urteil von den wissenschaftlichen Vertretern der Sozialen Marktwirtschaft prinzipiell geteilt wird[1].

Röpke sieht den Menschen in Umwelt und Gesellschaft eingebunden (1964, 89): „Freiheit ist unmöglich ohne moralische Bindungen allerhöchster Ordnung. Freiheit ohne Normen und Regeln, ohne moralische Selbstdisziplin der einzelnen ist die furchtbarste Unfreiheit für alle diejenigen, die dabei zertrampelt und versklavt werden". Röpke plädiert für die Überschaubarkeit von Lebensverhältnissen, damit sich der Einzelne mit seinen Fähigkeiten und Schwächen als Person geschätzt und geborgen fühle, damit er Sinn und Würde des Lebens und der Arbeit unmittelbar erlebe. Nur so erfahre er zugleich Normen und Werte, ohne die auf Dauer keine Gesellschaft bestehen könne.

Röpke sieht solche Werte im Christentum verankert. Die Denker der Antike hätten begonnen, die in der allgemeinen menschlichen Vernunft und der Absolutheit der Einzelseele begründete Würde des Menschen, die Existenz eines Reiches der Ideen jenseits der Willkür der Menschen und die Unantastbarkeit von natürlichen Ordnungen vor und über dem Staat zu Leitsternen abendländischen Denkens zu machen. Das Christentum habe das vollendet und „die revolutionäre Tat vollbracht, die Menschen als Kinder Gottes aus der Umklammerung des Staates zu lösen" (1979, 16). Der freie und Normen verpflichtete Mensch entspricht für Röpke diesem christlichen Menschenbild. Daher ist – und hierauf legt

---

[1] Vgl. zu den Ausführungen hier auch: Habermann (1999, 13–48), Herr (2000, 83ff.), Ockenfels (1999, 53ff.), Schüller (2000, 57ff.) Willgerodt (2000, 89ff.) und Hasse/Starbatty (1999, 15).

Röpke besonderen Wert – „Liberalismus in seinem Wesen nicht ein Abfall vom Christentum, sondern sein legitimes Kind und nur eine außerordentliche Verkürzung der historischen Perspektiven kann zu der Verwechslung von Liberalismus und Libertinismus verleiten" (1979, 18). Daraus folgt Röpkes zentrales ordnungspolitisches Axiom: Wer den Menschen in seiner Freiheit bejaht, muß den freien Markt wollen.

Aus Röpkes Bild des freien, sich selbst verantwortlichen und höchsten Normen verpflichteten Menschen läßt sich auch sein Urteil über den Wohlfahrtsstaat ableiten. Da die häßlichen Zwillinge des Wohlfahrtsstaates der staatliche Zwang und der Fiskalstaat seien, die beide den Bürger seiner Freiheit beraubten, ist für Röpke die umfassende staatliche Fürsorge mit dem freiheitlichen und christlichen Menschenbild nicht vereinbar (vgl. hierzu Habermann 1999, 143–174). Sie schwächt oder lähmt sogar die wirtschaftliche Initiative des Einzelnen. Der bevormundende Staat nimmt dem Menschen Raum und Verantwortung und züchtet geradezu eine Mitnahmementalität. Er tötet auch die Mitmenschlichkeit ab und wirkt dadurch extrem unsozial. Es scheint unter Ethikern in Vergessenheit geraten zu sein, daß der Kirchenvater Augustinus die Kollektivierung, worauf letztlich der Wohlfahrtsstaat hinausläuft, ablehnt, weil dann für „Caritas", also für die tätige Hinwendung und Zuneigung des Nächsten, kein Raum mehr sei.

Aus der Entsprechung des christlichen Menschenbildes mit dem der Sozialen Marktwirtschaft können wir auf weitgehende Übereinstimmung zwischen christlicher Gesellschaftslehre und Sozialer Marktwirtschaft schließen. Für Theodor Herr (2000, 87) zählen daher die konstituierenden Elemente der Sozialen Marktwirtschaft zu den ethisch-sozialen Prinzipien der päpstlichen Enzyklika für die Wirtschaft: „Dieses Modell ist zweifelsohne in der Lage, die ethischen, sozialen und ökonomischen Prinzipien der Enzyklika in die Praxis umzusetzen". Daher folgert Herr, daß die eingangs gestellte Frage nach der Kompatibilität der Sozialen Marktwirtschaft mit den Prinzipien der Christlichen Soziallehre mit einem uneingeschränkten Ja zu beantworten sei.

2. Das entscheidende Informationsproblem

Aus einem solchen Menschenbild können wir die Verantwortung eines Christenmenschen für seinen Nächsten ableiten und daraus auch die Verpflichtung, sich für dessen materielle Existenz verantwortlich zu fühlen, soweit dieser dazu nicht in der Lage ist. Nur die hartleibigsten Vertreter der adjektivlosen Marktwirtschaft würden eine solche Verantwortung des einzelnen ablehnen. Warum lehnt dann v. Hayek das Attribut „sozial" ab und warum wird von ihm der Ausspruch kolportiert: „Ich weiß nicht, was sozial ist".

Wenn man F. A. v. Hayeks Schriften analysiert – insbesondere auch seine „Verfassung der Freiheit" –, dann kann man nicht zu dem Schluß kommen, daß v. Hayek seine Augen vor sozialer Not schlösse und der Meinung wäre, Not sei Konsequenz individuellen Versagens und dürfe somit nicht Gegenstand gegenseitiger Hilfe sein. Er akzeptiert und bejaht ja die gegenseitige Unterstützung, also auch Umverteilung, im Familienverband oder in einem überschaubaren Regelkreis. Wenn er also staatlich organisierte Umverteilung in der modernen Industriegesellschaft ablehnt, dann offensichtlich nicht, weil man sozial Schwachen nicht helfen dürfe, sondern weil wir die Konsequenzen staatlicher Umverteilung in einer Großgesellschaft nicht kennten.

Hayek hat ja in der Würdigung der ordnungspolitischen Perspektiven Bernard Mandevilles besonders dessen Erkenntnis herausgestellt, daß wir in einer komplexen Umwelt die gesellschaftlichen Konsequenzen individuellen Handelns nicht mit Sicherheit voraussagen könnten: „Private Vices, Publick Benefits" (1714, Titelblatt) und umgekehrt. Es ist also das Informationsproblem, das er bezüglich der Umverteilung in der modernen Industriegesellschaft prinzipiell nicht für lösbar hält und das ihn dann zur Ablehnung verteilungspolitischer Aktivität bringt (v. Hayek 1971, 82ff.).

Nun hat sich gegenüber früheren Zeiten der Familien- oder Sippenverband, in dem Problemfälle aufgefangen werden konnten, aufgelöst. Die heutige Kleinfamilie wäre mit dieser Sorge überfordert. Daher bejahen die Vertreter der Sozialen Marktwirtschaft eine staatliche Verantwortung für die Schaffung des Gutes „sozialer Ausgleich". Sie lehnen aber wohlfahrtsstaatliche Umverteilung ab, die die Entscheidungen über Lebensschicksale in Richtung von Kollektiven verlagert. Zu fordern ist vielmehr die Auflösung der „Zwangsversicherung", die schließlich auf die Entmündigung der Bürger hinausläuft (vergleichbar dem vorindustriellen „Deputatsystem"), und ihre Ablösung durch den „Zwang zur Versicherung", wie er auch PKW-Nutzern vorgeschrieben wird. Das soziale Sicherungssystem muß dann nach dem Vorbild „überschaubarer Regelkreise" organisiert werden (Subsidiaritätsprinzip), damit die Menschen sich bemühen, nach Lösungen für ihre Probleme zu suchen anstatt nach Möglichkeiten, wie man am besten kollektive Sicherungssysteme ausbeuten kann.

3. Wie entsteht eine menschenwürdige Gesellschaft?

F. A. von Hayek stellt den Ordnungsprinzipien „thesei" – Erstellung einer Verfassung durch ein (staatliches) Organ – und „physei" – Konzipierung einer Gesellschaftsordnung entsprechend dem Naturrecht – eine Ordnung gegenüber, die sich spontan aus den Interaktionen von Individuen ergibt: „trial and error" (1971, 66ff.). Daraus könnte man den Schluß ziehen, daß sich eine Gesellschaft, die sich selbst überlassen ist, eine Ordnung schafft, die schließlich ein Leben in Freiheit und damit auch im Wohlstand sichert. Auch dies können wir der Bienenfabel Mandevilles entnehmen: Egal, von welchen Motiven auch immer die Indivi-

duen sich treiben lassen, es geht zum Vorteil der Gemeinschaft oder der Gesellschaft aus. Auch in Adam Shmiths Gleichnis von der unsichtbaren Hand klingt
das an: Wenn der einzelne seine Erwerbstätigkeit so ausrichte, daß er dabei die
höchste Wertschätzung erziele, denke er nur an seinen Vorteil und werde so häufig von einer unsichtbaren Hand geleitet, einem Zweck zu dienen, der nicht in
seiner Absicht lag (Smith 1776/1999, 467). Das läßt sich in der Tat theoretisch
und empirisch nachweisen und hier ist ja die disziplinierende Kraft des Marktes in
Richtung Verläßlichkeit herausgearbeitet worden. Daraus ließe sich der ordnungspolitische Schluß ziehen, daß sich eine menschenwürdige Gesellschaft auch dann
herauskristallisierte, wenn man nur die Menschen machen ließe.

Demgegenüber steht die Auffassung, wie sie ja auch in der Beschreibung des
Menschenbildes zum Ausdruck kam, daß Freiheit ohne moralische Bindung zur
Unfreiheit für diejenigen wird, die dabei zertrampelt würden. Heinz J. Kiefer hat
deswegen (in diesem Band, 185f.) die Kooperation des freiheitlich-christlichen
Menschenbildes und der in Deutschland entwickelten Sozialen Marktwirtschaft
(„viel mehr als die klassische liberale Ordnung, die nur dann funktionierte, wenn
es eine haltbare Werteordnung als Basis gab") angemahnt. Romuald Rak geht
sogar so weit, nach einer bewußt christlich ausgerichteten Ausbildung derer zu
rufen, die schließlich politische Verantwortung übernähmen (in diesem Band, 67ff.).
Auch lesen wir ständig, wie schwer Demokratie und Marktwirtschaft bei den
Menschen Fuß faßten, deren Sozialisation sozialistisch geprägt sei. Man gewinnt
bei der Beschreibung der „real existierenden Marktwirtschaft" in den Transformationsländern gelegentlich den Eindruck, daß es sich eher um Exerzierplätze
für mafiose Praktiken handele. Freilich läßt sich dann einwenden, daß auch v. Hayek
nicht annehmen würde, daß das Ordnungsprinzip von „trial and error" zur besten aller Marktgesellschaften führte, wenn es auf dem Schutt starten müßte, den
der real existierende Sozialismus hinterlassen hätte.

Womöglich ist die Kluft zwischen den Vertretern der verschiedenen Richtun-
gen auch geringer als hier geschildert wurde, hat doch Adam Smith in seiner
„Theory of Moral Sentiments" als ein wesentliches Handlungsmotiv herausgestellt,
daß der einzelne nach Beifall und Ansehen in seiner Gruppe strebe, was in aller
Regel dann der Fall ist, wenn seine Aktionen den Präferenzen der Gruppe ent-
sprechen. Auch bei Mandeville (1714, 19) findet sich der Satz, daß uns selbst das
Laster nützt, wenn das Gesetz es kappt und stützt („So Vice is beneficial found,
When its by Justice lopt and bound"), also weiter gefaßt: bei Etablierung einer
Rechtsordnung – sie ist ja die Kodifizierung einer Werteordnung –, in der Aktio-
nen von Individuen so gesteuert werden, daß sie sich zum Vorteil aller auswirken.

Aber auch hier werden unterschiedliche ordnungspolitische Positionen deutlich: Wollen wir ein Rechtssystem anhand bestimmter Prinzipien etablieren oder
können wir darauf vertrauen, daß sich über Richterentscheidungen und Präze-
denzurteile ein gesellschaftlich akzeptables Rechtssystem entwickelt. Womöglich

ist hierbei das Vertrauen, das man in die Kunst und die Unbestechlichkeit von Richtern setzt, doch recht heroisch – gerade in Transformationsländern. Auch darf man nicht übersehen, daß das europäische Recht auf einem Boden entstand und auch „gedüngt" wurde, der christlich geprägt und durchtränkt war. Wie entsteht aber eine menschenwürdige Gesellschaft (vgl. Lobkowicz 2000, S. 77ff.), deren Mitglieder stolz darauf sind, ohne Gottes Gebote auszukommen?

Womöglich ist das, was hier ausgeführt wurde, für die Vertreter der „adjektivlosen" Marktwirtschaft nicht wirklich oder nur in Nuancen strittig. Umso besser. Es sollte gezeigt werden, daß es sich bei dem Konzept „Soziale Marktwirtschaft" weder um einen „dritten Weg" handelt, „der schnellstens in die dritte Welt führt" – so Vaclav Klaus auf dem „World Economic Forum" in Davos (2000, 107) – noch um eine leere „Hülse" (weasel word), derer sich die Gegner der Marktwirtschaft bedienen, um diese zu pervertieren. Es sei aber zugestanden, daß diese Gefahr real ist, gleichgültig welche der großen Parteien wir beispielsweise in Deutschland im Auge haben.

Im Prinzip handelt es sich bei der Formel auch um eine ordnungspolitische Botschaft: Übersieh nicht, daß die Marktwirtschaft selbst erwünschte soziale Wirkungen hervorbringt; und wenn du dich als Politiker für sozialen Ausgleich verantwortlich fühlst, so tu es so, daß du die wohltätige Wirkung der Marktwirtschaft selbst nicht störst, indem du ihr Informations-(Preis-)System intakt läßt. Ob Politiker auf diese Botschaft hören, steht auf einem anderen Blatt. Aber solche Politiker würden auch dann oder sogar besonders dann die marktwirtschaftliche Informations- und Ausgleichsfunktion außer Kraft setzen, wenn es die Formel „Soziale Marktwirtschaft" nicht gäbe.

Literaturverzeichnis

Böhm, Franz (1980), Das wirtschaftliche Mitbestimmungsrecht der Arbeiter im Betrieb, in: Mestmäcker, Ernst Joachim (Hrsg.), Freiheit und Ordnung in der Marktwirtschaft, Baden-Baden 1980, 315ff.

Erhard, Ludwig (1953), Die deutsche Wirtschaftspolitik im Blickfeld europäischer Politik, in: Albert Hunold, Wirtschaft ohne Wunder, Erlenbach – Zürich, 182ff.

Eucken, Walter (1952/1995), Grundsätze der Wirtschaftspolitik, Tübingen.

Habermann, Gerd (Hrsg.) (1999), Das Maß des Menschlichen. Ein Wilhelm-Röpke-Brevier, Thun.

Hasse, Rolf/Starbatty, Joachim (1999), Mit Herz und Verstand für Freiheit und Menschlichkeit – Zum hundertsten Geburtstag des liberalen Nationalökonomen Wilhelm Röpke, in: Frankfurter Allgemeine Zeitung, Nr. 235, 9.10.1999, S. 15.

Hayek, Friedrich A. von (1971), Die Verfassung der Freiheit, Tübingen.

Hayek, Friedrich A. von (1957), Was ist und heißt „sozial"?, in: Albert Hunold (Hrsg.), Masse und Demokratie, Erlenbach – Zürich, 71ff.

Hayek, Friedrich A. von (1969), Der Wettbewerb als Entdeckungsverfahren, in: Freiburger Studien, Gesammelte Aufsätze von F. A. von Hayek, Tübingen, 249ff.

Herr, Theodor (2000), Kirchliche Sozialverkündung heute (in diesem Band).

Kiefer, Heinz J. (2000), Komplexe Regionalanalyse Oberschlesiens – Trilateralität, Interdisziplinarität und Kooperation als Elemente regionaler Ordnungspolitik (in diesem Band).

Klaus, Vaclav (2000), The Third Way And Its Fatal Conceits, in: Vordenker einer neuen Wirtschaftspolitik. Marktwirtschaft, Individualismus und Ideengeschichte. Festschrift für Christian Watrin, Frankfurter Allgemeine Buch 2000, 107ff.

Leminsky, Gerhard (1979), Vertretung von Arbeitnehmerinteressen und ihr Einfluß auf Unternehmerentscheidungen, in: Oppenländer, Karl Heinrich (Hrsg.), Unternehmerischer Handlungsspielraum in der aktuellen wirtschafts- und gesellschaftspolitischen Situation, München, 115ff.

Lobkowicz, František (2000), Unsere Aufgabe: Wieder Respekt vor- und füreinander empfinden! (in diesem Band).

Mandeville, Bernard (1714), The Fable of the Bees: Or, Private Vices, Publick Benefits, London.

Miksch, Leonhard (1947/1981), Wettbewerb und Wirtschaftsverfassung, in: Ludwig-Erhard-Stiftung (Hrsg.), Grundtexte zur Sozialen Marktwirtschaft, Bd. 1: Zeugnisse aus zwei Jahrhunderten ordnungspolitischer Diskussion, Stuttgart/New York.

Müller-Armack, Alfred, Soziale Marktwirtschaft (1956), abgedruckt in: Ders., Wirtschaftsordnung und Wirtschaftspolitik. Studien und Konzepte zur Sozialen Marktwirtschaft und zur Europäischen Integration, Freiburg/Br. 1966, 243f.

Ockenfels, Wolfgang (1999), Röpke als christlicher Wirtschaftsethiker, in: ORDO – Jahrbuch für die Ordnung von Wirtschaft und Gesellschaft, Bd. 50, 53ff.

Rak, Romuald (2000), Das Engagement der Christen in Wirtschaft und Gesellschaft (in diesem Band).

Röpke, Wilhelm (1964), Wort und Wirkung. 16 Reden aus den Jahren 1947 bis 1964, hrsg. von Walter Hoch, Ludwigsburg, 87ff.

Röpke, Wilhelm (1979), Die Gesellschaftskrise der Gegenwart, 6. Aufl., Bern und Stuttgart.

Schüller, Alfred (2000), Christliches Menschenbild und das Grundproblem der Sozialpolitik (in diesem Band).

Smith, Adam (1776/1999), Untersuchung über Wesen und Ursachen des Reichtums der Völker, Bd. II (4. Buch, 2. Kap.). Herausgegeben und eingeleitet von Erich Streißler, Düsseldorf.

Streißler, Erich (1973), Macht und Freiheit in der Sicht des Liberalismus, in: Hans K. Schneider und Christian Watrin (Hrsg.), Macht und ökonomisches Gesetz (Schriften des Vereins für Socialpolitik, N.F. Bd. 74II), Berlin 1391ff.

Willgerodt, Hans (1975), Die gesellschaftliche Aneignung privater Leistungen als Grundelement der wettbewerblichen Marktwirtschaft, in: Sauermann, Heinz/ Mestmäcker, Ernst-Joachim (Hrsg.), Wirtschaftsordnung und Staatsverfassung (Festschrift für Franz Böhm zum 80. Geburtstag), Tübingen, 687ff.

Willgerodt, Hans (2000), Christliche Ethik und wirtschaftliche Wirklichkeit (in diesem Band).

Schlesien auf dem Weg in die Europäische Union
Hrsg. von Lüder Gerken und Joachim Starbatty
Lucius & Lucius, Stuttgart, 2001

Christliches Menschenbild
und das Grundproblem der Sozialpolitik

Alfred Schüller, Marburg

I. Das Menschenbild als ordnungspolitischer Bezugspunkt

Die aktuellen Transformationsbemühungen folgen einer aus vielfacher Erfahrung gewonnenen Einsicht: Die Quellen des Wohlstands können nur auf einer marktwirtschaftlichen Grundlage wieder zum Fließen gebracht werden. Der hierzu erforderliche, teilweise schon weit fortgeschrittene ordnungspolitische Kurswechsel wird vielfach auch akzeptiert. Die Zukunft der Sozialpolitik ist dagegen meist umstritten. Bisher wurde das Soziale fast ausschließlich mit „staatlich organisiert" gleichgesetzt. Es war von einem sozialistischen Menschenbild und einer davon beeinflußten „zentral geplanten Sozialverwaltungswirtschaft" (Müller-Armack 1948, S. 131) geprägt. Diese Sozialtechnik hat eine starke, für den Transformationserfolg unter Umständen verhängnisvolle Bindungswirkung. Von daher ist es nicht verwunderlich, wenn Elemente der alten Sozialpolitik mit dem Argument beibehalten werden, die grundlegende Reform erst dann nachzuholen, wenn dies der Stand der Transformationspolitik materiell erlaubt.

Es besteht kein Zweifel: Die Entstaatlichung des Sozialen zählt zu den größten Schwierigkeiten des gesellschaftlichen und wirtschaftlichen Umbruchs. Hierbei geht es um Ordnungsfragen, die entscheidend für die materiellen Grundlagen der geistigen, sittlichen und religiösen Daseinsbedingungen der Menschen sind. Was können die Kirchen hierzu beitragen?

Das Verhältnis zwischen der christlichen Soziallehre, vor allem aber der Kirchen und der unternehmerischen Marktwirtschaft, war und ist auch heute vielfach nicht frei von Vorbehalten und Mißverständnissen. Dabei müßte vor allem die ordoliberale Konzeption der Marktwirtschaft, die eine freie und gerechte Gesellschaft zum Ziel hat, den Kirchen entgegenkommen. Das wird vielfach auch von Sozialethikern und kirchlichen Repräsentanten so gesehen, denn das christliche Menschenbild und der ordoliberale Gedanke decken sich weitgehend. In der Tat ist der liberale Gedanke – entgegen der Meinung vieler Theologen – „ein wahrhaft christlicher, irenischer, friedenbringer Gedanke" (Schreiber 1954/1984, S. 66).

Die Grundlagen allen sozialen Tuns und Strebens bestehen nach dem christlichen Menschenbild in

- der persönlichen Verantwortung vor Gott und seinen Mitmenschen (als Kernstück des Prinzips der Personalität und der freiwilligen Solidarität),
- in der Liebe zum Nächsten (als zentraler Aspekt der freiwilligen Solidarität),
- in der Freiheit und Würde der Person (im Rahmen des Sittengesetzes der Zehn Gebote und als Aufgabe der staatlich organisierten Solidarität) und
- in der Familie als soziale Grundeinheit der Gesellschaft und – generell – im Prinzip der Subsidiarität, das die personale Entfaltung strukturell, also durch Ordnungsvorkehrungen, ermöglichen soll.

Diese Vorstellung vom christlichen Menschenbild enthält zwei ordnungspolitische Bezugspunkte, die auch das sozialethische Fundament des Ordoliberalismus bilden: Der Gedanke der Personalität und die Idee einer durch Ordnung begrenzten Freiheit.

Ausgangspunkt der Personalität ist das Vertrauen in die Eigenständigkeit und Gestaltungskraft der menschlichen Person, in ihre Fähigkeit, wirtschaftlich auf eigenen Füßen zu stehen und ihre Bereitschaft zum solidarischen Handeln. Dies schließt das Recht und die Pflicht ein, Vorkehrungen gegen die Risiken des Daseins (Krankheit, Unfall, Invalidität, Arbeitslosigkeit, Alter und Pflegebedürftigkeit) zu treffen. Die Vielzahl unausweichlicher Risiken, die modernen arbeitsteiligen Wirtschaftsgesellschaften eigen sind, macht es verständlich, daß die Menschen in leistungsfähigen Einrichtungen der sozialen Sicherheit das Kernstück einer freiheitlichen, menschenwürdigen Lebensordnung sehen.

In der Frage, wie das Verhältnis von personaler Freiheit und sozialer Sicherheit in einer Welt der Mittelknappheit gestaltet werden kann, liegt das Grundproblem der Sozialpolitik. Hierfür kommen als Ausfluß des Solidaritäts- und des Subsidiaritätsprinzips grundsätzlich drei Lösungen in Frage:

1. Die Förderung der Selbsthilfekraft der Person, ihres Willens und ihrer Fähigkeit zur eigenverantwortlichen Vorsorge – durch Aufbau von Humankapital für ein regelmäßiges Erwerbseinkommen, durch Sparen und Vermögensbildung sowie andere Formen der Vorsorge für sich selbst und für andere. Hauptansatzpunkt für die Stärkung dieser „subsidiären Kompetenz" ist vor allem die staatliche Bildungspolitik.

2. Die Sicherung und Stärkung von Handlungsspielräumen für die staatsfreie Solidarität mittels Selbsthilfeorganisationen: Familien als Grundeinheiten jeglicher wirtschaftlicher und sozialer Aktivität; Unternehmen mit vielfältigen Möglichkeiten
   - der vertraglich vereinbarten (Ver-)Sicherung (auch gegen Kündigung, Lohnausfall im Krankheitsfalle),

– der Gestaltung von Mitbestimmung, einer Gewinn- und Vermögensbeteiligung, der betrieblichen Altersvorsorge usw.,

– der Mitgliedschaft in Verbänden, Kirchen, Einrichtungen der freien Wohlfahrtspflege und vielfältigen anderen Organisationen, die der Bündelung privater Hilfeleistungen dienen.

3. Die staatlich organisierte Solidarität. Hierfür kommen prinzipiell folgende Hilfsformen in Frage:

– Staatliche oder halbstaatliche Lenkung und Bewirtschaftung von sozialen Diensten (Krankenhäuser, Sozialversicherungen, Arbeitsämter, Wohnungsämter bis hin zur Übernahme der gesamten Wohnungs- und Wohnraumverteilung in staatliche Hand usw.), Sonderstellung der freien Wohlfahrtspflege gegenüber entsprechenden privat-gewerblichen Einrichtungen.

– Beschränkungen der Vertragsfreiheit aus sozialen Gründen: Versicherungszwang; Zwangsmitgliedschaft in einer einheitlichen, staatlich beherrschten Organisation; Bindung dieser Pflichten an das Beschäftigungsverhältnis; gesetzliche Vorschriften über Mindestlöhne oder Regelungen (etwa der Tarifautonomie), die marktwidrige Lohnerhöhungen möglich machen; staatliche Anordnung von (Miet-) Preisbindungen, Kündigungsschutz, Mitbestimmung.

– Subventionen: Bedarfsspezifische Preissubventionen für Grundnahrungsmittel, Strom, Gas, Wasser, Wärme, Kinderbekleidung, Bücher, kulturelle Veranstaltungen, Wohnungs- und Verkehrsleistungen; beschäftigungsspezifische Lohnzuschüsse („Kombilohn") und Investitionshilfen.

– Staatliche Transferleistungen monetärer und sachlicher Art für eine „soziale" Ausrichtung des Bildungssystems und der Wohnungswirtschaft; für die Finanzierung von Beschäftigungsprogrammen, für Maßnahmen der „aktiven Arbeitsmarktpolitik", für den Ausgleich von Haushaltsdefiziten der Sozialversicherungen, für Maßnahmen zur Bekämpfung von Armut und Bedürftigkeit in Form staatlicher Fürsorgen und Sozialhilfe.

– Staatliche Steuerpolitik (progressive Einkommensteuer, Ökosteuer zur Finanzierung der Rentenversicherung, Steuer zur Finanzierung der „Rente mit 60" u.ä.).

Die Lösungen 1. und 2. haben hinsichtlich der Wissensbasis, der inneren Handlungsanreize und -kontrollen unbestreitbare Vorteile. Was in dieser Hinsicht erreichbar ist, hängt von Traditionen und Gewohnheiten, kollektiven Lernprozessen, vom formalen und finanziellen Handlungsspielraum für privatunternehmerische Vorsorge und Wohltätigkeit sowie für die Entwicklung vielfältiger risikoteilender und risikoreduzierender Institutionen und (Versicherungs-)Gemeinschaften ab.

Auf diesen Spielraum und damit auf die Wettbewerbs- und Leistungsfähigkeit der beiden ersten Lösungen haben die handlungsrechtliche Ausgestaltung und Reichweite sowie die finanziellen Konsequenzen der 3. Lösungsebene entscheidenden Einfluß. Davon wiederum ist – wie ein aktueller Vergleich zwischen Deutschland und den USA zeigt – die wirtschaftliche und soziale Leistungsfähigkeit der jeweiligen marktwirtschaftlichen Ordnung als Ganzes bestimmt.

Die Antwort auf die Frage nach der zweckmäßigen Gewichtung der drei Lösungsebenen hängt in einer freien Gesellschafts- und Wirtschaftsordnung davon ab, welches Menschenbild und Staatsverständnis sich im demokratischen Prozeß durchsetzen kann. Dies wiederum ist wesentlich vom vorherrschenden Demokratieverständnis in einer Gesellschaft beeinflußt. Wie weit ist dieses Verständnis von der Tradition oder der Verfassung beschränkt, wenn es um wählerwirksame Bestrebungen in der Politik geht, das Soziale bevorzugt mit dem Aufgabenfeld der 3. Lösungsebene gleichzusetzen und weitgehend zu verstaatlichen?

Das hier vorgestellte christliche Menschenbild setzt bei der Aufgabe, das Verhältnis der drei Lösungsebenen zu bestimmen, auf den „geordneten und ordnenden Willen des Menschen" (Höffner 1986). Dieser Ordnungswille, der auch im Mittelpunkt des ordoliberalen „Denkens in Ordnungen" steht, sieht den besonderen „sozialen Gehalt" einer Wirtschaftsordnung in der Herstellung von Rahmenbedingungen, die eine leistungsfähige, beschäftigungsfreundliche Produktionssphäre ermöglichen, getragen von einer Mischung aus anpassungsfähigen Klein-, Mittel- und Großunternehmen mit einer breiten Schicht von Selbständigen und Vermögensbesitzern.

Aus dieser Sicht besteht die größte soziale Tat in den Transformationsländern darin, daß durch den Aufbau von Güter- und Faktormärkten und von Märkten für Unternehmensbeteiligungen ein Prozeß in Gang kommt, der die zentralverwaltungswirtschaftliche Betriebsgrößenstruktur auflöst und einer neuen international wettbewerbsfähigen Unternehmensgrößenstruktur förderlich ist. Je geringer die Autarkiebegabung eines Transformationslandes ist, desto stärker rücken die internationalen Einflüsse auf die Beschäftigung in den Blickpunkt einer sozialen Transformationspolitik. Dieser Prozeß bedarf gerade auch in sozialpolitischer Hinsicht der ordnungspolitischen Gestaltung.

Es ist gewiß im politischen Alltag der Transformationsländer nicht leicht zu vermitteln, daß die soziale Frage vor allem die Frage nach der Freiheit des Menschen in einer leistungsfähigen Wirtschaftsordnung ist und daß die Lösung dieses schwierigen, zeitraubenden Problems anderen Fragen vorgelagert sein muß.

Der „soziale Gehalt" einer solchen Ordnung hat folgende Dimensionen: Je mehr die Wirtschaftsordnung dem ganz überwiegenden Teil der Bevölkerung auf den beiden ersten Lösungsebenen hinreichende wirtschaftliche Anreize sowie Gestaltungs- und Entwicklungspotentiale für eine umfassende Eigenvorsorge läßt, desto stärker kann sich die 3. Lösungsebene auf staatliche Wohlfahrtseinrichtungen für diejenigen beschränken, die wirklich bedürftig sind, weil sie nicht für sich selbst sorgen können. Im übrigen besteht darüber hinaus Spielraum für eine weitergehende Sozialpolitik, soweit diese der Gesamtentscheidung für eine Wirtschaftsverfassung des Wettbewerbs verpflichtet ist.

II. Das konkurrierende Menschenbild des demokratischen Sozialismus

In den Transformationsländern wird gerne an westlichen, wohlfahrtsstaatlichen Konzepten Maß genommen, wie sie vom demokratischen Sozialismus, aber auch von Seiten der christlichen Soziallehre, vor allem aber der Kirchen bevorzugt werden. Hierbei ist die 3. Ebene der Lösung des sozialpolitischen Grundproblems der entscheidende Ansatzpunkt. Die gewünschten sozialen Zustände sollen mit demokratischen Mitteln im politischen Prozeß erstritten werden. Selbsthilfe und staatsfreie Solidarität und insgesamt die Möglichkeiten zur Stärkung des Selbsthilfepotentials der Menschen (insbesondere als Arbeitnehmer) werden nicht als ernsthafte Konkurrenz für den wohlfahrtsstaatlichen Anspruch und Auftrag betrachtet, bestehende Ungleichheiten, die als diskriminierend empfunden werden, abzubauen und gleichwertige Lebensbedingungen für alle zu ermöglichen. Die Mittel sind eine weitgehende staatliche oder halbstaatliche Lenkung und Bewirtschaftung von sozialen Diensten, vielfältige Beschränkungen der Vertragsfreiheit, Subventionen, Transferzahlungen und steuerpolitische Maßnahmen.

Alle Institutionen der Wettbewerbsordnung werden mehr oder weniger dem wohlfahrtsstaatlichen Verständnis von Sozialpolitik untergeordnet: Die Vertragsfreiheit, die Eigentumsordnung, die Preissteuerung und Währungsstabilität, das Bildungssystem, die Steuer- und Haushaltspolitik des Staates. Typisch für diese Sozialpolitik ist die Präferenz für soziale Sicherungssysteme, die auf wettbewerbsfeindlichen Zwangsmitgliedschaften beruhen und systematisch an die Arbeitsverhältnisse und entsprechende Regulierungen der Arbeitsmärkte gebunden sind. Die Arbeitsmarktpolitik wird gewerkschaftlich vorgeformt. Dabei werden Einheitslösungen (auch um den Preis knappheitswidriger Lohnvereinbarungen) bevorzugt. Es entsteht dadurch eine mehr oder weniger weitgehende Absonderung der sozialen Sicherungssysteme und der Arbeitsmarktverhältnisse von der Wettbewerbsordnung im allgemeinen und vom internationalen Marktgeschehen im besonderen.

Dort, wo dieses Menschenbild bisher die Sozialpolitik bestimmt hat, sind fortschreitend freiheits- und moralverzehrende Interventionsketten zu beobachten. Diese beruhen auf dem ordnungspolitischen Fehlurteil, daß jedes Mehr an staatlich organisierter Solidarität ein Mehr an Entgiftung der Marktwirtschaft in sozialer Hinsicht erbringe. Diese Auffassung geht auf die vom „wissenschaftlichen

Sozialismus" und vom „Kathedersozialismus" vertretene These von der Zwangs-
läufigkeit der Vermachtung der Wirtschaft und der in ihrem Gefolge entstehenden Verelendung der Arbeiterschaft zurück. Seitdem steht die marktwirtschaftliche Wettbewerbsordnung in dem Verdacht, die Armen immer ärmer und die
Reichen noch reicher zu machen.

Die aus dieser Vorstellung entstandene Sozialstaatsidee hat sich – vor allem
in Deutschland – im Bewußtsein der öffentlichten Meinung vielfach so weitgehend verselbständigt, daß hierin auch für Transformationsländer die bestmögli-
che Lösung der Sozialpolitik gesehen wird.

Dabei dürfte kein Zweifel bestehen, daß die Orientierung am sozialistischen
Menschenbild Hauptursache der sozial- und beschäftigungspolitischen Krisen in
Westeuropa ist. Denn dadurch wird der Handlungsspielraum der privaten Haushalte auf der 1. und 2. Lösungsebene beschränkt. Schließlich trauen sich die Menschen nicht mehr, „den Ungewißheiten des Lebens aus eigener Kraft zu begegnen, und suchen Schutz und Sicherheit hinter vermeintlich stärkeren Rücken,
nämlich hinter dem Rücken der Kollektive, sei es Staat, Partei, Gewerkschaft,
Verband, Betrieb. Sie wagen nicht mehr den harten Schritt aus dem Kindheits-
paradies in die Selbstverantwortung des Erwachsendaseins und halten, wenn sie
erwachsen sind, eifrig Ausschau nach Pseudo-Vätern, die es ihnen erlauben,
weiter in der Unschuld des Kindes in den Tag hinein zu leben ... Demokratie funktioniert nur unter selbstverantwortlichen, eigenständigen, mündigen und kritischen Menschen. Wenn eine Mehrheit um der Sicherheit willen bereit ist, die
Freiheit zu verkaufen, so heißt das, den Scharlatan und Ehrgeizling hervorrufen,
der mit Sicherheitsversprechungen nicht geizt, um billig zur Macht zu kommen".
Besonders die Angst vor der unfreiwilligen Arbeitslosigkeit „vergiftet unser Sozial-
leben bis in seine Wurzeln" und dient als „Vorspann für abenteuerliche wirtschaftspolitische Experimente" (Schreiber 1954/1984, S. 44).

III. Grundsätze einer subsidiären Sozialpolitik

1. Systemgerechtigkeit: Die Systeme der sozialen Sicherung sind aus der Allzu-
   ständigkeit einer staatlichen Monopolisierungs- und Umverteilungspolitik zu
   entlassen und als Teil einer Wettbewerbsordnung zu verstehen und zu gestalten. Damit gelangt die Sozialpolitik zur Wirtschaftspolitik in ein systemgerech-
   tes (subsidiäres) Verhältnis. Hierzu gehören, ausgehend vom Prinzip der
   Personalität, die Potentiale der beiden ersten Lösungsebenen. Sie setzen ein
   leistungsfähiges und beschäftigungsfreundliches Produzieren voraus, sonst fallen dem Staat Aufgaben zu, die mit Hilfe der beiden ersten Methoden besser
   erfüllt werden können. Der Staat hat sich demzufolge auch im Bereich der

Einrichtungen der sozialen Sicherung prinzipiell auf die Rahmensetzung zu beschränken.

2. Subsidiaritätsprinzip: Danach ist ein „funktionenteiliges Zusammenwirken zwischen Gesellschaft und Staat, zwischen privatautonomen und politischen Tätigkeiten" (Franz Böhm) anzustreben. In einem marktwirtschaftlichen Ordnungsrahmen haben die Wohlfahrtsverbände, dabei auch die Sozialeinrichtungen der Kirchen, als Intermediäre zwischen Staat und Bürgern aus christlicher wie auch aus ordoliberaler Werthaltung wichtige Aufgaben. Hierbei sind Unwirtschaftlichkeit, Fehlversorgung und Innovationsmangel zu vermeiden. Die Sicherung eines offenen Wettbewerbs zwischen den verschiedenen Einrichtungen der sozialen Sicherung ist hierfür die wichtigste Voraussetzung. Alle Versicherungen, auch die Sozialversicherungen, müssen im Sinne des Äquivalenzprinzips den gleichen Rechtsanspruch begründen und sich durch individuelle Rentabilität auszeichnen, also auf jegliche Staatssubvention verzichten. Mit diesem Verzicht kann einem der Hauptgründe für eine politische Einflußnahme und für chaotische Umverteilungsverhältnisse der Boden entzogen werden. Es ist eines mündigen und selbstverantwortlichen Menschen unwürdig, einen Teil seiner Sozialversicherung „angeblich dem Staat verdanken zu müssen. In Wahrheit ist diese Subvention nur ein optischer Trick. Die Subventionen müssen ja auch von der Masse derer, denen sie zugedacht sind, in Form von Steuern aufgebracht werden" (Schreiber 1954/1984). Für die damit verbundene Personalisierung des Sozialleistungsbereichs ist die Ablösung der sozialen Sicherungssysteme von den Arbeitsverhältnissen eine wichtige Voraussetzung. Aus dem Subsidiaritätsprinzip leitet sich für die Ebene der staatlich organisierten Solidarität die Aufgabe der Sozialabsicherung ab. Sie dient der Würde des Menschen und zielt darauf ab, einen kollektiven Einkommensschutz für jene zu bieten, die aufgrund körperlicher oder geistiger Gebrechen nicht in der Lage sind, Markteinkommen aus eigener Kraft zu erzielen, und für die im Rahmen der Selbsthilfe und der staatsfreien Solidarität – etwa im Familienverbund – keine Sicherung besteht.

3. Grundsatz der strengen Budgetrestriktion. Nur dadurch können den starken Umverteilungsneigungen im politischen Prozeß starke Zügel angelegt werden. Demgemäß scheiden für die Finanzierung der Sozialabsicherung die Steuerfinanzierung und die staatliche Kreditaufnahme bzw. Geldschöpfung aus. Die vielfach in den Transformationsländern bevorzugte Finanzierung der Sozial(versicherungs)fonds über staatliche Subventionen, vor allem aber über Lohnsummensteuern, die mehrheitlich von den Betrieben aufgebracht werden und die – wie etwa in Rußland – bis zu 40% der gesamten Lohnsumme

erreichen, steht erstens im Widerspruch zum Prinzip der Personalität und gefährdet zweitens den Aufbau eines modernen Unternehmenssektors mit günstigen Beschäftigungsperspektiven. Eine bei fehlender Beitrags-Leistungs-Äquivalenz unausweichliche politische Einflußnahme verhindert drittens, daß die in der sozialistischen Sozialpolitik angelegte Illusion der kostenlosen Sicherung überwunden und ein Bewußtsein für selbstverantwortliche Kostenkontrolle entwickelt werden kann. Schließlich werden bei dieser Form der Finanzierung viertens die Kosten der sozialen Sicherung unter Umständen auf spätere Generationen verlagert. Es wäre allerdings zu überlegen, die Ausgaben für die Sozialabsicherung an das Aufkommen aus einer bestimmten Steuerart zu binden, auf jeden Fall die Aufgabenwahrnehmung nach dem Prinzip des Näher-Daran bei den unteren Gebietskörperschaften anzusiedeln.

4. Schutz der privaten Eigentumsbildung und -nutzung auf der Basis eines stabilen Geldwertes und der Vertragsfreiheit, zum einen für eine nachhaltig erfolgreiche Selbsthilfe und staatsfreie Solidarität, zum anderen zur Bildung einer leistungsfähigen Kapitalwirtschaft als Voraussetzung für die Finanzierung von Investitionen und damit von Beschäftigungsmöglichkeiten. Auch darin ist eine soziale Tat ersten Ranges zu sehen. Ein Staat, der bei dieser Aufgabe versagt, muß – wenn er dies überhaupt kann oder will – Aufgaben übernehmen, die eigentlich durch die Familien zuverlässiger geleistet werden können: Die Erziehung und Ausbildung der Kinder, die tägliche Fürsorge, die Hilfe für Alte und Kranke sowie vielfältige andere Leistungen für die eigenen Angehörigen. Der Schutz des privaten Eigentums in einem umfassenden ökonomischen Verständnis dieses Begriffs ist deshalb gleichzusetzen mit der Stärkung der materiellen Grundlage der Familien und anderer Formen der staatsfreien Solidarität.

5. Maßnahmen der Umverteilung sind auf die Gestaltung des Einkommensteuertarifs und auf direkte Zahlungen an bestimmte Personen und Institutionen (wie Familien) zu beschränken, die unter gesellschafts- und sozialpolitischen Gesichtspunkten als besonders förderungswürdig angesehen werden. Sozialpolitik ist also auch weiterhin als Instrument des Parteienwettbewerbs möglich, jedoch mit folgenden Vorzügen:
   - Erstens wird die bisher eher verborgene Umverteilungspraxis offener und durchsichtiger. Die Politiker sind selbst unmittelbar herausgefordert, Finanzierungsmöglichkeiten offenzulegen und zu erschließen. Die Haftungskomponente politischen Handelns wird gestärkt.
   - Zweitens werden durch die Einbeziehung der Systeme der sozialen Sicherung in die Politik der Wettbewerbsordnung (mit stärkerer Personalisierung und Marktorientierung der sozialen Sicherung) mehr Mittel frei – zum einen

für die private Vermögensbildung und für die freiwillige Solidarität, zum anderen für die öffentliche Fürsorge zugunsten der Menschen, die unzweifelhaft bedürftig sind.

Das Steuersystem bietet den entscheidenden Ansatzpunkt, um Diskriminierungen der privaten Vermögensbildung im allgemeinen und der unternehmerischen Eigenkapitalbildung und Beteiligung am Produktivvermögen im besonderen auszuschließen und mit dem wirtschaftlichen auch den sozialen Handlungsspielraum der Bürger zu erweitern.

Literaturverzeichnis

Eucken, Walter (1952/1990), Grundsätze der Wirtschaftspolitik, erste Auflage 1952, 6. Auflage Tübingen 1990.

Gemeinsames Wort der Kirchen (1997), Für eine Zukunft in Solidarität und Gerechtigkeit, herausgegeben vom Rat der Evangelischen Kirche in Deutschland und von der Deutschen Bischofskonferenz, Bonn.

Höffner, Joseph (1986), Die Weltwirtschaft im Licht der Katholischen Soziallehre, in: Lothar Roos (Hrsg.), Stimmen der Kirche zur Wirtschaft. Beiträge zur Gesellschaftspolitik Nr. 26, herausgegeben vom Bund Katholischer Unternehmer e.V. in Zusammenarbeit mit der Vereinigung zur Förderung der christlichen Sozialwissenschaften e.V., Köln, S. 3–9.

Müller-Armack, Alfred (1948), Die Wirtschaftsordnung sozial gesehen, ORDO: Jahrbuch für die Ordnung von Wirtschaft und Gesellschaft, Bd. 1, S. 125–154.

Schreiber, Wilfried (1984), Gedanken zu einem „Sozialen Konzept" der katholischen Unternehmer. Einleitendes Referat zur Sitzung des „Bonner Kreises" des BKU am 16. März 1954, in: Wilfried Schreiber (Hrsg.), Die Botschaft des sozialen Friedens, Beiträge zur Gesellschaftspolitik, herausgegeben vom Bund Katholischer Unternehmer e.V. in Zusammenarbeit mit der Vereinigung zur Förderung der christlichen Sozialwissenschaften e.V., Köln.

Schüller, Alfred (1999), Subsidiäre Sozialpolitik: Neuordnung des Verhältnisses von Selbsthilfe, freiwilliger Solidarität und staatlicher Absicherung, in: Bund Katholischer Unternehmer (Hrsg.), In christlicher Verantwortung. 50 Jahre Bund Katholischer Unternehmer, Frankfurt/Main 1999, S. 191–220.

Schüller, Alfred und Ralf L. Weber (1998), Sozialpolitik in den Transformationsländern, in: Eckhard Knappe und Norbert Berthold (Hrsg.), Ökonomische Theorie der Sozialpolitik. Bernhard Külp zum 65. Geburtstag, Heidelberg, S. 393–427.

Schlesien auf dem Weg in die Europäische Union
Hrsg. von Lüder Gerken und Joachim Starbatty
Lucius & Lucius, Stuttgart, 2001

Das Engagement der Christen in Wirtschaft und Gesellschaft

Romuald Rak, Kattowitz

Das Referat gehört inhaltlich zur Christlichen Soziallehre, die ihrerseits in die Pastoraltheologie übergreift. Ich bin Pastoraltheologe; darum interessiert mich alles, was die Gesellschaftslehre ausgearbeitet hat, so wie uns auch Psychologie, Soziologie und Anthropologie Material dazu geben. Es geht nun darum, die richtigen Schlüsse daraus zu ziehen. Ich möchte hier auf die Grundlagen des Engagements eines Christen hinweisen: Sie sind für alle Gebiete des menschlichen Schaffens, auch des christlichen, maßgebend; also für die Gebiete der Ehe und Familie, der Kultur, der Wirtschaft, des politischen und sozialen Lebens und auch des Friedens in der Welt.

Zu den Grundlagen gehört zuerst das Tauf- und Firmungsbewußtsein eines Christen, denn nur jener Christ, der sich dieser Sakramente bewußt ist, wird sich in den oben genannten Gebieten engagieren. Dieses Bewußtsein will ich im ersten Teil des Referates ansprechen. Der zweite Teil betrifft das wirtschaftliche und soziale Leben in der Kirche und in der Welt, obwohl, wie wir sehen werden, das soziale und politische Leben nur schwer voneinander zu trennen sind. Im dritten Teil geht es um die Ausbildung jener Christen, die auf den obengenannten Gebieten tätig sein können. Die Ausbildung ist nötig. Wir haben zwar Christen, die sich irgendwie engagieren, aber oft werden Menschen ganz zufällig zu Politikern und Aktivisten; ihnen fehlt die notwendige Ausbildung.

Darum möchte ich gleich am Anfang bemerken, daß wir in Polen in großer Sorge sind: Wir haben keine überzeugten Politiker und Aktivisten, die in den verschiedenen Gremien das Wort im christlichen Sinne ergreifen könnten, weder im Parlament noch in den Landesratsgremien oder auf kommunaler Ebene. Wir haben sogar christliche Parteien mit vielen Mitgliedern, die entweder bewußt schweigen oder nichts sagen dürfen. Sie sind nicht imstande, christliche Anliegen zu verteidigen oder sie zu fördern. Die Parteien selbst sind schwach und zerstritten, uneinig wie die „Solidarność", die einst so mutig gegen das kommunistische System aufgestanden ist. Sie hatte jedoch nicht die Liebe, und ohne Liebe wird sie sich immer mehr aufspalten[1]. Dasselbe gilt im Hinblick auf die Ökumene: Seit dem großen Schisma im Jahre 1054 sind sich die Kirchen uneinig, und an dieser Uneinigkeit zwischen der katholischen und der orthodoxen Kirche nehmen viele Anstoß. Das hat schon das Zweite Vaticanum festgestellt, indem es von den Wurzeln des Atheismus spricht. In der Konstitution über die Kirche und Welt lesen wir, daß die Christen auch gegenüber dem Atheismus Verantwortung tragen; denn die Reaktion gegen die vielen Religionen ist manchmal sehr groß und in einigen Ländern sogar gegen die christlichen Religionen gerichtet[2]. Zu jedem Schisma gehört ein Mangel an Liebe. Und ohne Liebe, wie bei der „Solidarność", kann es zu einer weiteren Zersplitterung kommen. Diese Liebe muß man u.a. aus den Sakramenten der Taufe und der Firmung schöpfen, um sie dann im Glauben in das tägliche Leben der Christen übertragen zu können.

I. Das Tauf- und Firmungsbewußtsein als Fundament der christlichen Aktivität

Ich stelle die These auf, daß nur derjenige zum christlichen Politiker oder Aktivisten wird, der sich das Bewußtsein eines getauften und gefirmten Christen erarbeitet hat. Dieses Bewußtsein fehlt oftmals. Die soziologischen Untersuchungen in Polen, die in verschiedenen Städten und auf dem Land durchgeführt wurden, haben folgende Ergebnisse gebracht: Auf die Frage „Was gibt dir die Taufe?" erhielten die Fragesteller verschiedene Antworten: ca. 10% gaben unsinnige Antworten, 20% aller Befragten antworteten nicht ganz ausreichend „Die Taufe tilgt mir die Erbsünde" oder „Ich werde zum Christen". Weitere 10% gaben Antworten wie „Die Taufe gibt mir den Glauben" oder „Ich habe den Heiligen Geist empfangen". Aber ungefähr 60% antworteten mit einem niederdrückenden „Ich weiß nicht, was mir die Taufe gibt". Das zeigt uns das schwache Taufbewußtsein. Noch schwächer waren die Antworten auf die Frage „Was gibt mir die Firmung"[3].

---

[1] Vgl. Johannes Paul II, Die Nachsynodale Adhortation Christifideles Laici vom 30.12.1988 über die Berufung und Mission der Laien in der Kirche und in der Welt, Vatikan 1989, Nr. 41.

[2] Konstitution des 2. Vaticanums über die Kirche in der Welt: Gaudium et spes, vom 7.12.1965, Nr. 19.

[3] Vgl. J. Marianski, Praktyka Chrztu w Europie Zachodniej i w Polsce (Taufpraxis in Europa und in Polen), in: Biuletyny Socjologii Religii, Collectanea Theologica, Warszawa 60/1990, Fasz. II, 127–143.

Was müssen Christen über diese beiden Sakramente wissen?

(1) Die Menschen werden durch die Heilige Taufe von dem Makel der Erbsünde befreit und auch – bei Erwachsenen – von jeder persönlichen Sünde.

(2) Die Getauften erhalten Anteil an der göttlichen Natur und werden an Kindes statt angenommen. Die Taufe ist ein Bad der Wiedergeburt der Kinder Gottes (vgl. Joh. 3,5). Man wird zum Eigentum Gottes, da man in eine enge Gemeinschaft mit der Dreifaltigkeit aufgenommen wird.

(3) Die Menschen werden (dies ist eine Paulinische Formulierung aus dem Römerbrief 6,4–5) in dem Tod Christi mitbegraben, um dann mit Christus zum ewigen Leben miterweckt zu werden. In der Taufe wird nämlich das Pascha-Mysterium vollzogen.

(4) Durch die Taufe kann ein Mensch zur Würde des königlichen Priestertums gelangen. Das bewirkt u.a. die Salbung mit dem Heiligen Chrisam-Öl[4]. Man wird dadurch zum Tempel des Heiligen Geistes. Das wird in der Firmung noch verstärkt, so daß jeder Getaufte und Gefirmte die Worte Jesu mit Ihm zusammen wiederholen kann: „Der Geist des Herrn ruht auf mir, denn der Herr hat mich gesalbt. Er hat mich dadurch gesandt, damit ich den Armen eine Nachricht bringe, damit ich den Gefangenen die Entlassung verkünde und den Blinden das Augenlicht, damit ich die Zerschlagenen in Freiheit bringe" (Lukas 4,18–19). Diese Feststellung ist interessant: Nicht nur Christus, sondern jeder Getaufte und Gefirmte kann diese Worte aussprechen und danach handeln. Er gleicht damit Christus, der Getaufte ist auch „Christus" geworden; denn Christus heißt eigentlich „der Gesalbte". Und so konnte der Heilige Augustinus die Worte schreiben: „Wir wollen uns freuen und Dank sagen, wir sind nicht nur Christen, sondern ‚Christus' geworden. Staunt und freut euch: Ihr seid Christus geworden"[5].

Ich erwähne diese Worte, die Christus nach Jesaja ausgesprochen hat (Jesaja 61,1–2) deswegen, weil darin das ganze soziale Leben und die soziale Tätigkeit eines Christen enthalten sind. Es geht hier um die Armen, die Gefangenen, die Blinden, die Kranken und alle anderen Zerschlagenen. Die Salbung bewirkt, daß wir am Hirtenamt Christi und der Kirche teilnehmen können und sollen und dazu noch zu Priestern und Verkündigern berufen werden, jeder auf seine Art. Wir werden z.B. auch zu Priestern, die jeden Sonntag mit dem geweihten Priester Gott dem Vater seinen Sohn in der Gestalt des Brotes und Weines, die zu Fleisch und Blut Jesu verwandelt, in der Eucharistie opfern sollen; wir sind nämlich zum

---

[4]   Christifideles Laici Nr. 10–14.
[5]   Augustinus, Traktat über das Johannes-Evangelium 21,8, CCL 36, 216.

allgemeinen Priestertum berufen. Hier also, nicht im Befehl Gottes: „Du sollst den Sabbat heiligen" (Exodus 20,8–11), liegt die Verpflichtung zur Sonntagsmesse. Durch das allgemeine Priestertum sind wir auch zu einem Opferleben berufen. Die Konstitution des Zweiten Vaticanums über die Kirche sagt, daß jene, die mit dem Heiligen Geist gesalbt wurden, immer reichere Früchte des Geistes bringen müssen: „Alle ihre Werke, Gebete und apostolischen Unternehmungen, ihr Ehe- und Familienleben, die tägliche Arbeit, die geistige und körperliche Erholung, wenn sie im Geist getan werden, aber auch die Lasten des Lebens, wenn sie gedul- dig ertragen werden, werden zu geistigen Opfern, die wohlgefällig vor Gott durch Jesus Christus sind" (1. Petrusbrief 2,5)[6]. Hier muß der getaufte und gefirmte Christ den anderen ein Beispiel geben.

In der Salbung des Heiligen Geistes liegt auch die Verpflichtung zum Zeugnis geben. Christus befähigt so Apostel und Laien, das Evangelium nicht nur zu hö- ren, sondern auch in Wort und Tat zu verkünden. Sie sollen Verkünder des Glau- bens werden, zuerst in ihren Familien, dann in der Öffentlichkeit, also in politi- schen, kulturellen, wirtschaftlichen und sozialen Ämtern; heute meinen wir damit auch die Ämter in den Parlamenten und Parteien. Alle sollen ihre Kräfte dem apostolischen Werk widmen, alle sollen bei der Ausweitung und beim Wachstum des Reiches Gottes mitarbeiten. Sie sollen durch Beispiel und Zeugnis überall die Wahrheit verkünden und jene, die die Wahrheit suchen, erleuchten[7].

Es bleibt die Verpflichtung zum königlichen Priestertum und königlichen Amt Jesu Christi. Nicht nur der Priester, auch die Laien sollen an diesem Amt teilneh- men und es entwickeln, daß sie durch ihren Beitrag das Königreich der Sünde in sich selbst und den anderen besiegen können (Römer 6,12), um dann in Liebe und Gerechtigkeit Jesus zu dienen, der in allen Brüdern, besonders in den Klein- sten gegenwärtig ist (Matthäus 25,10). Ebenfalls ist der Getaufte berufen, der Schöpfung ihren ursprünglichen Wert zurückzugeben. Alle nehmen nämlich an der Vollmacht Jesu Christi teil, der alle und alles an sich zieht und der einst alles dem Vater übergeben wird[8]. Damit kann ich zum zweiten Teil meiner Ausführun- gen übergehen, nachdem nun klar ist, daß nur jene, die sich ihrer Taufe und Fir- mung bewußt sind, zu führenden Politikern und Aktivisten berufen sind.

---

[6] Konstitution des Zweiten Vaticanums über die Kirche: Lumen Gentium, vom 21.11.1964, Nr. 34.

[7] Lumen Gentium, Nr. 35.

[8] Lumen Gentium, Nr. 36.

II. Bereiche der christlichen Aktivität

Es ist schwer, diese Bereiche des öffentlichen Lebens von sich selbst zu trennen, denn es handelt sich ja um jene, die, wie wir gesagt haben, das Wort in der Öffentlichkeit ergreifen sollen, um so zu führenden Politikern und Aktivisten auf den Gebieten der Familie, der Kultur, der Wirtschaft, des sozialen und politischen Lebens und dem Gebiet des Friedens zu werden. Friede ist heute nicht mit Waffenruhe gleichzusetzen; er soll vielmehr, wie die letzten Päpste das gesehen haben, zum geistigen, sittlichen und materiellen Fortschritt der ganzen Menschheit dienen. Dieser Fortschritt wird Tag für Tag durch beharrliche Arbeit und unter Einhaltung der natürlichen Ordnung verwirklicht, die stets präsent sein muß: Sie dringt nämlich auf eine vollkommene Form der Gerechtigkeit unter den Menschen, so Johannes XXIII und Paul VI[9].

1. Gemeinsame Richtlinien für alle Bereiche

Für alle uns schon geläufigen Bereiche sind folgende Bemühungen notwendig[10]:

(1) Das Eintreten für die persönliche Würde des Menschen. Ihm kommt die Eigenart der Person zu. Dieses „Person sein" muß geschützt werden, die Würde des Menschen ist mit ihm verbunden.

(2) Man muß stets für die Freiheit des Menschen eintreten. Es gibt keine Freiheit ohne die Wahrheit. Ohne sie wird die Freiheit mißbraucht. Sie war gleich am Anfang von der Sünde verwundet, weil der böse Geist die Wahrheit und die Existenz Gottes verneint hat. Er hat sich der Unwahrheit bedient, in dem er zu den ersten Menschen sagte: „Ihr werdet wie Gott sein" (Genesis 3,5). Jeder Politiker und Aktivist muß immer die Freiheit und die Wahrheit vor Augen haben.

(3) Ein engagierter Christ wird auch immer für das Leben eintreten, es ist ein Grundwert überhaupt. Jeder Mensch hat ein Recht auf Leben, noch nicht geborene Kinder genauso wie ältere Menschen. Für „Euthanasie" gibt es im Leben eines Christen keinen Platz. Auch Manipulationen mit dem menschlichen Leben, die durch neue Technologien in Medizin oder Biologie entstehen, müssen entschieden zurückgewiesen werden.

(4) Die weiteren Rechte des Menschen bestehen in der Freiheit, dem Gewissen zu folgen. Der Mensch muß diese Freiheit haben, er muß z.B. seinen Glauben

---

[9] Paul VI in Enzyklika Populorum Progressio vom 26.5.1967 über Entwicklung und Frieden in der Welt, zitiert in der Nr. 76 auch die Worte des Papstes Johannes XXIII aus seiner Enzyklika Mater et Magistra aus dem Jahr 1963.

[10] Christifideles Laici, Nr. 37–40.

privat und öffentlich bekennen und seinen Lebensstand frei wählen können (z.B. Ehe, Priester- oder Ordensstand). Jeder Mensch hat zudem ein Recht auf Arbeit, auf Familiengründung und Erziehung, ja sogar ein Recht auf guten Ruf und Achtung. Jede Form einer gesellschaftlichen Diskriminierung wegen des Geschlechtes, der Rasse, der Hautfarbe, der gesellschaftlichen Stellung, der Sprache oder der Religion muß überwunden werden. Alle Menschen sind vor Gott gleich, und wenn sie vor Gott gleich sind, müssen sie auch vor den Menschen gleich sein.

(5) Für alle Bereiche des menschlichen Lebens und Schaffens ist noch folgendes zu bedenken: Ein Politiker und Aktivist kann nicht nur aus individuellen Impulsen heraus handeln, er muß sich in seiner Tätigkeit auf Organisationen und Verbände stützen. Persönliche Initiativen sind wichtig, wichtiger ist jedoch, daß sie in Organisationen und in Verbänden geschehen, obwohl es manchmal geschehen kann, daß Institutionen zu Machtzentren erstarren; man spricht auch von Gruppenegoismus. Und welche Gruppen oder Gruppenmitglieder unterliegen dieser Gefahr nicht? Eine solche Gefahr entsteht, wenn sich solche Gruppen nicht an die Pfarrei oder an die Diözese eines Bischofs anlehnen. Wir waren immer beeindruckt von dem Engagement der französischen Arbeiterpriester. Diese Institution hat sich von selbst aufgelöst, da diese Priester nicht in Gemeinschaft mit der Pfarrei oder mit dem Bischof handelten. Alles endete mit dem Zusammenbruch des Arbeiterpriestertums. Nur einer hat sich bewährt, der Priester Jacques Loew, der zugleich Pfarrer war und im Rücken die ganze Pfarrei als Hilfe und Halt hatte. Hinter der Tätigkeit vieler Aktivisten muß eine Gemeinschaft des Glaubens, der Eucharistie und der Caritas stehen. Die Pfarrei ist der beste Ort, wo sich alle Gläubigen versammeln können. Die Pfarrei ist nämlich zugleich ein Instrument der Berufung vieler, die sich im sozialen Dienst engagieren. Dies sind die allgemeinen Anforderungen an einen Politiker oder Aktivisten; sie müssen für sie eintreten können.

2. Wirtschaftlicher Bereich

Wenn wir nun zum Engagement eines Christen in der Wirtschaft kommen, so müssen alle wissen, daß die erste Grundlage für die Bedeutung der Wirtschaft der Mensch selbst ist[11]. Die Arbeit, die ein Gut für den Menschen bedeutet, dient ihm

---

[11] Außer Christifideles Laici müssten hier noch andere Enzykliken von Johannes Paul II. zitiert werden, so z.B. die Enzyklika Laborem Exercens vom 14.9.1981 über die Bedeutung der Arbeit des Menschen, vgl. Nr. 24–27, wie auch die Enzyklika Sollicitudo rei socialis vom 30.12.1987 über die Soziallehre der Kirche.

selbst, nicht der Mensch der Arbeit. Durch sie wird nicht nur die Natur, sondern der Mensch selbst umgewandelt. Darum ist die Arbeit schon auf Grund der Menschenwürde hoch zu schätzen. Wir sprechen weiter vom Recht, von der Erde das zu empfangen, was für den Menschen notwendig ist. Dieser Norm sind alle anderen Rechte unterzuordnen. Infolgedessen wird die Kirche immer das Eigentum, das Recht auf Besitz, verteidigen. Im Namen des Evangeliums wird sie auch für einen gerechten Lohn eintreten, obwohl auch eingesehen werden muß, daß die Arbeit keine Ware ist und noch weniger die Arbeitnehmer; denn sie sind keine Sache. Der Arbeitslohn muß sowohl den Unterhalt der ganzen Familie wie auch das Gemeinwohl berücksichtigen; denn hier geht es um Bewältigung der Probleme der Arbeitslosigkeit und der Sorge für Arbeitsplätze für die Jugend. Das alles muß menschengerecht und nicht nur sachgemäß behandelt werden. Bezüglich anderer Problemen möchte ich nur kurz auf das Recht der Arbeitnehmer hinweisen, eine Gewerkschaft zum Schutz der Mitglieder zu gründen. Die Gewerkschaft ist heute ein unentbehrliches Element des gesellschaftlichen Lebens[12].

Es müßte dann auch zu einer Überprüfung der Landwirtschaft kommen; denn die Bauern befinden sich in vielen Ländern, bei uns in Polen und in den ehemaligen Sowjetländern, in einer tiefen Krise. Die Bauern müssen wissen, daß sie selbst die Agrarfrage nicht lösen können, denn hier spielt auch der Mechanismus des Marktes eine Rolle. Es ist sicher, daß die Landwirtschaft jetzt aus europäischer Sicht anders gesehen werden muß. Wer kann die Bauern im christlichen Sinn überzeugen? Das ist heute eine Frage für uns alle.

3. Bereich der sozialen Aktivität

Wenn wir nun das soziale Leben betrachten, so muß an erste Stelle das Engagement für die Familie gestellt werden. Es geht besonders um kinderreiche Familien. Ihnen muß geholfen werden. Dann kommt die Caritas, die karitativen Werke. Der Einsatz der Laien, besonders der christlichen Politiker und Aktivisten, muß dort stattfinden, wo – nach dem Dekret des Zweiten Vaticanums über das Laienapostolat – Menschen leben, denen es an Speise und Trank, Wohnung, Medikamenten, Arbeit, Unterweisung und an notwendigen Mitteln zu einem menschenwürdigen Leben fehlt, wo Menschen von Drangsal und Krankheit gequält werden, Verbannung und Haft erdulden müssen. Dort muß man die christliche Hilfe suchen und finden, dort wo alle Sorge für sie aufgewendet wird, um sie zu trösten und mit mildtätiger Hilfe ihr Los zu erleichtern[13].

---

[12] Laborem exercens, Nr. 20.

[13] Vgl. Gaudium et spes, Nr. 68–72, und das Dekret des 2.Vaticanums Über das Laienapostolat vom 18.11.1965, Nr. 8.

III. Die Ausbildung – eine wichtige Aufgabe

Wir kommen nun zum dritten Teil unserer Überlegungen über das Engagement der Christen in verschiedenen Bereichen des menschlichen Schaffens, und zwar zur Ausbildung der Politiker und Aktivisten.

1. Subjekte der Ausbildung

An erster Stelle muß man Antwort auf die Frage geben: Wer soll die Schulungen übernehmen? Wir haben schon am Anfang gesagt, daß wir in großer Sorge sind, da wir keine oder nur ganz schwache Politiker und Aktivisten haben, die das nötige und richtige Wort anderen übermitteln könnten. Es gibt schon welche, die uns christliche Inhalte vermitteln wollen; wir spüren jedoch, daß die Redner keine wahren Christen sind. Oft leben sie als Christen nicht im religiösen Milieu. Wir müssen von neuem anfangen. Das V. Kapitel der Adhortation „Christifideles Laici" ist ganz dem Problem der Ausbildung gewidmet[14]. Das muß zuerst an den Katholischen Universitäten und Fakultäten geschehen. An diesen Hochschulen werden heute nicht nur Priester ausgebildet, auch zahlreiche Laien sind dort eingeschrieben. Natürlich geht es hier an erster Stelle um die Professoren selbst. Sie sollen den jungen Studenten ein wahres Zeugnis geben, durch das Zeugnis ihres Lebens, durch berufliche Ehrlichkeit und durch ihre Kompetenz, die sie mit dem christlichen Geist verbinden müssen. Im zitierten Mahnschreiben ist auch von verschiedenen Gruppen, Vereinigungen und Bewegungen die Rede. Hierzu muß bei uns auch die Katholische Aktion gerechnet werden. Die Verantwortlichen müssen an die Ausbildung anderer denken und den anderen zuerst das Tauf- und Firmungsbewußtsein übermitteln; sie müssen auch an sich selbst arbeiten, um die Ausbildung anderer übernehmen zu können.

Zu den Subjekten der Ausbildung gehört auch die Familie. Sie könnte vieles in der Vermittlung des Glaubens – besonders der ersten Erfahrung mit der Kirche – tun. Den Sinn für die Kirche, den „Sensus Ecclesiae", gibt immer zuerst die Familie. Hier muß auch die Familienseelsorge wirken.

2. Die wichtigsten Lehrfächer

Alles, was die Universitäten und andere Ausbildungsinstitutionen geben können, reicht vielleicht für den Beruf eines Religionslehrers oder eines Angestellten im kirchlichen Dienst. Wir brauchen jedoch, und das wollen wir immer wieder beto-

---

[14] Christifideles Laici, Nr. 57–62 des V. Kapitels.

nen, gute Politiker und Aktivisten. Für sie muß ein besonderes Studium eingerichtet werden. Welche Lehrfächer müßte ein solcher Studiengang beinhalten?

(1) Ein Teil der Liturgik, besonders die Sakramentologie, mit einem starken Ak-
zent auf Taufe und Firmung sowie deren Bewußtsein. Diese Sakramente sind
eine wichtige Quelle für die pastorale Aktivität.

(2) Vorträge aus der Christlichen Soziallehre, die eingehend über die Konstitution „Gaudium et spes", dann über die Konstitution „Kirche" selbst infor-
mieren, auch über das Dekret des Zweiten Vaticanums zum Laienapostolat
mit besonderer Berücksichtigung der Adhortation „Christifideles Laici" und
anderer wichtiger Dokumente der christlichen Soziallehre. Das verschafft
die unerläßliche Sachkenntnis des von uns besprochenen Materials und der
Erfahrung. Diese Kenntnis gibt einem Politiker die Sicherheit des Auftretens
vor verschiedenen kompetenten Gremien.

(3) Vorträge über die christliche Askese. Das persönliche und gesellschaftliche
Auftreten muß vom Geist der Bergpredigt und des gesamten Evangeliums
geprägt sein. Das kann man aus der Lehre der Aszetik erfahren. Sie ist ein Teil
der Moraltheologie, zusammenhängend mit der Pastoraltheologie, der Mystik
und der Pädagogik. Die Aszetik hat sich bereits im Mittelalter entwickelt und
ist zu einem selbständigen Wissenschaftszweig geworden, der die religiöse
Erziehung zur geistlichen und sittlichen Vollkommenheit hinführen möchte.
Man spricht heute auch von einer politischen Tugendethik, über die manche
Politiker leider nicht verfügen. Und warum? Weil zu ihnen niemand von der
Askese, von der Entsagung seiner selbst zum Wohle anderer gesprochen hat.
Das Fehlen der Askese ist überhaupt eine Bedrohung für die Demokratie
selbst. Viele Reden, die wir heute hören, sind nicht von Liebe erfüllt, sondern
von Haß und Rachegedanken, manchmal hören wir sogar Aufrufe zum gewalttätigen Kampf gegen die Polizeikräfte. Ein Redner muß die Sicherheit
seines Auftretens immer mit Demut verbinden können. Es gibt eine politische Moral, die man in der Aszetik finden kann[15].

(4) Und noch etwas, was ein Redner wissen und studieren müßte. Es geht um die
sogenannte Rhetorik, die eine Kunst der Redevorbereitung und einer praktischen Erfassung von Bedingungen zum Erwerb sachgemäßer und wirkungsvoller Redefertigkeit ist. Ein Redner muß diese Fertigkeit beherrschen kombi-
niert mit deutlichem und tragfähigem Sprechen.

---

[15] Vgl. Remigiusz Sobanski, O moralna polityke (Über die politische Moral), in: Gosc
Niedzielny (Diözesanblatt der Erzdiözese Katowice) vom 25.7.1999, Nr. 30.

Mit dem Untergang der Demokratie verlor die Rhetorik im alten Rom und in den Staaten, die durch Könige regiert wurden, an Bedeutung. Sie bestand jedoch weiter in den Anleitungen zur Kanzelberedsamkeit und wurde so ein Teil der Homiletik. Wir leben jedoch von neuem in einer politisierenden Welt, und so gewinnt die Rhetorik wieder an Bedeutung. Es geht natürlich nicht um Kampf-reden im Sinne Hitlers oder Goebbels'. Es müssen Überzeugungsreden sein. Hierzu gehört auch die Kunst, andere zu überzeugen; dem muß jedoch die Überzeugung des Redners vorausgehen. Ein christlicher Redner muß selbst überzeugt sein von der Wahrheit, die er anderen vermitteln möchte. In der kirchlichen Redekunst ist es ein Verdienst der sogenannten Kerygmatischen Theologie, die darauf aufmerk-sam machte, daß es nicht in erster Linie um die pure Vermittlung eines Dogmas in der Verkündigung des Wortes Gottes geht. Das Dogma muß man zwar kennen, aber man muß das Kerygma verkünden, d.h. eine Wahrheit, die frei ist von für das Volk unverständlichen Ausdrücken und Redewendungen. Aber hier geht es um noch etwas ganz Wesentliches: Der Prediger muß selbst von der Wahrheit über-zeugt sein[16]. Johannes Paul II. nennt ein solches Können „Charisma": Das einfache Lehren von Wahrheiten muß mit der eigenen Überzeugung des Lehrenden ver-bunden sein[17].

Darum fordern wir Vorträge über die christliche Rhetorik in der Ausbildung christlicher Redner. Sie müssen so sprechen können, wie es Christus selbst getan hat. Von Ihm konnten die Menschen, die Ihm zugehört haben, sagen: „Er lehrte die Menschen wie einer der Vollmacht hat, und nicht wie die Schriftgelehrten" (Mt 7,29). Christus hatte die Vollmacht, und er hat sie weitergegeben an die Apostel, an ihre Nachfolger, und auch an die Laien, die am prophetischen Amt der Bischöfe und Priester teilnehmen. Der Befehl Christi ist an alle gerichtet: „Geht hinaus zu den Völkern und macht alle Menschen zu meinen Jüngern, tauft sie im Namen des Vaters und des Sohnes und des Heiligen Geistes und lehrt sie alles befolgen, was ich euch geboten habe" (Mt 28,19–20). Da sind wir wieder beim Taufgedan-ken: Nur jener wird die anderen lehren und auch führen können, der sich bewußt ist, daß er getauft und gefirmt ist. Nur jener wird in der Kirche und in der Welt tätig sein können, wenn er im Tauf- und Firmungsbewußtsein lebt, danach han-delt und es immer wieder in sich vervollkommnet.

---

[16] Vgl. Eberhard Simon, Kerygma, in: Sacramentum Mundi, Freiburg 1968, B. II, 1147–1123.

[17] Vgl. Johannes Paul II., Antrittsenzyklika Redemptor Hominis vom 4.3.1979, Nr. 19.

Schlesien auf dem Weg in die Europäische Union
Hrsg. von Lüder Gerken und Joachim Starbatty
Lucius & Lucius, Stuttgart, 2001

Unsere Aufgabe:
Wieder Respekt vor- und füreinander empfinden!

František Lobkowicz, Ostrau

Ein Teil Oberschlesiens liegt im Gebiet der Diözese Ostravsko-Opavské, deren Bischof ich seit dem 31. August 1996 bin. In der Diskussion über die soziale und die wirtschaftliche Situation dieser europäischen Brückenregion kann ich aus meinen eigenen Erfahrungen berichten. Zunächst möchte ich jedoch kurz meine Diözese vorstellen: Sie wurde 1996 von der Olmützer Erzdiözese abgetrennt und ist durch päpstlichen Entscheid seit dem 31. Mai 1996 selbständig. Sie zählt 280 Pfarreien und erstreckt sich von der polnischen bis zur slowakischen Grenze und westlich bis Hrcava. Die Bevölkerung kann als Mischung aus Alt- und Neusiedlern charakterisiert werden, da nach dem Krieg viele Deutsche aus den Kreisen Jessenik-Jennov (Brunntal) und Troppau vertrieben worden waren. Das Gebiet der Diözese umfaßt auch das Hultschiner Ländchen, in dem kaum Vertreibungen vorkamen. Dieser traditionellste Teil meiner Diözese ist sehr religiös. Auch nahe der polnischen Grenzen – in den Kreisen Teschen, Jablunkau und Karvina – ist die Religiosität ausgeprägter als in den Kreisen Brunntal, Karnov und Jessenik. Leider haben wir einen empfindlichen Mangel an Seelsorgern zu beklagen. Die engagierte Arbeit der aus Polen stammenden Priester gleicht diesen Umstand jedoch wieder aus. Dies zeigt schon, daß ein Teil meiner Diözese zweisprachig ist: Insbesondere im Kreis Jablunkau (Teschen) müssen die Priester sowohl polnisch als auch tschechisch sprechen, um die Bevölkerung zu erreichen. Neben diesen zwei Sprachen ist bei uns auch noch deutsch erforderlich. Ich bin aus diesem Grunde froh, daß ich ein wenig deutsche spreche, denn ich kann sowohl mit den verbliebenen Deutschen als auch mit Besuchern und Rückkehrern sprechen und predigen, wenn es erforderlich ist.

Zehn Jahre nach dem Fall des Kommunismus – der Wende – ist es notwendiger denn je, daß wir uns über die wirtschaftliche und soziale Situation meines Landes und seiner Nachbarn Gedanken machen. Alle ehemals kommunistischen Staaten sind – und das sehe ich in meiner Diözese ganz deutlich – geprägt vom Verfall der wirtschaftlichen Strukturen. Der Übergang von der staatlichen Regulierung der Wirtschaft hin zur Privatwirtschaft erweist sich als sehr schwierig. Im Kommunismus sollten die Menschen gleichgestellt sein, alle sollten dasselbe

haben und waren irgendwie zufrieden – sogar mit den unzureichend ausgerüste-
ten Wohnungen. Im Nachhinein haben wir allerdings erkennen müssen, daß wir
es mit einem Spiel zu tun hatten: Die Menschen haben so getan, als ob sie arbeite-
ten, und der Staat hat so getan, als ob er dafür einen angemessenen Lohn zahle.
Das Erwachen kam 1989, als privatwirtschaftliche Strukturen ausgeprägt werden
mußten. Insbesondere die soziale Situation ist sehr angespannt; die Landwirtschaft war völlig zerrüttet. Die staatliche Landwirtschaft funktioniert schon längst
nicht mehr, die private immer noch nicht. Und selbst wenn ein Landwirt in der
Lage ist, produktiv zu wirtschaften, so hat er massive Probleme mit seinen Forderungen, die oftmals nicht beglichen werden. Viele junge Existenzen gingen aufgrund dieser Problematik bereits zugrunde.

Ein Phänomen, das wir im Kommunismus nicht kannten, macht uns heute
besondere Schwierigkeiten: die Arbeitslosigkeit. Die Kommunisten postulierten
das „Recht auf Arbeit". Zwar war die Einlösung dieser Forderung, wie wir heute
wissen, illusorisch und irrational und hat nicht unwesentlich zum ökonomischen
Niedergang und damit auch zum Zerfall des Kommunismus selbst beigetragen.
Auf der anderen Seite bedeutet Arbeitslosigkeit den Verlust jeglicher Sicherheit,
der die Leute entwurzelt und mit dem sie nur ganz schwer und langsam umzuge-
hen lernen. Orientierungslosigkeit und Zukunftsängste sind noch die mildesten
Folgen der Unterbeschäftigung; allgemeine Kriminalität und Wirtschaftskrimina-
lität, Drogenhandel und -konsum sowie Prostitution die schwerwiegenden.

Mit dem wirtschaftlichen Verfall gingen nicht nur Produktionsmöglichkeiten
verloren, sondern auch Absatzmärkte. Während früher im „Rat für gegenseitige
Wirtschaftshilfe" (Comecon) eine gewisse Arbeitsteilung zwischen den einzelnen
kommunistischen Ländern und damit auch Im- und Exportstrukturen existier-
ten, ist die heutige Situation durch das Fehlen von Absatzmärkten gekennzeichnet. Selbst wenn Betriebe noch produzieren können, ist der Absatz sehr schwierig, da man vor allem im Westen mit den dort angebotenen Produkten kaum
konkurrieren kann. Dieser Verlust der Absatzmärkte läßt wiederum die Arbeitslosigkeit ansteigen, und viele Betriebe sind in einer katastrophalen Situation und
gehen zugrunde. Überdeutlich wird dies in meiner Diözese, in der früher das
„eiserne Herz" der ehemaligen CSSR schlug. Ostrau lebte von der Stahlproduktion. Ostrau, Karwina, Stonawa waren außerdem vom Kohlebergbau geprägt.
Wie im polnischen Oberschlesien gehen diese Produktionsstätten der Montanindustrie verloren; da der Bedarf an Kohle und Stahl aufgrund des weltweiten
Wettbewerbs immer weiter zurückgeht, können die Hütten und Zechen nur noch
mit staatlicher Hilfe überleben. Würde diese eingestellt, bedeutete dies eine soziale
Katastrophe. Schon jetzt liegt die Arbeitslosenquote in Ostrau offiziell bei 17–18%.
Für die ehemaligen Beschäftigten in der Montanindustrie ist diese Situation besonders schwer zu verstehen und zu tragen, weil sie in den Zeiten des Kommunismus die „Adligen" der Arbeiterklasse waren. Sie erhielten die höchsten Löhne

und besaßen ein hohes Sozialprestige; heute sind sie arbeitslos und haben keine Perspektiven. Gestern Helden der Arbeit, heute Arbeitslose – ein verständlicherweise schwer nachzuvollziehender Prozeß.

Ein weiterer Problembereich sind die Kreditinstitute, die nach der Wende wie Pilze aus dem Boden schossen. Die Menschen vertrauten ihnen ihre ohnehin durch die Inflation entwerteten Ersparnisse an und mußten dann zusehen, wie viele der neuen Banken in Konkurs gingen. Viele Menschen verloren so nicht nur ihr Erspartes, sondern auch jegliches Vertrauen in die Marktwirtschaft; denn sie konnten noch nicht wissen, daß ökonomische Freiheit immer auch Risiken in sich birgt. Ebenso problematisch ist die ökonomische Kriminalität, die auch den Prozeß der Privatisierung belastet. Da werden Scheinfirmen gegründet, Unternehmensvermögen ineinander überführt und Raubbau betrieben – zu Lasten vieler und zum Nutzen weniger. Zusammenfassend ist zu sagen, daß uns der Kommunismus Sicherheit vorgegaukelt und zum Egoismus erzogen hat. Der Verfall von Moral und christlichen Werten ist allenthalben spürbar: Ein jeder denkt nur an sich selbst und nicht an das Wohl der Gemeinschaft, sucht seinen eigenen Verdienst und vergißt den Mitmenschen.

Bezeichnend hierfür ist ein Streit zwischen dem ehemaligen Premierminister, Vaclav Klaus, und dem Vorsitzenden der christlichen Partei, Josef Lux. Klaus sprach nur über Marktwirtschaft, Lux über eine soziale und moralisch fundierte Marktwirtschaft. Klaus hielt es nicht für wesentlich, daß zu einer Marktwirtschaft auch Moralität und soziale Elemente gehören. Hier liegt eine große Aufgabe für die Kirche: Wir müssen die verbreitete Kenntnis der katholischen Soziallehre nutzen und daraus eine neue Mentalität der Subsidiarität und Solidarität aufbauen. Dies ist für die Menschen in den postkommunistischen Ländern am wichtigsten. Auch der Papst hat sich hierzu eindeutig geäußert; ohne die Änderung der Einstellung zum Nächsten und zur Gemeinschaft können wir nicht auf Besserung hoffen. Es geht dabei nicht nur um Nächstenliebe und gegenseitige Hilfe. Viel grundlegender ist, daß die Menschen den Respekt vor- und füreinander wieder empfinden müssen.

Ein ebenfalls neues Phänomen ist der Neid, den die Gewinner des Systemwechsels – insbesondere junge und dynamische Menschen – provozieren, indem sie ihren Reichtum unverhohlen zur Schau stellen und nicht darüber nachdenken, was dies bei ihren Mitmenschen auslöst. Sie denken nur an Gewinn und Reichtum und berücksichtigen nicht diejenigen, die nicht so viel Glück hatten. Dies führt dazu, daß insbesondere ältere Menschen die alten Verhältnisse wieder herbeiwünschen, wo sich der Staat um alles kümmerte. Auch hier sind die Kirchen gefordert: Sie müssen den Menschen dazu anleiten, Verantwortung für sich selbst zu übernehmen. Jeder muß zu Verantwortung für sein eigenes Leben und seine Familie bereit sein, darf nicht nur zuwarten und soziale Unterstützung vom Staat einfordern. Am Anfang ist diese Einstellung sicherlich nachvollziehbar; sie muß aber mit der Zeit gewandelt werden und der Eigeninitiative Platz machen. Um dies zu erreichen, ist noch viel zu tun, da die Skepsis gegenüber den Unternehmen stark ausgeprägt ist. Jedem Unternehmer – und sei sein Betrieb noch so klein – wird unterstellt, er sei ein Egoist und Betrüger. Es geht also nicht nur darum, die Menschen zur Eigeninitiative anzuhalten; vielmehr muß zunächst einmal das negativ geprägte Unternehmerbild abgebaut werden. Hier muß die Kirche vor allem die kleinen Unternehmer – wenn nicht materiell so doch moralisch – unterstützen; sie bilden die Zukunft unseres Landes.

Auch das Vertrauen in die Politik ist in weiten Bevölkerungsteilen erschüttert. Politik wird als schmutziges Geschäft angesehen, Politiker gelten als Karrieristen und auf den eigenen (ökonomischen) Vorteil bedacht. Auch hier muß die Kirche versuchen einzuwirken: Zum einen auf die Politiker und ihre Einstellungen, andererseits auf die Menschen, die Vertrauen in die Politik gewinnen müssen. Hierzu ist es dringend notwendig, daß sich die Politiker nicht zuletzt an christlichen Werten orientieren. Doch gibt es auch christliche Persönlichkeiten in der Politik. Ein Beispiel ist der bereits zitierte und leider verstorbene Josef Lux, der ehemalige Stellvertretende Ministerpräsident und Landwirtschaftminister, der ein guter Familienvater und bekennender Christ war. Auch andere Politiker wie Gastral, der jetzige Vorsitzende der Christlichen Partei, sein Stellvertreter Zeres Svoboda oder der Abgeordnete und ehemalige Verteidigungsminister Wiborn setzen sich für christliche Werte in der Politik ein. Aber ich könnte auch meinen Bruder Lanoslaw nennen, jetzt Abgeordneter für die Christliche Partei.

Ein weiteres Problem, mit dem wir uns in meiner Diözese konfrontiert sehen, sind die infrastrukturellen Gegebenheiten. Obwohl Ostrau – wie ich bereits sagte – das eiserne Herz der CSSR war, gibt es keine Autobahnanbindung. Die Stadt liegt nur 350 km von Prag entfernt, und doch dauert es 4 bis 5 Stunden, um dorthin zu gelangen. Dies ist natürlich auch für westliche Investoren ein großer Stolperstein.

Ich habe bereits einige Aufgaben genannt, denen sich die Kirchen stellen müssen. Daß die soziale Situation einen wichtigen Themenkomplex darstellt, erklärt sich von selbst. Neben den Problemen in diesem Bereich haben wir aber auch anderswo im Zuge der Umstrukturierung des wirtschaftlichen und politischen Systems Mentalitäten ausgebildet, die mich als Christen erschüttern. Dazu gehören xenophobe Anwandlungen, die sich in bestimmten Bevölkerungsteilen in einem übertriebenen Nationalismus manifestieren, der teilweise sogar rassistische Züge annimmt. Ausländer, aber auch in der Tschechei lebende Slowaken stehen oftmals am Rande der Gesellschaft, und es ist manchmal selbst für die Kirche sehr schwierig, in diese Konflikte mäßigend und versöhnend einzugreifen. Die Gefahr für die Kirche liegt darin, sich in ein Ghetto einzuschließen und vor dem Hintergrund des weit verbreiteten Atheismus zu resignieren. Während sich in einer Volkszählung vor neun Jahren noch 40% der Menschen zum Katholizismus bekannten, müssen wir heute leider einräumen, daß nur noch 5% der Bevölkerung als praktizierende Katholiken angesehen werden können. In meiner Diözese liegt dieser Anteil etwas höher, erreicht aber leider kaum die 10%-Marke. Natürlich kommen da Zweifel an der Legitimation auf, wenn man sich auf dieser Grundlage in Politik, Wirtschaft und Gesellschaft engagieren soll. Oftmals erscheint es da einfacher, sich zurückzuziehen und einfach abzuwarten. So stellt sich die Situation in ganz Tschechien, aber auch und vor allem in meiner Diözese dar.

Durch mein Amt ist mir die Aufgabe zugewachsen, meine Diözese und ihre Städte zu repräsentieren und sie im Land, in Europa und der ganzen Welt mit all ihren Eigenheiten und Schwierigkeiten darzustellen. Dies ist mir im letzten Winter auf schöne Art und Weise geglückt: Ein Weihnachtsbaum aus meiner Diözese wurde auf dem Petersplatz in Rom aufgestellt. Der Papst selbst hat sich bei mir für den schönen und reich geschmückten Baum bedankt. Viele meiner Mitarbeiter haben sich an dieser Aktion beteiligt, und es hat ihnen und vielen anderen Menschen große Freude bereitet.

Ich möchte an dieser Stelle auch auf das Engagement vieler Mitarbeiter eingehen, die im mir unterstellten Caritasverband haupt- und ehrenamtlich mitarbeiten. Diese Menschen tun das voller Hingabe und Aufopferung. Besonders deutlich zeigte sich dies anläßlich der großen Flut vor drei Jahren, als viele Menschen ihr Hab und Gut verloren haben. In dieser schwierigen und für viele Menschen hoffnungslosen Situation konnten wir mit Unterstützung der europäischen und der internationalen Caritas vielen helfen. Etwa 100 Mio. Kronen (5,5 Mill. DM) wurden eingesetzt, um die Ärmsten der Armen beim Wiederaufbau ihrer Häuser zu unterstützen und sie mit Lebensmitteln und Trinkwasser zu versorgen. Wir haben in dieser schwierigen Situation – so glaube ich – eine gute Figur gemacht. Dennoch stelle ich mir täglich die Frage, was wir als Kirche und als neue Diözese noch mehr tun können, um die Menschen zu erreichen. Sicherlich ist es die Hauptaufgabe der Kirche, den Menschen die frohe Botschaft der Evangelien nahezubringen. Darüber hinaus muß sich die Kirche aber vor allem auch der täglichen Sorgen und Nöte der Menschen annehmen. Dazu gehört es auch, daß wir im ökonomischen Neuaufbau Verantwortung übernehmen und uns dafür stark machen, daß moralische Grundwerte und die Maximen der christlichen Soziallehre in diesen Prozeß einfließen.

Natürlich hoffen wir, daß wir eines Tages in die Europäische Union eintreten dürfen, ja, daß wir aufgenommen werden. Ich gestehe freimütig, daß es mich manchmal kränkt, daß ich darauf warten muß, daß mich jemand in Europa aufnimmt. Ich fühle mich, wie viele meiner Landsleute auch, schon immer als Europäer. Nicht nur weil europäisches – französisches, deutsches, polnisches, italienisches und österreichisches – Blut in meinen Adern fließt, sondern weil ich finde, daß mein Vaterland Tschechien immer zu Europa gehörte und immer dazu gehören wird. Vor diesem Hintergrund macht mich das Warten und das Bitten um Aufnahme sehr traurig.

Europa – auch Deutschland – hat nach dem Zweiten Weltkrieg im Rahmen des Marschall-Planes umfangreiche Hilfen für den Aufbau seiner wirtschaftlichen Strukturen erhalten und konnte dadurch wieder schnell seine führende Rolle unter den Industrienationen der Welt einnehmen. Eine solche Hilfe würde nicht nur uns, sondern auch den Ländern der Europäischen Union selbst nützen. Daß wir aus eigener Kraft für den Wiederaufbau eine übermäßig lange Zeit benötigen würden, haben die vergangenen 10 Jahre gezeigt. Selbstverständlich wollen wir unseren eigenen Beitrag dazu leisten. Wir wollen uns in den Kirchen dafür einsetzen, eine neue Generation von Menschen zu erziehen, deren Denken moralisch fundiert und sozial ausgewogen ist. Für die dringend notwendigen materiellen Aufwendungen fehlen uns allerdings schlichtweg die Mittel.

Ich hoffe deshalb darauf, daß die Entscheidungsträger in der EU nicht nur auf die Erfüllung von Bedingungen und die Einhaltung von Vorschriften und Gesetzen achten, sondern daß sie sich darauf besinnen, daß Europa kein rein politisch-ökonomischer, sondern in erster Linie ein kultureller Begriff ist, der uns alle vereint. Ich bin davon überzeugt, daß mein Vaterland Europa vieles zu bieten hat. Ich denke dabei an die Schönheit Prags und anderer Städte, an die Kunst und an Künstler wie Franz Kafka, Antonin Dvorak oder Bedrich Smetana, die alle in europäischer Tradition wirkten und ihren Beitrag zum kulturellen Erbe Europas leisteten. Ich glaube, wir gehören zu Europa und wir möchten auch gerne Anteil haben an den Errungenschaften, die sich nach dem Kriege im Westen Europas herauskristallisiert haben. Mit Gottes Hilfe werden wir es hoffentlich schaffen.

Schlesien auf dem Weg in die Europäische Union
Hrsg. von Lüder Gerken und Joachim Starbatty
Lucius & Lucius, Stuttgart, 2001

Kirchliche Sozialverkündung heute

Theodor Herr, Paderborn

I. Kompetenz der Kirche im Bereich der Wirtschaft

Ein Thema dieses Symposiums ist die Ordnungspolitik der Sozialen Marktwirtschaft. Wir fragen nach der Kompatibilität dieses ordnungspolitischen Modells mit den Prinzipien der Christlichen Soziallehre. Für nicht wenige Zeitgenossen ist die Sache relativ einfach, indem sie beide miteinander identifizieren. Für sie ist die Soziale Marktwirtschaft das Resümee oder Resultat der wirtschaftspolitischen Prinzipien der Christlichen Soziallehre. Eine solche Identifizierung verbietet sich schon aus dem einfachen Grund, weil es nicht Aufgabe der kirchlichen Sozialverkündung sein kann, konkrete Wirtschaftsmodelle vorzulegen.[1] Auftrag der kirchlichen Sozialverkündung ist es, die sittlichen Grundsätze des gesellschaftlichen, wirtschaftlichen und politischen Lebens zu verkünden und auf Fehlentwicklungen, Verletzungen der Menschenwürde, soziale Ungerechtigkeit etc. hinzuweisen. In diesem Sinn nimmt die Kirche ein gesellschaftliches Wächteramt wahr und legt den Finger, wo es nötig ist, in die sozialen Wunden des Gesellschaftskörpers. Eine eigene Kompetenz in ökonomischen Sachfragen ergibt sich weder aus der heiligen Schrift noch aus ihrer religiösen Sendung. Für die katholische Kirche hat bereits Pius XI. feierlich erklärt, daß die Kirche die Eigengesetzlichkeit der Wirtschaft anerkennt und keine Kompetenz für die konkreten wirtschaftlichen Abläufe und Fragen technischer Art beansprucht.[2] Das Zweite Vatikanische Konzil hat in diesem Zusammenhang von der „Autonomie der irdischen Wirklichkeiten" gesprochen.[3]

---

[1] Vgl. Johannes Paul II., Enzyklika Centesimus annus, 43.
[2] Vgl. Pius XI., Enzyklika Quadragesimo anno, 41–42.
[3] Zweites Vatikanisches Konzil, Pastoralkonstitution Gaudium et spes, 36.

II. Biblische und theologische Grundlagen

Grundlage für das sozialpolitische Handeln des Christen ist, wie Romuald Rak (s. S. 67ff.) ausgeführt hat, die durch Taufe und Firmung vermittelte neue Lebenswirklichkeit in Christus. Jedes soziale Engagement des Christen erhält seine Legitimation aus der Schrift und aus der Sendung des Christen in die Welt, den „Armen eine gute Nachricht" zu bringen, nämlich das Evangelium von der Befreiung der Gefangenen und Unterdrückten, von der Heilung der Kranken und Elenden (LK 4, 18–19). Diese „Option für die Armen" stellt ein Spezifikum der Christlichen Soziallehre und ihres Engagements für soziale Gerechtigkeit, speziell auch in der Wirtschaft und in den ökonomischen Strukturen, dar. Sie besitzt ihre besondere Aktualität da, wo durch gesellschaftliche Umbrüche (siehe die Länder des ehemaligen Sowjetimperiums) und ökonomische Aufbrüche (siehe die Entwicklungsländer und die Globalisierungsproblematik) die wirtschaftlichen Schwächen – seien es einzelne Gruppen, seien es ganze Länder oder Kontinente – auf der Strecke bleiben und von der Entwicklung abgekoppelt werden.

Aus der „Option für die Armen" darf allerdings nicht durch dialektische Uminterpretation eine Option gegen die Reichen, gegen eine bestimmte Gesellschafts- und Wirtschaftsordnung, zum Beispiel die marktwirtschaftlich-kapitalistische, konstruiert werden, wie das im Lager der politischen Linken lange Zeit üblich war und auch teilweise heute noch ist. Die „soziale Sünde", von der man in diesen Kreisen so gern spricht, kann auch darin bestehen, daß man es unterläßt, für eine effektive, funktionierende Wirtschaft und ökonomische Ordnung zu sorgen. Es ist auch kein Zeichen von besonderer Intelligenz, wenn man zum Beispiel das Gespenst der Globalisierung an den Entwicklungshorizont malt, aber versäumt, das Notwendige zu tun, um die globalen Prozesse zu lenken und die betroffenen Wirtschaften auf die neuen globalen Märkte umzurüsten.

Die Heilige Schrift, insbesondere das neue Testament, enthält keine konkrete Wirtschaftsordnung und auch keine konkreten Normen für das wirtschaftliche Leben. Das grundlegende Gebot der Liebe ist kein Sozialprinzip im eigentlichen Sinn. Die „Kultur der Liebe", von welcher der gegenwärtige Papst so gern spricht, ist zweifelsohne eine inspirierende Leitidee für das soziale Handeln, aber nicht eine konkret bestimmbare Gesellschaftsordnung. Aus den Prinzipien der Brüderlichkeit oder der Solidarität lassen sich nicht ohne weiteres die ökonomischen Gesetze und Strukturen für eine funktionierende Wirtschaft im Zeitalter der Globalisierung ableiten. Angesichts der Tatsache, daß die Heilige Schrift keine konkreten wirtschaftlichen Normen und Ordnungen enthält, kann der Christ nicht unter Berufung auf die Bergpredigt und die Seligpreisung, auf das Jerusalemer Gemeindemodell (eines frühchristlichen Kommunismus) oder auf die Gleichheit aller Menschen vor Gott eine bestimmte christliche Gesellschaftsordnung mit verpflichtendem Charakter für alle postulieren.

Den einzig möglichen und auch biblisch verantwortbaren Weg hat das Zweite Vatikanum beschrieben: Aufgabe der Kirche ist es, „nach den Zeichen der Zeit zu forschen und sie im Licht des Evangeliums zu deuten ..."[4]. Das heißt mit anderen Worten, es ist nicht Sache der Kirche, konkrete Gesellschaftsentwürfe aus den biblischen und theologischen Prämissen des Glaubens zu eruieren und als verbindlich vorzulegen. Der Weg geht umgekehrt. Die konkrete Ordnung des wirtschaftlichen und politischen Lebens ist Sache der Politik, der entsprechenden Wissenschaften, Institute und Fachleute. Der Kirche kommt es zu, die real existierenden ökonomischen Verhältnisse und die jeweiligen gesellschaftlichen Entwürfe im Licht des Evangeliums, das heißt am Maßstab der sittlichen Prinzipien von Schrift und kirchlicher Soziallehre einer kritischen Prüfung und gegebenenfalls notwendigen Korrektur zu unterwerfen. Gleiches gilt für das ökonomische Modell der Sozialen Marktwirtschaft.

III. Anmerkungen zur Christlichen Soziallehre

Von Christlicher Soziallehre im eigentlichen Sinn kann man nur sprechen, wenn man die kritische Er- und systematische Zusammenfassung der verschiedenen lehramtlichen Äußerungen zu den Fragen des gesellschaftlichen Lebens meint. Eine amtliche Christliche Soziallehre in diesem Sinn, vergleichbar mit dem amtlichen Römischen Katechismus, liegt bis heute nicht vor. Was wir haben, sind lehramtliche Äußerungen aus aktuellem Anlaß zu einzelnen gesellschaftlichen Fragen, die als solche zeitgebunden sind und an die jeweiligen gesellschaftlichen Verhältnisse angepaßt sind. Leider wird es immer wieder versäumt, davon Kenntnis zu nehmen, daß sich die gesellschaftlichen Strukturen sehr rasch verändern.

Ein Eckdatum christlicher Gesellschaftsreform ist seit dem 19. Jahrhundert die Forderung nach einem gerechten Lohn (Lohngerechtigkeit), speziell nach einem Familienlohn. Der auch in päpstlichen Lehrschreiben geforderte Familienlohn geht von einer so nicht mehr existierenden Arbeitsteilung zwischen Männern und Frauen aus, nämlich Erwerbsarbeit für den Mann, Hausarbeit und Kindererziehung für die Frau. Dies hat sich in den westlichen Industrieländern von Grund auf geändert. Die Erwerbsarbeit der Frau ist heute in unseren Breitengraden eine Selbstverständlichkeit. Unter diesen Voraussetzungen ist die Forderung nach einem Familienlohn im alten Sinn gesellschaftspolitisch als kontraproduktiv einzustufen.

In unseren pluralistischen Gesellschaften bilden die Menschenrechte häufig die einzig verbliebene gemeinsame Wertebasis, nachdem die christlichen sittlichen Maßstäbe zusehends an gesellschaftlicher Akzeptanz verlieren. Dabei sollte nicht übersehen werden, daß die sogenannten Menschenrechte keine überzeitlichen

---

[4] Pastoralkonstitution Gaudium et spes, 4, vgl. 11 u. 44.

Maßstäbe darstellen, da sie in einer pluralistischen Gesellschaft ebenfalls unterschiedlich interpretiert werden können. So wird zum Beispiel die Gewissensfreiheit, ursprünglich als freie Entscheidung für eine bestimmte religiöse oder weltanschauliche Überzeugung verstanden (kollektive Gewissensfreiheit), heute zusehends individualisiert und als Freiheit des Individuums verstanden, sein soziales Verhalten allein und ausschließlich nach seiner persönlichen Überzeugung ausrichten zu können und damit die Verbindlichkeit kollektiver Normen ignorieren zu dürfen (individualisierte Gewissensfreiheit). So verstanden ist die Gewissensfreiheit gesellschaftlich kontraproduktiv und sozial schädlich.

IV. Globalisierung und Soziale Marktwirtschaft

Die Globalisierung ist eine zwangsläufige Folgeerscheinung der technischen und elektronischen Revolution unserer Tage. Dank der revolutionären Entwicklung des Transportwesens und der Kommunikationstechnologie rücken die Völker und Nationen immer näher zusammen. Der Mikrochip und die Computerisierung der Produktionsstätten haben zu einem qualitativen Wandel in der Produktion von Gütern und Dienstleistungen geführt. Signifikant für die gegenwärtige wirtschaftliche Entwicklung ist einerseits die fortschreitende Integration der regionalen und transnationalen Wirtschaften und Märkte und andererseits die daraus resultierende Interdependenz der Wirtschafts- und Finanzmärkte in globalem Ausmaß. Diese Entwicklung hat zwangsläufig die nationalen Märkte geöffnet und liberalisiert, das heißt den internationalen Wettbewerbsbedingungen unterworfen.

Globalisierung, Integration und Interdependenz der Märkte sind natürliche Konsequenzen der epochalen Veränderung, die durch die technische und elektronische Revolution in die Wege geleitet worden sind. Sie sind zunächst als wertneutral zu betrachten, das heißt sie sind unter ethischem Aspekt weder gut noch böse, weil sie sich praktisch dem Zugriff der Politik entziehen. Man kann das Rad der Geschichte nicht zurückdrehen; man kann den technisch-wissenschaftlichen Fortschritt nicht aufhalten. Der ethische Faktor kommt zum Einsatz, wenn nach der möglichen und notwendigen Steuerung der Globalisierung bzw. ihrer negativen Folgen für die Menschen gefragt wird. Und hier liegt zur Zeit das eigentliche Problem: Die gegenwärtigen wirtschaftlichen und politischen Strukturen sind unzureichend, denn sie wurden für Staaten geschaffen, die mehr oder weniger autark und autonom waren, das heißt für ökonomisch unabhängige Staaten mit nationalen Märkten. Aufgrund des Globalisierungsprozesses verlieren jedoch die nationalen Märkte ihre frühere Bedeutung und die nationalen Ökonomien ihre Unabhängigkeit. Da auf Weltebene effiziente wirtschaftliche und politische Ordnungen noch weithin fehlen, kommt es immer wieder zu finanziellen und monetären Turbulenzen, zu Einbrüchen der nationalen und internationalen Märkte.

Es besteht die Gefahr, daß sich ein ungehemmter und unkontrollierter Kapitalismus – von vielen als Casinokapitalismus bezeichnet – breitmacht, wodurch unter anderem die Fundamente der Sozialen Marktwirtschaft merklich ins Wanken geraten.

Die kapitalistische Organisation der Wirtschaft, das heißt die freie Marktwirtschaft, ist nach Urteil der Kirche und der Christlichen Soziallehre nicht per se unsittlich oder inhuman. Der freie Wettbewerb bedarf jedoch regulierender Prinzipien, da der freie Markt nur ein ökonomisches Instrument ist, das den höheren sozialen und humanen Zielen untergeordnet werden muß, wie in der Enzyklika Quadragesimo anno nachzulesen ist[5]. Nach dem Zusammenbruch des Marxismus/Sozialismus hat Johannes Paul II. in seiner Enzyklika Centesimus annus die Frage gestellt, ob man nun, nachdem die Ineffizienz des planwirtschaftlichen Systems sowjetischer Machart evident sei, der Welt und speziell den Ländern der Dritten Welt den Kapitalismus als Weg zu einer zuverlässigen wirtschaftlichen und zivilen Entwicklung empfehlen könne. Der Papst würdigt und favorisiert die Marktwirtschaft als wirksames Instrument der Wirtschaft zur Befriedigung der menschlichen Bedürfnisse. Gleichzeitig macht der Papst auf die Gefahr aufmerksam, daß sich in unseren Tagen eine radikale Ideologie des kapitalistischen Typs ausbreitet, die die Lösung aller Probleme in der Welt von der ungehinderten Entwicklung der Kräfte des freien Marktes erwartet. Er warnt vor der Gefahr einer „Vergötzung des Marktes".

Die Soziale Marktwirtschaft stellt eine Alternative zur reinen Wettbewerbswirtschaft des Neoliberalismus und zu einer dirigistischen Zentralwirtschaft dar. Johannes Paul II. hat in seiner Enzyklika niemals expressis verbis den Begriff „Soziale Marktwirtschaft" verwendet. Doch werden die fundamentalen Prinzipien dieses wirtschaftlichen Modells in Centesimus annus detailliert beschrieben, als da sind:
1. Privatwirtschaftliche Organisation,
2. freie Marktwirtschaft,
3. Verantwortlichkeit des Staates für die Wirtschaft und
4. juristische Ordnung zur Regulierung des Wettbewerbs und zur Sicherstellung der sozialen Belange.
Diese konstitutiven Elemente der Sozialen Marktwirtschaft zählen zu den ethisch-sozialen Prinzipien der Enzyklika für die Wirtschaft. Dieses Modell ist zweifelsohne in der Lage, die ethischen, sozialen und ökonomischen Prinzipien der Enzyklika in die Praxis umzusetzen. Deshalb ist die eingangs gestellte Frage nach der Kompatibilität der Sozialen Marktwirtschaft mit den Prinzipien der Christlichen Soziallehre mit einem uneingeschränkten Ja zu beantworten.

---

[5] Vgl. Pius XI., Enzyklika Quadragesimo anno, 88 u. 110.

Schlesien auf dem Weg in die Europäische Union
Hrsg. von Lüder Gerken und Joachim Starbatty
Lucius & Lucius, Stuttgart, 2001

Christliche Ethik und wirtschaftliche Wirklichkeit

Hans Willgerodt, Köln

I. Allgemeine Aussagen

Die christliche Religion enthält kein konkretes Wirtschaftsprogramm und schreibt im einzelnen ebensowenig eine bestimmte Wirtschaftsordnung vor wie das deutsche Grundgesetz.[1] Damit ist dem Christen ein Spielraum für freie Entscheidungen sowohl bei der Wahl wirtschaftlicher Ziele als auch bei der Wahl der Wege zugestanden, auf denen diese Ziele erreicht werden sollen. Diese wirtschaftliche Freiheit wie die Freiheit zum zielgerechten Handeln überhaupt ist weder im Chaos noch bei völliger Bindung an Naturkräfte oder Entscheidungen anderer möglich, bewegt sich also zwischen völliger Determiniertheit und totaler Unbestimmtheit.[2] Soll diese Freiheit im Prinzip allen offen stehen, dann sind Regeln und rechtliche Ordnungen unentbehrlich, um mindestens die Handlungsspielräume

---

[1] Zu der Frage, inwieweit durch Grundrechte und andere verfassungsrechtliche Vorschriften indirekt der Spielraum für die Wahl einer Wirtschaftsordnung eingegrenzt ist: Hans Willgerodt, Soziale Marktwirtschaft – ein unbestimmter Begriff? In: Ulrich Immenga, Wernhard Möschel, Dieter Reuter (Hrsg.), Festschrift für Ernst-Joachim Mestmäcker zum siebzigsten Geburtstag, Baden-Baden 1996, S. 329–344; Hans-Jürgen Papier, Soziale Marktwirtschaft – ein Begriff ohne verfassungsrechtliche Relevanz? In: Knut Wolfgang Nörr, Joachim Starbatty (Hrsg.), Soll und Haben – 50 Jahre Soziale Marktwirtschaft, Stuttgart 1999, S. 95–114, sowie Stellungnahme dazu von Hans Willgerodt, ebendort, S. 115–120. Es ist eindeutig, daß die Grundrechte des deutschen Grundgesetzes nicht in jeder Wirtschaftsordnung gewährleistet werden können, so daß eine Zentralverwaltungswirtschaft als dauerhaftes System verfassungswidrig wäre. Die Frage, ob auch das Christentum indirekt die Wahl einer Wirtschaftsordnung eingrenzt, erfordert eine sorgfältige Antwort darauf, inwieweit Grundforderungen der christlichen Botschaft in einem bestimmten System nicht mehr erfüllt sind. Das christliche Ethos fordert jedenfalls von dem einzelnen, an seinem Glauben auch unter widrigen Umständen einer dafür ungünstigen Wirtschafts- und Staatsordnung festzuhalten, schließt aber nicht aus, eine Ordnung zu verlangen, die dieses Festhalten erleichtert.

[2] Hierzu im einzelnen: Hans Willgerodt, Freiheit und Planung, Handwörterbuch der Planung, hrsg. von Norbert Szyperski, Stuttgart 1989, S. 528–535.

gegeneinander abzugrenzen. Diese Regeln sind wie die 10 Gebote überwiegend Verbote. Sie erteilen dem einzelnen nicht Befehle zur Ausführung von Handlungen, sondern untersagen ihm ein bestimmtes Verhalten. Auch das zu Handlungen aufrufende Gebot der Nächstenliebe legt nicht im einzelnen fest, was in einer bestimmten Situation zu tun ist. Dies ist vielmehr eine Frage der Zweckmäßigkeit. Dabei ist das Rationalprinzip anzuwenden, um mit gegebenen Mitteln einen möglichst großen Erfolg zu erzielen oder ein bestimmtes Ergebnis mit geringstem Aufwand. Denn nur so bleiben für weitere Hilfe möglichst viel Mittel übrig.[3]

Die persönliche Freiheit verdanken wir nicht zuletzt dem Christentum, das die Person aus der totalen Unterordnung unter den antiken Staat befreit hat.[4] Diese Freiheit wird auch nicht durch das von Christen fortentwickelte Naturrecht aufgehoben. Es müßte eigentlich Kulturrecht heißen, weil es nicht von selbst entsteht, sondern immer wieder in einer oft schwierigen Kulturleistung gefunden und angemahnt werden muß. Zu seinen wesentlichsten Bestandteilen gehört die persönliche Freiheit als ein Recht, das mit uns geboren ist und im „positiven" Recht nicht selten außer Betracht bleibt.

II. Persönliche Verantwortung in der Wirtschaft

1. Regeltreue

Die christliche Forderung, die Würde der Person zu achten, richtet sich an alle Menschen ohne Rücksicht darauf, in welchen Ordnungen sie leben. Aber solche Ordnungen erleichtern oder erschweren die Achtung der Menschenwürde. Diese Achtung muß sich in Verhaltensregeln für die Wirtschaftenden niederschlagen. In hierarchischen Systemen besteht nicht immer eine organisatorische Notwendigkeit, solche zur Beachtung der Menschenwürde zwingenden Regeln überhaupt aufzustellen und ihnen, wenn sie bestehen, Geltung zu verschaffen. Bestehen sie aber, dann wird von Vorgesetzten oder von Kontrollinstanzen geprüft, ob die Regeln eingehalten worden sind. Diese Systeme enthalten jedoch Willkürspiel-

---

[3] Dieses Prinzip wird unzutreffend „ökonomisches Prinzip" genannt, gilt aber für zweckmäßiges Verhalten in allen Lebensbereichen. Vgl. Oswald von Nell-Breuning, Wirtschafte wirtschaftlich? Zeitschrift für Betriebswirtschaft, 21. Jg. April 1951, Nr. 4, S. 193–203.

[4] Wilhelm Röpke, Maß und Mitte, 2. Aufl. Bern und Stuttgart 1979, S. 16: „Erst das Christentum hat die revolutionäre Tat vollbracht, die Menschen als Kinder Gottes aus der Umklammerung des Staates zu lösen und, um mit Guglielmo Ferrero zu reden, den ,esprit pharaonique' des antiken Staates zu zertrümmern."

räume, die durch keine bürokratischen Kontrollinstanzen aufgehoben werden können. Dies gilt vor allem für Zentralverwaltungswirtschaften. Deren oberste Instanzen entscheiden in einem Konflikt nach politischer Opportunität.

Willkürspielräume werden eingeengt, wenn die von willkürlichem Verhalten Betroffenen ausweichen können: ein Arbeitnehmer, wenn er ohne große Einbußen einen anderen Arbeitgeber finden kann, ein Unternehmer, wenn er auf andere Abnehmer ausweichen und illoyale durch loyale Arbeitnehmer ersetzen kann, ein Verbraucher, wenn er andere Produkte kaufen und Lieferanten wechseln kann, und ein Bürger, wenn er der Willkür seines Staates durch Auswanderung entgehen kann. Solche elastischen Reaktionen sind in Zentralverwaltungswirtschaften im allgemeinen ausgeschlossen, man bleibt der Zwangsgewalt des eigenen Staates unterworfen.[5]

Meist wird jedoch eine Verletzung der Personwürde marktwirtschaftlichen Systemen mit hoher Kapitalbildung zugeschrieben, obwohl man darin soviel leichter der Willkür einzelner ausweichen kann, wenn offene Märkte bestehen. Man vermutet noch immer mit Karl Marx in der Marktwirtschaft eine strukturelle Verletzung der Menschenwürde, weil kapitalbesitzende oder von Kapitalbesitzern engagierte Unternehmer vermögenslose Arbeitnehmer gegen Lohn beschäftigen und ihnen dabei ihren angeblichen Anspruch auf den vollen Arbeitsertrag vorenthalten. Die Arbeitnehmer seien damit der Willkür der Unternehmer ausgesetzt, gegen die sie sich durch monopolisierende Gewerkschaften wehren müßten.

Es ist nicht möglich, an dieser Stelle alle Halbwahrheiten und Irrtümer dieser Vorstellungen zu behandeln. Nur soviel sei gesagt: Die Lage der unselbständig Arbeitenden wird nicht allgemein dadurch gebessert, daß ihnen nach Verstaatlichung des Kapitals ein monopolistischer Riesenkapitalist als einziger Arbeitgeber gegenübertritt, der zudem noch mit dem Militär, den Gerichten und der Polizei identisch ist.[6] Auch Mitbestimmung löst das Problem fehlender Beschäftigungsalternativen nicht. Jedenfalls ist es für vermögenslose Arbeitnehmer günstig, wenn ihnen möglichst viele und reichlich mit Kapital ausgestattete Arbeitgeber gegenüberstehen, zwischen denen sie wählen können. Das Kapital erhöht die Produktivität der Arbeitenden und daher auch die Zahlungsfähigkeit der Arbeitgeber, aber auch ihre Zahlungswilligkeit, weil bei Wettbewerb mit wachsendem Kapitalstock neue Arbeitsplätze entstehen, die besetzt werden müssen. Denn

---

[5] Vgl. Wilhelm Röpke, Die Nationalisierung des Menschen, in: ders. Maß und Mitte, 2. Aufl. Bern und Stuttgart 1979, Kapitel X.

[6] Vgl. Wilhelm Röpke, Der Irrweg des Kollektivismus, in: ders, Maß und Mitte, a.a.O., S. 105ff.

brachliegendes Kapital bringt Verluste.[7] Eine kapitalreiche Wirtschaft erlaubt auch stärkere Investitionen in Bildung und Ausbildung, womit die Marktstellung der Arbeitnehmer abermals verbessert wird. Mit wachsender Kapitalmenge, relativ zur Zahl der Arbeitenden, nimmt die „Macht des Kapitals" nicht zu, sondern ab, was auch in fallenden Zinssätzen zum Ausdruck kommen kann.[8] So begünstigt die Kapitalbildung nicht nur eine Minderung von Armut, sondern auch unter bestimmten ordnungspolitischen Bedingungen die Achtung der Personwürde.

Eine weitere christliche Grundforderung ist die Achtung vor dem Handlungsbereich des anderen, insbesondere vor seinen wirtschaftlichen und beruflichen Möglichkeiten und vor seinem Eigentum im weitesten Sinne. Das 9. und 10. Gebot enthalten eine Verurteilung des Neides[9], und daß man nach dem 7. Gebot nicht stehlen soll, setzt voraus, daß zuvor legitime Eigentumsrechte festgelegt

---

[7]   Das Problem ist komplexer, als es hier dargestellt werden kann. Das ändert am Grundsätzlichen nichts. Hierzu im einzelnen: Hans Willgerodt, Von der Macht des Kapitals – Mythen und Wirklichkeit, in: Christian Watrin, Hans Willgerodt, (Hrsg.), Widersprüche der Kapitalismuskritik, Festschrift für Alfred Müller-Armack zum 75. Geburtstag, Bern und Stuttgart 1976, S. 11–59.

[8]   Vom tendenziellen Fallen der Profitrate und damit des Zinses wußte auch Karl Marx im Anschluß an David Ricardo, zog daraus aber die falschen Folgerungen. Entgegen seinen Prognosen hat die Kapitalbildung den Faktor Arbeit nicht entwertet, sondern eine ungeheure Steigerung des Lebensstandards der Arbeitslohn beziehenden breiten Massen in den „kapitalistischen" Marktwirtschaften möglich gemacht.

[9]   Zum Problem des Neides: Helmut Schoeck, Der Neid. Eine Theorie der Gesellschaft, Freiburg und München 1966. Der Neid als Antrieb, eine Leistung ebensogut oder besser als ein anderer zu erbringen, ist freilich ein Grundelement jeden Wettbewerbs und muß nicht in jedem Fall zur Verdrängung eines anderen führen. Selbst wenn dies aber geschieht, muß dieser Nachteil gegen den Vorteil abgewogen werden, den diejenigen erhalten, die die Leistung in Anspruch nehmen. Vgl. hierzu: Hans Willgerodt, Einigkeit und Recht und Freiheit, in: Hermann Albeck (Hrsg.), Wirtschaftsordnung und Geldverfassung, Symposion zum 65. Geburtstag von Norbert Kloten, Göttingen 1992, S. 36, Fußnote 28: „Wenn zwei konkurrierende Parteien um den Vertragsabschluß mit einer dritten Partei wetteifern, könnte behauptet werden, daß die beiden Wettbewerber miteinander in einem Konflikt stehen. Die Entscheidung wird aber nicht durch einen Kampf der Wettbewerber gegeneinander herbeigeführt, sondern durch den gegenüberstehenden Vertragspartner, um dessen Gunst die Konkurrenten ringen müssen, indem sie eine bessere Gegenleistung anbieten. Die Forderung, daß dem Vertragspartner ein günstigerer Vertragsabschluß mit einem Dritten verboten wird, bedeutet, daß man Gewaltanwendung fordert, um eine vom Standpunkt des Partners aus schlechtere Leistung absetzen zu können. Das Bevorzugen des am günstigsten erscheinenden Angebots bedeutet demgegenüber im Verhältnis zu den nicht zum Zuge kommenden Anbietern keine Gewaltanwendung, es sei denn, diese werden künstlich daran gehindert, eine wettbewerbsfähige Leistung zu erbringen."

sind. Auch staatliches und kollektives Eigentum muß festgelegt sein, bevor es vor illegitimem Zugriff einzelner geschützt werden kann. Mitglieder des Kollektivs haben darüber als solche nur ein eingeschränktes Verfügungsrecht, das sich zum bloßen Mitgliedschaftsrecht verdünnen kann. Diesem Gemeineigentum wird geringere Achtung entgegengebracht, so daß sein Schutz durch besondere Regeln und Sanktionen erzwungen werden muß.

Auch alle übrigen Regeln und staatlichen Gesetze sind danach einzustufen, welche Verständnisprobleme und Widerstände der Einzelpersonen sie zu überwinden haben, wenn sie befolgt werden sollen. Es gibt eine Ökonomie des Moralischen. Wenn zum Beispiel in der Zeit des Nationalsozialismus die internationale Finanzgemeinschaft der Kirchen durch die Devisenbewirtschaftung behindert wurde, lag es nahe, nach Aus- und Umwegen zu suchen. Die Wirtschaftspolitik soll den einzelnen nicht in Loyalitätskonflikte bringen.

2. Christliche Verantwortung des Wirtschaftenden in der Marktwirtschaft

a. Die Ethik der Produktion

Gibt es christliche Maximen für das, was produziert werden soll? In der Marktwirtschaft wird hergestellt, wofür eine zahlungsbereite Nachfrage besteht oder entwickelt wird. Was nicht verkäuflich ist, mag vom Standpunkt fernstehender Urteiler aus gesehen noch so kulturell oder moralisch wertvoll sein, es kann auf die Dauer nicht produziert werden, wenn sich niemand findet, der die aus der Unverkäuflichkeit entstehenden Verluste deckt. Dies können Mäzene oder der Staat sein, die als Nachfrager besonderer Art auftreten. Der Staat als Mäzen unterwirft die Gesellschaft mit oder ohne Billigung einer Mehrheit der Bürger einem Zwang zur Investition, etwa in das, was seine Funktionäre für Kunst halten und der „Bevölkerung" zu einer Art von Zwangskonsum auferlegen wollen. Im übrigen gibt es keine christlichen Anweisungen darüber, welche Güter hergestellt werden sollen. Oder ist die Produktion von Gütern, die irgendeine moralische Instanz für Luxus hält, unmoralisch, solange Arme noch nicht mit dem Nötigsten versorgt sind? Vor schnellen Antworten auf diese Frage ist zu warnen: „Luxus" müßte autoritär definiert werden, ist auch eine Frage der Menge eines Gutes (Bei welcher genossenen Weinmenge beginnt der Luxus?), kann Leistungsantriebe hervorrufen, aus deren Ergebnis Armen eher geholfen werden kann, und ist an der Art eines Produktes nicht zweifelsfrei abzulesen. Produktionsverbote sind zur Lösung des Luxusproblems nicht geeignet. Das Problem der Armut muß auf anderem Wege gelöst werden. Es handelt sich aber auch um ein Problem des Verzichts auf augenblicklichen Konsum des erzielten Einkommens, weil Armut durch Kapitalbildung bekämpft werden kann. Appelle sind also primär an die

Nachfrager zu richten. In Sonderfällen kann oder soll der Staat vor allem solche Angebote verbieten, die mit negativen Effekten für die Allgemeinheit verbunden sind, etwa von Rauschgift, Abtreibung, Pornographie, Mord auf Bestellung, Verkauf von Kindern und dergleichen.[10] Oft bleibt der Staat mit seinen Verboten erfolglos und muß auf die Moral von Nachfragern und Anbietern hoffen, wenn er solche Marktvorgänge nicht unterdrücken kann.

Wenn sich der Christ für eine legitime Produktion entschieden hat: Gibt es christliche Maximen dafür, wie er produzieren soll? In der wettbewerblichen Marktwirtschaft besteht für die Unternehmungen ein Zwang, das Rationalprinzip anzuwenden, also Kosten zu minimieren oder Ergebnisse zu maximieren. Deswegen notwendige Kostensenkungen und Umstellungen gelten jedoch manchen Christen als unmoralisch, wenn sie zum Beispiel mit Entlassungen verbunden sind. Welche Folgen entstehen, wenn die Kostensenkung unterbleibt, wird in der Regel nicht beachtet. Beruht ein Zwang zur Kostensenkung auf technischem Fortschritt, so ist gefordert worden, die Verursacher dieses Fortschritts für die entstehenden Umstellungszwänge (z.B. bei Wettbewerbern und Arbeitnehmern) schadenersatzpflichtig zu machen. Anderenfalls enthalte der marktwirtschaftliche Wettbewerb einen sozialpolitischen Rechenfehler. In allgemeiner Form überzeugt dies nicht, weil Kosten und Folgen einer solchen Belastung des technisch-wirtschaftlichen Fortschritts außer Betracht bleiben, vor allem die Nachteile, die bei einem solchen Verfahren allgemein für die Bekämpfung von Armut entstehen müssen[11].

Ein weiteres Problem besteht darin, daß der Wettbewerb unter bestimmten Bedingungen eine Tendenz enthalten kann, den allgemeinen moralischen Standard der Produktion zu senken. Derjenige Marktteilnehmer, der sich an der Grenze des gerade noch ohne Strafbarkeit Möglichen bewegt oder sie sogar in der Hoffnung unterschreitet, nicht entdeckt und bestraft zu werden, kann höhere Gewinne erzielen. Dies könnte dazu führen, daß sich andere Marktteilnehmer diesem moralischen Minimalstandard anpassen, um wettbewerbsfähig zu bleiben. Dieses von Goetz Briefs entwickelte Theorem der Grenzmoral ist um so weniger aktuell, je mehr transparente Beziehungen zwischen Anbietern und Nachfragern bestehen und je leichter die vom grenzmoralistischen Verhalten Geschädigten auf andere

---

[10] Zum Problem im übrigen: Hans Willgerodt, Wirtschaftsfreiheit als moralisches Problem, Zeitschrift für Wirtschaftspolitik, 32. Jahrgang 1983, S. 97–113; Hans Willgerodt, Rang und Grenzen der Wirtschaftsfreiheit im Streit der Fakultäten, in: Ordo et Libertas, Festschrift für Gerhard Winterberger, Bern 1982, S. 111–145.

[11] Hierzu im einzelnen: Hans Willgerodt, Der Wettbewerb – ein Rechenfehler? In: ORDO – Jahrbuch für die Ordnung von Wirtschaft und Gesellschaft, Bd. 43, 1992, S. 107–138.

Partner ausweichen können.[12] Auf die Dauer lohnt sich Grenzmoral nicht, denn wer einmal das Vertrauen seiner Marktpartner verspielt hat, wird boykottiert. Bevor aus der Erscheinung der Grenzmoral Verdammungsurteile über den marktwirtschaftlichen Wettbewerb abgeleitet werden, sind die Alternativen zu prüfen: Grenzmoral ist in der Zentralverwaltungswirtschaft geradezu ein unvermeidlicher Systembestandteil, zum Beispiel bei dem Streben nach „weichen Plänen", dem Verstecken von Vorräten und der Verschleierung der eigenen Leistungsfähigkeit.

Je stärker sich im übrigen Regulierungen und extremer Abgabendruck wie dichter Nebel über marktwirtschaftlichen Systemen ausbreiten, desto eher lohnen sich Steuerhinterziehung, Schwarzarbeit und andere Gesetzesverstöße. Viele moderne Gesetze, die von Tag zu Tag geändert werden, können als zu beachtende moralische Normen kaum noch gelernt, geschweige denn als moralische Regeln in das Bewußtsein eingegraben werden.[13]

Für die Ethik der Produktion ist die Frage wichtig, wie sich der intramarginale Anbieter verhalten soll. Er hat geringere Kosten als der letzte zur Versorgung des Marktes von den Nachfragern noch herangezogene Anbieter. Ihm stehen also während des Wettbewerbsprozesses noch Differentialgewinne so lange zur Verfügung, wie sein Wettbewerbsvorteil nicht durch sinkende Absatzpreise oder steigende Faktorpreise weggeschwemmt worden ist. Soll er diese Mittel für „moralische" Zwecke innerhalb oder außerhalb seines Unternehmens verwenden? Dies kann insoweit für das Unternehmen sinnvoll sein, wie dadurch, zum Beispiel wegen höherer Motivation der Mitarbeiter, zugleich der Unternehmenszweck gefördert wird. Eine gute Tat ist nicht schon dann anrüchig, wenn sie dem Handelnden Ansehen und andere Vorteile verschafft. Die dabei aufgewandten Mittel könnten aber auch für Sachinvestitionen und anderweitige Stärkung der Ertragskraft des Unternehmens und damit zur Sicherung der Arbeitsplätze verwendet werden. Der marktwirtschaftliche Wettbewerbsprozeß besteht in einer Suche nach wirtschaftlich zweckmäßigeren Lösungen und legt das unternehmerische Verhalten nicht ex ante starr fest. Es kann genügend Spielräume geben, die für verschiedene sinnvolle Zwecke genutzt werden können. Nur ist ein angeblich „soziales" Sichgehenlassen bei den Leistungen in einem gewinnträchtigen Unternehmen die am wenigsten tugendhafte Gewinnverwendung.

---

[12] Vgl. im einzelnen: Hans Willgerodt, Grenzmoral und Wirtschaftsordnung, in: J. Broermann, Ph. Herder-Dorneich, Soziale Verantwortung. Festschrift für Goetz Briefs zum 80. Geburtstag, Berlin 1968, S. 141–171.

[13] Näheres hierzu: Hans Willgerodt, Wirtschaftsordnung und Staatsverwaltung, ORDO – Jahrbuch für die Ordnung von Wirtschaft und Gesellschaft, Bd. 30, 1979, S. 199–217.

Es könnte aber gefragt werden, ob Leistung wirklich ein christliches Ziel sein kann. Für die Wirtschaft bedeutet das die Frage, wie produktiv und wieviel insgesamt produziert werden soll. Weltwirtschaftlich entscheidet die Bevölkerung als Gesamtheit aller Nachfrager und Verwender von Gütern insoweit über die gesamte Produktionsmenge, wie sie bereit und in der Lage ist, diese Güter herzustellen. Die Menschheit insgesamt müßte soviel produzieren, wie sie zur Verfügung haben will. Das gelingt ihr noch immer nicht hinreichend. Das Hauptproblem ist nach wie vor ein solches der Produktion, weniger der Verteilung. In einer Zeit, in der sich nicht nur bei Politikern eine Art von Schlaraffenlandsgesinnung bemerkbar macht, man von Überflußgesellschaft spricht und nicht mehr die Güter, sondern die Produktionsgelegenheit für knapp erklärt, muß auf solche Banalitäten wieder einmal hingewiesen werden.

Wenn allerdings durch Produktivitätssteigerung mit gegebenem Faktoraufwand mehr produziert werden kann als bisher und das Einkommen pro Kopf steigt, wird im allgemeinen auch die Arbeitszeit verkürzt. Es steigt damit der zeitliche Spielraum für geistige und geistliche Besinnung, wie sie dem Christen nahegelegt ist. Die produktive Marktwirtschaft hindert ihn daran nicht, sondern erweitert seine Verantwortung für die Verwendung seiner Lebenszeit. Aber heute wird gerade in wohlhabenden Ländern nicht selten Leistung an sich verurteilt, und zwar sowohl mit ihrer qualitativen als auch mit ihrer quantitativen Komponente. Der absichtsvoll Nichtleistende, sofern er nicht auf Kosten anderer lebt, mag für sich selbst auf den Genuß von Leistungsergebnissen verzichten. Er verzichtet damit aber auch auf die Produktion eines Überschusses, mit dem er anderen helfen könnte. Wirtschaftliche Hilfe als moralische Tat kann nur demjenigen zugerechnet werden, der sie selbst durch eigene Leistung als Überschuß über seinen eigenen Bedarf erbringt. Wer sie nur auf Kosten anderer politisch veranlaßt, kann sich selbst den Anteil am Erfolg nicht zurechnen lassen, dessen Kosten er dem Steuerzahler auferlegt hat.

Wenn wirtschaftliche Leistung ein höheres Sozialprodukt pro Kopf und sogar Reichtum hervorruft, erscheint dies manchen Christen anstößig und wird mit einem allgemeinen Mißtrauen gegenüber dem Bereich der Wirtschaft überhaupt verbunden. In einer evangelischen Denkschrift heißt es lapidar: „Wirtschaftliches Handeln wird von Selbsterhaltung, Eigennutz und Gewinnstreben angetrieben."[14]

---

[14] Gemeinwohl und Eigennutz. Wirtschaftliches Handeln in Verantwortung für die Zukunft. Eine Denkschrift der Evangelischen Kirche in Deutschland, Gütersloh 1991, S. 99, Ziffer 139. In Ziffer 144 auf S. 102 heißt es dann aber: „Christliche Verantwortung zielt auf ein wirtschaftliches Handeln, das mit dem Gebot der Nächstenliebe vereinbar bleibt." Demnach gibt es auch ein Wirtschaften, für das die vorangestellte Aussage nicht ausreicht.

Bei wirtschaftlichem Wohlstand ist wirtschaftliche Armut für diejenigen beseitigt, die diesen Wohlstand erreicht haben. Ist der Wohlstand nicht auf Kosten anderer erlangt, sondern durch eigene Produktionsleistung, dann ist zu fragen, weshalb dies anstößig sein soll. Wäre es etwa eine moralische Leistung, die aus eigener Kraft Wohlhabenden wieder in Armut zurückzustoßen, anstatt die Armut der noch Armen durch weitere Produktion zu bekämpfen? Bloße Umverteilung zugunsten von Arbeitsfähigen und Leistungswilligen, die bisher nicht oder nur unvollkommen am Wohlstand teilgenommen haben, ist gegenüber ihrer Eingliederung in den wirtschaftlichen Leistungsprozeß nachrangig. Die jetzt in Deutschland betriebene Rationierung der Arbeitsleistung im Interesse des Tariflohnkartells und der Besitzer von Arbeitsplätzen ist nicht nur wirtschaftlich absurd, sondern auch unmoralisch.

Trotzdem sind christliche Warnungen vor einer immer weiter getriebenen Steigerung des im engeren Sinne ökonomischen Wohlstandes ernst zu nehmen. Es handelt sich um eine Frage des rechten Maßes, aber auch der Überzeugungskraft derjenigen, die sinnvolle Maßstäbe verkünden. Eine Maßlosigkeit kann jedenfalls vorliegen, wenn Armut weniger absolut, sondern nur noch relativ als Einkommen unterhalb eines bestimmten Durchschnittseinkommens definiert wird, wie hoch dieses Durchschnittseinkommen auch immer sein mag. Diese Armut könnte nie verschwinden. Denn die Nachteile einer völlig gleichmäßigen Einkommensverteilung sind so groß, daß eine solche Gleichheit der Einkommen nicht nur in der Marktwirtschaft utopisch ist.[15] Sie würde eine Armut herbeiführen, die niemand verantworten kann.

b. Gewinn, Verlust und Zins als moralisches Problem

Der Erscheinung des Unternehmensgewinns stehen nicht nur die christlichen Kirchen sondern auch die immer noch vom Marxismus mitgeprägte öffentliche Meinung zum großen Teil mit Unverständnis gegenüber. Er gilt wie der Zins als „arbeitsloses" Einkommen. Damit wird zum Ausdruck gebracht, daß er nicht auf Leistung beruhe und funktionslos sei. In allgemeiner Form ist diese Ansicht nicht haltbar. Man meint, es genüge, wenn ein Unternehmen seine Kosten decken könne. Gewinne aber seien darüber hinausgehende und deshalb überflüssige Einnahmen. Dieser Verständnislosigkeit liegt die Vorstellung einer stationären

---

[15] Hierzu im einzelnen: Hans Willgerodt, Das Leistungsprinzip – Kriterium der Gerechtigkeit und Bedingung des Fortschritts? In: Anton Rauscher (Hrsg.), Kapitalismuskritik im Widerstreit, Köln 1973, S. 89–115.

Wirtschaft zugrunde, in der es weder Risiko und technischen Fortschritt noch Bildung von neuem Kapital und neue Investitionen zu geben braucht, außerdem die Kapitalnutzung als freies Gut behandelt werden kann[16].

Soweit der Gewinn Entlohnung für unternehmerische Arbeit ist, hat ihn selbst Karl Marx nicht in Frage gestellt. Wenn inzwischen etwas zögernd mindestens der Zins für Investitionskredite moralisch anerkannt wird[17], dürfte der Gewinnanteil als zulässig angesehen werden, der als Verzinsung des haftenden Eigenkapitals anzusehen ist.

Aber wie ist ein Gewinn zu beurteilen, der über diese Größen hinausgeht? Es kann sich zunächst um Gewinne handeln, die daraus entstehen, daß ein Unternehmer die Chancen des Marktes richtig erkannt hat, sei es durch Zufall und Glück, sei es bei in die Zukunft weisenden hervorragenden Leistungen in der Produktion und Markterschließung. Daß Marktchancen richtig vorausgesehen oder zufällig richtig getroffen sein können, gilt nicht nur für Unternehmer, sondern auch für Arbeitnehmer. Sie können eine Entwicklung am Arbeitsmarkt zutreffend eingeschätzt und sich entsprechend vorgebildet haben. Damit erzielen sie einen

---

[16] Zu der Frage, ob in der stationären Wirtschaft der Zins verschwindet: Walter Eucken, Kapitaltheoretische Untersuchungen, 2. Auflage Tübingen, Zürich 1954, S. 115. Sofern für die Abschreibungsbeträge des vernutzten Kapitals auch eine andere Verwendung als die Reinvestition, also Konsum, möglich ist, muß es auch in einer stationären Marktwirtschaft einen Anreiz für die Beibehaltung des bisherigen Kapitalstocks geben. Ein solcher Anreiz kann unter anderem der Zins sein, der vor allem dann notwendig ist, wenn das Kapital dem Kapitalverwender nicht gehört. Gäbe es keinen Zins, wohl aber die Möglichkeit, mit unterschiedlicher Kapitalintensität zu produzieren, dann würde ohne Zins von den Unternehmungen eine maximale Kapitalintensität angestrebt werden, das heißt eine solche Kapitalausstattung, bei der in einer bestimmten Verwendung eine weitere Investition keinen weiteren Ertrag mehr bringen würde. Ein solcher Zustand kann aber bei volkswirtschaftlicher Kapitalknappheit nicht in allen Kapitalverwendungen erreicht werden. Deshalb ist ein Knappheitspreis für die Kapitalnutzung notwendig. Verzichtet man nach marxistischer Lehre auf einen solchen Knappheitspreis, dann kommt es zu einer willkürlichen Kapitalverteilung, also zur Kapitalvergeudung durch Überinvestition an der einen und unzureichenden Investitionen an der anderen Stelle. Die Sowjetwirtschaft war durch Kapitalverzehr sowie Überinvestitionen in der Industrie und gleichzeitig zu geringe Investitionen in anderen Bereichen gekennzeichnet. Weltraumstationen standen marode Straßen und unzulängliche Wohnverhältnisse gegenüber. Vgl. auch: Fritz W. Meyer, Die Leistungsfähigkeit der Planwirtschaft, in: Franz Greiß und Fritz W. Meyer, Wirtschaft, Gesellschaft und Kultur, Festgabe für Alfred Müller-Armack, Berlin 1961, S. 53–60.

[17] Vgl. Emil Brunner, Gerechtigkeit, Zürich 1943, S. 186ff., 202.

über die Kosten ihrer Ausbildung und deren Verzinsung hinausgehenden Sonder-
gewinn auf ihr Humankapital. Leistung und Glück sind dabei ebenso wie bei
Spitzensportlern kaum noch zu unterscheiden. Das Element der Leistung im Erfolg
wird oft, wenn auch nicht immer, moralisch anerkannt.

Ist aber ein Gewinn als bloßer Glücksfall „gerecht"?[18] Glück allein ist jedenfalls nicht die moralische Leistung desjenigen, der es hat[19]. Die Entscheidung, am
marktwirtschaftlichen Wettbewerb teilzunehmen, bedeutet jedoch, daß man nicht
nur gewinnen, sondern auch verlieren kann, also ein Risiko eingeht. Das Risiko
eines haftenden Unternehmers ist im allgemeinen im Vergleich zu Geldgläubi-
gern und Arbeitnehmern oder gar Staatsbeamten systematisch höher. Ist es gerecht, wenn der marktwirtschaftliche Unternehmerwettbewerb zum Beispiel durch
die Steuergesetzgebung zu einem Spiel gemacht wird, bei dem man eher verlieren
als gewinnen kann? Vergessen wird im übrigen die wettbewerbliche Gewinne-
rosion. Dabei sind Nachahmer dem Glücklichen auf den Fersen, dringen wegen
der Gewinnaussichten in dessen Markt ein und sorgen für ein zusätzliches Angebot, das entweder billiger oder besser ist. Die Gewinne sinken, und es kommt

---

[18] Hierzu: Peter Koslowski, Ethik des Kapitalismus. Mit einem Kommentar von James M.
Buchanan, 2. Aufl. Tübingen 1984, S. 56 (unter Berufung auf Knight): „Alle Verfü-
gungsrechte über Ressourcen, seien es Arbeit (Human-Kapital) oder Kapital allgemein,
entstehen aus drei Quellen, aus Leistung, Vererbung und Glück." Koslowski fährt fort:
„Von diesen ist zweifellos nur die erste Quelle gerecht zu nennen, die zweite nur mehr
rechtlich und die dritte der Gerechtigkeit gegenüber inkommensurabel." Es wird nicht
geprüft, ob es mehr Gerechtigkeit schaffen würde, wenn das Erbrecht abgeschafft würde und wegen ererbter günstiger Eigenschaften Sondernachteile zugewiesen werden
würden, ferner ob solche Gewinne sozialisiert werden sollten, die zufällig gefundenen
richtigen wirtschaftlichen Lösungen zu verdanken sind.

[19] Vgl. F. A. Hayek, Gleichheit, Wert und Verdienst, ORDO – Jahrbuch für die Ordnung
von Wirtschaft und Gesellschaft, Bd. 10, 1958, S. 5–29. Aus der eine Teilwahrheit ent-
haltenden These von Hayeks, der wirtschaftliche Erfolg sei vom moralischen Verdienst
der Marktteilnehmer unabhängig, der Marktprozeß liege aber im allgemeinen Interesse,
folgt, daß wegen dieses allgemeinen Interesses die Teilnehmer mit einer sozialen Mindest-
sicherung ausgestattet werden müssen, damit sie trotz des Verlustrisikos in hinreichender
Zahl daran teilnehmen. Geschieht dies nicht, dann kommt es zu einer Verknappung des
Angebots bei risikoreichen Tätigkeiten, etwa der Unternehmerleistung, und steigenden
Entlohnungen hierfür, was wieder Neid und Entrüstung hervorruft; vgl. Hans Willgerodt,
Flucht vor der Verantwortung und Elitenverschleiß als mögliche Gefahren für die Soziale
Marktwirtschaft, in: Beiträge zur Ordnung von Wirtschaft und Gesellschaft, Wirtschafts-
politische Chronik 1966, S. 135–158.

zu einer gesellschaftlichen Aneignung privater wirtschaftlicher Erfolge.[20] Die Moral liegt nicht im unerwarteten Gewinn selber, sondern in den günstigen Reaktionen, die er bei geeignetem Ordnungsrahmen hervorruft. Damit führt privates Glück zur öffentlichen Wohltat.

Beruht der Gewinn jedoch auf Marktmacht, die zum Beispiel vom Staat privilegiert oder durch Kartelle und Konzentration vor Wettbewerb geschützt ist, dann schätzen sich zwar die Privilegierten glücklich, aber ihr Glück ist für die Gesellschaft nachteilig, weil es in dem künstlichen Vorenthalten möglicher Leistung zum Zwecke der Ausbeutung anderer besteht. Es kann auch keine Rede davon sein, daß eine gesamtwirtschaftlich sinnvolle Leistung vorliegt, wenn pressure groups Sondervorteile für ihre Klientel politisch durchsetzen. Sie leisten etwas für sich auf Kosten anderer.

Viele Verdammungsurteile gegenüber dem Gewinn gehen auf das auch in der Ethik verbreitete Denken in zu kurzen Kausalketten zurück: Der Gesamtvorgang kann erst beurteilt werden, wenn einbezogen wird, in welcher Lebenslage sich der Gewinnberechtigte befindet und wie er den Gewinn verwendet.

Erstaunlich ist, wie wenig in Diskussionen unter Christen die Kehrseite des marktwirtschaftlichen Wettbewerbs betrachtet wird, nämlich der Verlust als das Gegenteil des Gewinns. Er zeigt an, daß eine Produktion nicht mehr unter den bisherigen Bedingungen und mit den bisherigen Verfahren kostendeckend betrieben werden kann. Die Faktoren sollten anderen Verwendungen zugeführt werden, wenn Bezug, Finanzierung, Produktion und Absatz nicht mehr ausreichend rationalisiert werden können. Zahlreich sind aber, jedenfalls in Deutschland, Appelle kirchlicher Stellen, unvermeidliche Entlassungen und Schließungen unrentabler Betriebe zu unterlassen. Wer dann die Verluste deckt, bleibt unklar. Zunächst müßte das Eigenkapital des Unternehmens, das ohnehin haften muß, auch solche Verluste tragen, die vermeidbar sind aber manchem als „sozial" gerechtfertigt gelten. Verluste zu verursachen, ohne selbst dafür aufzukommen, bedeutet einen Eingriff in fremdes Eigentum. Wird der Steuerzahler bemüht, um Defizite zu decken, dann wird an anderer Stelle eine Last auferlegt, deren Folgen man schwer feststellen kann. Ähnliches gilt, wenn das Verlustunternehmen vor Wettbewerb geschützt wird, um es künstlich lebensfähig zu erhalten. Ist eine Verlagerung von Verlusten ethisch schon dann gerechtfertigt, wenn man nicht weiß, wie sie wirkt und wen sie trifft? Nicht nur der Nachfrager und

---

[20] Vgl. Hans Willgerodt, Die gesellschaftliche Aneignung privater Leistungserfolge als Grundelement der wettbewerblichen Marktwirtschaft, in: Heinz Sauermann, Ernst-Joachim Mestmäcker (Hrsg.), Wirtschaftsordnung und Staatsverfassung, Festschrift für Franz Böhm zum 80. Geburtstag, Tübingen 1975, S. 687–705.

Verbraucher ist als „forgotten man" der Leidtragende. Getroffen werden auch andere Produzenten und ihre Arbeitnehmer, zum Beispiel Wettbewerber und deren Lieferanten.

Ein häufig beschrittener Ausweg besteht in der Konzentration zu Riesenunternehmungen, innerhalb deren Verluste an einer Stelle mit Gewinnen an anderer Stelle, auch auf Kosten von Anteilseignern und Fiskus, verrechnet werden können.[21] Etwas Ähnliches geschieht zwischen dem Staat und den ihm gehörenden Unternehmen: Ihre Verluste können (und müssen) im Staatshaushalt verrechnet werden. In der Zentralverwaltungswirtschaft mit ausschließlichem Staatseigentum an den Produktionsmitteln steigert sich die Sozialisierung von Verlusten zum Extrem. Dieses Wirtschaftssystem verfügt nicht einmal über ein ausreichendes Rechnungswesen, um Verluste wirklich genau genug feststellen zu können, geschweige denn, daß daraus hinreichende wirtschaftliche Folgerungen gezogen werden. Es handelt sich um Systeme sozialen Kostenmachens, das zur allgemeinen Verarmung führen kann. Ist nicht vielleicht das Gewinnstreben in der Marktwirtschaft, das auch von der Furcht vor Verlusten geleitet wird, doch die ethisch einwandfreiere Maxime? Man frage einmal einen Gewerkschaftsfunktionär, ob ihm gewinnträchtige oder verlustreiche Unternehmen als Verhandlungspartner lieber sind, wenn er in die Lohnverhandlungen geht.

c. Die Ethik der Einkommensverwendung

Dem Christen ist nicht im einzelnen vorgeschrieben, wie er sein Einkommen verwenden soll. Es ist aber selbstverständlich, daß das Einkommen nicht für Zwecke verwendet werden soll, die gegen die christlichen Gebote verstoßen.

Auch für die Aufteilung zwischen Verbrauch und Sparen ist dem Christen Freiheit gewährt. Es gibt sogar die mosaische und im Neuen Testament auf die Geistlichen bezogene Aussage: „Du sollst dem Ochsen, der da drischt, nicht das Maul verbinden." (5. Mose 25, 4; 1. Kor. 9, 9; 1. Tim. 5, 18). Einerseits gibt es Warnungen vor hemmungs- und ziellosem Verbrauch, der „Konsumismus" genannt wird. Vergeudung wird verurteilt, vor allem bei Gütern der Umwelt. Weniger deutlich wird erkannt, daß auch unrationelle Produktion Vergeudung ist. Andererseits wird vor übertriebener Vorsorge durch Ansammlung irdischer Güter gewarnt, wenn darüber die dem Christen nahegelegte Besinnung verloren geht. Es handelt sich

---

[21] Die Verlustverrechnung innerhalb großer Vermögensmassen ist nicht per se illegitim, weil man unternehmerische Risiken nicht vermeiden kann und die Streuung von Risiken überzogene Reaktionen von Marktpartnern auf partielle Verluste verhindern kann, so daß ein geordneter Rückzug oder Strukturwandel möglich wird.

also auch hier um eine Frage des rechten Maßes, das situationsgerecht gefunden werden muß.

Wenig Verständnis findet allerdings die Funktion des sogenannten Kapitalisten, der eigenes Einkommen nicht verbraucht, sondern investiert, um daraus weiteres Einkommen zu beziehen. Die meisten Ersparnisse dieser Art entstehen heute in den Unternehmungen und bei der Masse der privaten Haushalte, deren Haupteinkommen durch Arbeit gewonnen wird. Die biblische Vorstellung vom reichen Gläubiger und armen Schuldner entspricht nicht mehr allgemein der Wirklichkeit, denn die Hauptschuldner sind die Unternehmungen und die Staaten. Verdeckt wird dies dadurch, daß Ersparnisse der breiten Massen durch Kreditinstitute an die Schuldner weitergeleitet werden und diese Institute dem einzelnen privaten Schuldner gegenüber oft mächtig sind, wenn der Wettbewerb im Bereich der Kreditgeber zu wünschen übrig läßt. Den Staaten gegenüber ist jeder einzelne Sparer und Gläubiger so gut wie machtlos, wenn Rückzahlungen und Verzinsungen verweigert werden. Auch hat der Staat die Möglichkeit, die Gläubiger durch Inflation zu enteignen. Der Staat verschuldet sich oft, um einen zusätzlichen, nicht durch Abgaben gedeckten Verbrauch zu finanzieren. Bei seinen Bürgern werden dadurch Illusionen über ihren Reichtum erzeugt, weil sie in ihrer privaten Vermögensrechnung die Anteile der Staatsschuld nicht rechnen, die auf sie entfallen, wohl aber die von ihnen erworbenen Staatsschuldtitel als Vermögen ansehen. Wenn Einnahmen aus Staatsverschuldung dem Verbrauch zugeführt werden, hält man außerdem Ersparnisse der Privaten von wirtschaftlich zweckmäßigen Investitionen ab. Dem Gebot, zur Minderung von Armut beizutragen, entspricht dies sicher nicht. Weltwirtschaftlich ist die Kapitalbildung im weitesten Sinne unter Einschluß der Ausbildungsinvestitionen das dringendste Problem, das gelöst werden muß, um den Armen die Möglichkeit des Aufstiegs zu geben. Solange der gesamtwirtschaftliche Kreislauf zusätzliche Ersparnisse noch mit nützlichen Investitionen begleiten kann, besteht eher auch eine Pflicht zum Sparen und zur Kapitalbildung zumal in Entwicklungsländern. Unentgeltliche Hilfe, die ihnen geleistet wird, ist bei akuten Notfällen gerechtfertigt, sollte aber durch entgeltliche Investitionen aus eigenen und fremden Ersparnissen abgelöst werden. Die Entgeltlichkeit ist notwendig, um Vergeudungen von Investitionsmitteln zu vermeiden. Jedenfalls hat dies entschiedene Vorzüge gegenüber der bloßen Umverteilung von Verbrauchsgütern an die Armen, bei der das Problem verewigt wird, solange die Armen wegen ihrer zu geringen Produktionsleistung in ihrer Armut festgehalten werden. Zu diesen Vorzügen rechnet auch, daß ein privater Gläubiger ein starkes Kontrollinteresse daran hat, daß der Wohlstand seines Schuldners zunimmt und dieser in die Lage kommt, Zinsen und Amortisationen zu zahlen. Geschenke oder formale Kredite durch Regierungen und Entwicklungshilfe staatsfinanzierter internationaler Organisationen werden demgegenüber häufiger verwirtschaftet oder landen als Privatvermögen von Regierenden auf Bankkonten in wohlhabenden Ländern. Ein Schuldenerlaß ist in diesem Falle wirtschaftlich nur sinnvoll, wenn die Verantwortlichen zur Rechenschaft gezogen werden und die staatliche und wirtschaftliche Ordnung dieser Länder geändert wird[22].

Unter zweckmäßigen ordnungspolitischen Bedingungen ist der Mensch als Sparer und damit Kapitaleigner ein unentbehrlicher Sozialfunktionär, dem man nicht zum Vorwurf machen sollte, daß er spart und zur notwendigen Kapitalbildung beiträgt. Problematisch können jedoch das konzentrierte Kapital oder seine konzentrierte Verwaltung sein. Es ist sinnvoll, eine breitere Streuung des Kapitalvermögens zu fördern und die Unternehmungskonzentration einzuschränken.

3. Wirtschaft und Nächstenliebe

Nach allgemeiner Überzeugung steht der Bereich der Wirtschaft der Nächstenliebe fern und gilt als ein Gebiet der bloßen Rechenhaftigkeit und „sozialen Kälte". Der erste Akt der Nächstenliebe ist es jedoch, so weit wie möglich nicht anderen zur Last zu fallen[23]. Die in Westdeutschland immer mehr um sich greifende Ansicht, nicht Güter, sondern Produktions- und Arbeitsmöglichkeiten seien knapp und müßten deswegen rationiert werden, beruht, wie gesagt, auf der fatalistischen Hinnahme ordnungspolitischer Mängel und der Kartellideologie der Arbeitsmarktparteien. Beides hat eine Arbeitslosigkeit hervorgerufen, die es in der Zeit Ludwig Erhards nicht gegeben hat. Der Trugschluß vom gesamtwirtschaftlich gegebenen Arbeitsquantum gehört zu den ältesten volkswirtschaftlichen Irrtümern und steht heute auch in Westdeutschland in offenkundigem Gegensatz zur Unterversorgung mit Arbeitsleistungen in vielen Bereichen. Die Propagierung dieses Irrtums begünstigt eine gesellschaftliche Diskriminierung

---

[22] Auch dieses Problem ist wirtschaftspolitisch komplexer, als es hier dargestellt werden kann. Vgl. Hans Willgerodt, Kontrollen oder Selbstkontrollen gegen Währungskrisen, in: Bernhard Külp, Viktor Vanberg, Freiheit und wettbewerbliche Ordnung. Gedenkband zur Erinnerung an Walter Eucken, Freiburg 2000, S. 361–386. Die relative Interesselosigkeit der Regierung in Mosambik am Schicksal ihrer Landsleute während der jüngsten Flutkatastrophe korrespondiert mit Berichten, das Land habe z.B. im Jahr 1989/90 öffentliche Nettohilfe aus dem Ausland nach Abzug des Tilgungsdienstes in Höhe von 156,7% seines Bruttosozialproduktes erhalten, so daß fast zwangsläufig ein Überschuß im Ausland angelegt worden sein muß.

[23] So schreibt Martin Luther, Von Kaufshandlung und Wucher, in: D. Martin Luthers Werke, Bd. XV, unveränderter Abdruck der 1966 bei Hermann Böhlau Nachf., Weimar, erschienenen Ausgabe von 1899, S. 302: „Denn Christen sind brüder, und eyner lest den andern nicht. So ist auch keyner so faul und unverschampt, das er on erbeyt sich auffs andern gut und erbeit verlasse und zeren wolle mit müssig gang von eynes andern habe."

des Fleißes und der Selbstverantwortung. Im vermeintlichen und allenfalls kurz-
fristigen Interesse von Arbeitsplatzbesitzern und deren Entlohnungszuwächsen
werden Arbeitsfähige aus dem Erwerbsleben verdrängt und den Sozialkassen über-
antwortet. Dies ist das genaue Gegenteil von Nächstenliebe.

Es ist aber richtig: Wirtschaft ruft nicht automatisch Nächstenliebe mit wirtschaftlichen Mitteln hervor, sondern schafft nur Güter und Einkommen, mit
denen sie geleistet werden kann und auch geleistet wird[24]. Es zeigt sich aber, daß
Helfen vor allem aus zwei Gründen eine schwere Kunst ist: Sie muß im Zeitpunkt
der Hilfe zweckmäßig sein und außerdem die späteren Reaktionen dessen beachten, dem geholfen werden soll. Wem zuviel, zu lange und ohne Ermutigung zur
Selbsthilfe geholfen wird, der kann in Armut und Unmündigkeit zurückbleiben.[25]

III. Wirtschafts- und Sozialethik

1. Persönliche und kollektive Solidarität

Die christliche Forderung der Nächstenliebe richtet sich primär an Personen, nicht
an Kollektive.[26] Die Möglichkeit, durch wirtschaftliche Hilfe Nächstenliebe zu
üben, hängt von den Umständen ab, unter denen der Helfende und der Hilfs-
bedürftige leben. Ein für erfolgreiche Hilfe günstiger Umstand ist eine hohe
Produktionsleistung des Gebers und eine Bereitschaft des Empfängers, sich von
der Hilfe so bald wie möglich unabhängig zu machen. Beides ist nicht nur eine
Frage des guten Willens, sondern auch eine Frage der Wirtschafts- und Sozialordnung und der zweckmäßigen Organisation. Damit die Möglichkeit zur Hilfe
auch genügend und zweckmäßig genutzt wird, genügen nicht immer Aktionen

---

[24] Die amerikanische Wirtschaft mit ihrer soviel geringeren Arbeitslosigkeit und ihrem
höheren Produktionsvolumen kennt ohne Kirchensteuern an Mitteln reiche Kirchen
und einen großen Umfang an gemeinnützigen Stiftungen aller Art. Mit den auch dabei
auftretenden Wirtschaftsproblemen befaßt sich ein eigener Zweig der amerikanischen
Nationalökonomie: Vgl. Kenneth E. Boulding, Über eine reine Theorie der Stiftung.
„Grants Economy" und Philanthropie, Herausgeber: Stiftungszentrum im Stifterverband
für die Deutsche Wissenschaft, Essen 1973.

[25] Vgl. Bruno Molitor, Wirtschaftsethik, München 1989, S. 139.

[26] „Nächstenliebe kann nicht an den Gesetzgeber oder an die Verwaltung delegiert werden oder nur von Strukturen gefordert werden" (Gemeinwohl und Eigennutz... Eine
Denkschrift der Evangelischen Kirche in Deutschland, a.a.O., Seite 103): „Tugend läßt
sich nie vollständig durch Soziotechnik ersetzen." (Lothar Roos, Markt und Moral, in:
Norbert Glatzel und Eugen Kleindienst (Hrsg.), Die personale Struktur des gesellschaftlichen Lebens. Festschrift für Anton Rauscher, Berlin 1993, S. 328).

einzelner allein, sondern kleinere Gemeinschaften bis zu Großorganisationen und schließlich dem Staat können und müssen hier mitwirken.

Der Vorrang der persönlichen Nächstenliebe ist jedoch heute vielfach in sein Gegenteil verkehrt worden. Das Postulat „charity begins at home" tritt mit der in vielen entwickelten Ländern vordringenden Auflösung der Familie in den Hintergrund und wird von Forderungen nach nationaler oder sogar weltweiter Solidarität begleitet. Mit dieser geographischen Expansion der Solidaritäten, so unvermeidlich sie zum Teil sein mag, geht die persönliche Beziehung zwischen Geber und Nehmer mehr oder weniger zugunsten bürokratischer und schematischer Eingruppierung verloren. Oft wird nicht mehr den Menschen als erkennbaren Personen geholfen, sondern als den Angehörigen von Kollektiven, bei denen die statistische Zuordnung wichtiger ist als Einzelschicksale. Global an ärmere Länder gewährte Hilfen können deshalb den Wohlhabenden dieser Länder auf Kosten ärmerer Steuerzahler der Geberländer zugute kommen, wenn nicht Regelungen getroffen werden, die diese Verwendung von Hilfsmitteln ausschließen. Das Subsidiaritätsprinzip im Sinne einer Beweispflicht für Zentralisierungen hat auch bei der Rangordnung der Solidaritäten einen guten Sinn, weil Notwendigkeit und Zweckmäßigkeit von Hilfe nach Art und Menge um so eher richtig beurteilt werden können, je besser der Helfende wegen größerer Nähe informiert ist.

Das bedeutet keine grundsätzliche Ablehnung kollektiver und staatlicher Maßnahmen. In den Wohlfahrtsstaaten der wirtschaftlich entwickelten Länder ist jedoch unter dem Banner der jeweiligen nationalen Solidarität ein sozialpolitisches System entwickelt worden, das Hilfe für Bedürftige unentwirrbar mit normaler, jedem Erwerbstätigen möglicher Vorsorge vermischt und zum Mißbrauch einlädt. Es können im Regelfall nicht alle allen gleichzeitig helfen und sich gegenseitig Hilfe aufdrängen. Ein jeder muß damit rechnen, krank oder alt zu werden. Hiergegen wirtschaftliche Vorsorge zu treffen ist ebensowenig ein Problem der Nächstenliebe wie eine Haftpflichtversicherung für Automobile, für die der Staat aus guten Gründen einen Versicherungszwang, aber keine Zwangsversicherung vorsieht. Es handelt sich bei der wirtschaftlichen Vorsorge für Krankheit und Alter um ein Problem des ökonomischen Umgangs mit vorhandenen und künftigen Mitteln. Das Zusammenführen von Angebot und Nachfrage nach echten, das heißt privaten Kranken- und Lebensversicherungen oder anderweitigen privaten Alterssicherungen ist wirtschaftlich eine Frage des Geschäfts. Auch das Problem einer wirtschaftlich zweckmäßigen Sozialversicherung für die Mehrheit der Bevölkerung, die leistungsfähig ist, darf nicht als eine Frage der Armenpflege verstanden werden. Über die dabei anzuwendenden zweckmäßigsten Verfahren streiten unabhängige Ökonomen mit den Politikern und den Verwaltern des Wohlfahrtsstaates. Es ist aber nicht legitim, wenn für eine immer weiter ausgedehnte staatliche Zwangsvorsorge mit dem Argument geworben wird, dem Bürger müsse schlechthin die Daseinsvorsorge vom Staat abgenommen werden, der

ihn dafür besteuert und auf diese Weise den Spielraum der Selbstverantwortung
einschränkt.[27]

Mit Anforderungen der Nächstenliebe ist das Streben nach Umverteilung von
Vermögen und Einkommen keineswegs deckungsgleich. Eine solche Umverteilung ist durchaus möglich, aber es handelt sich auch hier wieder um eine Frage
des rechten Maßes, das heute in vielen Ländern nicht gewahrt wird. Im Hintergrund steht die Vorstellung, es sei ein gegebener Gütervorrat „gerecht", und das
soll heißen, gleichmäßig und jedenfalls unabhängig von der Produktionsleistung
zu verteilen, denn die Güter seien für alle da. Welche Folgen eine von der Produktionsleistung unabhängige völlig egalitäre Güterverteilung für die Leistungsantriebe,
damit für die Produktion des verteilbaren Gütervolumens und damit auch für die
Ärmeren hätte, wird nicht einbezogen.[28]

2. Ordnungsethik

Das persönliche und wirtschaftliche Schicksal der Menschen wird von Ordnungen mitbestimmt, in denen sie leben. Auch die Möglichkeit des einzelnen, mit
wirtschaftlichen Mitteln Nächstenliebe zu üben, hängt von Ordnungen ab, insbesondere der Rechts- und Wirtschaftsordnung, die für ihn gilt. Der Erfolg einer
Hilfe wird aber auch von Ordnungen bestimmt, denen der Hilfsbedüftige unterworfen ist.[29]

---

[27] Über die grundsätzliche Skepsis des evangelischen Theologen Helmut Thielicke gegenüber dem Wohlfahrtsstaat und der Institutionalisierbarkeit von Nächstenliebe vgl. Klaus
Weigelt, Evangelische Wirtschafts- und Sozialethik – Verständnisfragen und ordnungspolitische Bedeutung, in: Gernot Gutmann, Alfred Schüller (Hrsg.), Ethik und Ordnungsfragen der Wirtschaft, a.a.O., S. 135.

[28] Bei den radikalen egalitären Forderungen liegt die Vorstellung zugrunde, daß Verteilung und Entstehung des Einkommens voneinander unabhängig seien. Vgl. hierzu:
Alfred Schüller, Gerechtigkeit und wirtschaftliche Entwicklung – Sozialethische Anforderungen und ordnungspolitische Konsequenzen der Entwicklungslehre von G. Myrdal
und P. T. Bauer, in: Gernot Gutmann, Alfred Schüller (Hrsg.), Ethik und Ordnungsfragen
der Wirtschaft, a.a.O., S. 411–449, insbesondere S. 443 mit dem Hinweis auf die Kritik
Bauers an der Politisierung des Wirtschaftslebens in Entwicklungsländern – „a process
helped along by slogans of equality and intensified by the idea that incomes are extrac-
ted, not earned."

[29] Totalitäre Systeme wie dasjenige Nordkoreas können auf Kosten der von ihnen Beherrschten die Annahme von Hilfe aus ideologisch-machtpolitischen Gründen verwei-
gern. Hilfszahlungen an arme Länder können ebenso wie ein Schuldenerlaß nutzlos
bleiben, wenn sie durch Korruption versickern oder wegen einer verfehlten Rechts-
und Wirtschaftspolitik der Empfängerländer wirkungslos bleiben oder wenn sie gar
indirekt militärische Aktionen subventionieren.

Es ist zu optimistisch, allein auf eine sich selbst überlassene Evolution zu hoffen, also auf eine Art von Darwinismus der gesellschaftlichen Ordnungen, wonach sich schließlich in einem spontanen Prozeß eine menschenwürdige und freiheitliche Ordnung unbewußt und jedenfalls ohne auf das Ergebnis gerichtete oder korrigierende menschliche Überlegung herausbildet.[30] Der Christ erwartet ohnehin im Diesseits keine ideale Ordnung. Doch gehört es zu den Pflichten nicht nur christlicher Politiker, sich auch im Bereich der Wirtschaft für Ordnungen einzusetzen, die Freiheit und Menschenwürde achten und fördern. Daß wirtschaftliche Freiheit der Person in einer marktwirtschaftlichen Ordnung unter von den Volkswirten eingehend diskutierten Nebenbedingungen außerordentliche Produktionskräfte entfesseln kann, genügt nicht, um dies als Materialismus zu verdächtigen. Wenn wirklich die Gottesfurcht in kärglicher Lebenslage eher anzutreffen sein sollte und gar Not beten lehrt, ist dies kein Grund, um diese Not durch eine verfehlte Wirtschaftspolitik herbeizuführen. Not kann im übrigen bösartig machen und kein Gebot mehr kennen. In der erwähnten evangelischen Denkschrift heißt es: „Verantwortungsbewußtsein braucht die Freiheit gegenüber der alltäglichen Macht des Ökonomischen."[31] Dies kann mißverstanden werden und jedenfalls nicht bedeuten, daß sich eine von wirtschaftlichen Alltagssorgen befreite Führungsschicht ermächtigt fühlt, wirtschaftliche Sachzwänge zu vergessen. Es kann nicht darum gehen, einer zu bekehrenden oder politisch zu führenden Bevölkerung ein Ordnungssystem aufzuerlegen, das für dieses Volk die Last der „alltäglichen Macht des Ökonomischen" aus ideologischen Gründen vermehrt.

Der mögliche Konflikt zwischen einer Steigerung des im engeren Sinne ökonomischen Wohlstandes und Werten „Jenseits von Angebot und Nachfrage"[32] ist der Wirtschaft vorgelagert. Die Wirtschafts- und Sozialpolitik ist kein Ersatz für die Ethik der Person. Diejenigen, die mit ordnungs- und wirtschaftspolitischen

---

[30] Kritisch zu diesen Vorstellungen, die von Hayek in seinen späteren Lebensjahren (wenn auch nicht immer ganz eindeutig) nahezulegen scheint: Hans Willgerodt, Wertvorstellungen und theoretische Grundlagen der Sozialen Marktwirtschaft, in: Wolfram Fischer (Hrsg.), Währungsreform und Soziale Marktwirtschaft. Erfahrungen und Perspektiven nach 40 Jahren. Schriften des Vereins für Socialpolitik, N.F. Bd. 190, S. 52, 59f.; ähnlich, wenn auch mit anderer Zielrichtung und in einigen Punkten diskussionsbedürftig: Rudolf Weiler, Interessenkalkül und moralisches Prinzip, in: Norbert Glatzel und Eugen Kleindienst, Die personale Struktur des gesellschaftlichen Lebens, a.a.O., S. 674f.

[31] Gemeinwohl und Eigennutz, a.a.O., Ziffer 102, S. 83.

[32] Diesen Titel trägt ein Buch des Ökonomen Wilhelm Röpke (5. Aufl. Bern und Stuttgart 1979).

Aufgaben beauftragt sind, können aber Bedingungen begünstigen, die es erlauben, den seit Jahrhunderten gepflügten steinigen Acker der christlichen Individual-ethik aufzulockern. Es ist möglich, das dem Christentum nicht günstige Klima der Wurzellosigkeit, geistig-moralischer Beliebigkeit, der Kurzfristigkeit im Denken und Handeln, mangelnder Selbstverantwortung, der Eigentumslosigkeit der breiten Massen, des kollektivistischen Massenrausches und einer vom Kollektiv erwarteten Massenversorgung auch durch wirtschaftspolitische Maßnahmen zu bekämpfen.

IV. Freiheit, Transformation und Wettbewerb der Regionen

Schlesien auf dem Weg in die Europäische Union
Hrsg. von Lüder Gerken und Joachim Starbatty
Lucius & Lucius, Stuttgart, 2001

Gesamtwirtschaftliche Effizienz versus individuelle Freiheit als Referenzkriterium für Wirtschaftspolitik

Lüder Gerken, Freiburg

I. Problemstellung

Der normativ-wissenschaftliche Zweig der Wirtschaftswissenschaft befaßt sich mit der Frage, welche wirtschaftspolitischen Maßnahmen sinnvoll oder zulässig sind und welche nicht. Hierfür bedarf es eines Referenzkriteriums. In der Literatur dominiert das Effizienzkriterium. Nach ihm ist diejenige Wirtschaftspolitik positiv zu beurteilen, die besser als andere dazu beiträgt, die wirtschaftliche Knappheit zu reduzieren (Abschnitt 3). Mit den Prinzipien der Ordnung der Freiheit gibt es allerdings ein weiteres Referenzkriterium. Danach sind nur solche wirtschaftspolitischen Maßnahmen unproblematisch, die den Grundsätzen einer freiheitlich verfaßten Wirtschafts- und Gesellschaftsordnung entsprechen (Abschnitt 4). Die beiden Kriterien sind inkompatibel. Dies führt zu der Frage, ob dem Effizienzaspekt oder den Prinzipien der Ordnung der Freiheit Vorrang bei der Beurteilung von Wirtschaftspolitik zukommt (Abschnitt 5) und welche Konsequenzen dies für die Wirtschaftspolitik hat (Abschnitt 6). Die Veränderungen gerade in der Wirtschaftspolitik, die durch die zunehmende Mobilität des Kapitals und durch den daraus resultierenden Wettbewerb der Staaten ausgelöst worden sind (Abschnitt 2), geben der Bedeutung dieser Frage eine neue Dimension.

II. Die allgemeine Struktur des Wettbewerbs der Staaten[1]

Gegenüber dem innerstaatlichen Wirtschaftsverkehr haben die internationalen wirtschaftlichen Transaktionen in der jüngeren Zeit zum Teil explosionsartig zugenommen. Diese Entwicklung wird im allgemeinen als Globalisierung bezeichnet.

---

[1] Im einzelnen zum Wettbewerb der Staaten Gerken (1999a).

Im realwirtschaftlichen Bereich geht es dabei insbesondere um die internationalen Investitionstätigkeiten, die sogenannten Direktinvestitionen. Daneben tritt als weiteres Charakteristikum der Globalisierung die Zunahme der Transaktionen auf den Finanzmärkten in Erscheinung.

Dieser Anstieg der Mobilität sowohl des Realkapitals als auch des Finanzkapitals wird von einer weiteren Entwicklung begleitet. Bis vor wenigen Jahren bestand in der Politik noch die verbreitete Sorge, daß Direktinvestitionen ausländischer Unternehmen und gegebenenfalls auch andere ausländische Kapitalanlagen im Inland den – wie auch immer definierten – inländischen Interessen schadeten. In der jüngeren Zeit hat sich hier eine bemerkenswerte Änderung vollzogen: Immer mehr verspricht sich die Politik von Kapitalimporten und insbesondere von Direktinvestitionen eine Steigerung des Lebensstandards, die Schaffung neuer Arbeitsplätze und die Stärkung des inländischen Steueraufkommens. Deshalb bemüht sie sich um die Anziehung von Kapital. Investoren werden ihr Kapital jedoch nur dann im Inland statt in einem anderen Land einsetzen, wenn dort kapitalfreundliche Verhältnisse herrschen. Dies gilt insbesondere auch für die von der Wirtschaftspolitik gestaltbaren Verhältnisse. Beide Entwicklungen – die zunehmende Mobilität des Kapitals und das zunehmende Interesse der Politik auch an ausländischem Kapital – haben in ihrem Zusammenwirken zu Prozessen geführt, die sich als Wettbewerb der Staaten[2] bezeichnen lassen.[3]

Als Vertreter ihrer Staaten handeln die Politiker im Wettbewerb der Staaten. Sie können in diesem verschiedene Strategievariable einsetzen. Nach der Einteilung der Ordnungsökonomik (Eucken 1952/1990, 242; Tuchtfeldt 1957, 55–57; Gerken 1998a, 171) werden ordnungspolitsche (1) und prozeßpolitische Maßnahmen (2) unterschieden. Von Relevanz ist auch das Steuersystem (3), das

---

[2]   Andere in der Literatur verwendete Begriffe sind Ordnungswettbewerb, Standortwettbewerb, Systemwettbewerb, Institutionenwettbewerb und Jurisdiktionenwettbewerb.

[3]   Im allgemeinen wird ein Aufsatz von Tiebout (1956) als erstmalige Erörterung des Phänomens des Wettbewerbs der Staaten angesehen. Diese Feststellung gilt jedoch nur für die neoklassische Modellwelt. Der Grundgedanke ist sehr viel älter. In diesem Jahrhundert widmeten sich Hayek (1939/1948) und, wenn auch beiläufig, Weber (1923/1958, 288) der Problematik. Vor über 200 Jahren hatten schon Montesquieu (1748/1956, XXI xx 62f.), Steuart (1767/1966, 181) und Smith (1776/1789/1904, V II ii ii 333) die grundsätzlichen Zusammenhänge beschrieben. Wagener (1994, 413f.; 1996, 105) zufolge behandelten sogar bereits Mitte des 17. Jahrhunderts holländische merkantilistische Autoren das Problem.

sich nicht eindeutig entweder der Ordnungspolitik oder der Prozeßpolitik zuordnen läßt.[4]

(1) Ordnungspolitik. Für ausländische Investoren hängt die Attraktivität eines Staates nicht zuletzt von den gesetzlichen Rahmenbedingungen ab. Hierzu gehören insbesondere das Privatrechtssystem und das System des öffentlichen Rechts[5]. Die Art und Qualität des Rechtssystems beeinflußt die Wertschöpfung indirekt oder sogar direkt und fließt daher in die Kapitalrendite ein. Politikstrategien, die eine Verbesserung der gesetzlichen Rahmenbedingungen gegenüber jenen der konkurrierenden Staaten bezwecken, sind folglich rationale Strategien im Wettbewerb der Staaten.

(2) Prozeßpolitik. In den Bereich der Prozeßpolitik fallen vor allem industriepolitische Maßnahmen und sonstige selektive Förderungen der Kapitalansiedlung. Ein Schwerpunkt liegt dabei auf Subventionen. Indem ein Staat die Kapitalrendite privater Investoren durch finanzielle Vergünstigungen steigert, erhöht er für die dadurch begünstigten Kapitalanleger die Attraktivität des Inlands als Standort.[6]

(3) Steuerpolitik. Der Staat muß seine Aktivitäten – die hoheitlichen wie die nichthoheitlichen – finanzieren. Zum ganz überwiegenden Teil erfolgt diese Finanzierung nicht über Gebühren, sondern über Steuern. Grundsätzlich besteuert das Inland dabei auch das im Inland eingesetzte ausländische Kapital (Quellenprinzip). Folglich bestehen auf dem Gebiet des Steuerrechts erhebliche Gestaltungsmöglichkeiten, die auch als Instrumente im Wettbewerb der Staaten für

---

[4] Die Einteilung der wirtschaftspolitischen Instrumente in Ordnungspolitik und Prozeßpolitik ist daher immer wieder zu Recht kritisiert worden (statt vieler Hoppmann 1973, 38f.). Denn letztlich stellen auch ordnungspolitische Maßnahmen einen Eingriff in den Wirtschaftsprozeß dar; es variiert nur die Art des Eingriffs. Die Unterteilung in Ordnungs- und Prozeßpolitik ist jedoch zum einen für Illustrationszwecke recht vorteilhaft. Zum anderen ist sie, wie noch deutlich werden wird, für die normativ-wissenschaftliche Problematik der Rechtfertigung wirtschaftspolitischer Maßnahmen unbeachtlich. Sie kann daher trotz der skizzierten Schwäche als grobes Raster herangezogen werden.

[5] Darunter fallen das materielle Recht, etwa im Bereich des Umweltschutzes, aber auch das Verfahrensrecht, etwa hinsichtlich der Genehmigungsverfahren für Investitionsvorhaben (dazu Steinberg/Allert/Grams/Scharioth 1991; Steinberg/Hermann de Miquel/Scharioth/Fertsch/Mangold 1995), und nicht zuletzt auch die Rechtsanwendung, zum Beispiel die Genauigkeit und die Intervalle von Betriebsprüfungen (Bünger 1995, 186).

[6] In diesem Zusammenhang aufschlußreich sind die Anstrengungen des US-Bundesstaates Alabama mit dem Ziel der Ansiedlung einer Fertigungsanlage der Daimler-Benz AG (Watson 1995, 67–81).

die Anziehung von Kapital eingesetzt werden können. Das Spektrum der dabei möglichen Maßnahmen reicht von allgemeinen, für sämtliche Einkommensarten geltenden Steuersenkungen über spezielle Steuervergünstigungen für Kapitalerträge bis hin zu Steuernachlässen, die einzelnen Kapitalinhabern gewährt werden.[7]

III. Effizienz als Rechtfertigungsmaßstab für Wirtschaftspolitik

1. Effizienz als Kriterium für die Bewertung konkreter wirtschaftspolitischer Maßnahmen?[8]

Die wirtschaftlichen Aktivitäten der Wirtschaftsteilnehmer dienen der Verringerung der wirtschaftlichen Knappheit, also der Erhöhung des individuellen beziehungsweise des gesellschaftlichen ökonomischen Lebensstandards und damit letztlich des Sozialprodukts. Dies gilt unabhängig von der Gattung – Marktwirtschaft oder Zentralverwaltungswirtschaft – und der konkreten Ausgestaltung der jeweiligen Wirtschaftsordnung. Allerdings hängen die Erfolgsaussichten dieser Anstrengungen von der Gattung und der konkreten Ausgestaltung der Wirtschaftsordnung in hohem Maße ab. Entsprechend wird die Qualität oder Effizienz von Wirtschaftsordnungen regelmäßig daran gemessen, in welchem Umfang in einer solchen Ordnung die Knappheit reduziert werden kann. Nach dieser Sicht ist eine Wirtschaftsordnung um so effizienter, je wirkungsvoller sich in ihr die Knappheit verringern läßt, je höher mit anderen Worten das (Pro-Kopf-)Sozialprodukt beziehungsweise dessen Steigerungsrate ist.

Bekanntlich läßt sich die Knappheit in der Marktwirtschaft effektiver reduzieren als in der Zentralverwaltung. Im folgenden soll daher allein auf marktwirtschaftliche Strukturen eingegangen werden.

Der Idealtypus der marktwirtschaftlichen Ordnung ist in den verschiedenen Staaten der Welt auf unterschiedlichste Weise konkretisiert. Diese Unterschiede zwischen den konkreten marktwirtschaftlichen Ordnungen der Realität beruhen – neben verschiedenen Sitten, Gewohnheiten und Traditionen der Völker – vor allem auch auf dem Einfluß des Staates mit seiner Wirtschaftspolitik. Dieser Einfluß äußert sich zum einen über die Ordnungspolitik, also die staatliche Ausgestaltung der Rahmenbedingungen, zum anderen über die Prozeßpolitik, also

---

[7] Zum Wettbewerb der Staaten speziell mit den Mitteln der Steuerpolitik Gerken/Märkt/Schick (2000).

[8] Die folgenden Ausführungen sind eine Kurzzusammenfassung von Gerken (1998a, 165–175; 1999, 114–122), wo sich auch umfassende Literaturangaben finden.

staatliche Eingriffe in den Wirtschaftsprozeß unterhalb der Regelordnung. Auch im Hinblick auf die staatliche Wirtschaftspolitik läßt sich die Effizienzfrage stellen, die Frage also, in welchem Maße bestimmte ordnungs- respektive prozeßpolitische Maßnahmen die Knappheit zu verringern vermögen. Effizienz ist danach auch der Rechtfertigungsmaßstab für Wirtschaftspolitik.

In hohem Maße problematisch ist dabei allerdings, daß dieser Maßstab nicht operational ist. Dies gilt zum einen für die Ordnungspolitik, also die Gestaltung der Rahmenbedingungen. Eine belastbare Effizienzaussage läßt sich für konkrete ordnungspolitische Maßnahmen deshalb nicht zuverlässig treffen, weil das hierfür erforderliche Wissen nicht bekannt ist (Gerken 1998a, 172–175; 1999, 114–119): Erstens weist die Rechtsordnung eines jeden Landes eine höchst komplexe Struktur auf, in die mit jeder bewußten Änderung einer Regel – und nichts anderes ist Ordnungspolitik – eingegriffen wird. Bereits Montesquieu (1748/1956, I iii 11) legte dar, daß die einzelnen Elemente eines Regelsystems in vielfältiger Weise miteinander verflochten und gegenseitig abhängig sind. Jeder ordnungspolitische Eingriff in die Regelordnung kann deshalb zu im voraus nicht erkennbaren Friktionen im Gesamtsystem führen. Zweitens ist nicht bekannt, wie die Individuen reagieren, wenn sich die Regelordnung verändert. Allenfalls mögen sich für eine Regeländerung die unmittelbaren Verhaltensanpassungen voraussagen lassen – und dies auch nur hinsichtlich der allgemeinen Richtung, keinesfalls jedoch in ihrem quantitativen Ausmaß. Völlig ausgeschlossen ist es dagegen, auch die mittelbaren Auswirkungen einer Regeländerung, die aus den unmittelbaren Verhaltensanpassungen notwendigerweise in anderen Bereichen der Volkswirtschaft resultieren, auch nur näherungsweise prognostizieren. Daher läßt sich nicht zuverlässig feststellen, mit welchem Regelsystem, mit welcher Ordnungspolitik die wirtschaftliche Knappheit am effektivsten verringert wird.

Ähnliches gilt zum anderen auch für die Prozeßpolitik: Es läßt sich nicht mit der erforderlichen Sicherheit sagen, ob beispielsweise Subventionen im Hochtechnologie-Bereich oder Exportsubventionen oder ähnliches die gesamtwirtschaftliche Knappheit senken oder erhöhen. Auch die wohlfahrtsökonomischen Modelle mit ihren überaus realitätsfernen Annahmen – und teilweise diametral entgegengesetzten Politikempfehlungen, sobald nur eine dieser Annahmen verändert wird – bieten hier keinen Ausweg.[9] Das Effizienzkriterium ist somit kein belastbarer Referenzmaßstab für wirtschaftspolitische Maßnahmen und damit ungeeignet.

---

[9] Dies läßt sich besonders plastisch an der neoklassischen Außenhandelstheorie zeigen (Gerken 1999, 7–89).

Für Volkswirtschaften, die mangels internationaler Kapitalmobilität keinem Wettbewerb der Staaten ausgesetzt sind, wäre damit die Analyse abgeschlossen. Im Wettbewerb der Staaten jedoch ergibt sich für das Effizienzkriterium eine neue Interpretationsvariante, die nunmehr kurz darzulegen ist.

2. Effizienz als Kriterium für die Bewertung des Wettbewerbs der Staaten als Strukturrahmen sowie abstrakter wirtschaftspolitischer Gestaltungsspielräume in demselben

Der Wettbewerb der Unternehmen auf den ökonomischen Märkten ist ein Anreiz- und Entdeckungsverfahren (Hayek 1948; 1967/1969, 167–169; 1968/1969): Er bewirkt im Gegensatz zu nicht-wettbewerblichen Wirtschaftsstrukturen, daß neues Wissen, etwa über die Bedürfnisse der verschiedenen Marktteilnehmer und über möglichst effiziente Produktionsverfahren, geschaffen und umgesetzt wird.[10] Nun ist auch der Wettbewerb der Staaten ein Wettbewerbsprozeß. Dies legt die Frage nahe, ob der Wettbewerb der Staaten analog zum unternehmerischen Wettbewerb auf Märkten als Anreiz- und Entdeckungsverfahren wirken kann, ob also mit ihm wirtschaftspolitische Maßnahmen entdeckt werden, die besser als andere zur Verringerung der Knappheit beitragen und in diesem Sinne effizient sind.[11]

Die Politiker streben heute vielfach danach, ein möglichst attraktives Umfeld für international tätige Kapitalanleger, insbesondere Investoren, zu schaffen, um Kapital in das Inland zu lenken. Das Wissen darüber, welche Politikmaßnahmen hierfür besonders geeignet sind und welche nicht, ist allerdings unvollständig. Aus diesem Grund müssen die Politiker im Wege von Versuch und Irrtum vorgehen. Die Staaten, deren Politik sich für internationale Investoren und sonstige Kapitalanleger als besonders attraktiv erweist, verzeichnen Kapitalzuflüsse, die anderen Staaten Kapitalabflüsse. Diese Kapitalbewegungen führen bei den Politikern der dem Wettbewerb der Staaten ausgesetzten Länder zu Erkenntnissen darüber, wo kapitalfreundliche Bedingungen herrschen und wie diese aussehen.

---

[10] Der internationale Wettbewerb der Unternehmen auf den Weltmärkten verfügt dabei über eine höhere Intensität als der rein inländische Wettbewerb, weil in Ermangelung einer gemeinsamen Währung die inländischen Unternehmen einer Branche nicht nur unmittelbar mit ihren ausländischen Wettbewerbern konkurrieren, sondern auch mittelbar mit den inländischen Unternehmen der anderen Branchen (Gerken 1998).

[11] So Siebert/Koop (1990, 443f.), Prosi (1991, 132, 134f.), Vanberg (1992, 388; 1993, 17–19), Vihanto (1992, 415–420), Mussler/Wohlgemuth (1995, 17–20), Kerber/Vanberg (1995, 42–48), Streit/Mussler (1995, 78f.), Wohlgemuth (1995, 86f.; 1995a, 292–294; 1999, 63–67), Streit (1996, 524f.; 1996a, 226f.), Kerber (1998, 257; 1998b, 202), Monopolkommission (1998, 18f.), Streit/Kiwit (1999, 38f.).

Folglich schafft der Wettbewerb der Staaten in der Tat Wissen – und zwar Wissen darüber, welche Bedingungen für das mobile Kapital besonders attraktiv sind.

Da die Staaten um Kapital konkurrieren, erzeugt der Wettbewerb der Staaten lediglich Wissen über günstige Bedingungen für die Anziehung von Kapital. Wissen über günstige Bedingungen für die immobilen Faktoren Arbeit und Boden oder über nicht-ökonomische Präferenzen der Bürger wird nicht entdeckt. Als Anreiz- und Entdeckungsverfahren ist der Wettbewerb der Staaten mithin ein selektiver Prozeß. Er erfaßt nicht das gesamte Spektrum der staatlichen Aktivitäten.

Mit der Feststellung, daß der Wettbewerb der Staaten Wissen darüber schafft, welche wirtschaftspolitischen Maßnahmen der Anziehung von Kapital besonders förderlich sind und welche nicht, ist außerdem noch keine Antwort auf die Frage gegeben, welche wirtschaftspolitischen Maßnahmen die Knappheit in besonderem Maße verringern, welche Maßnahmen mit anderen Worten effizient sind. Um hierüber eine Aussage treffen zu können, bedarf es der Hypothese, daß die Ansiedlung von Kapital im Inland die Knappheit verringere, also letztlich das Sozialprodukt erhöhe. In der Tat ist diese Hypothese nicht ganz unplausibel. Wenn sie zutrifft, läßt sich folgende Aussage treffen: Niemand weiß im voraus, mit welchen wirtschaftspolitischen Maßnahmen die Knappheit am effektivsten verringert wird. Der Wettbewerb der Staaten schafft jedoch als Anreiz- und Entdeckungsverfahren Wissen darüber, wie Kapital ins Inland gelenkt werden kann. Die Umsetzung solchen Wissens führt zu Kapitalimporten. Dies wiederum reduziert die wirtschaftliche Knappheit. Die Effizienz der Wirtschaftspolitik ist deshalb im nachhinein höher als zuvor. Hieraus folgt für die Struktur, innerhalb der die Staaten ihre Wirtschaftspolitik betreiben, daß eine durch den Wettbewerb der Staaten geprägte Struktur effizienter ist als eine Struktur ohne zwischenstaatliche Wettbewerbsprozesse (so Streit/Mussler 1996, 272f.; Wegner 1999, 32–40).

In dieser Perspektive wird das Effizienzkriterium nicht für die Beurteilung wirtschaftspolitischer Maßnahmen als solchen herangezogen, sondern es findet auf der übergeordneten Ebene bei der Beurteilung der Strukturen Anwendung, innerhalb welcher die Politiker ihre wirtschaftspolitischen Maßnahmen ergreifen. Diese Strukturen sind um so effizienter, je größer die Wahrscheinlichkeit ist, daß aus ihnen wirtschaftspolitische Maßnahmen hervorgehen, mit denen die Knappheit besonders effektiv reduziert werden kann, und zwar unabhängig davon, wie diese wirtschaftspolitischen Maßnahmen tatsächlich aussehen.

Aus diesen Zusammenhängen ergeben sich insbesondere zwei normativwissenschaftliche Vorgaben. Erstens sollten die Staaten möglichst umfassend dem Wettbewerb der Staaten ausgesetzt sein. Zweitens sollte den Politikern – analog zum unternehmerischen Wettbewerb – ein umfassender Gestaltungsspielraum gewährt werden, damit sie möglichst viele und möglichst verschiedene Varianten von Wirtschaftspolitik testen können, die sich dann im Wettbewerb der Staaten um Kapital als erfolgreich oder als nicht erfolgreich herausstellen

(Kerber 1998, 261). Denn in Analogie zur herkömmlichen evolutorischen Wettbewerbstheorie gilt: Die Wahrscheinlichkeit, eine erfolgreiche Politikoption zu entdecken, ist um so größer, je verschiedenartiger und innovativer die ergriffenen wirtschaftspolitischen Maßnahmen sind.

Danach ist die Struktur, in der die Staaten wirtschaftspolitisch agieren, um so effizienter, je größer die Gestaltungsspielräume der Politik sind. Gerade weil nicht bekannt ist, mit welcher Ordnungspolitik die Knappheit am effektivsten reduziert wird, und gerade weil nicht bekannt ist, ob Maßnahmen der Prozeßpolitik, etwa Subventionen im Hochtechnologiebereich, wirklich systematisch das Problem der Knappheit per saldo vergrößern, statt es zu verringern, sollte es den Politikern gestattet sein, ihre Wirtschaftspolitik frei zu bestimmen. Die Staaten im Wettbewerb der Staaten sollten mit anderen Worten wie die Unternehmen im unternehmerischen Wettbewerb „Wettbewerbsfreiheit" genießen.[12]

IV. Die Prinzipien der Ordnung der Freiheit als Rechtfertigungsmaßstab für Wirtschaftspolitik

1. Die Prinzipien der Ordnung der Freiheit[13]

Die Prinzipien der Ordnung der Freiheit umfassen das Freiheitsrecht selbst (1), den Gleichheitsgrundsatz (2) und das Demokratieprinzip (3).

(1) Das Freiheitsrecht

Freiheit ist das Recht des Menschen, über sich und seine persönliche Sphäre selbst bestimmen, sich eigene Ziele setzen und diese mit selbstgewählten Handlungen eigenverantwortlich verfolgen zu können. Dieses Recht kann der einzelne Mensch nur wahrnehmen, wenn andere keinen Zwang auf ihn ausüben, wenn sie ihn also bei seinen Handlungen nicht behindern. Mithin läßt sich das Freiheitsrecht äquivalent definieren als die Abwesenheit von Zwang durch andere Menschen.[14]

---

[12] So Mussler/Wohlgemuth (1995, 25), Kerber (1998a, 55; 1998b, 207, 219, 221).

[13] Die folgenden Ausführungen sind eine Kurzzusammenfassung von Gerken (1999, 135–158), wo sich auch umfassende Literaturangaben finden.

[14] Neben dieser Freiheitskonzeption existiert eine andere Vorstellung von Freiheit. Freiheit soll danach die Fähigkeit sein, alles tun zu können, was man will. Dabei soll das einzelne Individuum einen entsprechenden Fähigkeitsanspruch gegen die Gesellschaft besitzen (Sen 1992). Im einzelnen hierzu Gerken (1999, 198–205).

Es scheint, als stoße das Freiheitsrecht des einzelnen Menschen jedenfalls dort an seine Grenze, wo dieser durch die Ausübung seines Freiheitsrechts in das Freiheitsrecht anderer Menschen eingreifen würde. Andererseits aber stellt auch das Verbot solcher Handlungen, durch die in die Freiheitssphäre anderer eingegriffen würde, einen Eingriff in das Freiheitsrecht, und zwar in die Freiheitssphäre des Handelnden dar. Es besteht eine Kollision zweier unterschiedlicher Ausprägungen des Freiheitsrechts. In solchen Kollisionsfällen tritt die Frage auf, welcher der beiden Ausprägungen des Freiheitsrechts der Vorrang zukommt. Erforderlich ist insoweit eine Konkretisierung oder Ausgestaltung des Freiheitsrechts. Es geht dabei um die Frage, welche Verhaltensweisen mit Wirkung auf Dritte als unzulässige Ausübung von Zwang gelten und deshalb unzulässig sind und welche nicht.

Eine allgemeingültige Aussage hierüber ist nicht möglich. Denn die Ausgestaltung der Abgrenzungen zwischen verschiedenen Ausprägungen des Freiheitsrechts hängt von den Traditionen, moralischen und anderen Vorstellungen ab, die in der jeweiligen Gesellschaft herrschen. Sie variiert deshalb von Gesellschaft zu Gesellschaft. Ein Beispiel sind die von Land zu Land unterschiedlich ausfallenden Umweltschutzvorschriften für Industrieemissionen, die der Abgrenzung zwischen der unternehmerischen Freiheit als einer Ausprägung des Freiheitsrechts und dem Schutz vor industriebedingten Gesundheitsstörungen als einer anderen Ausprägung gelten. Ein anderes Beispiel sind die Bebauungsvorschriften auf dem Gebiet des Nachbarrechts, welches die Freiheitssphären von benachbarten Grundeigentümern gegeneinander abgrenzt; sie fallen etwa in Deutschland, Ägypten und Singapur sehr unterschiedlich aus.

Allgemeingültige, gesellschaftsübergreifende Aussagen sind deshalb nicht möglich. Zwar gibt es Handlungen, die in so gut wie allen Gesellschaftsordnungen als unzulässige Zwangsausübung auf andere Menschen angesehen werden, etwa Kapitalverbrechen und Eigentumsdelikte. Auch diese Übereinstimmungen lassen sich indessen nicht auf ein meta-gesellschaftliches Prinzip zurückführen, sondern sind das Ergebnis der Evolution der – in der kulturellen Entwicklung nicht voneinander unabhängigen – Zivilisationen.

Jenseits der Kollisionen zwischen unterschiedlichen Ausprägungen des Freiheitsrechts, also bei Handlungen, mit denen nicht in das Freiheitsrecht anderer eingegriffen wird, darf das Freiheitsrecht in der Ordnung der Freiheit nicht beschränkt werden.

(2) Der Gleichheitsgrundsatz

Inhalt des Gleichheitsgrundsatzes ist die Vorstellung, daß das Freiheitsrecht allen Bürgern in gleicher Weise und in gleichem Maße zusteht. Hieraus ergeben sich zwei zentrale Feststellungen. Erstens darf das Freiheitsrecht keines Bürgers dort eingeschränkt werden, wo es an einer Kollision mit einer anderen Ausprägung des Freiheitsrechts fehlt. Zweitens darf die Konkretisierung des Freiheitsrechts dort, wo verschiedene Ausprägungen dieses Rechts kollidieren, nicht personen- oder gruppenbezogen erfolgen; vielmehr ist sie für alle Bürger in identischer Weise vorzunehmen. Diskriminierungen und Privilegierungen sind folglich mit dem Gleichheitsgrundsatz unvereinbar.

(3) Das Demokratieprinzip

Nach dem Demokratieprinzip steht den Bürgern in ihrer Gesamtheit das Recht zu, die Ausgestaltung des Freiheitsrechts im Bereich der Kollisionen vorzunehmen. In diesem Beitrag kann die Frage des insoweit erforderlichen Quorums nicht näher erörtert werden. Davon unabhängig indessen ist das Demokratieprinzip dem Freiheitsrecht und dem Gleichheitsgrundsatz untergeordnet: Die Bürger können in der Ordnung der Freiheit nicht mehrheitlich beschließen, die Freiheit durch die Untersagung von solchen Handlungen einzuschränken, die die Freiheitssphäre anderer Individuen nicht berühren; ebensowenig können sie mehrheitlich beschließen, eine bestimmte soziale Gruppe zu diskriminieren oder zu privilegieren. Derartige Einschränkungen des Freiheitsrechts und des Gleichheitsgrundsatzes können nur einstimmig vorgenommen werden.[15] Andernfalls könnte eine Mehrheit der Minderheit, gleichgültig worüber diese als solche definiert ist, deren Freiheitsrechte vorenthalten; in letzter Konsequenz könnte die Mehrheit die Minderheit materiell oder sogar physisch vernichten.

2. Die Grenzen der Staatstätigkeit in der Ordnung der Freiheit[16]

Die Staatsaktivitäten lassen sich in hoheitliche Tätigkeiten (1) und nicht-hoheitliche Tätigkeiten (2) unterteilen.

(1) Hoheitliche Staatstätigkeit in der Ordnung der Freiheit

In der Ordnung der Freiheit bedarf es einer hoheitlichen Gewalt, bedarf es des Staates. Denn nur eine solche Gewalt kann die Freiheit der Bürger gemäß der demokratisch festgelegten Konkretisierung vor unzulässigen Eingriffen schützen.

---

[15] Auch ein Recht auf Auswanderung ändert daran nichts. Erstens besitzt das einzelne Individuum keinen freiheitsrechtlichen Anspruch auf Immigration in ein ihm genehmes Land (Gerken 1999, 212, 231f.). Zweitens ist die Zahl der Staaten endlich, und es bestehen Migrationskosten, so daß der Staat jedenfalls einen Ausbeutungsspielraum besitzt (Gerken 1999a, 40–43).

[16] Die folgenden Ausführungen sind eine Kurzzusammenfassung von Gerken (1999, 170–198), wo sich auch umfassende Literaturangaben finden.

In den heutigen Gesellschaftsordnungen ist dies indessen nicht die einzige hoheitliche Aktivität des Staates. Neben der Durchsetzung des Freiheitsrechts übernimmt derselbe auch die Konkretisierung dieses Rechts. Zumindest in der Theorie nimmt er diese Aufgabe allerdings als Vertreter der Bürger wahr, so daß danach auch in dieser Konstellation letztlich die Bürger es sind, die die Konkretisierung des Freiheitsrechts vornehmen.

Das Zwangsmonopol des Staates gegenüber den Bürgern ist in der Ordnung der Freiheit dann und nur dann unproblematisch, wenn ein Mißbrauch der hoheitlichen Gewalt unterbleibt. Das Verbot des Mißbrauchs staatlicher Macht enthält auf der Grundlage der drei Prinzipien der Ordnung der Freiheit drei Bestandteile:

1. Der Staat darf die Freiheit der Bürger nur dort beschränken, wo unterschiedliche Ausprägungen des Freiheitsrechts kollidieren.
2. Der Staat darf bei der Konkretisierung des Freiheitsrechts und bei dessen Durchsetzung keine Bürger diskriminieren oder privilegieren.
3. Der Staat hat das Freiheitsrecht im Bereich von Kollisionen zwischen unterschiedlichen Ausprägungen dieses Rechts gemäß den Vorstellungen der Bürger zu konkretisieren, darf also auch insoweit keine Partikularinteressen bedienen.

Da die hoheitliche Staatstätigkeit, ohne die die Ordnung der Freiheit nicht auskommt, Kosten verursacht und da sich die Bürger wegen der auftretenden Trittbrettfahrerprobleme nicht freiwillig im erforderlichen Umfang an ihrer Finanzierung beteiligen werden, muß es dem Staat gestattet sein, die Bürger zwecks Finanzierung seiner hoheitlichen Aufgaben zu besteuern. Andernfalls wäre die Ordnung der Freiheit nicht bestandsfähig. Allerdings wird mit der Besteuerung das individuelle Freiheitsrecht beschränkt, ohne daß der davon betroffene Bürger in das Freiheitsrecht eines anderen eingegriffen hätte. Dies ist grundsätzlich nicht zulässig. Die Besteuerung zur Steuerfinanzierung der hoheitlichen Leistungen, die zur Bestandssicherung der Ordnung der Freiheit erforderlich sind, stellt somit einen systemimmanenten Ausnahmebereich in dieser Ordnung dar.

Allerdings hat der Staat auch bei der Besteuerung die Prinzipien der Ordnung der Freiheit zu beachten, woraus unter anderem das Verbot übermäßiger und das Verbot diskriminierender Besteuerung resultieren.

(2) Nicht-hoheitliche Staatstätigkeit in der Ordnung der Freiheit

Bei den nicht-hoheitlichen Leistungen tritt das Problem eines möglichen Mißbrauchs staatlicher Macht nicht auf, denn hier setzt der Staat keine hoheitliche Zwangsgewalt ein. Folglich sind die Kompetenzbeschränkungen, die sich aus den Prinzipien der Ordnung der Freiheit ergeben, insoweit zumindest nicht unmittelbar anwendbar.

Allerdings werden auch diese Staatsleistungen regelmäßig über das Steuersystem finanziert. Bei der Besteuerung aber setzt der Staat seine hoheitliche Zwangsgewalt ein. Anders als die hoheitlichen Staatsaktivitäten sind die nicht-hoheitlichen Leistungen nicht unabdingbar für den Schutz des Freiheitsrechts des einzelnen. Deshalb ist die Steuerfinanzierung nicht-hoheitlicher öffentlicher Leistungen nur dann wirklich mit den Prinzipien der Ordnung der Freiheit vereinbar, wenn die Bürger die fragliche Leistung, genauer: ihre Steuerfinanzierung, einstimmig befürworten. Dies gilt insbesondere auch für die Steuerfinanzierung von Subventionen.

In der Realität wird eine tatsächliche Einstimmigkeit nicht zustande kommen. Aus diesem Grunde besitzt das Einstimmigkeitsprinzip für die reale Politik vor allem heuristischen Wert. Es führt nämlich zu der Frage, ob es überhaupt denkbar wäre oder von vornherein als ausgeschlossen gelten muß, daß eine bestimmte öffentliche Leistung im Falle ihrer Steuerfinanzierung von allen Bürgern gebilligt wird. Ein Indiz hierfür ist die Zahl derjenigen Bürger, die aus der fraglichen Leistung tatsächlich oder zumindest potentiell Nutzen ziehen. Je weniger Bürger von einer öffentlichen Leistung profitieren, desto geringer fällt danach die Wahrscheinlichkeit aus, daß alle Bürger der Steuerfinanzierung dieser Leistung zustimmen. Vor diesem Hintergrund erscheint es als sinnvoll, die nicht-hoheitlichen öffentlichen Leistungen danach zu klassifizieren, ob sie für grundsätzlich sämtliche Bürger, nur für eine bestimmte Gruppe oder sogar nur für ein einzelnes Individuum oder Unternehmen bereitgestellt werden. Subventionen gehören in die zweite oder sogar in die dritte Kategorie.

3. Die Bedeutung der Prinzipien der Ordnung der Freiheit im Wettbewerb der Staaten

Zu fragen ist nun, ob der Staat auch im Wettbewerb der Staaten den Handlungsbeschränkungen unterliegt, die sich aus den Prinzipien der Ordnung der Freiheit ergeben. In diesem Zusammenhang ist die Auffassung verbreitet, daß der Wettbewerb der Staaten die Möglichkeiten der Politiker zum Machtmißbrauch beschränke und idealerweise vollständig beseitige. Begründet wird diese These damit, daß das mobile Kapital jederzeit aus denjenigen Staaten, in denen die Politiker ihre hoheitliche Macht mißbrauchen, abgezogen und in andere Staaten transferiert werden könne.

Insbesondere auch liberale Ökonomen billigen vor diesem Hintergrund den Politikern im Wettbewerb der Staaten Handlungsspielräume zu, die die etwa von Eucken (1952/1990) geprägte Ordnungsökonomik strikt ablehnt. Der Argumentationszusammenhang scheint auf den ersten Blick bestechend: Die dem Wettbewerb der Staaten ausgesetzten Politiker können ihre hoheitliche Macht nicht mehr mißbrauchen; daher müssen sie auch keinen Kompetenzbeschränkungen unterworfen werden. So rechtfertigte Kerber (1998a, 60–67) unter der Annahme eines funktionsfähigen Wettbewerbs der Staaten – in Analogie zum Wettbewerb der Unternehmen – ausdrücklich Subventionsvergaben als Rabatteinräumung (1998a, 61 f.) und Steuernachlässe an ausgewählte Unternehmen als Preisdifferenzierung (1998, 62 f.).[17] Den Politikern wird für ihre politischen Handlungen Wettbewerbsfreiheit in einem Maße zugebilligt, wie sie die privaten Wirtschaftsteilnehmer auf den ökonomischen Märkten genießen. Folgt man dieser Auffassung, dann sind die Prinzipien der Ordnung der Freiheit heute dank der hohen Kapitalmobilität und dem daraus entspringenden Wettbewerb der Staaten überflüssig gewordene Restriktionen aus einer vergangenen Zeit.

Diese Feststellung ist indessen problematisch. Grund dafür ist, daß die zentrale Prämisse dieses Argumentationszusammenhanges nicht zutrifft: Keinesfalls führt der Wettbewerb der Staaten dazu, daß die Möglichkeiten zum Machtmißbrauch wegkonkurriert werden. Wenn das Kapital durch Abwanderung dem staatlichen Einfluß entzogen werden kann, verändern sich die Möglichkeiten der Politik zum Mißbrauch der hoheitlichen Zwangsgewalt lediglich, werden aber nicht beseitigt. Vielmehr wird die Fähigkeit zum Machtmißbrauch selektiv beschränkt. Denn der Wettbewerb der Staaten unterwirft die Politik Verhaltensbeschränkungen nur gegenüber dem Kapital und damit insbesondere multinationalen Unternehmen, nicht jedoch gegenüber den immobilen Faktoren, nicht gegenüber den faktisch immobilen kleinen und mittleren Unternehmen einschließlich der Handwerksbetriebe und auch nicht gegenüber den Individuen im nicht-ökonomischen Bereich jenseits ihrer Eigenschaft als Faktorinhaber.

Nicht der Bürger als solcher entgeht somit der Gefahr staatlichen Machtmißbrauchs. Vielmehr entgeht er ihr nur, soweit er mobiles Kapital besitzt und selbst in diesem Fall auch nur in der speziellen Eigenschaft als Kapitaleigner. Die Rechtsposition als Kapitalinhaber ist aber nur eine von vielen, die jedes Individuum innehat. In sämtliche sonstigen Rechtspositionen kann der Staat auch dann mißbräuchlich eingreifen, wenn er im Wettbewerb mit anderen Staaten steht. Unter Umständen nehmen die staatlichen Eingriffe in diese anderen Rechtspositionen durch den Wettbewerb der Staaten sogar noch zu, etwa indem die steuerliche Entlastung von Kapital über eine zusätzliche Belastung von Arbeits- oder Bodeneinkommen finanziert wird.

---

[17] Relativierend Kerber (1998, 260 f.), wonach der Staat dann Handlungsrestriktionen unterworfen sein soll, wenn er „aufgrund von Mobilitätsbarrieren (eventuell auch nur für einzelne Gruppen von Individuen) weiter Monopolist ist." Einzuwenden ist hier, daß der Staat seine Macht stets mißbrauchen kann, weil die Abwanderung immer mit Kosten verbunden und damit beschränkt ist (Gerken 1999a, 40–43).

Folglich läßt sich die Aussage nicht aufrechterhalten, daß der Wettbewerb der Staaten das Mißbrauchspotential der Politik gegenüber den Bürgern reduziere oder gar beseitige: Bürger, die kein mobiles Kapital besitzen, müssen trotz herrschenden Wettbewerbs der Staaten mißbräuchliche staatliche Eingriffe in ihre Rechtspositionen gewärtigen.[18] Für Bürger, die über Kapital verfügen, kann der Wettbewerb der Staaten hinsichtlich solcher Eingriffe sowohl zu einem Rückgang bei den wettbewerbsrelevanten Rechtspositionen als auch zu einer Zunahme bei anderen Rechtspositionen führen, wobei die Ermittlung eines Nettoeffektes mangels eines einheitlichen Bewertungsmaßstabes nicht möglich ist.[19] Aus diesem Grund reduziert der Wettbewerb der Staaten im Zweifel lediglich Mißbrauchsmöglichkeiten gegenüber ausländischen Kapitalbesitzern eindeutig, denn diese halten sich weder physisch im Inland auf noch verfügen sie über immobile Produktionsfaktoren im Inland.

Die Auffassung, daß der Wettbewerb der Staaten den Machtmißbrauch beschränke oder gar beseitige, ist somit nicht haltbar.[20] Er führt lediglich dazu, daß ganz bestimmte Machtmißbrauchsmöglichkeiten „wegkonkurriert" werden; an ihre Stelle treten dann aber häufig andere.

---

[18] Das wäre nur dann nicht der Fall, wenn dies von den internationalen Investoren präferiert und daher im Wettbewerb der Staaten als Strategie eingesetzt würde, um Kapital ins Inland zu lenken.

[19] Neoklassische Modelle des Wettbewerbs der Staaten unterstellen den Politikern das Ziel der Wohlfahrtsmaximierung. Sie können deshalb diese entgegengesetzten Auswirkungen aufgrund ihrer kollektivistischen Dogmatik nicht erfassen. Im Gegenteil sogar führen sie zu dem Ergebnis, daß es für die gesamtwirtschaftliche Wohlfahrt förderlich sei und daher auch im Interesse der immobilen inländischen Bürger liege, wenn der Staat sie und nicht das mobile Kapital besteuert (statt vieler Oates/Schwab 1988, 335–341; Hans-Werner Sinn 1995, 248). Für neoklassische Autoren ergibt sich vielmehr ein anderes Problem, welches daraus erwächst, daß die Zahl der konkurrierenden Staaten notwendigerweise endlich ist und Staaten im Regelfall ebensowenig aufgrund eines ungeeigneten Angebots aus dem Markt ausscheiden wie neue hinzutreten können (Gerken 1995, 24; Kerber/Vanberg 1995, 57). Die Wohlfahrtsökonomik mit ihrem Leitbild der vollkommenen Konkurrenz muß hier zu der Erkenntnis gelangen, daß die Staaten im Wettbewerb über Monopolmacht verfügen, die wohlfahrtsinferior ist. Ganz in dieser Logik vertreten neoklassische Ökonomen die Auffassung, daß diese monopolistische Macht der Staaten durch institutionelle Vorkehrungen einzudämmen sei (so Blankart 1996, 91), oder sie versuchen, das vermeintliche Problem durch einen Verweis auf die möglichen Opportunitätskosten machtinduzierter politischer Maßnahmen zu lösen (so Siebert/Koop 1990, 454).

[20] Auch wohlfahrtsökonomische Erwägungen können zu diesem Ergebnis führen (Apolte 1999, 80–89, 99f.).

Da der Wettbewerb der Staaten die Möglichkeiten zum Mißbrauch der staatlichen Macht nicht endogen beseitigt, befreit er die Politiker auch nicht von der exogen – etwa über eine Verfassung – vorzugebenden Handlungsbeschränkung, nicht gegen die Prinzipien der Ordnung der Freiheit zu verstoßen. Die Staatsgewalt bleibt damit auch im Wettbewerb der Staaten den Prinzipien der Ordnung der Freiheit unterworfen. Sie besitzt keinen umfassenden Gestaltungsspielraum, genießt keine „Wettbewerbsfreiheit".

V. Effizienz versus Ordnung der Freiheit als Rechtfertigungsmaßstab für Wirtschaftspolitik

Die beiden Referenzkriterien für die Beurteilung von Wirtschaftspolitik – Effizienz und Prinzipien der Ordnung der Freiheit – schließen sich gegenseitig aus: Einerseits ist der Wettbewerb der Staaten ein Anreiz- und Entdeckungsverfahren, in dem die Politiker nach derjenigen Wirtschaftspolitik suchen, die Kapital in das Inland lenkt und die auf diese Weise – unter der Hypothese, daß der Zusammenhang besteht – die wirtschaftliche Knappheit möglichst wirkungsvoll verringert; die Wahrscheinlichkeit, in diesem Sinne erfolgreiche Politikoptionen zu entdecken, ist dabei um so größer, je weiter der politische Gestaltungsspielraum gesteckt ist. Andererseits beseitigt der Wettbewerb der Staaten keinesfalls die Möglichkeit zum Mißbrauch hoheitlicher Macht, so daß die Politiker trotz dieses Wettbewerbs den engen Handlungsrestriktionen unterworfen sind, die sich aus den Prinzipien der Ordnung der Freiheit ergeben. Es besteht mithin ein grundsätzlicher Zielkonflikt zwischen der Steigerung der wohlstandsorientierten Effizienz von Wirtschaftspolitik und der Freiheit der Menschen.

Dieser Konflikt wirft die Frage auf, welchem der beiden Anliegen Vorrang zukommt. Es geht mit anderen Worten darum, ob hinsichtlich der Bestimmung des Gestaltungsspielraumes der Politiker dem Ziel der Sozialproduktsmaximierung oder den Prinzipien der Ordnung der Freiheit Vorrang einzuräumen ist, ob also die Freiheit zugunsten der Sozialproduktsmaximierung zurückzutreten hat oder ob die Sozialproduktsmaximierung gegenüber der Freiheit der Menschen aufzugeben ist.

Wie die Erfahrung zeigt, wird die Maximierung des gesellschaftlichen Sozialprodukts jedenfalls nicht von sämtlichen Bürgern – in vielen Gesellschaften nicht einmal von der Mehrheit – als höchstes gesellschaftliches Ziel betrachtet. Aus diesem Grunde wäre die exogene Vorgabe dieses Ziels eine totalitäre Konstruktion in der Tradition wohlfahrtsökonomischer Modelle (Gerken 1999, 81–88, 196–198). Ganz im Gegenteil dürfte es zumindest in den westlichen Gesellschaften weitgehend unstreitig sein, daß den Politikern wegen der Möglichkeiten zum Mißbrauch staatlicher Macht nicht die Kompetenz zugestanden werden solle, die Freiheit der

Bürger nach eigenem Gutdünken einzuschränken, sei das Ziel die Steigerung des Sozialprodukts oder ein anderes. Das ist allgemein akzeptiertes Gedankengut in der Bevölkerung sowie durch Verfassungen und durch die ständige Rechtsprechung der Verfassungsgerichte abgesichert. Da der Wettbewerb der Staaten die Grundvoraussetzung dieser Auffassung, nämlich die Fähigkeit der Politik zum Mibrauch hoheitlicher Macht, nicht beseitigt, gibt es keinen Grund, warum diese Auffassung angesichts eines solchen Wettbewerbs nicht mehr gültig sein sollte.

Folgt man diesem Werturteil[21], dann haben die Handlungen der Politiker auch unter den Voraussetzungen des Wettbewerbs der Staaten den Prinzipien der Ordnung der Freiheit in jeder Hinsicht zu genügen. Der Staat darf mithin unverändert nur solche wirtschaftspolitischen Maßnahmen ergreifen, die nicht gegen diese Prinzipien verstoßen.

Das Effizienzkriterium ist damit auch in seiner allgemeineren Interpretation, also mit Bezug auf den optimalen Strukturrahmen für Wirtschaftspolitik, hinfällig.

VI. Der politische Gestaltungsspielraum in der Ordnung der Freiheit

In der Ordnung der Freiheit besteht die Aufgabe des Staates darin, für das wirtschaftliche (und sonstige) Handeln der Individuen die freiheitsrechtlichen Rahmenbedingungen zu schaffen. Handlungen, mit denen das Freiheitsrecht anderer nicht verletzt wird, dürfen gesetzlich weder untersagt noch behindert werden. Zulässig ist allein die allgemeine, nicht diskriminierende Untersagung solcher Verhaltensweisen, durch die in die Freiheitssphären anderer Menschen eingegriffen würde. In diesen Fällen bedarf es einer Abgrenzung zwischen den fraglichen Ausprägungen des Freiheitsrechts. Diese Zusammenhänge haben auch für die wirtschaftspolitischen Handlungen im Wettbewerb der Staaten Bestand.

Ordnungspolitische Maßnahmen sind danach auch im Wettbewerb der Staaten insoweit zulässig, als sie das Freiheitsrecht in den Kollisionsbereichen konkretisieren und als sie niemanden diskriminieren oder privilegieren. Beispiele sind das Umweltrecht und das Baurecht, soweit es dem Schutz Dritter gilt. Unzulässig sind solche ordnungspolitischen Maßnahmen, die die Freiheit der Marktteilnehmer bei Handlungen beschränken, die die Freiheitssphäre Dritter nicht berühren. Ein Beispiel ist die Einschränkung der Vertragsfreiheit.

---

[21] Dabei handelt es sich um ein Werturteil. Denn ein allgemeingültiger Vorrang des Freiheitsrechts vor dem Ziel der Sozialproduktsmaximierung existiert nicht: Erstens ist das Freiheitsrecht kein jeder Zivilisation vorgelagertes Recht (Gerken 1999, 137, 141–143). Zweitens läßt es sich auch nicht gesellschaftsendogen über das Einstimmigkeitsprinzip rechtfertigen, weil dieses das Freiheitsrecht bereits voraussetzt (Gerken 1999, 165–168).

Prozeßpolitik kann sowohl mit hoheitlichen Staatsaktivitäten – etwa speziellen Steuervergünstigungen – als auch mit nicht-hoheitlichen öffentlichen Leistungen – etwa Subventionen – betrieben werden. Sie ist grundsätzlich mit den Prinzipien der Ordnung der Freiheit unvereinbar, wie kurz am Beispiel der Gewährung einer über das Steuersystem finanzierten Subvention gezeigt sei.

Die steuerfinanzierte Subventionierung der Unternehmen einer bestimmten Branche, etwa der Hochtechnologie, ist nichts anderes als eine Sondersteuer auf alle anderen Wirtschaftstätigkeiten. Sie stellt deshalb einen Eingriff in die Freiheit der übrigen Marktteilnehmer dar, die nicht in den Genuß der Förderung kommen. Letztere müssen die Subventionen finanzieren und erzielen außerdem wegen der Interdependenz der Preise nicht das Einkommen am Markt, welches sie ohne die Subventionierung einer anderen Branche erzielen würden. Eine Beschränkung der Freiheitssphäre von Marktteilnehmern darf der Staat nur vornehmen, wenn dieselben mit ihren wirtschaftlichen Handlungen in die Freiheit anderer eingreifen. Das ist hier indessen nicht der Fall. Die Unternehmer der sonstigen Industrien verletzten mit ihren wirtschaftlichen Handlungen nicht das Freiheitsrecht der Existenzgründer im Hochtechnologiebereich. Es gibt daher in der Ordnung der Freiheit keinen Grund, warum der Existenzgründer im Hochtechnologiebereich subventioniert wird und der Existenzgründer im Friseurhandwerk nicht. Die Bereitschaft der Politiker, bestimmte Wirtschaftsaktivitäten zu begünstigen, erfüllt Sonderinteressen, die einen Eingriff in die Freiheit anderer Wirtschaftssubjekte gerade nicht rechtfertigen.[22]

Literaturverzeichnis

Apolte, Thomas. (1999). Die ökonomische Konstitution eines föderalen Systems. Tübingen: Mohr Siebeck.

Berthold, Norbert. (1994). Industriepolitik und strategische Handelspolitik – Effiziente Instrumente der Wirtschaftspolitik? In: Hartwig, Karl-Hans (Hrsg.). (1994). Veränderte Arbeitsteilung in Europa – Brauchen wir eine Industriepolitik? Baden-Baden: Nomos Verlagsgesellschaft. 113–142.

Blankart, Charles B. (1996). Braucht Europa mehr zentralstaatliche Koordination? Einige Bemerkungen zu Hans-Werner Sinn. Wirtschaftsdienst, 76. 87–91.

---

[22] Aus den genannten Gründen verbietet sich die selektive Förderung von Investitionen überhaupt – und nicht nur, weil positive externe Effekte, die nach verbreiteter Meinung die Subventionierung rechtfertigen sollen (Corden 1987, 422–424; Berthold 1994, 122f.), nicht quantifizierbar seien und weil Subventionsgewährungen ein Rent-seeking-Verhalten begünstigten (Berthold 1994, 123).

Bünger, Klaus. (1995). Diskussionsbeitrag zu: Steuerharmonisierung – Erfordernisse, Möglichkeiten, Grenzen. In: Gerken, Lüder (Hrsg.). (1995). Europa zwischen Ordnungswettbewerb und Harmonisierung. Europäische Ordnungspolitik im Zeichen der Subsidiarität. Berlin: Springer. 183–187.

Corden, W. Max. (1987). On Making Rules for the International Trading System. In: Stern, Robert M. (Hrsg.). (1987). U.S. Trade Policies in a Changing World Economy. Cambridge, Mass.: The MIT Press. 413–426.

Eucken, Walter. (1952/1990). Grundsätze der Wirtschaftspolitik. Neuauflage. Tübingen: Mohr Siebeck.

Gerken, Lüder. (1995). Institutional Competition: An Orientative Framework. In: Gerken, Lüder (Hrsg.). (1995). Competition among Institutions. Basingstoke: Macmillan. 1–31.

Gerken, Lüder. (1998). Der globale Wettbewerb als Anreiz- und Entdeckungsverfahren. ORDO – Jahrbuch für die Ordnung von Wirtschaft und Gesellschaft, 49. 269–280.

Gerken, Lüder. (1998a). Die Grenzen der Ordnungspolitik. ORDO – Jahrbuch für die Ordnung von Wirtschaft und Gesellschaft, 49. 165–190.

Gerken, Lüder. (1999). Von Freiheit und Freihandel: Grundzüge einer ordoliberalen Außenwirtschaftstheorie. Tübingen: Mohr Siebeck.

Gerken, Lüder. (1999a). Der Wettbewerb der Staaten. Tübingen: Mohr Siebeck.

Gerken, Lüder/Märkt, Jörg/Schick, Gerhard. (2000). Steuerwettbewerb. Tübingen: Mohr Siebeck. In Vorbereitung.

Hayek, Friedrich August von. (1939/1948). The Economic Conditions of Interstate Federalism. In: Hayek, Friedrich August von. (1948). Individualism and Economic Order. Chicago: University of Chicago Press. 255–272. [Erstveröffentlichung: (1939). New Commonwealth Quarterly, 5. 131–149. Deutsche Übersetzung: Die wirtschaftlichen Voraussetzungen föderativer Zusammenschlüsse. In: Hayek, Friedrich August von. (1952). Individualismus und wirtschaftliche Ordnung. Erlenbach-Zürich: Eugen Rentsch. 324–344.].

Hayek, Friedrich August von. (1948). The Meaning of Competition. In: Hayek, Friedrich August von. (1948). Individualism and Economic Order. Chicago: University of Chicago Press. 92–106. [Deutsche Übersetzung: Der Sinn des Wettbewerbs. In: Hayek, Friedrich August von. (1952). Individualismus und wirtschaftliche Ordnung. Erlenbach-Zürich: Eugen Rentsch. 122–140.].

Hayek, Friedrich August von. (1967/1969). Rechtsordnung und Handelnsordnung. In: Hayek, Friedrich August von. (1969). Freiburger Studien. Tübingen: Mohr Siebeck. 161–198. [Erstveröffentlichung in: Streissler, Erich (Hrsg.). (1967). Zur Einheit der Rechts- und Staatswissenschaften. Karlsruhe: C. F. Müller. 195–230.].

Hayek, Friedrich August von. (1968/1969). Der Wettbewerb als Entdeckungsverfahren. In: Hayek, Friedrich August von. (1969). Freiburger Studien. Tübingen:

Mohr Siebeck. 249–265. [Erstveröffentlichung: (1968). Kieler Vorträge, Neue Folge, 56. Kiel: Institut für Weltwirtschaft. Englische Übersetzung: Competition as a Discovery Procedure. In: Hayek, Friedrich August von. (1978) New Studies in Philosophy, Politics, Economics and the History of Ideas. London: Routledge&Kegan Paul. 179–190.].

Hoppmann, Erich (1973). Soziale Marktwirtschaft oder Konstruktivistischer Interventionismus? Zur Frage der Verfassungskonformität der wirtschaftspolitischen Konzeption einer „neuen Wirtschaftspolitik". In: Tuchtfeldt, Egon (Hrsg.). (1973). Soziale Marktwirtschaft im Wandel. Freiburg: Verlag Rombach. 27–68.

Kerber, Wolfgang. (1998). Erfordern Globalisierung und Standortwettbewerb einen Paradigmenwechsel in der Theorie der Wirtschaftspolitik? ORDO – Jahrbuch für die Ordnung von Wirtschaft und Gesellschaft, 49. 253–268.

Kerber, Wolfgang. (1998a). Die EU-Beihilfenkontrolle als Wettbewerbsordnung: Probleme aus der Perspektive des Wettbewerbs zwischen Jurisdiktionen. In: Cassel, Dieter (Hrsg.). (1998). Europäische Integration als ordnungspolitische Gestaltungsaufgabe. Probleme der Vertiefung und Erweiterung der Europäischen Union. Berlin: Duncker&Humblot. 37–74.

Kerber, Wolfgang. (1998b). Zum Problem einer Wettbewerbsordnung für den Systemwettbewerb. Jahrbuch für Neue Politische Ökonomie, 17. 199–230.

Kerber, Wolfgang/Vanberg, Viktor. (1995). Competition among Institutions: Evolution within Constraints. In: Gerken, Lüder (Hrsg.). (1995). Competition among Institutions. Basingstoke: Macmillan. 35–64.

Monopolkommission. (1998). Systemwettbewerb. Sondergutachten der Monopolkommission gemäß §24b Abs. 5 Satz 4 GWB. Baden-Baden: Nomos Verlagsgesellschaft.

Montesquieu, Charles-Louis de Secondat, Baron de La Brède et de. (1748/1956). De l'esprit des Lois. Tome deuxième. Neuauflage. Paris: Éditions Garnier Frères.

Mussler, Werner/Wohlgemuth, Michael. (1995). Institutionen im Wettbewerb – Ordnungstheoretische Anmerkungen zum Systemwettbewerb in Europa. In: Oberender, Peter/Streit, Manfred E. (Hrsg.). (1995). Europas Arbeitsmärkte im Integrationsprozeß. Baden-Baden: Nomos Verlagsgesellschaft. 9–45.

Oates, Wallace E./Schwab, Robert M. (1988). Economic Competition Among Jurisdictions: Efficiency Enhancing or Distortion Inducing? Journal of Public Economics, 35. 333–354.

Prosi, Gerhard. (1991). Europäische Integration durch Wettbewerb? Eine politisch-ökonomische Analyse. In: Radnitzky, Gerard/Buillon, Hardy (Hrsg.). (1991). Ordnungstheorie und Ordnungspolitik. Berlin: Springer-Verlag. 119–135.

Sen, Amartya. (1992). Inequality Reexamined. New York: Russell Sage Foundation.

Siebert, Horst/Koop, Michael J. (1990). Institutional Competition. A Concept for Europe? Aussenwirtschaft, 45. 439–462.

Sinn, Hans-Werner. (1995). Implikationen der vier Grundfreiheiten für eine nationale Fiskalpolitik. Wirtschaftsdienst, 75. 240–249.

Smith, Adam. (1776/1789/1904). An Inquiry into the Nature and Causes of the Wealth of Nations. Volume II. 5. Auflage. Neuauflage. London: Methuen&Co.

Steinberg, Rudolf/Allert, Hans-Jürgen/Grams, Carsten/Scharioth, Joachim. (1991). Zur Beschleunigung des Genehmigungsverfahrens für Industrieanlagen. Eine empirische und rechtspolitische Untersuchung. Baden-Baden: Nomos Verlagsgesellschaft.

Steinberg, Rudolf/Hermann de Miquel, Helga/Scharioth, Joachim/Fertsch, Barbara/Mangold, Sandra. (1995). Genehmigungsverfahren für gewerbliche Investitionsvorhaben in Deutschland und ausgewählten Ländern Europas. Baden-Baden: Nomos Verlagsgesellschaft.

Steuart, Sir James. (1767/1966). An Inquiry into the Principles of Political Economy. Volume One. Neuauflage. Edinburgh: Oliver&Boyd.

Streit, Manfred E. (1996). Systemwettbewerb im europäischen Integrationsprozeß. In: Immenga, Ulrich/Möschel, Wernhard/Reuter, Dieter (Hrsg.). (1996). Festschrift für Ernst-Joachim Mestmäcker zum siebzigsten Geburtstag. Baden-Baden: Nomos Verlagsgesellschaft. 521–535.

Streit, Manfred E. (1996a). Systemwettbewerb und Harmonisierung im europäischen Integrationsprozeß. In: Cassel, Dieter (Hrsg.). (1996). Entstehung und Wettbewerb von Systemen. Berlin: Duncker&Humblot. 223–244.

Streit, Manfred E./Kiwit, Daniel. (1999). Zur Theorie des Systemwettbewerbs. In: Streit, Manfred E./Wohlgemuth, Michael (Hrsg.). (1999). Systemwettbewerb als Herausforderung an Politik und Theorie. Baden-Baden: Nomos Verlagsgesellschaft. 13–48.

Streit, Manfred E./Mussler, Werner. (1995). Wettbewerb der Systeme und das Binnenmarktprogramm der Europäischen Union. In: Gerken, Lüder (Hrsg.). (1995). Europa zwischen Ordnungswettbewerb und Harmonisierung. Europäische Ordnungspolitik im Zeichen der Subsidiarität. Berlin: Springer. 75–107.

Streit, Manfred E./Mussler, Werner. (1996). Integrationspolitische Strategien in der EU. In: Ohr, Renate (Hrsg.). (1996). Europäische Integration. Stuttgart: Verlag W. Kohlhammer. 265–292.

Tiebout, Charles M. (1956). A Pure Theory of Local Expenditures. The Journal of Political Economy, 64. 416–424.

Tuchtfeldt, Egon. (1957). Das Instrumentarium der Wirtschaftspolitik. Ein Beitrag zu seiner Systematik. Hamburger Jahrbuch für Wirtschafts- und Gesellschaftspolitik, 2. 52–64.

Vanberg, Viktor. (1992). A Constitutional Political Economy Perspective on International Trade. ORDO – Jahrbuch für die Ordnung von Wirtschaft und Gesellschaft, 43. 375–392.

Vanberg, Viktor. (1993). Constitutionally Constrained and Safeguarded Competition in Markets and Politics with Reference to a European Constitution. Journal des Economistes et des Etudes Humaines, 4. 3–27.

Vihanto, Martti. (1992). Competition Between Local Governments as a Discovery Procedure. Journal of Institutional and Theoretical Economics, 148. 411–436.

Wagener, Hans-Jürgen. (1994). Free Seas, Free Trade, Free People: Early Dutch Institutionalism. History of Political Economy, 26. 395–422.

Wagener, Hans-Jürgen. (1996). Hat der Systemwettbewerb die sozialistische Planwirtschaft zu Fall gebracht? In: Verein der Freiburger Wirtschaftswissenschaftler (Hrsg.). (1996). Ordnungspolitische Aspekte der europäischen Integration – Freiburgs Botschaft für ein offenes Europa. Baden-Baden: Nomos Verlagsgesellschaft. 101–115.

Watson, Douglas J. (1995). The New Civil War. Government Competition for Economic Development. Westport, Conn.: Praeger.

Weber, Max. (1923/1958). Wirtschaftsgeschichte. Abriß der universalen Sozial- und Wirtschaftsgeschichte. 3. Auflage. Berlin: Duncker&Humblot.

Wegner, Gerhard. (1999). Zur Funktionsfähigkeit des institutionellen Wettbewerbs. Ein Beitrag zur Theorie des Systemwettbewerbs. Unveröffentlichtes Manuskript.

Wohlgemuth, Michael. (1995). Economic and Political Competition in Neoclassical and Evolutionary Perspective. Constitutional Political Economy, 6. 71–95.

Wohlgemuth, Michael. (1995a). Institutional Competition. Notes on an Unfinished Agenda. Journal des Economistes et des Etudes Humaines, 6. 277–299.

Wohlgemuth, Michael. (1999). Systemwettbewerb als Entdeckungsverfahren. In: Streit, Manfred E./Wohlgemuth, Michael (Hrsg.). (1999). Systemwettbewerb als Herausforderung an Politik und Theorie. Baden-Baden: Nomos Verlagsgesellschaft. 49–70.

Schlesien auf dem Weg in die Europäische Union
Hrsg. von Lüder Gerken und Joachim Starbatty
Lucius & Lucius, Stuttgart, 2001

Rückkehr nach Europa*

Hans-Jürgen Wagener, Frankfurt/Oder

I. Einleitung

Nachdem die Länder Mittel- und Osteuropas 1989–90 aus dem sowjetischen Macht- und Einflußbereich entlassen worden waren, machten sie sich unmittelbar daran, auch das sowjetisch dominierte sozialistische Gesellschaftssystem abzulegen und ihr politisches und wirtschaftliches System zu einem demokratischen Rechtsstaat und einer kapitalistischen Wettbewerbsordnung zu transformieren. Allenthalben war von einer „Rückkehr nach Europa" die Rede. Diese Rückkehr soll nun ungefähr 15 Jahre nach der Wende ihre Vollendung finden mit der Aufnahme der Länder Mittel- und Osteuropas, oder zumindest der am weitesten reeuropäisierten unter ihnen, in die Europäische Union (EU).

Die EU hat nach dem politischen Umschwung mit zehn Ländern Mittel- und Osteuropas Assoziationsabkommen abgeschlossen und kundgetan, daß diese Länder in absehbarer Zeit als potentielle Kandidaten für eine Aufnahme in die Union anzusehen sind. Voraussetzung dafür – das wurde auf der EU-Gipfelkonferenz in Kopenhagen 1994 festgelegt – ist die Angleichung der politischen und wirtschaftlichen Systeme und eine Übernahme des europäischen Regelwerkes, kurzum eine Transformation mit einer unionskonformen Rechts-, Wirtschafts- und Staatsordnung als Ziel. Damit sind für die betroffenen Länder Transformation und Integration untrennbar miteinander verbunden. Die nicht betroffenen Länder, das ist die Mehrheit der Transformationsländer, mögen das gleiche Transformationsziel anstreben, ihre Aufnahme in die EU liegt jedoch in noch unbekannter Ferne oder ist grundsätzlich ausgeschlossen.

---

* Eine frühere Fassung ist erschienen in: Hans G. Nutzinger (Hrsg.): Osterweiterung und Transformationskrisen (Schriften des Vereins für Socialpolitik). Berlin: Duncker& Humblot 2000, S. 93–117. Hier finden sich noch weitere einschlägige Studien.

Die Rückkehr nach Europa wirft die Frage auf, wo die Länder Mittel- und Osteuropas heute stehen. Sowohl von ihrer wirtschaftlichen Leistungsfähigkeit aus betrachtet wie im Bewußtsein Kerneuropas handelt es sich um periphere Länder, Spanien und Portugal vergleichbar. Das ist rein geographisch kaum gerechtfertigt. Es läßt sich allerdings zeigen, daß diese Länder über die letzten fünfzig Jahre in die Peripherie abgedriftet sind und so den Anschluß an die Entwicklung Kerneuropas verpaßt haben, die von Konvergenz gekennzeichnet war. Die Ursache hierfür wird man im sowjetischen System des Staatssozialismus vermuten dürfen. Rückkehr nach Europa heißt dann nicht nur Transformation des politischen und wirtschaftlichen Systems, sondern auch Konvergenz oder Rückeroberung des verlorenen Terrains. Beides ist erst einmal unverbunden. Es steht allerdings zu vermuten, daß der Transformationserfolg sich auch auf die wirtschaftliche Stabilisierung auswirkt. Dies im Einzelnen auszuführen, ist das Vorhaben des vorliegenden Beitrags. Er stellt die Rückkehr nach Europa als einen komplexen Prozeß dar, der mit einer Abkehr von Europa begonnen hat und der mit der Integration in die europäische Gemeinschaft noch nicht abgeschlossen sein wird.

II. Abkehr von Europa

1. Alt- und Neueuropa

Die sprachliche Wendung „Rückkehr nach Europa" wirft Fragen auf, sind doch die Länder Mittel- und Osteuropas – die geographische Bezeichnung macht es bereits deutlich – eindeutig Europa zugehörig. Wieso sollten sie dorthin zurückkehren, wo sie von Natur aus gelegen sind? Wende und Rückkehr nach Europa könnten deshalb metaphorisch gemeint sein: Die Region hatte sich in einer Bewegung aus Europa heraus befunden, wie auch immer veranlaßt kam es zu einer Wende und dann zu einer Rückkehr. Mit Europa ist nun nicht mehr ein geographischer, sondern ein geschichtlich-kultureller Raum gemeint. So hat die Historiographie schon lange Alteuropa und Neueuropa voneinander unterschieden, wobei Neueuropa im außer- und nachkarolingischen Raum „östlich und nördlich der Elbe-Saale-Böhmerwald-Donau-Grenze gelegen" (Zernack 1977, 26) anzusiedeln ist. Die so abgegrenzten Länder Osteuropas sind offensichtlich europäische newcomers und, wie Zernack (24) feststellt, ihre Geschichte wurde oft in ihrer Beziehung zu Alteuropa interpretiert, „d.h. die Geschichte Osteuropas wurde als Geschichte seiner kulturellen Europäisierung aufgefaßt". In der Geschichte gab es Phasen der rascheren Annäherung und der relativen Entfernung. Denn schließlich ist Alteuropa kein unbewegliches Ziel, sondern ein dynamischer Kulturraum, wofür die Nachkriegsperiode mit der europäischen Integration in der Europäischen Union ein gutes Beispiel abgibt.

Östlich und nördlich der Elbe-Saale-Böhmerwald-Donau-Grenze liegt erst einmal Mitteleuropa mit dem Baltikum, Polen, Ostdeutschland, Tschechien, der Slowakei und Ungarn, d.h. der lateinische Teil von Mittel- und Osteuropa (Slowenien und Kroatien wird man auch dazu rechnen müssen). Hierfür gilt, daß die kulturelle Europäisierung im Vergleich zum orthodoxen Osten weiter fortgeschritten und längst abgeschlossen war, als diese Länder unter den Einfluß der Sowjetunion gerieten. Wenn also heute von einer Rückkehr nach Europa gesprochen wird, dann war die Periode der „sowjetischen Gefangenschaft" ursächlich mit dem Abdriften aus Europa verbunden. Auch wenn das Sowjetsystem sich auf Marx und Engels als seine Heiligen berief, also auf eine ur-europäische geistesgeschichtliche Tradition, so wurde es doch vor allem von Lenin und Stalin geformt, die in einer etwas anderen Tradition, der russischen nämlich, standen. Um es in marxistischen Termini auszudrücken, hatte das politische Sowjetsystem Züge einer orientalischen Despotie und das sowjetische Wirtschaftssystem Züge der asiatischen Produktionsweise (Wittfogel 1963, Krader 1975). Diese Züge sind zum einen darin zu sehen, daß politisches und wirtschaftliches System nicht getrennt voneinander operieren, der Staat – und nicht individuelle Unternehmer – die Wirtschaft leitet, die Arbeitsteilung bestimmt, die Investitionsentscheidungen trifft und daß schließlich der Boden unveräußerlich ist und die privaten Eigentumsrechte extrem eingeschränkt sind. Zum anderen sind diese Züge in der totalitären Identität von Staat und Gesellschaft zu sehen, der mangelnden institutionellen Vielfalt, die zwischen oben und unten vermittelt sowie Interessen zum Ausdruck verhilft – die gesellschaftliche Ausdifferenzierung befindet sich hier erst auf einem schwach entwickelten Niveau: „The Asiatic mode of production is set forth as a stage in Asian history that directly or indirectly precedes the capitalist; it is at the same time the stage out of which all modes of European history develop. The Asiatic mode of production is thus misnamed" (Krader 1975, 310)[1]. Sicher läßt sich das Sowjetsystem nicht einfach mit orientalischer Despotie und asiatischer Produktionsweise gleichsetzen, die einer vormodernen Zeit zuzuordnen sind. Schließlich operierte es nicht im Rahmen der einfachen, sondern der erweiterten Reproduktion. Allerdings, wie noch im einzelnen zu zeigen sein wird, war das Ausmaß des sich selbst tragenden Wirtschaftswachstums äußerst beschränkt, die Tendenz zur Stagnation fast eingebaut (Wagener 1996). Kurzum, die Länder, die jetzt nach Europa „zurückkehren", haben eine asiatische detour, um nicht zu sagen Deformation, hinter sich.

---

[1] Diese Fehlbezeichnung ist aber nur wirklich dann zu bemängeln, wenn man Europa geographisch und nicht historisch-kulturell definiert.

2. Zentrum und Peripherie

Mittel- und Osteuropa ist zur Zeit die integral am geringsten entwickelten Regionen Europas (vgl. Tab. 1). Selbst das am weitesten fortgeschrittene Land, Slowenien, reicht noch nicht ganz an das Schlußlicht der Europäischen Union, Griechenland, heran (Ostdeutschland, das in den Statistiken nicht mehr aufgeführt wird, wäre hier die einzige Ausnahme: mit ca. 57% des westdeutschen Niveaus <BIP pro Kopf> liegt es ungefähr auf der Höhe Portugals). Zu derartigen vergleichenden Statistiken ist zu sagen, daß sie mit zahlreichen Berechnungs- und Bewertungsproblemen behaftet sind. Dies sei an Hand von zwei unterschiedlichen Datensätzen verdeutlicht[2]. An der wesentlichen Aussage ändert sich allerdings auch durch andere Daten nichts: die Heimkehrer sind die armen Verwandten im Osten.

Die Botschaft der dreigeteilten Tabelle ist deutlich: Kerneuropa ist mehr oder minder wirtschaftlich homogen, die südwestliche Peripherie (zu der noch Irland gerechnet wird, und zu der man, wenn hier Regionen und nicht Staaten betrachtet würden, der italienische mezzogiorno zu zählen wäre) liegt ungefähr bei zwei Drittel dieses Niveaus. Mittel-Osteuropa liegt bei ungefähr einem Drittel des Niveaus von Kerneuropa mit Ausnahme von Slowenien und Tschechien, die bereits auf der Höhe der südwestlichen Peripherie stehen. Es macht durchaus Sinn, nach der Osterweiterung eine südwestliche und eine südöstliche Peripherie voneinander zu unterscheiden. So kehrt Griechenland an seinen angestammten Ort zurück, nach Südosteuropa nämlich.

---

[2] Das Problem derartiger Vergleiche ist zum einen die Volkswirtschaftliche Gesamtrechnung, für die zwar grundsätzlich internationale Standards gelten, die aber in der Praxis die relevanten Tatbestände nur unvollkommen erfassen kann. Man denke nur an die Schattenwirtschaft, die in den Transformationsländern, aber auch in einigen EU-Ländern großes Gewicht hat. Zum anderen macht die Vereinheitlichung der nationalen Daten Schwierigkeiten. Wechselkurse sind dazu völlig ungeeignet: die Unterbewertung der Währungen Mittel- und Osteuropas würde diese Länder als absolute Armenhäuser erscheinen lassen. Kaufkraftparitäten sind sicher besser, aber statistisch nicht unproblematisch. Die Unterschiede der beiden Quellen von Tabelle 1 werden vor allem hier ihre Ursache haben. Eurostat verwendet große Mühen auf die Erstellung von Kaufkraftstandards (KKS), da derartige Daten z.B. für die Vergabe von Struktur- und Regionalfondsmitteln entscheidend sind. Bei Ländern auf unterschiedlicher Entwicklungsstufe, vor allem aber bei den Transformationsländern, führen die Verfügbarkeit und die qualitative Vergleichbarkeit der in den Warenkorb eingehenden Güter und Dienste zu Problemen. Insgesamt scheinen mir die Eurostat-Angaben mehr Vertrauen zu verdienen als die IMF-Daten. Vor allem die Angaben für Griechenland, Slowenien und Tschechien scheinen im letzteren Datensatz wenig plausibel.

Tabelle 1: Pro Kopf Einkommen auf Kaufkraftbasis, 1995 (in US Dollar), 1997 (in KKS)

Land	Pro-Kopf-Einkommen 1995[a]		BIP pro Kopf 1997[b]	
	absolut	Belgien = 100	absolut	Belgien = 100
Belgien	19 928	100	21 500	100
Dänemark	20 734	104	21 800	101
Deutschland	18 988	95	20 900	97
Frankreich	20 829	105	19 800	92
Italien	19 745	99	19 200	89
Niederlande	19 376	97	19 800	92
Österreich	19 922	100	21 300	99
Schweden	18 712	94	18 700	87
Ver. Königreich	18 857	95	18 900	88
Griechenland	8 727	44	13 100	61
Irland	15 611	78	18 300	85
Portugal	11 935	60	13 400	62
Spanien	14 408	72	14 800	69
Estland	7 203	36	7 000	33
Kroatien	4 142	21	-	-
Lettland	5 002	25	5 100	24
Litauen	3 035	15	5 800	27
Polen	6 364	32	7 500	35
Slowakei	6 671	33	8 900	41
Slowenien	6 342	32	13 000	60
Tschechien	8 173	41	12 000	56
Ungarn	6 211	31	8 900	41

[a] Quelle: IMF, World Economic Outlook; [b] Quelle: Eurostat 1998.

3. Verpaßte Konvergenz

Es hat den Anschein, als wären Entwicklungsniveau und Entfernung vom europäischen Kern, z.B. von Brüssel, miteinander korreliert. Fischer, Sahay und Végh (1998) haben diese Hypothese getestet und bestätigt gefunden. Ihre Begründung mag sie in der „Zentrum-Peripherie-Theorie" oder der „Theorie der Wachstumspole" finden. Doch wenn dem so wäre, dann müßten Polen, Ungarn und vor allem die Tschechische Republik (Ostdeutschland natürlich auch) ganz woanders stehen, als sie heute anzutreffen sind. Standen sie nicht ganz woanders, bevor sie in die „sowjetische Gefangenschaft" gerieten? Dank der Bemühungen von Angus Maddison (1995) sind wir in der Lage, diese Frage wenn auch nur indikativ (denn auch diese Statistiken sind mit zahlreichen Problemen behaftet) zu beantworten.

Der Vergleich der Tabellen 1 und 2 für die Jahre 1989 und 1995 bestätigt die Vorbehalte gegenüber diesen Zahlen (Deutschland ist in Tab. 1 das wiedervereinigte Land, während es dies in Tab. 2 natürlich nicht ist). Doch auch in diesem Fall bleibt die Kernaussage bestehen: Kein Land Osteuropas erreicht am Ende der Beobachtungsperiode das Schlußlicht der EU. Besonders problematisch sind bei den drei osteuropäischen Ländern die Angaben für 1973. Da es keine verläßlichen Angaben für die Wachstumsraten in der sozialistischen Periode gibt – die offiziellen sind notorisch überhöht –, war Maddison hier auf Schätzungen angewiesen. Wir können ihm sicher dahingehend folgen, daß das Wachstum 1950–73 vergleichsweise hoch (ob allerdings auf dem westeuropäischen Niveau, wie er schätzt, das mag bezweifelt werden), während es 1973–89 verschwindend gering war. Für uns sind deshalb die Eckjahre 1950 und 1989 wichtig. Wir streichen allerdings das Jahr 1973 in Tab. 2 nicht; denn es gibt in einem anderen Zusammenhang wichtige Aufschlüsse.

Tabelle 2 erlaubt die folgenden Feststellungen:
- Zum einen dokumentiert sie den Konvergenzprozeß in Kerneuropa, der 1950 einsetzte und Ende der 80er Jahre vollendet war.
- Dann macht sie deutlich, daß Italien und Österreich 1936 und 1950 noch zur südwestlichen Peripherie gehörten und erst im Laufe der Nachkriegsperiode zu Kerneuropa aufgeschlossen haben – zwei Wirtschaftswunder, die das deutsche wohl noch übertreffen.
- In der südwestlichen Peripherie haben sich besonders die beiden iberischen Länder Kerneuropa angenähert, und zwar vor allem in der Periode 1950–73, d.h. in einer Zeit, in der sie noch von faschistischen Diktaturen beherrscht wurden.
- Polen, Ungarn und die Tschechoslowakei haben praktisch ihre Distanz von 1936 beibehalten, eine Konvergenz hat nicht stattgefunden, im Vergleich zu 1950 sind sie zurückgefallen.

Tabelle 2: BIP pro Kopf 1936–1989 (in 1990 Geary-Khanis Dollar)

Land	1936		1950		1973		1989	
	absolut	B=100	absolut	B=100	absolut	B=100	absolut	B=100
Belgien	4 809	100	5 346	100	11 905	100	16 299	100
Dänemark	5 363	112	6 683	125	13 416	113	17 621	108
Deutschland	4 571	95	4 281	80	13 152	111	18 015	111
Frankreich	4 204	87	5 221	98	12 940	109	17 457	107
Italien	3 061	64	3 425	64	10 409	87	15 650	96
Niederlande	5 064	105	5 850	109	12 763	107	16 024	98
Österreich	3 015	63	3 731	70	11 308	95	16 305	100
Schweden	4 466	93	6 738	126	13 494	113	17 593	108
Ver. Königreich	5 762	120	6 847	128	11 992	101	16 288	100
Griechenland	2 501	52	1 951	37	7 799	66	10 262	63
Irland	3 116	65	3 518	66	7 023	59	10 270	63
Portugal	1 707[a]	36	2 132	40	7 568	64	10 355	64
Spanien	2 304	48	2 397	45	8 739	73	11 752	72
Polen	1 625	34	2 447	46	5 334	47	5 685	35
Tschecho-slowakei	2 599	54	3 501	66	7 036	59	8 729	54
Ungarn	2 618	54	2 480	46	5 596	47	6 787	42

[a] 1938
Quelle: Maddison 1995.

- Polen und Ungarn hatten 1950 ein mit Spanien vergleichbares Entwicklungsniveau, 1989 und sicher 1995–97 (s. Tab. 1) erreichten sie kaum die Hälfte dieses Niveaus.
- Die Tschechische Republik existierte für die Periode, die Tab. 2 abdeckt, noch nicht als selbständiger Staat. Sicher ist jedoch, daß ihr Entwicklungsniveau höher

als das der Tschechoslowakei gewesen sein muß. Daraus folgt, daß Tschechien 1936 und 1950 mit Österreich und Italien vergleichbar war (vgl. auch Kosta, Kramer, Slama 1971), 1989 und 1995 aber ungefähr nur bis zur Hälfte dieses Niveaus gelangte.

– Für Ostdeutschland, das sei hier hinzugefügt, gilt ein gleiches. Es war vor dem Krieg, höchstwahrscheinlich auch noch unmittelbar nach dem Krieg mit Westdeutschland vergleichbar. Am Ende der sozialistischen Periode erreichte es weniger als die Hälfte des westdeutschen Standes (vgl. Ritschl 1994).

Kurzum, Kerneuropa und seine südwestliche Peripherie haben in der Nachkriegszeit einen deutlichen Konvergenzprozeß durchgemacht, 1950–73 mit hohen Wachstumsraten, 1973–89 mit etwas verlangsamten Wachstumsraten. Die Länder Mittel-Osteuropas waren zu Beginn dieser Periode durchaus mit der südwestlichen Peripherie vergleichbar, zu der auch Österreich und Italien gerechnet werden mußten. Dank des geringeren Abstands zu Kerneuropa haben die beiden letztgenannten Länder (für Italien ist als Wirtschaftszentrum Mailand zu nehmen, deshalb der geringe Abstand) völlig aufgeschlossen. Am Ende der sozialistischen Periode hatten die Länder Mittel-Osteuropas den Anschluß an Europa, selbst an die südwestliche Peripherie, verloren. Trotz ihrer geringen Distanz zum europäischen Wirtschaftszentrum waren die böhmischen Länder und Ostdeutschland weit hinter die Länder in vergleichbarer Lage zum Zentrum der europäischen Wirtschaftsaktivität zurückgefallen.

4. Zwei Konvergenzklubs

Die Tatsache verlangt nach einer plausiblen Erklärung. Denn alles, was wir über das Wachstum in den sozialistischen Ländern wissen, widerspricht ihr offensichtlich. Es galt als akzeptiertes Wissen der Sowjetologie, daß für die sozialistischen Länder, auch wenn den exorbitanten offiziellen Wachstumsraten nicht zu trauen sei und der ideologische Anspruch überlegener Wachstumsdynamik kaum in der Realität seine Entsprechung finde, das Wachstum doch auf dem durchschnittlichen Niveau der kapitalistischen Welt liege. So meinte Abram Bergson (1971, 239): „We may at least conclude, that socialism, as exemplified by the USSR, is markedly less efficient than capitalism, as exemplified by the USA, though perhaps about as efficient as capitalism as exemplified by Italy, a country at a broadly similar stage of development". Auch wenn Italien Ende der 60er, Anfang der 70er Jahre noch nicht ganz das Niveau Kerneuropas erreicht hatte, scheint dieser Vergleich von heute aus betrachtet eine Überschätzung der Sowjetwirtschaft zu belegen, die trotz ihres hohen Rüstungs- und raumfahrttechnischen Standes weniger entwickelt als die tschechoslowakische oder ostdeutsche Wirtschaft war. Italien hatte zu dieser Zeit die führenden sozialistischen Länder schon hinter sich gelassen. Für letztere galt es schon immer als ausgemacht, daß sie von einer Entwicklungsdiktatur sowjetischen Typs wenig profitieren könnten, die vor allem die extensiven Wachstumsfaktoren mobilisieren und konzentriert einsetzen könne, während die intensiven Faktoren in ihr zu kurz kämen. Doch auch die Parallelhypothese, daß dieses System den wirtschaftlichen Aufholprozeß weniger entwickelter Länder stimuliere, wird durch die Daten Ungarns und Polens nicht bestätigt.

Es ist hier nicht der Ort, das sozialistische Wachstumsrätsel zu lösen, wieso nämlich bei vergleichbaren Wachstumsanstrengungen die Entfernung von Europa zunahm. Man wird unwillkürlich an Ulbrichts berühmtes Wort vom Überholen ohne Einzuholen erinnert – die sozialistische Wirtschaft fuhr auf einer ganz anderen Strecke, produzierte ganz andere Waren, wie z.B. den „Trabbi", die nach der Wende mit den Maßstäben eines freien Marktes bewertet bestenfalls nur die Hälfte wert waren. Der von Gaddy und Ickes (1998) eingeführte Begriff der „virtuellen Ökonomie" scheint hier treffend zu sein: Die sozialistische Wirtschaft produzierte Waren, die keinen Markttest zu bestehen hatten und deren Beitrag zur Wertschöpfung deshalb durch eine entsprechende Preissetzung dekretiert werden konnte. Hinzu kommt das Zehren von der Substanz, d.h. die Vernachlässigung des Unterhalts und der Erneuerung von Infrastruktur, Wohnungsbestand und alten Produktionsanlagen. Auf diese Weise ließen sich scheinbar beachtliche Nettoinvestitionsraten erzielen. Weitere Gründe sind denkbar (vgl. Wagener 1996). Wie dem auch gewesen sein mag, die Anstrengungen genügten nicht, um der europäischen Konvergenzdynamik zu folgen.

Ganz offensichtlich ist Konvergenz kein Naturereignis, sondern im konkreten Fall ein catching-up-Prozeß der OECD-Länder im Verhältnis zu den USA, der eben für die Nachkriegsperiode charakteristisch ist. Nach den Angaben von Maddison (1995: 48) partizipierten die sozialistischen Länder 1950–73 an diesem Aufholprozeß, allerdings mit weniger als der Hälfte des Tempos von Westeuropa, vor allem seiner erweiterten südwestlichen Peripherie. Dadurch entfernten sie sich bereits zu dieser Zeit von Europa. Nach 1973 fielen sie auch gegenüber den USA zurück, die Entfernung von Europa beschleunigte sich. Die mittlerweile recht umfangreiche Konvergenzliteratur spricht von „bedingter Konvergenz" (Barro und Sala-i-Martin 1992)[3]. Neben den „(neo-)klassischen" Wachstumsfaktoren, Arbeit, Sachkapital, Humankapital, technischer Fortschritt, die – vielleicht mit Ausnahme des letzteren – in der sozialistischen Wirtschaft mindestens in vergleichbarer Weise mobilisiert und ausgeschöpft wurden, bedingen institutionelle

---

[3] Bedingte Konvergenz bedeutet, daß ein Land umso rascher wächst, je weiter es von seinem „steady state", d.h. seinem durch die Kapitalausstattung definierten Potential entfernt ist.. Voraussetzung sind identische Institutionen, Techniken und intertemporale Präferenzen. Brücker zeigt, daß selbst unter solchen Bedingungen Konvergenz nicht

und politische Faktoren die Konvergenz. Die OECD-Länder waren in der Nachkriegszeit durch einen demokratischen Rechtsstaat und wettbewerbliche, offene Marktwirtschaften gekennzeichnet mit mehr oder minder starken sozialstaatlichen Komponenten. Auf die Ausnahmen wurde bereits hingewiesen: Spanien und Portugal nahmen am Konvergenzprozeß teil, auch ohne daß ihr politisches System dem Ideal des demokratischen Rechtsstaates entsprochen hätte. Ähnlich gelagerte Fälle in Südostasien nähren die Vermutung, daß für wirtschaftliche Konvergenz weniger demokratische Kultur als ökonomischer Wettbewerb entscheidend ist. Ob dies dann in zweiter Instanz zu politischer Konvergenz führt, mag hier dahingestellt bleiben.

Die „asiatische" detour der Länder Mittel-Osteuropas in der Nachkriegsperiode ist, das folgt aus diesen Überlegungen, ihrem Wirtschaftssystem zuzuschreiben, ihrem Gefangensein im Sowjetsystem. Daß es sich hier um ein echtes lock-in-Phänomen gehandelt hat, verdeutlichen die wiederholten Reformversuche, die zwar in die richtige Richtung („mehr Markt") strebten (vgl. Wagener 1998), die aber immer erfolglos blieben, weil sie die Basis der orientalischen Despotie, die Einheit von Staat und Wirtschaft, in Frage stellen mußten. Der Erfolg der Marktwirtschaft beruht auf ihrer Ausdifferenzierung, zuerst einmal auf einer ungeheuren Produkt- und Prozeßvielfalt, die von keiner Zentrale überblickt, geschweige denn gesteuert werden kann (Hayeks bekanntes Argument), dann aber auf einer diesen Wettbewerbsprozeß steuernden und stabilisierenden Vielfalt von Institutionen, Märkten, Interessenvertretungen, sozialen Sicherungssystemen, die mit dem demokratischen Zentralismus, d.h. dem Alleinvertretungsanspruch einer Einheitspartei, und ihrem Anspruch auf ausschließliche Kontrolle unvereinbar sind. (Der Vergleich der faschistischen mit der sozialistischen Diktatur wäre hier sicher aufschlußreich, würde uns aber zu weit führen.) Die mangelnde Komplexität des Sowjetsystems wurde vor allem auch vom weitgehenden Verzicht auf das Instrumentarium der monetären Steuerung verursacht, die anonym (Marx hatte geklagt „hinter dem Rücken") eine spontane Ordnung (Hayek) schafft, die der relativ primitiven geplanten Ordnung weit überlegen ist. Der fehlende interne Wettbewerb verstärkt sich noch durch die für die asiatische Produktionsweise typische Autarkietendenz, d.h. dem fehlenden internationalen Wettbewerb. Das staatliche Außenhandelsmonopol war mit der Absicht eingerichtet worden, Einflüsse des Weltmarktes von der heimischen Wirtschaft fernzuhalten. Dies ist zweifellos gelungen.

---

notwendigerweise auftreten muß. Im erweiterten Sinn bedeutet es auch, daß Konvergenz nur in relativ homogenen Ländergruppen, sog. „Konvergenzklubs" stattfindet (vgl. Sell 1998: 37). In diesem Sinne bildeten West-Europa und Ost-Europa zwei unterschiedliche Konvergenzklubs, die sich entgegen der alten Konvergenzhypothese nicht annäherten.

III. Transformation und Re-Integration

1. Transformationsanforderungen

Eine Rückkehr nach Europa, eine Teilnahme am catching-up-Prozeß, Konvergenz mit Kerneuropa setzen eine Wende voraus – Abkehr vom „asiatischen" System der Sowjetwirtschaft und radikale Transformation von der Plan- zur Marktwirtschaft. Es sind also die Bedingungen zu schaffen, die eine „bedingte Konvergenz" ermöglichen. Und das setzt Systemkonvergenz voraus: Die Rückkehr nach Europa beinhaltet eine mehr oder minder weitgehende Angleichung an das europäische Wirtschaftssystem[4]. Für die Länder, die die Rückkehr nach Europa mit einem Beitritt zur Europäischen Union besiegeln wollen, ist das Ausmaß der Angleichung in den sogenannten Kopenhagener Beitrittsvoraussetzungen konkret formuliert worden: Rechtsstaat, wettbewerbsfähige Marktwirtschaft und die Übernahme des acquis communautaire. Damit wäre das Transformationsprogramm für eine Rückkehr nach Europa knapp umschrieben, wären Rechtsstaat und funktionsfähige Marktwirtschaft nicht abstrakte Gattungsbegriffe, die zahlreiche konkrete institutionelle Ausprägungen unter sich subsummieren können, und wäre der acquis communautaire nicht umgekehrt ein Wust konkreter Rechtsverordnungen und Richtlinien, von dem man sich fragen muß, ob ihn wirklich braucht, wer zur europäischen Familie gezählt werden möchte. Für die bedingte Konvergenz Westeuropas nach dem Zweiten Weltkrieg, das haben wir bereits festgestellt, ist die europäische Ordnung einer funktionsfähigen Marktwirtschaft von entscheidender Bedeutung gewesen. Ob eine andere weniger stark christlich-sozial und sozialdemokratisch geprägte Ordnung den gleichen Effekt gehabt oder gar zu noch besseren Resultaten geführt hätte, ist eine Fragestellung der kontrafaktuellen Historiographie. Für die Transformationsstaaten ist sie jedoch durchaus relevant: Wenn sie die neue Ordnung frei wählen könnten, warum sollten sie eine europäische Variante wählen und nicht eine transatlantische, warum Rückkehr nach Europa und nicht gleich Aufschließen zu den Vereinigten Staaten? Die Frage

---

[4] Diese Systemkonvergenz hat nur wenig mit der Konvergenzhypothese zu tun, die in den 60er Jahren en vogue war. Sie sah eine hochregulierte gemischte Wirtschaft als Zielzone voraus und nicht den völligen Zusammenbruch der planwirtschaftlichen Ordnung (vgl. Dallago, Brezinski und Andreff o.J. [1992]). Post festum läßt sich heute konstatieren, daß die theoretische Basis der Tinbergenschen (1961) Konvergenzthese, die Theorie der optimalen Ordnung und die Rationalitätsannahme, auch zur Erklärung der Transformation herangezogen werden kann. Nur war es nicht Tinbergen, sondern Mises und Hayek, die in einer Wettbewerbsordnung basierend auf Privateigentum und Privatrecht die optimale Ordnung sahen.

hat natürlich einen gewissen Beigeschmack von „Überholen ohne einzuholen". Vaclav Klaus' „Marktwirtschaft ohne Attribute" ist als ein solcher Versuch zu werten.

Die Basis der wettbewerbsfähigen Marktwirtschaft ist die Unternehmung, ein Wirtschaftssubjekt, das nur im Zusammentreffen von Produktionsfaktoren und Technik dem sozialistischen Betrieb gleicht, organisatorisch von diesem jedoch grundverschieden ist. Die autonome Unternehmung ist mit ihrem wirtschaftlichen Umfeld über Märkte verbunden, Produktmärkte und Faktormärkte und zwar Binnenmärkte und Außenmärkte, womit dem Preis die Rolle der zentralen Steuerinformation zufällt. Das relativ reibungslose (d.h. transaktionskosteneffiziente) und stabile Funktionieren der Marktbeziehungen setzt die Existenz einer Reihe von politischen, ökonomischen, sozialen und rechtlichen Institutionen voraus, in deren spezieller Ausprägung man den eigenen Charakter der europäischen Wirtschaftsordnung sehen kann, die zu bedingter Konvergenz geführt hat. Hier sind die Geld- und Währungsordnung im weitesten Sinne zu nennen, die Systeme der sozialen Sicherheit, das Vertrags- und Haftungsrecht, die (relative) Verläßlichkeit der Wirtschafts- und Finanzpolitik. Eine erschöpfende Aufzählung der wichtigsten Elemente ist kaum möglich, da, wie erwähnt, die wettbewerblichen Marktwirtschaften hochkomplex sind[5].

Erinnern wir uns, daß der sozialistische Betrieb nicht autonom war, was dem Grunderfordernis der orientalischen Despotie widersprochen hätte, daß Märkte nur in einem sehr beschränkten Umfang und rudimentären Zustand anzutreffen waren – vor allem der Kapitalmarkt, der Markt für Managementfähigkeiten und der Devisenmarkt, vom Schwarzmarkt abgesehen, fehlten völlig –, daß Preise in der Regel nicht auf den rudimentären Märkten gebildet wurden und nur sekundär neben den Verwaltungsanordnungen als Steuerinformation dienten, daß die politischen, ökonomischen, sozialen und rechtlichen Institutionen nicht annähernd die im Westen herausgebildete Vielfalt und Komplexität aufwiesen und damit

---

[5] Damit soll nicht unterstellt werden, daß alle diese Teilordnungen in den westlichen Marktwirtschaften in der Nähe eines Optimums operieren würden und daß dieses Optimum dem paläo-liberalen Ideal der staatsfreien Wirtschaft entspräche. Die Arbeitsmärkte sind alles andere als wettbewerblich organisiert. Die freie Konvertibilität des Kapitals ist für viele Länder erst jüngsten Datums. Deregulierung und Privatisierung machen deutlich, daß zahlreiche ökonomische Aktivitäten in den Bereich der staatlichen Intervention fielen. Die schwierige Frage nach der Rolle des Staates in der wettbewerblichen Marktwirtschaft wollen wir in diesem Zusammenhang gar nicht berühren (vgl. Stiglitz 1989), obwohl deutlich ist, daß auch in dieser Hinsicht in Westeuropa eine Konvergenz stattgefunden hat und weiter stattfindet, eine Konvergenz, die nicht ausschließlich Ergebnis europäischer Harmonisierungspolitik ist.

keinen effizienten politischen, ökonomischen, sozialen und rechtlichen Interessenausgleich sicherstellen konnte. Dann ist es klar, daß die Transformation, die Rückkehr nach Europa, eine gewaltige Aufgabe darstellt. Wir können analytisch unterscheiden:

– die reale oder Mikrotransformation, d.h. die Herausbildung eines Unternehmenssektors, die eine organisatorische, strukturelle und ökonomische Anpassung beinhaltet; darunter fällt auch der Bereich der Privatisierung staatlicher Betriebe;

– die Herausbildung aller relevanten Märkte, was erheblich mehr voraussetzt als allein Liberalisierung, d.h. die Aufhebung der rechtlichen Beschränkungen für wirtschaftliche Tätigkeiten (Gewerbefreiheit, Vertragsfreiheit z.B.) und die Freigabe der Preise (inklusive Konvertierbarkeit der Währung);

– Bildung von Institutionen – ein weites Feld, wie nach dem oben Gesagten deutlich sein sollte;

– Formulierung einer adäquaten Wirtschaftspolitik – Geld- und Fiskalpolitik, Arbeitsmarktpolitik, Sozialpolitik, Wettbewerbspolitik, um nur die wichtigsten zu nennen; diese Anforderungen sind nicht nur neu für die Regierungen der Transformationsländer, erschwerend kommt hinzu, daß gleichzeitig eine transitorische Transformationspolitik formuliert werden muß, d.h. eine Politik, die bewußt auf das Gelingen der Transformation gerichtet ist. So ist es durchaus denkbar, daß die Geldpolitik sich an den Maastricht-Kriterien orientieren möchte, dies aber nicht kann, weil die Umstrukturierung der Unternehmen noch nicht so weit fortgeschritten ist, daß diese einer restriktiven Geldpolitik ausgesetzt werden könnten. Das Resultat ist eine transitorische Inflation, wie wir sie in allen Transformationsländern antreffen.

Wie gesagt, das läßt sich analytisch unterscheiden. Eine wettbewerbsfähige Marktwirtschaft braucht diese Elemente gleichzeitig, da sie interdependent sind. Es wäre nun völlig falsch zu glauben, daß wir damit das Aufgabenfeld der Transformationspolitik beschrieben hätten. Viele der erforderlichen Anpassungsleistungen müssen individuell oder kollektiv außerhalb des Bereichs staatlicher Politik erbracht werden und erfordern häufig Zeit. So kann der Gesetzgeber eine Privatrechtsordnung aufstellen, gelebt wird sie erst, wenn die entsprechenden Einstellungen und Verhaltensweisen internalisiert sind (und damit ihre Transaktionskostenvorteile genutzt werden). Ein Arbeitsmarkt ist nicht schon dadurch konstituiert, daß Tarifautonomie gesetzlich festgeschrieben wird, sondern er setzt voraus, daß sich Akteurskonstellationen formieren, die innerhalb eines in der Tat durch den Gesetzgeber zu schaffenden Regulierungsrahmens vertragliche Vereinbarungen über Arbeitsbeziehungen treffen, so daß Angebot und Nachfrage nach Arbeit zu einem angemessenen Ausgleich kommen. Was den Regulierungsrahmen, die Arbeitsmarktordnung, betrifft, so gibt es deutliche Unterschiede zwischen den Vereinigten

Staaten und Europa, es gibt aber auch Unterschiede zwischen den europäischen Arbeitsmärkten. Institutionelle Konvergenz mag eine Begleiterscheinung der europäischen Integration sein, so daß Rückkehr nach Europa die Akzeptanz eines acquis communautaire im weiteren Sinne voraussetzt. Es ist aber eine Besonderheit der Europäischen Union, daß sie eine Vielfalt von nationalen Ordnungen und damit die Möglichkeit des Regulierungswettbewerbs zuläßt. Mit anderen Worten: Die Rückkehrer müssen ihren eigenen Weg finden. Der Spielraum für nationale Lösungen wird, was das einzelne Politikfeld betrifft, unterschiedlich groß sein – für Mitglieder der Wirtschafts- und Währungsunion gibt es keinen geldpolitischen Freiheitsgrad mehr. Die Rentensysteme in Europa kennen dagegen eine große Gestaltungsbreite.

2. Integrationsvoraussetzungen

Wann ist die Rückkehr vollzogen und wie weit sind die einzelnen Länder Mittel- und Osteuropas noch von diesem Punkt entfernt? Die einfachste Antwort auf die Fragen wäre der formelle Schritt der Aufnahme bzw. des Eintritts in die Europäische Union. Dieser Schritt wird nur dann vollzogen, wenn alle Mitglieder der Union ihm zustimmen. Das setzt wohl voraus, daß die Kopenhagener Bedingungen erfüllt sind. Es setzt aber auch voraus, daß viele Partikularinteressen geschützt oder befriedigt sind, die nichts, aber auch gar nichts mit der Rückkehr nach Europa der Länder Mittel- und Osteuropas zu tun haben. Umgekehrt kann man am Beispiel Ostdeutschlands zeigen, daß der rasche Beitritt zur Bundesrepublik keineswegs die Rückkehr von Deutschland nach Deutschland zu einem Abschluß gebracht hat – er war ein wichtiger Schritt: in beiden Teilen Deutschlands gilt die gleiche Rechts-, Wirtschafts- und Sozialordnung; im übrigen aber sind die Ostdeutschen noch unterwegs. Und Rückkehr nach Deutschland bedeutet so wenig wie Rückkehr nach Europa die völlige Angleichung von Verhalten und Verhältnissen, d.h. der Vollzug der Integration wirft die schwierige Frage auf nach der Relation zwischen kultureller Anpassung und Wahrung der eigenen Identität. Daß dies kein irrelevanter, außerökonomischer Gesichtspunkt ist, haben die Ausführungen zur bedingten Konvergenz gezeigt: Gesellschaften mit eigenen Vorstellungen, z.B. bezüglich der intertemporalen Präferenzen, werden eigenen Konvergenzklubs angehören.

Trotzdem wird Konvergenz als Indikator für Angleichung, von vielen sogar als Voraussetzung für die Mitgliedschaft in der Europäischen Union angesehen. Hier spielt zum einen das psychologische Moment mit, daß die Ärmeren nicht für voll genommen werden, nicht wirklich ein Mitspracherecht haben bzw. sich als Bürger zweiter Ordnung fühlen. Zum anderen spielt die ökonomische Angst eine Rolle, daß die Öffnung der Grenzen zu Ländern, in denen eigentlich „lateinamerikanische Verhältnisse" herrschen, eine Bedrohung für Wohlstand und Sicherheit Europas wäre. Nach Europa zurückkehren kann nur, wer diese „lateinamerikanischen Verhältnisse" hinter sich gelassen hat, wer „europäisch" ist, und der sicherste Indikator dafür ist ein bestimmtes Wohlstandsniveau. Aber welches? Die Schwelle der zur Zeit ärmsten Mitgliedsstaaten, Griechenland und Portugal? Der Durchschnitt der Union bzw. ein bestimmter Prozentsatz dieses Durchschnitts? Der nach dem erwähnten Entfernungsmodell errechnete Konvergenzerwartungswert? All das ist theoretisch äußerst unbefriedigend.

Ein drittes Kriterium ist der Vollzug der Transformation, der Umgestaltung der Rechts-, Wirtschafts- und Sozialordnung entsprechend den Standards fortschrittlicher Industriestaaten. Dieses Kriterium wird von den internationalen Organisationen – Weltbank, Währungsfonds, Europäische Bank für Wiederaufbau und Entwicklung – bevorzugt. Es kann nicht die Rückkehr nach Europa beschreiben; denn dafür fehlen Europa-spezifische Variable. Es beschreibt im besten Fall die Rückkehr in die „freie Welt" von Rechtsstaat und kapitalistischem Wettbewerb. Für die Länder Mittel- und Osteuropas sind alle drei Kriterien eng miteinander verbunden. Aufnahme in die Europäische Union erfolgt nur, wenn der Übergang von der Plan- zur Marktwirtschaft unumkehrbar vollzogen ist. Dieser Übergang ist nach den oben angestellten Überlegungen eine wesentliche Voraussetzung für Produktivitätskonvergenz. Umgekehrt setzt die Aufrechterhaltung der Transformationsanstrengungen die Überwindung der Übergangskrise und eine Verstetigung der Wohlfahrtsentwicklung voraus. Es macht also durchaus Sinn, die Hypothese zu prüfen, daß Transformation und Aufnahme der Konvergenztendenz eng mit der Rückkehr nach Europa als dem Beitritt zur Europäischen Union verbunden sind.

3. Transformationsfortschritte und die Herausbildung neuer Konvergenzklubs

Die folgende Tabelle soll die Beziehung zwischen Transformationserfolg und wirtschaftlicher Stabilisierung illustrieren. Alle Transformationsländer Mittel- und Osteuropas und der ehemaligen Sowjetunion haben eine Transformationskrise durchgemacht. Hier ist nicht der Ort, die Gründe für diese Krise zu diskutieren. Elemente einer Stabilisierungskrise kommen zusammen mit strukturellem Wandel. Wenn die erwähnte Hypothese der virtuellen Ökonomie zutrifft, war die Krise zum Teil auch virtuell; die Einstellung von Aktivitäten, die in einem Marktkontext nicht zur Wertschöpfung beitragen, erweckt im intertemporalen Vergleich mit zwei unterschiedlichen VGR-Systemen den Eindruck eines Wachstumseinbruchs. Die schwierige Frage, warum eine derartige Transformationskrise in China nicht aufgetreten ist, kann hier ebenfalls nicht behandelt werden. Die einfachste Antwort darauf wäre die, daß in China keine Transformation, sondern nur eine erfolgreiche Reform der sozialistischen Wirtschaft stattfindet.

Die geschätzte heutige Entwicklungslage der Transformationsländer im Vergleich zu 1989 kann nur als Indikator genommen werden. Die statistischen Probleme beim Übergang von einem System in ein anderes sind immens[6]. Nimmt man die Entwicklung in Polen oder Ostdeutschland als erwartungskonform an, d.h. eine kurze Transformationskrise, an die sich ein mehr oder minder kontinuierlicher Aufschwung anschließt – was man Anfang der 90er Jahre die J-Kurve des Wirtschaftswachstums in der Transformation nannte –, dann ist deutlich, daß viele Länder dieser Erwartung nicht entsprochen haben und von der Krise in die Stagnation oder Depression übergegangen sind. Das heißt, die heutige Entwicklungslage setzt sich aus der Tiefe der Krise in den ersten 2–3 Jahren der Transformation und der Entwicklung danach zusammen.

Der Fortschritt der Transformation wird von der Europäischen Bank für Wiederaufbau und Entwicklung/European Bank for Reconstruction and Development (EBRD) an Hand eines Systems von Indikatoren gemessen (1998), die, was das Wirtschaftssystem betrifft, auf der Unternehmensebene die Privatisierung, die Umstrukturierung und die Unternehmenskontrolle erfassen, auf der Ebene der Märkte die Liberalisierung der Preise und des Außenwirtschaftssystems und die Wettbewerbspolitik sowie auf der Ebene der Finanzinstitutionen die Bankenreform und die Entwicklung der Finanzmärkte. Was das Rechtssystem betrifft, so werden vor allem der Umfang und die Effektivität der rechtlichen Regelungen erfaßt, die sich auf das Unternehmens-, Konkurs- und Pfandrecht beziehen. Aus diesen einzelnen Bestandteilen einen aggregierten Transformationsindikator zusammenzustellen, ist ein willkürliches Unterfangen, da es keine theoretische Untermauerung für die Gewichtung, in unserem Fall den ungewichteten Durchschnitt der einzelnen Indikatoren, gibt. Deshalb bleibt der Indikator seiner Bezeichnung entsprechend indikativ.

Tabelle 3 macht deutlich, wo Transformationserfolge anzutreffen sind. Die fünf EU-Kandidaten der ersten Runde, Polen, Slowenien, Tschechien, Ungarn und Estland sind bei der Transformation ihrer Wirtschafts- und Rechtsordnung am weitesten fortgeschritten. Die Slowakei, Kroatien, Litauen, Lettland, Rumänien und Bulgarien folgen. Mazedonien, Armenien, Georgien und Moldawien waren in den abgelaufenen zehn Jahren politisch sehr turbulente Fälle und liegen deshalb

---

[6] Typischerweise und sehr zu Recht sieht das Statistische Bundesamt davon ab, einen solchen Vergleich für die neuen Bundesländer vorzunehmen, wodurch wir für diese für die Jahre 1990–91 ein statistisches schwarzes Loch haben. Es gibt keine offiziellen Angaben zur Tiefe der Transformationskrise in Ostdeutschland. Natürlich wissen wir genau über den erheblichen Rückgang der Beschäftigung Bescheid. Aber der erlaubt keine Rückschlüsse auf den Rückgang der marktfähigen Produktion.

Tabelle 3: Transformation und wirtschaftliches Wachstum
in Mittel- und Osteuropa

Land	BSP 1997 (1989 = 100)	Aggregierter Transformations- indikator	Durchschnitt- liches Wachstum 1994-98
Ungarn	90	3,8	2,9
Polen	112	3,7	6,1
Tschechien	98	3,6	2,7
Estland	73	3,4	4,5
Slowenien	99	3,3	4,1
Slowakei	95	3,2	6,0
Kroatien	76	3,1	5,9
Litauen	61	3,1	1,4
Rumänien	82	3,0	0,7
Bulgarien	63	3,0	-2,0
Lettland	56	3,0	2,7
Mazedonien	56	2,9	1,1
Moldawien	35	2,9	-8,6
Armenien	38	2,8	5,4
Georgien	32	2,8	4,3
Rußland	58	2,7	-4,9
Ukraine	37	2,4	-9,7
Albanien	80	2,5	5,9
Weißrußland	71	1,6	1,0

Quelle: EBRD (1998): 26, 42, 50.

trotz einiger Reformanstrengungen weit zurück. Den Schluß bilden Rußland, die Ukraine, Weißrußland und Albanien. In dieser Rangfolge spiegelt sich zum einen die anfangs erwähnte Trennung in ein lateinisches und ein orthodoxes Osteuropa wider. Zum anderen nimmt der Transformationserfolg auch deutlich mit der Entfernung von Kerneuropa ab. Beide Faktoren sind deshalb zur Erklärung des Erfolges heranzuziehen und das bedeutet: das historische Erbe wie die Erwartung an die Zukunft haben die Transformation beeinflußt.

Der erste Fall, der Einfluß der „lateinischen" Kultur, ist als eine Variation der Weber-Tawney Hypothese zu sehen, die eine Beziehung zwischen religiöser Kultur und wirtschaftlichem Verhalten unterstellt. Zu zeigen wäre in diesem Zusammenhang, daß die „orthodoxe" Kultur selbständigem wirtschaftlichen Leistungsstreben und abstrakter rechtsstaatlicher Regulierung weniger angepaßt ist als die „lateinische" Kultur. Die ausführlichste Untersuchung hierzu hat Müller-Armack (1959) vorgelegt. Er macht deutlich, daß das mystisch-gefühlhafte Kirchentum der Orthodoxie ohne feste Dogmatik die Staatskirche begünstigt hat. In einem Zentralstaat ohne wesentliche Zwischeninstanzen zwischen Zentralmacht und Volk fehlten eine Ausdifferenzierung der Macht und damit auch der Wettbewerb um die Macht zwischen Staat, Kirche, Adel und Bürgertum, wie sie für das europäische Mittelalter typisch waren. Paternalismus wird damit zur quasi-natürlichen Regierungs- und Koordinierungsform. Daraus leitet Müller-Armack auch das Fehlen einer aus eigenen Antrieben bewegten Unternehmensentwicklung ab. Das dies keine ethnischen Ursachen hat, machen die lateinischen Gesellschaften mit slawischer Bevölkerung deutlich. Indem wir in dieser Charakterisierung wesentliche Elemente der oben beschriebenen orientalischen Despotie wiedererkennen, wird einerseits deren „orientalischer" Charakter relativiert[7], andererseits werden

---

[7] Das hatte bereits Krader in dem oben angeführten Zitat getan. Auch Müller-Armack (1959, 368) hält von dem „Einbruch des Orientalischen" als Erklärung osteuropäischer Eigenentwicklungen wenig. Auf der anderen Seite macht er deutlich, daß durch das Fehlen ständischer Zwischenschichten zwischen Staat und Volk diesem ein besonderes Gewicht zufällt: Der byzantinische Staat war „Staat und Kirche in einem, hierarchische Ordnung und demokratisches Gemeinwesen zugleich" (358). Das finden wir ebenfalls in der leninistisch-stalinistischen Auffassung einer kommunistischen Gesellschaft. Damit wird die „orientalische Despotie" eigentlich in ihren beiden Teilen eine Fehlbezeichnung. Wir verwenden den Begriff hier deshalb als terminus technicus, der ein vormodernes, weder in Staat noch Wirtschaft ausdifferenziertes Gemeinwesen bezeichnet, in dem paternalistische Autokratie und nicht Wettbewerb politisches und wirtschaftliches Handeln bestimmt.

wir der Mühe enthoben zu untersuchen, inwieweit der Kommunismus das orthodoxe Erbe zu überlagern oder aufzuheben vermochte. Er hat es offensichtlich ganz im Hegelschen Sinne „aufgehoben". Für unser Problem folgt aus diesem Argumentationsstrang, daß die „lateinischen" Länder Mittel- und Osteuropas mit dem Staatssozialismus ein ihnen fremdes System ablegen konnten, während für die „orthodoxen" Transformationsstaaten die Barrieren zur „Europäisierung" erheblich höher sind.

Inwieweit die räumliche Distanz zu Kerneuropa einen eigenen Erklärungsfaktor abgeben kann, ist bei der engen Verquickung von Geographie und Geschichte in diesem Raum schwer zu entscheiden. Schon Müller-Armack (1959, 369) hatte unterstellt, daß die Entlegenheit zu Europa nicht Ursache, sondern Folge der geschichtlichen Eigenheit sei. Die räumliche Distanz hat einen aus der Vergangenheit wirkenden und einen aus der Zukunft wirkenden Einfluß. Es wurde oben bereits erwähnt, daß die Länder, die unmittelbar an Kerneuropa grenzen, eine lange Tradition unternehmerischen Wirtschaftens und demokratischer Rechtsstaatlichkeit besitzen. Das erleichtert natürlich die Wiedereinführung derartiger Ordnungselemente. Zum anderen haben diese Länder unmittelbar nach der Wende die Mitgliedschaft in der Europäischen Union als mittelfristiges Ziel ihrer Politik erklärt, was in der Bevölkerung auf eine große Resonanz gestoßen ist. Damit war die Richtung der Transformation, der acquis communautaire im weiteren Sinne, eine Wirtschafts- und Rechtsordnung europäischen Zuschnitts, ebenso vorgegeben wie das erforderliche Tempo. Auch nach dem sogenannten honeymoon, der Periode der außerordentlichen Politik, konnten die Regierungen mit einer hohen Akzeptanz gegenüber Transformationsmaßnahmen rechnen, die zur Vorbereitung auf den EU-Beitritt dienten. Umgekehrt sind die drei Transformationsschlußlichter, die drei „russischen" Staaten, historisch-geographisch in mehrfacher Hinsicht benachteiligt. Als Zentren der Orthodoxie, fern von Brüssel, sind es die Länder, wo das Sowjetmodell der Wirtschaftsordnung entwickelt wurde, das zur Entfremdung von Europa geführt hatte. Damit war es dort nicht möglich, dieses Modell als Produkt einer Fremdherrschaft abzuschütteln. Weder Rückkehr nach Europa noch nationale Selbstbestimmung konnten als Argumente mobilisiert werden. Dies hat vor allem den Staat als zentralen Transformationsakteur getroffen. Denn erfolgreiche Transformation in eine wettbewerbliche Marktwirtschaft und einen Rechtsstaat setzt einen starken Staat in dem Sinne voraus, daß er nicht käuflich ist und seine Administration mehr oder minder effektiv arbeitet. Einen solchen Staat gibt es in den „russischen" Ländern noch nicht.

Tabelle 3 zeigt, daß das geschätzte Wiedererreichen des Vorwende-Niveaus mit dem Transformationserfolg korreliert, während das Wachstum der letzten 5 Jahre mit diesem Indikator eher unverbunden ist. Depressionsstand und

Wachstum in den letzten 5 Jahren sind wiederum korreliert.[8] Letzteres scheint selbstverständlich: Wo kein Wachstum stattfindet, kann ein Rückstand nicht aufgeholt werden – die Ausreißer, Armenien und Georgien, erklären sich durch Naturkatastrophen (Erdbeben) und Sozialkatastrophen (Bürgerkrieg) in der Anfangsphase der Transformation. Der Transformationserfolg spielt offensichtlich eine wichtige Rolle für die Tiefe der Transformationskrise: Eine rasche Transformation hat den Verfall der wirtschaftlichen Aktivität frühzeitig gestoppt und die Wiederaufnahme sich selbst tragenden Wachstums beschleunigt. Es sind dann auch die in jeder Beziehung relativ hoch rangierenden Länder Polen, Ungarn, Tschechien, Slowenien und Estland, mit denen die Europäische Union in erster Runde Beitrittsverhandlungen führt. Vor allem die Slowakei und Kroatien könnten sich beschweren, warum sie nicht, Estland z.B. aber wohl, zu dieser ersten Runde zählen. Ihr vergleichsweise schlechteres Transformationsranking ist vor allem einer langsameren Umgestaltung im finanziellen Sektor zuzuschreiben. Eine zweite Verhandlungsrunde könnte diese beiden Länder umfassen, während in einer dritten dann Rumänien, Litauen und Lettland an der Reihe wären.[9] Dies alles hat auch wieder mit der geographischen und historischen Entfernung von Europa zu tun; wer dichter beim Zentrum liegt, gelangt auch schneller dorthin zurück. Erklärungen dafür scheinen auf der Hand zu liegen: Es ist für Tschechen, Ungarn, Polen einfach leichter, einen westlichen Rechtsstaat, eine marktwirtschaftliche Wirtschaftsordnung, einen relativ stabilen Verwaltungsapparat aufzubauen – sie hatten damit bereits Erfahrungen.

4. Transformationserfolg und ausländische Direktinvestitionen

Was die Herausbildung neuer Konvergenzklubs konkret bedeutet, kann man sehr gut an den Einschätzungen ausländischer Unternehmer ablesen, die in Osteuropa

---

[8] Eine lineare Regression ergibt für x – BSP 1997 (1989=100), y – aggregierter Transformationsindikator und z – durchschnittliches Wachstum 1994–98 die folgenden Schätzgleichungen:

1. $x=24{,}68y-4{,}7$; wobei der y-Parameter signifikant von 0 verschieden ist und $R^2=0{,}27$ beträgt,
2. $z=3{,}34y-8{,}4$; wobei der y-Parameter nicht signifikant von 0 verschieden ist und $R^2=0{,}13$ beträgt und
3. $z=0{,}11x-5{,}9$; wobei der x-Parameter signifikant von 0 verschieden ist und $R^2=0{,}29$ beträgt.

[9] In Brüssel wird bekanntlich etwas anders gerechnet: Kroatien gehört noch nicht zur Gruppe der anerkannten Beitrittsbewerber mit einem Assoziationsabkommen. Demgegenüber haben die fünf Assoziationsländer Lettland, Litauen, Rumänien, Bulgarien und die Slowakei zu den fünf Ländern der ersten Verhandlungsrunde aufgeschlossen.

direkt investieren. Hierfür sind sowohl die schiere Summe des investierten Kapitals ein Indikator wie auch die Motive, die für oder gegen bestimmte Engagements sprechen. Diese sind bei deutschen Unternehmern untersucht worden, die in Osteuropa Direktinvestitionen vorgenommen haben (Beyfuß 1996, vgl. auch Stankovsky 1999). Nach den Standortnachteilen befragt konnten sie mit „zutreffend" oder „nicht zutreffend" antworten. Die Differenz der Anteile zeigt die Bedeutung der Nachteile an: +100% einen einhellig festgestellten Nachteil, −100% einen nicht wahrgenommenen. Diese Differenz ist für Osteuropa generell erhoben worden und gesondert für Tschechien. Der Unterschied verdeutlicht den Transformationserfolg der Tschechischen Republik oder genauer gesagt die Angleichung an westeuropäische Verhältnisse. Denn in mancher Hinsicht waren keine sonderlichen Transformationsanstrengungen erforderlich, entsprechende Verhaltensweisen und Leistungen waren in Tschechien selbstverständlich, oder man konnte ohne größere Probleme an Traditionen anknüpfen. Der Unterschied ist gewaltig bei Faktoren, die die staatliche Tätigkeit betreffen:

	Osteuropa	Tschechien
Rechtsunsicherheit	+37,0	−17,2
Planwirtschaftliche Relikte	+21,2	−35,8
Schlechte wirtschaftliche Rahmenbedingungen	+20,2	−57,2
Nichteinhaltung staatlicher Zusagen	−42,4	−92,8

Er ist auch groß was die Wirtschaftskultur betrifft:

Korruption	−19,8	−72,4
Organisierte Kriminalität	−36,4	−85,8

Interessanterweise wirkt sich der Unterschied bei einigen Faktoren zuungunsten der Tschechischen Republik aus:

Schlecht ausgebildete Arbeitskräfte	−43,6	−38,0
Unzuverlässigkeit der Mitarbeiter	−54,6	−48,2
Geringe Leistungsbereitschaft	−60,2	−42,8
Zu lange Fristen bei Baugenehmigungen	−56,4	−40,8
Umweltauflagen	−74,8	−65,6

Hier spielen zweifellos die Erwartungen der Befragten eine Rolle. Es ist kaum anzunehmen, daß die Mitarbeiter in Tschechien unzuverlässiger oder schlechter ausgebildet sind als z.B. in Rumänien. Nur erwartet ein Investor, der nach Tschechien kommt, dort auf mehr oder minder westliche Standards zu treffen, d.h. er hat die Rückkehr nach Europa antizipiert. Frye und Shleifer (1997) haben, um ein anderes Beispiel anzuführen, Warschauer und Moskauer Geschäftsinhaber befragt, was sie von Staat, Kommunalverwaltung und Gerichten halten und inwieweit sie auf private Konfliktregelungsmechanismen zurückgreifen müssen. Das Ergebnis entspricht voll den Erwartungen: Der Moskauer „Staat" ist keineswegs abwesend, er ist im Gegenteil repressiv und dient der Bereicherung der Bürokraten. Der Warschauer „Staat" ist effizienter, weniger interventionistisch, stärker marktkonform.

Transformation und Wachstum sind in erster Linie Eigenleistungen der betroffenen Länder. Allerdings kann das Ausland dabei eine nicht unbedeutende Rolle spielen. Dieser Einfluß ist zum einen materieller Natur: Ausländische Direktinvestitionen, die nicht nur Finanzmittel, sondern auch know-how ins Land bringen; Auslandskredite, wobei die internationen Organisationen – Weltbank, Währungsfonds und EBRD – nicht unerheblich beteiligt sind. Er ist aber auch nichtmaterieller Natur: Nicht nur die Kredite der internationalen Organisationen, auch die generelle Kreditwürdigkeit sind an Transformationsleistungen gebunden. Daß der Wunsch, Mitglied der Europäischen Union zu werden, als ein „Transformationsanker" dienen kann, haben wir bereits gesehen. Diese engagiert sich besonders in den potentiellen Beitrittsländern mit technischer und materieller Hilfe beim Aufbau unionskonformer Institutionen. Damit erhalten wir auch hier ein West-Ost Gefälle, das durch die ausländischen Direktinvestitionen noch verstärkt wird. Tabelle 4 zeigt diese für die Länder Osteuropas.

Ausländische Direktinvestitionen kann man unterschiedlich abgrenzen, z.B. inklusive oder exklusive der reinvestierten Gewinne. Sie werden in den einzelnen Ländern auch unterschiedlich erfaßt. Deshalb unterscheiden sich die Angaben je nach der Quelle, auf die man zurückgreift. Ein Vergleich über die pro Kopf-Zahlen liegt nahe, auch wenn kleine Länder wie Estland dabei möglicherweise besser abschneiden als große wie Polen, da sich umfangreichere Einzelinvestitionen, z.B. der Kauf des Telekommunikationsunternehmens, stärker in der pro Kopf-Zahl niederschlägt. Trotzdem ist die Aussage von Tabelle 4 klar: Die Beitrittskandidaten der ersten Runde ziehen die meisten Auslandsinvestitionen an. Mit sinkendem Transformationserfolg nimmt auch die Attraktivität für Auslandsaktivitäten rapide ab[10]. Die Beziehung ist statistisch relativ eng. Man kann nun einwenden, daß die ausländischen Direktinvestitionen und der EBRD-Indikator nicht unabhängig voneinander die Transformationserfolge anzeigen. Ausländische Investoren werden bei ihren Entscheidungen die Informationen der EBRD berücksichtigen, und umgekehrt werden die Einschätzungen der ausländischen Investoren die EBRD beeinflußen. Das mag bis zu einem gewissen Grad richtig

---

[10] Eine lineare Regression y=mx+b mit y – kumulierte Direktinvestitionen pro Kopf entsprechend den EBRD Daten in Tab. 4 und x – aggregierter Transformationsindikator aus Tab. 3 ergibt y=544,04x−1287, wobei die beiden Parameter hoch signifikant sind und R^2=0,46 beträgt.

Tabelle 4: Ausländische Direktinvestitionen in Osteuropa,
kumuliert von 1989–97, in US Dollar pro Kopf

Land	Schätzung EBRD	Schätzung WIIW[a]
Ungarn	1 667	1 736
Polen	321	458
Tschechien	823	656
Estland	695	788
Slowenien	639	1 200
Slowakei	227	281
Kroatien	297	-
Litauen	344	173
Rumänien	149	151
Bulgarien	147	151
Lettland	543	514
Mazedonien	59	-
Moldawien	80	-
Armenien	72	-
Georgien	95	-
Rußland	63	-
Ukraine	53	-
Albanien	148	-
Weißrußland	34	-

[a] Wiener Institut für internationale Wirtschaftsvergleiche
Quelle: EBRD 1998, 81; Stankovsky 1999, 133.

sein. Doch wird die Informationsgewinnung beider Evaluatoren in der Regel weitgehend unabhängig voneinander sein: sehr unternehmensspezifisch bei den Direktinvestoren, eher global bei der EBRD. Anders als ihr Verhältnis zum Transformationserfolg haben die ausländischen Direktinvestitionen keinen sichtbaren Einfluß auf das Wirtschaftswachstum der letzten fünf Jahre.

Die Raten des Wachstums in den letzten fünf Jahren liegen bei einer großen Gruppe von Transformationsländern über dem EU-Durchschnitt. Eine Konvergenztendenz ist also bei ihnen in Gang gesetzt. Polen, Slowenien und Estland sind dazu zu rechnen. In Tschechien und Ungarn scheint dies allerdings bislang nicht der Fall zu sein. Man kann nun auf Grundlage der bedingten Konvergenzhypothese in der modernen Wachstumstheorie errechnen, wie viel Jahre die einzelnen Länder Mittel- und Osteuropas benötigen würden, um auf das Niveau der am wenigsten entwickelten EU-Länder, Spanien, Portugal und Griechenland, zu kommen oder auf den EU-Durchschnitt. Das haben unter anderen Fisher, Sahay und Végh (1998) sowie Sachs und Warner (1996) getan (vgl. auch Breuss 1999). Da die wie auch immer errechneten potentiellen Wachstumsraten sich wenig voneinander unterscheiden, kommen diese Studien zu dem kaum überraschenden Ergebnis, daß die Konvergenz in jenen Ländern am raschesten zum Erfolg führt, die das höchste Ausgangsniveau im Vergleich zur Europäischen Union haben. Tab. 1 hat bereits gezeigt, daß dieses Ausgangsniveau sehr unterschiedlich geschätzt wird. Abgesehen davon hat u.a. die tschechische Krise von 1997–98 gezeigt, daß die Wachstumsraten in Mittel- und Osteuropa starken Schwankungen ausgesetzt sein können. Das heißt, die errechneten Konvergenzperioden können sich sehr schnell verändern. Wenn die Europäische Union den Beitritt von Ländern Mittel- und Osteuropas von ihren Konvergenzchancen abhängig machen wollte, dann wäre es am einfachsten, sich am heutigen Niveau des Bruttosozialprodukts pro Kopf zu orientieren. Wiederum hätte vor allem die Slowakei Grund zu fragen, warum sie nicht in die erste Verhandlungsrunde aufgenommen worden ist. Die Antwort aus Brüssel würde nicht auf sich warten lassen: Es sind die politische und die rechtliche Konvergenz, die zu wünschen übrig lassen.

5. Transformationszyklen

Hinter den aggregierten Transformationsindikatoren verbergen sich Details, die nur in einer länderspezifischen Analyse zutage gefördert werden können. Und selbst dann kann es schwierig sein, transformationsbedingte Effekte von der aktuellen Wirtschaftspolitik zu trennen. Die Europäische Union hat in ihrem avis der Tschechischen Republik einen hohen Grad der Beitrittsreife bestätigt. Nach Ansicht der Kommission ist die Transformation in diesem Land im wesentlichen abgeschlossen. Die tschechische Währungs- und Wirtschaftskrise 1997–98 wirft nun die Frage auf, inwieweit diese Auffassung berechtigt ist. Währungskrisen sind in

Marktwirtschaften zwar nicht an der Tagesordnung, treten aber immer wieder auf. Man erinnere sich nur an die Krise des Pfund und der Lira 1992. Hier hatte die Wirtschaftspolitik auf fundamentale Divergenzen nicht rechtzeitig reagiert. Die Erklärung der tschechischen Krise wird dagegen in verschleppten Transformationsproblemen gesucht (vgl. Pöschl et al. 1999; Heinrich 1999). Die hohe Einschätzung der tschechischen Transformationsleistung war unter anderem auf die Kombination von rascher Privatisierung, niedriger Arbeitslosigkeit und niedriger Inflation zurückzuführen. Da das Wirtschaftswachstum jedoch nicht ungewöhnlich hoch war (s. auch Tab. 3), konnten die Produktivitätsgewinne und damit die Umstrukturierung nicht sonderlich erfolgreich gewesen sein. So stellten sich Fragen nach der Effektivität der Unternehmenskontrolle als Folge der Privatisierung.

Die Virulenz dieses Komplexes trat mit der Krise von 1997–98 ans Tageslicht. Die tschechische Privatisierung war erfolgreich, auch wenn die Entstaatlichung z.B. im Bankensektor nicht abgeschlossen ist (vgl. hierzu Schütte 2000). Mit ihrem wichtigsten Element, der Massenprivatisierung, war sie ohne historisches Vorbild, dabei aber so offen gestaltet, daß sie geradezu als Musterimplementierung des Coase-Theorems gelten konnte: Es durfte erwartet werden, daß das Produktivvermögen rasch in die Hände des jeweils besten Wirtes gelangen würde. Hieran sind nun Zweifel aufgekommen. Das Produktivvermögen gelangte bevorzugt in die Hände von Investmentgesellschaften, die wiederum von Banken und anderen Finanzintermediären kontrolliert werden, welche ihrerseits noch unter starkem staatlichen Einfluß stehen. Die Regierung hat ein Interesse an niedriger Arbeitslosigkeit. Die Banken als letztendliche Eigentümer können bei Gewährung weicher Budgetbeschränkungen Kredite auch dort vergeben, wo sie wirtschaftlich nicht gerechtfertigt sind. Die Folgen sind eine niedrige Konkursrate, eine niedrige Arbeitslosigkeit, aber auch eine niedrige Rate der Umstrukturierung und ein hoher Verschuldungsgrad der produzierenden Betriebe dem ein großer Bestand schlechter Forderungen auf Seiten der Banken gegenübersteht. So etwas kann nicht lange gut gehen, zumal wenn eine Finanzierung über Inflation vermieden wird.

Dieses Beispiel zeigt, daß die Transformation einer Planwirtschaft in eine Wettbewerbswirtschaft ein langwieriger und schwieriger Prozeß ist. Im Kontext unseres Themas haben wir hier ein Beispiel für den Versuch, nicht nach Europa zurückzukehren, sondern sich, was Eigentumsrechte und Unternehmenskontrolle betrifft, am anglo-amerikanischen Modell der Marktkontrolle zu orientieren. Dieser Versuch ist nicht geglückt, und was herauskam, war eine Variante des kontinentaleuropäischen Modells der netzwerkorientierten Unternehmenskontrolle (vgl. Wagener 1997; Moerland 2000). Im Laufe der Massenprivatisierung ist den Finanzintermediären, insbesondere den Banken, eine Rolle zugefallen, die für sie zu Beginn nicht vorgesehen war. Man könnte nun anmerken, daß eine vergleichbare Wirtschaftspolitik, d.h. Stabilisierung bestehender Strukturen über staatlich kontrollierte oder beeinflußte Banken, auch in der Wirtschaftswunderphase Italiens nach dem Zweiten Weltkrieg anzutreffen war. Das war längerfristig nur auf Kosten der Geldwertstabilität möglich – aber es war möglich und, wie wir sahen, keineswegs erfolglos. Erwähnenswert am tschechischen Fall ist der Umstand, daß sich die europäische Variante der Unternehmenskontrolle quasi spontan durchgesetzt hat.

IV. Schluß: Alte und neue Demokratien

Rückkehr nach Europa ist eine Metapher, die den augenblicklichen Entwicklungsprozeß vor allem der Länder des östlichen Mitteleuropas beschreibt. Für Osteuropa und den Balkan ist sie sehr viel weniger zutreffend. Diese Länder mögen sich auf dem Weg nach Europa befinden, aber ihre geographische und historische Distanz erlauben es kaum, von Rückkehr zu sprechen. Die Länder jedoch, die heute vor der Tür der Europäischen Union stehen, haben diese Rückkehr vollzogen. Es macht wenig Sinn, über die Probleme zu rechten, die der Transformationsprozeß auch in Zukunft noch mit sich bringen wird, wie das tschechische Beispiel gezeigt hat. Die Rückkehr kann als vollzogen angesehen werden, wenn man den point of no return hinter sich gelassen hat. So bürgert es sich mehr und mehr ein, im Falle Ost-Mitteleuropas nicht mehr von Transformationsländern, sondern von emerging markets zu sprechen, was ihrer wirtschaftlichen Situation besser entspricht. Denn das Problem der Stabilisierung institutioneller Reformen haben sie mit Ländern in Ostasien und Lateinamerika gemein.

Sie haben diesen aber auch etwas voraus, und das ist ihre europäische Tradition. In der politischen Ökonomie der Reform gilt es als ausgemacht, daß neue Demokratien besondere Probleme bei der Durchführung und Stabilisierung von Reformen haben (vgl. Bönker 2000). Mit Blick auf die meisten Transformationsländer in Osteuropa wird man diese Behauptung kaum in Zweifel ziehen wollen. Sie kann möglicherweise auch zum Teil die reibungslosere Durchführung der Reformen in China erklären: Eine temporäre Destabilisierung der politischen Verhältnisse durch die Demokratisierung macht konsequente Reformen geradezu unmöglich. Die Länder Ost-Mitteleuropas, vor allem die EU-Beitrittskandidaten der ersten Runde, haben ihren Transformationsprozeß konsequent vollzogen und dabei einschneidende, zum Teil auch schmerzliche Reformen durchgeführt, vor allem im Bereich der Haushaltspolitik oder des Alterssicherungssystems. Die Erklärung für diese erstaunliche Reformakzeptanz wird häufig in einem Legat der vorkommunistischen Periode gesucht, der mangelhaften Ausdifferenzierung und Organsiertheit der individuellen Interessen: Die Regierungen stoßen auch bei harten Maßnahmen kaum auf Widerstand (s. z.B. Greskovits 1998). Das würde jedoch auf alle post-kommunistischen Transformationsländer zutreffen. Im Hinblick auf die Länder in Ost-Mitteleuropa könnte man sogar die Frage stellen, ob sie überhaupt der Gruppe der neuen Demokratien zuzurechnen sind, und feststellen, daß gerade ihre demokratischen Traditionen ihnen bei der Rückkehr nach Europa geholfen haben.

Literaturverzeichnis

Barro, Robert J., und Xavier Sala-i-Martin, 1992, Convergence, Journal of Political Economy 100: 223–51.

Bergson, Abram, 1971, Comparative Productivity and Efficiency in the Soviet Union and the United States, in: Alexander Eckstein (Hrsg.) Comparison of Economic Systems Berkely (University of California Press): 161–218 und 233–40.

Beyfuß, J., 1996, Erfahrungen deutscher Auslandsinvestoren in Reformländern Mittel- und Osteuropas Beiträge zur Wirtschafts- und Sozialpolitik Nr. 232, Köln (Institut der deutschen Wirtschaft).

Bönker, Frank, 2000, The Political Economy of Fiscal Reform in Eastern Europe: A Comparative Analysis of Hungary, Poland and the Czech Republic, Cheltenham (Elgar).

Breuss, Fritz, 1999, Reifegrad der mittel- und osteuropäischen EU-Beitrittswerber, Wien (Österreichisches Institut für Wirtschaftsforschung).

Dallago, Bruno; Horst Brezinski und Wladimir Andreff (Hrsg.), o.J. [1992], Convergence and System Change. The Convergence Hypothesis in the Light of Transition in Eastern Europe, Aldershot (Dartmouth).

EBRD, 1998, Transition report 1998, London.

Fischer, Bernhard und Thomas Straubhaar (Hrsg.), 1998, Ökonomische Konvergenz in Theorie und Praxis, Baden-Baden (Nomos).

Fischer, Stanley; Ratna Sahay, and Carlos A. Végh, 1998, How Far Is Eastern Europe from Brussels? IMF Working Paper, Washington (IMF).

Frye, Timothy. and Andrei Shleifer, 1997, The invisible hand and the grabbing hand, American Economic Review, Papers and Proceedings, 87: 354–8.

Gaddy, Clifford G. und Barry W. Ickes, 1998, Russia's Virtual Economy Foreign Affairs 77 No. 5: 53–67.

Greskovits, Béla, 1998, The Political Economy of Protest and Patience. East European and Latin American Transformations Compared, Budapest (Central European University Press).

Heinrich, Ralph, 1999, Corporate Governance: A Systemic Approach with an Application to Eastern Europe, in: Eckehard F. Rosenbaum, Frank Bönker und Hans-Jürgen Wagener (eds.) Privatization, Corporate Control and the Emergence of Markets, London (Macmillan): 83–97.

Krader, Lawrence, 1975, The Asiatic Mode of Production, Assen (Van Gorcum).

Kosta, Jiri, Helmut Kramer und Jiri Sláma, 1971, Der technologische Fortschritt in Österreich und in der Tschechoslowakei, Wien (Springer).

Maddison, Angus, 1995, Monitoring the World Economy 1820–1992, Paris (OECD).

Moerland, Pieter W., 2000, Changing Models of Corporate Governance in OECD Countries, in: Eckehard F. Rosenbaum, Frank Bönker und Hans-Jürgen Wagener (eds.) Privatization, Corporate Control and the Emergence of Markets, London (Macmillan): 69–82.

Müller-Armack, Alfred, 1945/1959, Zur Religionssoziologie des europäischen Ostens Weltwirtschaftliches Archiv 61 (1945); wieder abgedruckt in: ders. Religion und Wirtschaft, Stuttgart (Kohlhammer) 1959: 328–70.

Pöschl, Joseph, et al., 1999, Transition Countries in 1998/99: Widespread Economic Slowdown with Escalating Structural Problems Forschungsberichte No. 253, Wien (Wiener Institut für internationale Wirtschaftsvergleiche).

Ritschl, Albrecht O., 1994, An Exercise in Futility: East German Economic Growth and Decline, 1949–89, CEPR Discussion Paper No. 984, London (CEPR).

Sachs, Jeffrey D. und A. M. Warner, 1996, Achieving Rapid Growth in the Transition Economies of Central Europe Development Discussion Paper No. 544, Cambridge Mass. (Harvard Institute for International Development).

Schütte, Clemens, 2000, Privatization and Corporate Control in the Czech Republic, Aldershot (Elgar).

Sell, Friedrich L., 1998, Wirtschaftliche Konvergenz in der Wirtschaftstheoretischen Diskussion, in: B. Fischer und Th. Straubhaar (Hrsg.), op.cit.: 33–48.

Stankovsky, Jan, 1999, Direktinvestitionen in den MOEL: Standortattraktivität für ausländische Investoren, in: F. Breuss, a.a.O., 119–64.

Stiglitz, Joseph E., et al., 1989, The Economic Role of the State (A. Heertje ed.), Amsterdam (Bank Insinger de Beaufort).

Tinbergen, Jan, 1961, Do Communist and Free Economies Show a Converging Pattern? Soviet Studies 12: 333–41.

Wagener, Hans-Jürgen, 1996, Zur Innovationsschwäche der DDR-Wirtschaft, in: Johannes Bär und Dietmar Petzina (Hrsg.), Innovationsverhalten und Entscheidungsstrukturen, Berlin (Duncker&Humblot): 21–48.

Wagener, Hans-Jürgen, 1997, Privateigentum und Unternehmenskontrolle in Transformationswirtschaften, in: Dieter Cassel (Hrsg.) Institutionelle Probleme der Systemtransformation Schriften des Vereins für Socialpolitik Bd. 254, Berlin (Duncker&Humblot): 165–88.

Wagener, Hans-Jürgen (Hrsg.), 1998, Economic Thought in Communist and Post-Communist Europe, London (Routledge).

Wittfogel, Karl August, 1963, Oriental Despotism, New Haven (Yale U.P.).

Zernack, Klaus, 1977, Osteuropa. Eine Einführung in seine Geschichte, München (Beck).

Schlesien auf dem Weg in die Europäische Union
Hrsg. von Lüder Gerken und Joachim Starbatty
Lucius & Lucius, Stuttgart, 2001

Regionalisierung der Verwaltung und Strukturförderung in Polen

Ulrich Ernst, Hamburg

Anknüpfen möchte ich an die Ausführungen von Lüder Gerken zum Regierungs-wettbewerb. Dieser betrifft nicht nur die nationalen Regierungen. Vielmehr kann er auch zwischen den Regionen eines Staates und im Verhältnis zu ausländischen Regionen auftreten, z.B. als Wettbewerb um die Ansiedlung eines großen Unter-nehmens mit dem Ziel der Schaffung von Arbeitsplätzen. Zunächst müssen dazu jedoch die institutionellen Rahmenbedingungen vorliegen. Deren Schaffung ist ein Teil der Transformation einer Zentralverwaltungswirtschaft in eine freiheitliche Wirtschaftsordnung. Dies möchte ich anhand der Entwicklung in Polen illustrieren.

I. Die Verwaltungsreform von 1998

Eines der Hauptziele der seit 1997 regierenden Koalitionsregierung war die De-zentralisierung. Ausgangslage war ein Staatsaufbau, in dem seit 1990 eine allgemein als erfolgreich angesehene Selbstverwaltung bestand, jedoch nur auf Gemeinde-ebene. Auf suprakommunaler Ebene fehlten selbstständig legitimierte Verwaltungs-träger; die 49 Wojewodschaftsverwaltungen (damals vergleichbar den deutschen Regierungsbezirken) waren den von der Zentralregierung eingesetzten Wojewo-den unterstellt. Daneben gab es zahlreiche Sonderverwaltungen, deren Bezirke einen anderen Zuschnitt hatten als die Wojewodschaften und Gemeinden. Durch die Reformgesetze wurde der zweistufige allgemeine Verwaltungsaufbau durch einen dreistufigen ersetzt, indem zwischen der Gemeinde und der regionalen Ebene die Kreise (wieder-)eingeführt wurden. Weiterhin wurde ein Großteil der Sonder-verwaltungen den nun bestehenden drei Verwaltungsstufen Gemeinde, Kreis und Region (=Wojewodschaft) zugeordnet.

II. Die neue Wojewodschaftsorganisation

Durch die Abgabe bestimmter Aufgaben der Leistungsverwaltung wollte sich die Zentralregierung ihrem Auftrag, wesentliche Bereiche des öffentlichen Lebens zu steuern, entledigen. Man hoffte, sich dadurch besser auf die eigentliche Regierungstätigkeit konzentrieren zu können. Neue Hauptaufgabe auf Wojewodschaftsebene sollte die autonome Formulierung regionaler Entwicklungsstrategien und ihre Umsetzung durch Infrastrukturinvestitionen und Förderprogramme sein. Damit sollte statt vieler sektoraler Planungen nun auch eine regional bezogene Wirtschaftspolitik ermöglicht werden. Die bisherigen Wojewodschaften erschienen dafür ungeeignet, da sie von sehr unterschiedlicher Größe (von einigen hunderttausend – bis zu mehreren Millionen Einwohnern) und wirtschaftlicher Leistungsfähigkeit waren. Außerdem fehlte den Verwaltungen das demokratische Mandat, um die Interessen der regionalen Bevölkerung gegenüber der Zentralregierung zu artikulieren, da sie selbst nur deren verlängerter Arm waren.

Verfassungsgebot war jedoch, daß der Staat seinen unitarischen Charakter behalten und es keine gegenseitigen Aufsichtsbefugnisse der drei Selbstverwaltungsebenen geben sollte. Damit zeichneten sich folgende Leitlinien des neuen Ordnungsrahmens ab:

1. Die Durchführung einer Gebietsreform und die Schaffung weniger, großer Wojewodschaften (nach dem Regierungsentwurf 12),
2. die Errichtung einer (regionalen) Wojewodschaftsselbstverwaltung mit direkt gewählter parlamentarischer Versammlung, der gegenüber sich die Regionalregierung mit dem Marschall an der Spitze verantworten muß, und schließlich
3. die Beibehaltung einer der Zentralregierung unterstellten Verwaltungsstruktur durch das Wojewodschaftsamt unter Leitung des von der Regierung eingesetzten Wojewoden, dem die Rechtsaufsicht über die Selbstverwaltungskörperschaften sowie ein bedeutender Teil der Eingriffsverwaltung obliegt.

Kennzeichen der neuen Wojewodschaftsstruktur ist danach die Verwaltung durch zwei voneinander getrennte Einrichtungen: Der Regierungsverwaltung in der Wojewodschaft (mit dem Wojewodschaftsamt) und der Selbstverwaltung (mit dem Marschallsamt).

III. Die Wojewodschaftsselbstverwaltung

Die Umsetzung der Reform 1998 oblag im polnischen Einheitsstaat dem nationalen Gesetzgeber. Zunächst mußte die Zahl der neuen Regionen bestimmt werden. Im Ergebnis eines wochenlangen politischen Kräftemessens, in das sich auch der Präsident mit seinem Veto einschaltete, einigte sich die parlamentarische Koalition mit der Opposition auf den Kompromißvorschlag, 16 Wojewodschaften zu bilden. Im Ergebnis sind sie jetzt von der Einwohnerzahl her vergleichbar mit der Mehrzahl der deutschen Bundesländer. Außerdem waren die Zuständigkeitsbestimmungen in quasi jedem verwaltungsrechtlichen Gesetz zu ändern. Weiterhin mußte die Eigentumsübertragung an die neuen Gebietskörperschaften geregelt und vollzogen werden.

Die Handlungsgrundlage für die neuen Regionalbehörden ist das „Gesetz über die Wojewodschaftsselbstverwaltung"[1]. Es bestimmt neben deren Organisation vor allem das Verfahren und die Inhalte bei der Aufstellung der „regionalen Entwicklungsstrategie". Die Ausarbeitung des Dokuments obliegt den Organen der Selbstverwaltung, deren gesetzlich festgelegte Aufgabe es ist, sich mit den lokalen Gebietskörperschaften sowie den Interessengruppen in der Region abzustimmen. Ein solches konsensorientiertes Verfahren ist schon deshalb notwendig, weil die Wojewodschaftsselbstverwaltung kein hoheitliches Instrumentarium zur Durchsetzung ihrer politischen Vorstellungen gegenüber den anderen Körperschaften besitzt (auch nicht im Bereich der Landesplanung).

IV. Erste Erfahrungen und Perspektiven der Regionalisierung

Seit dem 1.1.1999 ist die neue Verwaltungsstruktur in Kraft und erste praktische Erfahrungen konnten gesammelt werden. Vor dem Entwurf längerfristiger Entwicklungsstrategien stellten sich für die neuen Organe vor allem diejenigen Aufgaben als dringlich dar, die im Zusammenhang mit den vom Staat übernommenen öffentlichen Einrichtungen standen. Zunächst fielen dabei vor allem Kultureinrichtungen wie Theater und Museen, Krankenhäuser sowie die Straßen ins Gewicht. Was dabei als „regional" oder „national" anzusehen war, wurde durch die zentralen Behörden entschieden. Beabsichtigt ist zudem noch die Übertragung der regionalen Eisenbahnnetze. Seit Anfang 2000 unterstehen den Wojewodschaften auch die regionalen Arbeitsämter. Gegen deren „Abtretung" hatte sich die Zentralverwaltung lange gewehrt. Grundregel bei der Übertragung der Aufgaben ist, daß die Finanzmittel, die den Wojewodschaften für ihre Erfüllung zugemessen wurden, den Beträgen entsprechen, die vor der Reform von der Regierung aufgewandt wurden. Man hofft also darauf, daß die regionalen Entscheidungsträger, denen nun die oft unpopulären Entscheidungen über die Gewährung bestimmter Leistungen bzw. die Mittelumschichtung obliegen, den Mitteleinsatz effizienter gestalten. Inzwischen haben sich die Selbstverwaltungen auch der Formulierung von Entwicklungsstrategien zugewandt.

Als noch nicht befriedigend geklärt erwies sich bislang die Aufgabenteilung zwischen Zentrale und Regionen. Viele staatliche Behörden scheinen die der Selbstverwaltung zugedachte Rolle als Träger der regionalen Politik noch nicht akzeptiert zu haben. Das gilt besonders für die Wojewoden und ihre Ämter, deren Aufgaben sich nach den neuen Gesetzen gewandelt haben. Hinzu kommt, daß die Wojewoden nicht – wie von den Schöpfern der Reform angestrebt – von der zentralen Verwaltung entsandt wurden, wodurch sie von örtlichen Bindungen unabhängiger wären. Vielmehr entstammen die meisten Wojewoden den politi-

---

[1] Ustawa z dnia 5 czerwca 1998 r. o samorządzie województwa.

schen Eliten der Regierungsparteien vor Ort. Damit besteht die Gefahr, daß in den Wojewodschaftsämtern Parallelstrukturen zu den Marschallsämtern persistieren bzw. entstehen. Werden die beiden Verwaltungsinstitutionen in der Wojewodschaft von derselben politischen Gruppierung geleitet, kann politische Rücksichtnahme der Entwicklung einer regionalen Identität der Selbstverwaltung entgegenstehen. Oftmals unterliegt die Wojewodschaftsadministration der Versuchung, sich als Gegenregierung zur Selbstverwaltung zu verstehen. In jedem Fall hat der Wojewode den engeren Kontakt zur Zentrale.

Von der Einführung der regionalen Selbstverwaltung unberührt besteht immer noch eine Vielzahl staatlicher Agenturen und Fonds, deren Aufgabe jene branchenorientierte Wirtschaftsförderung ist, die durch die Reform beschränkt werden sollte. Wie gering das Gewicht der Selbstverwaltungen derzeit ist, zeigt sich daran, daß die Beträge, über die die Agenturen verfügen, höher sind als die Summe der Haushaltsmittel der Selbstverwaltungskörperschaften aller drei Ebenen zusammen.

V. Die Koordinierung der Strukturförderung

Als Kernbestandteil der Reform war von Anfang an beabsichtigt, die gemeinsame Förderpolitik von Zentrale und Regionen gesetzlich zu regeln – eine Aufgabe, die in Deutschland z.T. vergleichbar die Regelungen über die Gemeinschaftsaufgaben erfüllen – womit auch ein Mechanismus für den Einsatz von Fördermitteln der EU geschaffen werden sollte. Die Vorstellungen waren jedoch so unterschiedlich, daß sich der Gesetzgebungsprozeß stark verzögerte. In der Diskussion wurde die Auffassung vertreten, eine Koordination der regionalen Planung mit der der Zentralregierung sei weder erforderlich noch wünschenswert. Hauptträger der Regionalpolitik sollten schließlich die Regionen sein, und es komme nur darauf an, ihre Finanzausstattung zu stärken und ihnen das Recht zu geben, direkt mit den Brüsseler Gemeinschaftsorganen über die Mittelvergabe zu verhandeln.

Von der Regierung war im Sommer 1999 ein Gesetzentwurf ins Parlament eingebracht worden, der keine Sicherung der Finanzausstattung der Wojewodschaften enthielt, statt dessen aber recht komplexe Verfahren zur Aufstellung nationaler Pläne. So entstand der Eindruck, daß den Strategien der Wojewodschaften nur eine nachrangige Rolle zugemessen werden sollte. Der Entwurf enthielt auch keine Pflicht zur Einbeziehung der Sektoralplanung der einzelnen Fachministerien sowie der ihnen zum Teil unterstellten Agenturen und öffentlichen Fonds. Die Einigung zwischen Zentralregierung und regionaler Selbstverwaltung, welche Projekte gemeinsam durchgeführt werden sollten, sollte dabei als Ergebnis eines Verhandlungsprozesses in einem „Kontrakt" festgelegt werden. Im Hinblick darauf kritisierten die Verfechter der Dezentralisierung, daß ihr Verhandlungspartner auf Seiten der Regierung der jeweilige Wojewode sein sollte. Man befürchtete, daß dies einen Vorwand zum Ausbau von Abteilungen für Regional-politik in den Wojewodschaftsämtern liefern würde, und daß somit selbst in ihrem Hauptbetätigungsfeld die Handlungsmöglichkeiten der Selbstverwaltung be-schränkt würden.

Das im Frühjahr 2000 – fast zwei Jahre nach den übrigen Rechtsakten der Verwaltungsreform – verabschiedete „Gesetz über die Unterstützung der regio-nalen Entwicklung"[2] beruht auf diesem Regierungsentwurf; die Abgeordneten haben jedoch viele Einwände der Selbstverwaltungsvertreter berücksichtigt. Die Investitions- und Förderprojekte sollen auf mehrjährige Strategien und Entwick-lungspläne auf regionaler und gesamtstaatlicher Ebene gestützt werden. In der Regierung wird ein ministerieller Aufgabenbereich für die Regionalentwicklung eingerichtet. Das Ressort soll die gemeinsame Planung mit den Wojewodschaften koordinieren. Gleichzeitig haben die anderen Ministerien ihre Fachplanungen mit dem Minister für Regionalentwicklung abzustimmen, ebenso 23 Regierungsfonds und Agenturen. Der Minister (und nicht die Wojewoden) ist für die Verhandlun-gen mit den Regionen über die Förderkontrakte zuständig. Abweichend vom Regie-rungsentwurf sind laut Gesetz auch Projekte, die aus Planungen der Einzelressorts entstammen, in die Kontrakte aufzunehmen, womit die Marginalisierung der Wojewodschaften bei der Gesamtplanung verhindert werden soll. Die im Gesetz vorgesehenen Verfahren sollen grundsätzlich auch für die innerstaatliche Koordina-tion von Projekten im Rahmen der Gemeinschaftsförderung angewandt werden.

Noch immer ungeklärt ist die zukünftige „Finanzverfassung" Polens. Weniger umstritten ist dabei derzeit der horizontale Ausgleich zwischen den Aufkommen reicher und ärmerer Regionen als vielmehr, welchen Anteil am Steueraufkommen der Gesamtheit der Regionen durch Gesetz zur freien Verfügung zugesprochen wird, und wie weit sie ihre Tätigkeit durch zweckgebundene staatliche Zuweisun-gen finanzieren müssen.

VI. Schlußbemerkung

Die Reform in Polen hat eine Artikulierung regionaler Interessen und damit einen Wettbewerb der Wojewodschaften untereinander und mit anderen europäischen Regionen erst möglich gemacht. Die Wojewodschaften haben jedoch nicht die Befugnis zur gesetzlichen Regelung. Die polnischen Regionen können die wirt-schaftliche Entwicklung vor allem durch finanzielle Förderprogramme, Infra-strukturinvestitionen und ihr Dienstleistungsangebot beeinflussen. Damit verfü-gen sie über ein Instrumentarium, bei dessen Nutzung die Erfahrungen der Wirt-schaftspolitik der deutschen Bundesländer hilfreich sein können.

---

[2] Ustawa z dnia 12 maja 2000 r. o zasadach wspierania rozwoju regionalnego.

V. Schlesien in der Umstrukturierung

Schlesien auf dem Weg in die Europäische Union
Hrsg. von Lüder Gerken und Joachim Starbatty
Lucius & Lucius, Stuttgart, 2001

Komplexe Regionalanalyse Oberschlesiens – Trilateralität, Interdisziplinarität und Kooperation als Elemente regionaler Ordnungspolitik

Heinz J. Kiefer, Essen

I. Probleme

Die in Europa heute fast vergessene Region Oberschlesien war vor der Vertreibung ihrer deutschen Bürger neben dem Ruhrgebiet und der mitteldeutschen Industrie- und Handelsregion die industriell, kulturell und handelsmäßig führende Großstadtregion Deutschlands mit einer besonders fruchtbaren Landwirtschaft und einer Siedlungsstruktur und Dorfqualität, die weit oberhalb des deutschen und westeuropäischen Durchschnitts lag. Darüber hinaus war die Brückenfunktion zur Ostsee, nach Mittelosteuropa und in das Südosteuropa Wiener Orientierung in Jahrhunderten gereift. Die früher unbestritten führende Osteuropaforschung deutscher Universitäten von Königsberg bis München belegt das mit ihren Publikationen und Archiven. Dieser Verweis möge für die wirklich interessierten Europäer genügen, gerade während der so schwierigen EU-Beitrittsverhandlungen mit den mittel- und osteuropäischen Staaten.

Wir tagen hier auf Schloß Plawniowitz, Stammsitz der ebenfalls vertriebenen Familie der Grafen von Ballestrem, die sich große Verdienste um die Entwicklung des industriellen Oberschlesien und um das Wohl seiner Menschen erworben hat. Die Gemeinwohlorientierung über die Region hinaus gehörte zum Profil der oberschlesischen Führungsfamilien wie der Schaffgotsch, Ballestrem, Pless, Thiele-Winkler, Henkel-Donnersmarck und der Herzöge von Ratibor. Der frühere Chef dieses Hauses war um die Jahrhundertwende mehrere Jahre Präsident des Deutschen Reichstages.

Die Überschneidung deutscher, österreichischer, polnischer und tschechischer Interessen sowie die Abgrenzung der Machtinteressen gegenüber Rußland waren eine Seite der Gemengelage, die der Region die Profilierung schwer machte. Eine andere Seite der Komplexität ergab sich aus unterschiedlichen Kulturen, Religionen und Sprachen in einem Mischgebiet mit für Europa vorbildlicher Toleranz, solange sich die Großmächte nicht einmischten. Weder der „Panslawismus" noch

Bismarcks Kulturkampf gegen die hier besonders verwurzelte Katholische Kirche waren große „Leistungen". Sie haben existentielle Schäden hinterlassen und
schmerzen bis heute tief. Die frühe Abtrennung von Österreichisch-Schlesien
(einschließlich der Gebiete von Ostrau, Troppau, Teschen usw.) störte die Balance.
Die deutsch-polnischen Volkstumskämpfe des 19. und 20. Jahrhunderts mit all
ihren Absurditäten – bis heute – waren Produkte des Nationalismus und hemm-
ten auch die hervorragenden ordnungspolitischen Ansätze der Christlichen Gesellschaftslehre oberschlesischen Ursprungs. Der berühmte Zentrumsführer Prälat
Carl Ulitzka einerseits und der polnische Oberschlesier Wojczech Korfanty (geistiger und politischer Kopf der polnischen Aufstände in Oberschlesien) andererseits zeichneten sich besonders aus. Die Chance zum Gespräch mit den katholischen und kulturell offenen Grundherren wurde genauso verpaßt wie nach 1945
mit den schlesischen „Kreisauern".

Die politisch Verantwortlichen in Berlin, Warschau, Prag und Brüssel wissen
nur selten um diese Komplexität der Region im Denken, Handeln und Sprechen.
Um so notwendiger ist unser Versuch, jetzt in der Region und mit ihr darüber
nachzudenken. Die seit acht Jahren in meiner Wissenschaftlichen Arbeitsgruppe
Schlesien – Slask – Slezsko erarbeiteten Ergebnisse geben uns dazu die Möglichkeit eines interdisziplinären Gesprächs. Ohne Interdisziplinarität können wir die
Aufgabe einer regionalen Umstrukturierung mit Gewinnung der Europaqualität
nicht bewältigen.

Die seit der „Wende" und dem Zusammenbruch des Sozialismus in Mittelosteuropa noch nicht geleistete Bestandsaufnahme der Region und ausstehende
Therapien – obwohl in Warschau und Prag mehrfach angefordert – sollten endlich unter europäischen Kriterien, aber mit dem Wissen und der Erfahrung der
Region erarbeitet werden. Diese regionalen Ansätze sollten bewußt jetzt nicht
mit EU-Beitrittsverhandlungen und nationaler Agenda verbunden werden. Europäische Strukturhilfen sind eine Sache; ein regionaler Masters-Plan quasi als inner-
polnischer oder -tschechischer „Ausgleich" für die Leistungen der Regionen der
schlesischen Industriegebiete zum seinerzeitigen Aufbau und zur Urbanisierung
Polens wie auch Tschechiens – ohne Re-Investitionen, nach ökologischer Ver-
wüstung und bei nun bevorstehender Liquidierung maroder Montanwirtschaft –
ist eine andere Sache. Damit die hier entfaltete trilaterale Oberschlesien-Strategie
als Modell-Projekt der Europaqualität in Mittelosteuropa entwickelt werden kann,
muß man europäisch nach jahrzehntelangem Desinvestment erst einmal die „regionalen Schulaufgaben" anmahnen.

Aus der langen Liste der anstehenden Probleme, die auch regionale und unternehmerische Optionen enthalten, seien nur wenige hervorgehoben:

1. Es gibt nach wie vor bilaterale Verkrampfungen, die sich in dieser Region ku-
   mulieren und mischen. In Deutschland werden – wenn überhaupt – nur die

Blockaden zwischen Deutschland und Polen gesehen, die mit Vertreibung, Enteignung und Gebietsverlusten zusammenhängen, und vielleicht noch die diffamierende Behandlung der größten deutschen Volksgruppe in der Welt von 1945 bis 1990 – nämlich in Oberschlesien mit rund 850 000 Menschen. In das Gebiet reicht aber auch das alte Österreich-Schlesien und damit auch die Lösung der Sudetenfrage im trilateralen Schlesien. Vereinfacht ökonomisch gesprochen: Es wäre unerträglich, wenn im Ostrauer Revier und im benachbarten jetzt polnischen Oberschlesien parallel Investitionen in konkurrierenden Sektoren von der EU subventioniert würden. Sie verzerrten den Wettbewerb der europäischen Regionen. Im übrigen ist das weit von Prag entfernte schlesisch-nordmährische Gebiet ähnlich ungeliebt wie die unbequemen Regionen um Oppeln und Kattowitz-Beuthen-Gleiwitz, deren Wertschöpfung selbst nach ihrer diskriminierenden Behandlung in den letzten Jahrzehnten noch über dem Landesdurchschnitt liegt. Und es sei auch noch die dritte bilaterale Verkrampfung und Blockade hinzugefügt: die polnisch-tschechische, von der in Deutschland Wissenschaft, Politik und Publizistik nicht einmal wissen. Sie hat viele Facetten und wurde nicht nur durch die Besetzung des Teschener Gebietes durch Polen (1938!) ausgelöst. Egoismus und Mißgunst an dieser regionalen Grenze müssen aufgelöst werden. Das polnisch-tschechische Grenzplanungsabkommen von 1993 bietet dazu – auch für Oberschlesien – eine innovative Basis. Wie weit die Praxis noch zurückliegt, mag man daran messen, daß erst die bereits erwähnte trilaterale Arbeitsgruppe dieses Instrument in die Diskussion zwischen den Bürgermeistern großer Städte diesseits und jenseits der Grenzen gebracht hat und durch Konferenzen über Euro-Regionen öffentlich gemacht hat, zum Beispiel für Ratibor-Troppau. Und das immer mit der deutschen Volksgruppe und den Ressourcen der Alt-Schlesier als drittem Faktor!

2. Die Region Oppeln ist ein Unikat in Polen und in Mitteleuropa. Sie bedarf der besonderen Pflege. Sie hat auch die polnische Regionalreform vom 1. Januar 1999 überlebt. Die deutsche Minderheit ist – außerhalb der nach der Vertreibung polonisierten Städte – auf dem Land in der Mehrheit. Wie geht man damit in der neu gewonnenen europäischen Freiheit um? Das ist für Polen und Tschechien nach Jahrzehnten „historischer Gehirnwäsche" viel schwieriger, als wir uns das vorstellen können. Gäbe es nicht den charismatischen Erzbischof Prof. Dr. Alfons Nossol mit seiner Strategie der „Zivilisation der Liebe", wäre der Problemstau noch viel größer. Die entscheidenden Fragen für diese Region bleiben: die regionale Größe im europäischen Wettbewerb, das Mißtrauen Polens gegenüber einem zu starken deutschen Element, die mangelnde Wirtschaftskraft, die fehlende Verbindung zum tschechischen Nachbarn sowie zum Industriegebiet Oberschlesien und dessen Vorrang bei der Zukunftssicherung.

3. Die Ausbeutung Oberschlesiens ist neben dem kulturellen und ökonomischen Verlust des früheren Know hows die größte Belastung im Sinne regionaler Zukunftssicherung. Polen und Tschechien haben nicht genügend Ressourcen, um die „ausgequetschte" Region zu sanieren. Wie können Ressourcen von außen angelockt werden? Ist die Region gewillt, attraktive Infrastrukturen – Mehrsprachigkeit, (internationale) Schulen, Kommunikation, europäische Dienstleistungen usw. – bereitzustellen?

4. Die Integration der oberschlesischen Grenzregionen Polens und Tschechiens fehlt bis heute, obwohl die sozialistisch regierten Zentralstaaten nun schon seit 10 Jahren überwunden sind und beide Länder seit Jahren Beitrittsverhandlungen mit der EU führen. Die Grenzregionen in Teschen sowie Kattowitz-Ostrau/Karvin warten darauf; wir haben zur Euro-Regionskonferenz in Ratibor und Troppau gedrängt, doch können wir natürlich nicht die Schubkräfte vor Ort ersetzen. Vermutlich hemmen die nationalistischen und oft auch antideutschen Kräfte in den Hauptstädten die euro-regionalen Initiatoren in den Subregionen, vor allem dann, wenn sie trilateral-europäisch auch die Kooperation mit dem deutschen Faktor suchen. Hier stößt man an die Grenzen regionaler Zukunftspolitik. Die Vernetzung der polnischen und tschechischen Schlesiengebiete wurde in beiden Ländern noch nicht als Prüfstein für ihre Europatauglichkeit begriffen. Deren Entwicklung – auch unter Einbeziehung der deutschen Volksgruppe – als Friedensprojekt zu verstehen, ist weder in Brüssel, in Prag, Warschau, noch in Berlin entdeckt worden. Den einen fehlt es an Kompetenz, den anderen an Verständnis für die europäischen Strukturen des 21. Jahrhunderts.

5. Die Reduzierung des Bergbaus von 200 Mill. Jahrestonnen (Jato) auf unter 100 Mill. Jato und die darauf aufbauende Montanwirtschaft mit ihren veralteten Anlagevermögen und den nicht wettbewerbsfähigen Technologien – verbunden mit langanhaltender struktureller Arbeitslosigkeit – ist eine Herausforderung, die nur mit dem 30 bis 40 Jahre andauernden Strukturwandel im Ruhrgebiet verglichen werden kann. Allerdings hatte das Ruhrgebiet wegen der deutschen Leistungskraft ein Umfeld, das bei der Umstrukturierung eines trilateralen Oberschlesien auch bei EU-Unterstützung fehlen wird.

6. Um so mehr wird es daher darauf ankommen, dieses Problem mit brutaler Nüchternheit zu sehen und in der Region selbst „die Ärmel hochzukrempeln". Ohne eigene Offensive wird die Region keine helfenden Freunde gewinnen und keine Kooperationsbereitschaft wecken. Die industriell-ökologisch-kulturelle Umstrukturierung der größten Städtelandschaft Mitteleuropas ist bis heute eine ungelöste und weithin unbekannte Herausforderung. Besonders der polnische Nationalstolz tut sich schwer zu erkennen, daß diese Aufgabe niemals aus eigener Kraft zu lösen ist und außerdem die kompetenten Partner nicht in Frankreich oder Italien oder sonstwo außerhalb Deutschlands zu suchen sind. Auf die Option Ruhrgebiet und seine Methode der „public-private relationship"

komme ich noch zurück. Diese und andere Probleme benötigen Zeit. Das oberschlesische Dilemma besteht darin, Zeit zu benötigen und vom europäischen Wettbewerb nicht genügend Zeit für die unvermeidbare Umstrukturierung zu bekommen. Die Folgen einer unterlassenen oder mißlungenen Umstrukturierung dieses europäischen Industriegebietes bekäme insbesondere Deutschland zu spüren. Die Zuwanderung nicht nur aus der deutschen Volksgruppe und die Wüste einer alten Industrieregion mit Städteballung wären eine europäische Katastrophe – nicht lediglich eine polnische oder tschechische. Doch bietet sich auch eine ordnungspolitische Chance sowohl eines europäischen Modells für die Integration der ostmitteleuropäischen Staaten als auch einer Brückenfunktion für das Konzept der Sozialen Marktwirtschaft und für die Anwendung der „Zivilisation der Liebe" im Rahmen der Christlichen Gesellschaftslehre.

II. Vernetzung Oberschlesiens mit seinen Nachbarn

Weder in Polen, Tschechien oder gar in Deutschland und Brüssel ist das Gebiet definitiv oder übereinstimmend abgegrenzt. Die vorstehenden Überlegungen lassen die Ursachen dafür erkennen. Aus unseren Erfahrungen und der historischen Wirklichkeit beschreiben wir unseren Partnern das zu behandelnde Gebiet wie folgt:

1. Oberschlesien ist der vorwiegend industrielle Teil des
2. dreigeteilten geographisch historischen Schlesien mit außerdem
   - Breslau und Mittelschlesien,
   - Niederschlesien entlang der Oder bis zur Grenze Brandenburgs
   - und der schlesischen Lausitz mit Görlitz (in Sachsen).
3. Heute ist es geprägt durch die Regionen/Wojewodschaften
   - Kattowitz und
   - Oppeln,
   wobei durch die polnische Verwaltungsreform vom 1.1.99 die für Oberschlesien fremden Gebiete der Wojewodschaft Tschenstochau und Wojewodschaft Bielitz/Biala (vor 1918 Österr.-Schlesien) zur „Region Slask" vereinigt wurden.
4. Auf die Belastungen für die regionale Identität von Gorny Slask-Slezko-Oberschlesien wird hier nur hingewiesen wie auch auf die strukturell unterschiedlichen Subregionen
   - Ost-Oberschlesien (Industriegebiet) – durch Versailler Grenzziehung 1921,
   - West-Oberschlesien (Industriegebiet) – nach Teilung 1921 mit den Großstädten Beuthen, Gleiwitz, Hindenburg,
   - Oppelner Land und Annaberg – als fruchtbares Landgebiet unter Oberschlesiens Herzögen wie als Verwaltungszentrum seit Jahrhunderten,

- mit ehemaligem Grenzgebiet Kreuzburg, Rosenberg, Guttentag und Lublinitz – eigene Landwirtschaft/Forsten,
- Neisser Bistumsland in alter Breslauer Tradition und Verbindung zum böhmischen Nachbargebiet mit Wallfahrtsort Zuckmantel, heute Drei-Völker-Wallfahrt; mit altem Priesterseminar Breslaus für die eigene tschechische und polnische Seelsorge (Weidenau),
- Ratibor und das angrenzende (1918 getrennt) Hultschiner Ländchen (territorial heute CR) als bedeutende Industrie – und Verwaltungsstadt mit politischer Bedeutung für ganz Oberschlesien – heute durch DFK-Bezirkssitz euro-regionale Verbindung zu Troppau (CR) einerseits und Industriegebieten (PL) andererseits,
- durch Euro-Region-Optionen verbunden das schlesisch-nordmährische industrielle Nachbargebiet Ostrau-Karvin.

5. Die Vernetzung Oberschlesiens innerhalb Schlesiens mit Mittelschlesien, Breslau, Niederschlesien durch die seit 1.1.99 konzentrierten Regionen/Wojewodschaften
   - Breslau,
   - Liegnitz,
   - Grünberg,
   - Hirschberg

ist bisher nur ungenügend erfolgt, da die Interessen nicht mehr gebündelt werden. Die sächsisch-brandenburgisch-böhmischen Euro-Regionen an Oder und Elbe verbinden sich mit den niederschlesischen Regionen. Oberschlesien kopiert nicht einmal die Erfahrungen dieser Modelle. Wir haben sie erstmals auf dem V. Europa-Forum über eine mögliche Euro-Region Ratibor-Troppau 1996 vor Ort vorgeschlagen.

6. Die Vernetzung Oberschlesiens mit den nordmährisch-schlesischen Nachbarregionen von Troppau über Ostrau bis Teschen muß für die EU eine Herausforderung sein, in Mitteleuropa eine trilaterale Brückenregion zu schaffen. Diese Friedensaufgabe – Paul VI.: „Entwicklung ist der moderne Namen für Frieden" – des europäischen Profils zur Anwendung von „Einheit in der Vielfalt" wird erst mühsam in Kirchen und Wissenschaften entdeckt, in Parlamenten und Verwaltungen wird sie, weil unbequem, noch verdrängt.

7. Die Vernetzung Oberschlesiens mit den galizischen Regionen bis Krakau und bis zum ukrainischen Lemberg bietet sich aus vielen geostrategischen Perspektiven an. Die Infrastrukturpolitik der EU zur Verbindung ganz Europas müßte deswegen Förderprojekte zur Entwicklung Oberschlesiens forcieren und die Räume an der Oder mit ganz Schlesien und Galizien vernetzen. Ob der Transrapid als kontinentales Infrastrukturprojekt unter trilateraler schlesischer Projektführung Schlesien in das 21. Jahrhundert katapultieren könnte?

8. Die Prinzipien der Trilateralität, die Schaffung von Euro-Sub-Regionen und die Vernetzung mit deutschen, polnischen, tschechischen und ukrainischen Nachbarregionen, die Integration der deutschen Volksgruppe als mitverantwortliche Partner, der Transfer von Umstrukturierungs – Know how aus dem Ruhrgebiet und die Entwicklung einer „public-private partnership" zur dynamischen Überwindung des Unternehmer- und Kommunikationsdefizits sowie der zügige Ausbau von Städte-Paten- und Partnerschaften (auch zur Nutzung der Ressourcen der Alt-Schlesier) müssen lokal, regional, subregional und grenzübergreifend eingesetzt werden. Von Brüssel oder den beteiligten Hauptstädten ist das operativ nicht zu erwarten.

9. Die Größenordnung Schlesiens schließt die Bildung einer alles umfassenden Euro-Region aus, die mit über 10 Mill. Einwohnern größer als viele EU-Staaten wäre. Gleiches gilt für das ganze Oberschlesien. Beide können aber Subregionen dazu befähigen, insbesondere Oberschlesien.

III. Folgerungen aus Problemlage und Kooperationserfahrung

Der Befund ist so kritisch, daß er schnell aus der Schönfärberei in Politik, Medien, Kirchen, Wissenschaft und auch der Wirtschaft heraus muß. Das gilt insbesondere für die EU-Beitrittsverhandlungen in Brüssel, von deren offiziellen 31 Kapiteln sich keines mit der Sanierung Oberschlesiens befaßt, obwohl diese nach Einschätzung von Experten kostspieliger wird als die Lösung der Probleme, die sich aus Polens EU-Beitritt in der Landwirtschaft ergeben.

Die Verdrängung dieses kritischen Befundes hat zwei fatale Konsequenzen: Die euphemistische Formel der deutsch-polnischen und deutsch-tschechischen „Normalität" verfälscht die Dringlichkeit und das Gewicht der anstehenden Aufgaben und der möglichen Konflikte; sie täuscht außerdem die demokratische Öffentlichkeit über die Zeitdauer und die Schwere anstehender Verzichte oder Entbehrungen hinweg. Die daraus resultierenden Enttäuschungen mindern die Akzeptanz, die Lasten der Umstrukturierung zu tragen, und die Bereitschaft externer Partner für die notwendigen Kooperationen und Hilfeleistungen, die über Generationen hinweg bei solchen Umstrukturierungen einer grenzübergreifenden Region mit europäischem Gewicht notwendig werden.

Das Ruhrgebiet hat in der Welt einmalige und erfolgreiche Erfahrungen gesammelt – sowohl in der zunächst unterschätzten Zeitdauer von über 40 Jahren als auch in der wirtschaftlichen, technischen, organisatorischen, kulturellen, administrativen, sozialen, betrieblichen, städtischen, schulischen und infrastrukturellen Komplexität. Eine erfolgreiche Umstrukturierung bedarf eines interdisziplinären Ansatzes und geeigneter Instrumente, die manchmal auch erst nach Mißerfolgen oder im dritten Versuch reifen. Ich beobachte seit Jahren die Versuche von Kammern, regionalen Behörden und Agenturen in Kattowitz, aus Gründen politischer Psychologie um Deutschland herumzugehen und statt dessen in der Lombardei, in USA oder sonstwo nach Lösungen zu suchen, nur um nicht „die Germanisierung" der Region zu fördern.

Der Kommunalverband Ruhrgebiet (KVR) und seine Schwestergesellschaften auf den Sektoren Wasser, Siedlung, Strom, Talsperren, Verkehr usw. feiern dieses Jahr mit deren Trägern, den Städten und Landkreisen, 80 Jahre regionale Selbstverwaltung und Gemeinschaftsaufgabe. Es wäre absurd, für Oberschlesien an anderen Orten der Welt das notwendige Know how zu suchen. Der Substanzverlust der Region durch Vertreibung, Aussiedlung und Abwanderung (entsprechend der oberschlesische „Vertreibungsgewinn" im Ruhrgebiet) ist so groß, daß nun Wissen aus dem Nachbarland zugeführt werden muß. Wenn es gelänge, die ehemaligen und aktuellen Pendler zwischen Oberschlesien (Wohnung/Familie) und Deutschland (Arbeitsplatz) in beruflich adäquaten Positionen in der eigenen Heimat zu beschäftigen (geschätzte Größenordnung 1 Mill.) käme man ein großes Stück vorwärts. Das bestätigen Handwerksmeister genauso wie Unternehmer oder Verwaltungsfachleute auf allen Ebenen.

Hoffnungsvolle Ansätze sehe ich außerhalb des Kattowitzer Gebietes bei der Kooperationsstrategie der Wirtschaftskammer Gleiwitz, die gerade „140 (!) Jahre IHK Gleiwitz" mit unbefangener und detaillierter Darstellung überwiegend deutscher Kammergeschichte gefeiert hat. Genauso ist die Stadtverwaltung Ratibor hervorzuheben, die schon manche Kampagne wegen ihrer multilateralen Politik einschließlich ihrer deutschen Partner hat über sich ergehen lassen müssen. In diesem Jahr legt die neue Regionalverwaltung der Wojewodschaft Oppeln ihre Entwicklungsstrategie für die Jahre 2000–2015 vor. Es ist zunächst nur ein Rahmen, der jedoch realistische Operationsziele von „gut ausgebildeter Gesellschaft" über einen „europäischen Transportkorridor" bis zur „Restrukturierung der Landwirtschaft" und „Zusammenarbeit an und über die Grenzen" ansteuert. Die Liste dieser Ansätze ist aus unserer kooperativen Erfahrung noch zu verlängern, doch ist sie in der Gesamtregion noch völlig unkoordiniert. Keiner weiß vom anderen. Die mangelnde Kommunikation innerhalb der Region und mit den externen Partnern ist neben dem privaten und öffentlichen Unternehmerdefizit das größte Negativum für die dringend zu erreichende „Europaqualität", die auch die für partnerschaftliche Umstrukturierung unverzichtbare Mehrsprachigkeit einschließt. Man muß es so praktisch sehen, wenn man die trilaterale Sanierung mit der Anwendung der „Zivilisation der Liebe" durch Einbeziehung der deutschen Volksgruppe sowie den Verzicht auf Polonisierung, Tschechisierung oder Regermanisierung fordert und für die Zukunftssicherung der Region die Rückkehr der jungen Aussiedlerfamilien von 1985–1995 genauso empfiehlt wie das Heimatrecht und die Finanzhilfe der Alt-Schlesier – zuletzt der dringende Wunsch, daß die Lemberger wenigstens in der dritten Generation endgültig in der neuen Heimat Oberschlesien ankommen mögen. Es hilft allen!

Das Ausmaß des Substanzverlustes der Region ist in Oberschlesien selbst weder den Institutionen noch den Intellektuellen, weder den Menschen noch den Behörden bewußt. Im Gegenteil politisch – kulturell wie kirchlich – haben die Medien bis heute ein Meinungsklima kultiviert, das den Menschen vormacht, man könne aus über 50 Jahren kommunistischer, nationalistischer, antieuropäischer Politik und Kultur ohne Hilfe von außen herausfinden. Selbst wenn das polnischen, tschechischen und deutschen Freunden in der Region in gemeinsamen Analysen bewußt wird, gibt man die Einsicht ungern zu. Das Nachdenken über die dann unausweichlichen Folgerungen ist unbequem. Aus gemeinsamen Analysen sind folgende Empfehlungen hervorgegangen[1]:

1. Die multiple Problemlage muß zuerst der ganzen Region bewußt werden, damit diese aus eigenem Krisenbewußtsein und aus eigener Identität (nicht auf Drängen von Brüssel, Warschau, Prag usw.) offensiv wird. Gegenwärtig gibt es zwar viele mehr oder minder professionelle Initiativen, die jedoch weder ganzheitlich-regional angesetzt sind noch Dritten klare und reizvolle Angebote machen. Man lebt im Kattowitzer oder Warschauer „Wolkenkukucksheim" und übersieht, daß Investoren in anderen Regionen Europas schneller und mit Unterstützung der jeweiligen Gebietskörperschaft ihre Optionen realisieren können.

2. Institutionen müssen in privat-öffentlicher Partnerschaft die Ressourcen der Region zusammenführen, damit die externen Partner nicht je nach Projekt und Ebene unverändert das Chaos der COMECON-Zeit mit Mißgunst, fach-

---

[1] In diese Empfehlungen sind die Einsichten und auch leidvollen Erlebnisse eingegangen, die ich mit zahlreichen Landsleuten gemeinsam erfahren habe. Zu ihnen gehört mein durch viele Gefängnisjahre belasteter Kollege Prof. Dr. J. Pietrucha, den Gründer der Europäischen Schlesischen Akademie in Kattowitz. Von 1991 bis zu seinem Tod konnte ich ihm zur Seite stehen und viel lernen. Die Zusammenarbeit mit der 1994 gegründeten Schlesischen Universität Troppau im tschechischen Schlesien (vor der schlesischen Teilung durch Friedrich II. die Landeshauptstadt Schlesiens) mit seinem überragenden Gründungsrektor Prof. Dr. Martin Cernohorsky, der von Beginn unsere Europaforen Schlesien-Slask-Slezsko unterstützte und daran mitwirkte. Unendlich viel verdanke ich meinem Freund Stanislaus Labis, Centrozaps Generaldirektor und aus meiner Sicht fähigsten Industriellen in Oberschlesien, dessen Logistik und Kooperation mir in Ergänzung zu Prälat Hubert Kowols heimatlichen Pfarrhaus im geliebten Beuthen zur heutigen Kenntnis des ganzen Territoriums verhalf. Das ständige Gespräch mit allen deutschen, polnischen und tschechischen Oberschlesien-Bischöfen einschließlich des Apostolischen Visitators Breslau in Münster mit seinem vitalen Jugendwerk sowie allen Hochschulen und Kammern förderten das Konzept einer Synthese von Wirtschaft, Kultur und Wissenschaft.

licher Inkompetenz und ständigem Wechsel der Kompetenzen und Zuständigkeiten erleben, die sie verärgern und abschrecken.

3. Die Institutionen der Region (Unternehmen, Behörden der Städte und Regionen, Universitäten und Kirchen, Regionalparlamente und Parteien) müssen zu übereinstimmenden Zielen und Eckpfeilern der kulturell-industriell-ökologischen Umstrukturierung gedrängt werden. Aus fast 10jähriger Zusammenarbeit weiß ich, wie weit die Region noch vom ernsthaften fachlich-interdisziplinären Gespräch entfernt ist.

4. Die EU-Beitrittsverhandlungen dürfen nicht ohne ein besonderes Kapitel für die Umstrukturierung Oberschlesiens geführt werden. Die Region muß in Warschau, Prag und Brüssel vernehmlich und nachhaltig darauf drängen. Diese Forderung hat mindestens ein solches Gewicht wie die überall besprochene Umstrukturierung der unproduktiven Landwirtschaft Polens. Die Faktoren der Komplexität, des kulturellen Ausgleichs und des Zeitdilemmas der Umstrukturierung bei gleichzeitigem Wettbewerb der Regionen in der EU erfordern ein solches Sonderkapitel. Nach allen Beobachtungen und Erfahrungen mit den politischen Gesprächspartnern und Entscheidungsträgern in Brüssel, Berlin, Prag, Warschau und anderen Orts bestimmen diese Fakten bisher noch nicht die Leitlinien der Beitrittsverhandlungen.

5. Die Umstrukturierung Oberschlesiens sollte dringend dazu genutzt werden, ein europäisches Modell einer trilateral-regionalen Umstrukturierung zu testen. Das ermöglicht außerdem die Einbeziehung deutscher Volksgruppen diesseits und jenseits der polnisch-tschechischen Grenzen in Schlesien. Dieses Modell könnte im Erfolgsfall außerdem für die nach alten Schablonen behandelten Minderheitsfragen Mittelosteuropas einen sensationellen Durchbruch ermöglichen. Im Rahmen dieses Testmodells könnte ein Zeitplan für die zu erwartenden Verspätungen durch die Verzögerungen der Beitrittsverhandlungen erarbeitet werden, um das angesprochene Zeitdilemma zu entschärfen. Die EU könnte die bestehende, aber lockere Patenschaft zwischen dem Bundesland Nordrhein-Westfalen und den Regionalregierungen in Kattowitz und in Oppeln dazu nutzen, um die Kooperation mit dem Ruhrgebiet zu stärken[2]. Wer zu spät kommt in Europa, den bestraft der Wettbewerb! Offenbar muß jeder erst sein Lehrgeld bezahlen.

---

[2] Der KVR in Essen hat sich mit uns gemeinsam schon oft angeboten. Wir haben die Möglichkeiten im Sommer 1999 während eines 3-Tagebesuches von Staatssekretär Donocik vom Warschauer Wirtschaftsministerium (mit besonderer Zuständigkeit für Regionalisierung und Europa) zusammen mit der Industrie- und Handelskammer Essen, mit Professor Dr. Steinmetz und seinem Haus der Technik, dem ordnungspolitisch erfahrenen Rheinisch-Westfälischen Institut für Wirtschaftsforschung (RWI) und der Polnischen Handelsmission in Köln erörtert. Es dauert alles unendlich langsam.

6. Die oben beschriebenen Subregionen Oberschlesiens müssen nach Beendigung des montan- und verbundwirtschaftlichen Einheitsprofils differenziert umstrukturiert werden. Dieser Ansatz geht weit über die Sondersicht des sogenannten „Oppelner Schlesien" mit der dort besonders in den Dörfern und Kleinstädten lebenden deutschen Minderheit hinaus. Eine nicht nur trilaterale und grenzübergreifende, sondern auch nach dem Subsidiaritätsprinzip der Christlichen Gesellschaftslehre gegliederte Strategie bekäme ein europäisches Gesicht. Dadurch entstünde eine öffentliche Beachtung mit kultureller Qualität.

7. Diese besondere Europaqualität eines trilateralen Oberschlesien mit der nicht zu übersehenden deutschen Komponente muß wohl Joachim Kardinal Meissner, Erzbischof von Köln, am 25. Juli 1999 bei der Anna-Wallfahrt der Oberschlesier zum „kleinen" Annaberg in Haltern/Westf. bewegt haben, als er in seiner Predigt die denkwürdigen Worte sprach: „Oberschlesien ist unter allen Industrieregionen der Welt und vor allem derer, die durch harte Umstrukturierungen geprüft wurden, die am meisten industrialisierte und religiös vitalste".

IV. Netzwerke trilateraler Kooperation und Umstrukturierung

Nach den inzwischen erkannten Stärken und Schwächen der Region lassen sich nun Prioritäten setzen. Dabei denke ich besonders an folgende Punkte:

– Ressourcen aus eigener Tradition in den Bereichen Industrie, Handel, Städte, Religion, Kultur, Kirche, Kammern und Verbände;

– Nutzung brachliegender Potentiale und Optionen grenzübergreifender Synergie und Trilateralität – auch durch qualifizierte Einbindung der deutschen Volksgruppe;

– Defizite bei der Kommunikation nach innen und außen als Folgen der „homo sovieticus-Strukturen" mit dem Mißtrauen aller gegen alle;

– Schaffung von Hochschul- und Forschungsstrukturen, die Symbiosen von modernen Technologien mit betonter freiheitlich-christlicher Kultur für excellente regionale Ordnungspolitik ermöglichen;

– es fehlen die Moderatoren mit Europaqualität auf allen Ebenen der komplexen Umstrukturierung;

– gleichfalls gibt es eine Lücke an privaten und mittelständischen Unternehmern;

– eine im Vergleich zum Westen besondere Stärke sind die überdurchschnittlich fähigen Bürgermeister und Stadtpräsidenten der mittleren Generation (oft Absolventen eines intelligenten polnischen Studiengangs für Ingenieure mit „Business Administration", Fremdsprache und Auslandspraxis), die Stärken und Schwächen sehen und auch gegenüber deutschem Erfahrungstransfer nicht reserviert sind.

Dieser Befund bietet auch positive Chancen und Optionen und paßt zu den Aussagen von Paul Klemmer (in diesem Band, S. 195): „Die neuere Regionalforschung kann durch Verknüpfung von Agglomerations- und Innovationsforschung belegen, daß sich das großräumige Entwicklungsgefälle nicht nur als relativ stabil erweist, sondern regionale Netzwerke entstanden sind, bei denen Ballungsräume eine motorische Funktion für ganze Regionalkomplexe übernehmen". – Auf Oberschlesien bezogen: Das engere Industriegebiet zwischen Kattowitz und Gleiwitz könnte auf das deutsche ländliche Siedlungsgebiet in der Oppelner Region ausstrahlen und die so ausgelösten Reaktionen – z.B. in Form des Heranwachsens einer vorgelagerten mittelständischen Industrie – würden ihrerseits positiv zurückstrahlen. So würde Oberschlesien mit einer innovationsorientierten Regionalpolitik für seinen städtischen Ballungsraum auch zu einer großartigen Chance für den mittelosteuropäischen Raum.

Die zahlreichen Idealisten aus Jugendwerken, Kirchengemeinden, Stiftungen, Vereinen, Chören, Betrieben und Sozialverbänden tun mit jährlichen Besuchen und gelegentlichen materiellen Hilfsaktionen nicht nur Gutes, sondern ermutigen in Oberschlesien auch die Heimatverbliebenen der deutschen Minderheit und deren Landsleute aus anderen Sprach- und Kulturkreisen. Sie stärken die Substanz und den Durchhaltewillen in der noch langen schweren Übergangszeit.

Für Entwicklung, Umstrukturierung und Ausbildung von Kommunikationsstrukturen sowie einer Wettbewerbsordnung mit Europaqualität sind aber dauerhafte Kooperationsstrukturen auf allen gesellschaftlichen Feldern und die Abdeckung aller Subregionen mit trilateraler Mischung notwenig. Wir wissen, daß Oberschlesien allein überfordert ist und Ergänzungen auf deutscher Seite hilfreich sind. Die folgende Aufzählung ist nur eine Auswahl:

1. Die Wissenschaftliche Arbeitsgruppe Schlesien-Slask-Slezsko vereinigt Wissenschaftler unterschiedlicher Disziplinen, die aus den drei Sprach- und Kulturbereichen Schlesiens stammen und/oder an Schlesien aktiv interessiert sind[3].
2. Die bisher acht Europaforen Schlesien-Slask-Slezsko – zunächst in Königswinter und seit der 4. Konferenz stets an verschiedenen Orten in Oberschlesien – führen Wissenschaftler, Praktiker sowie Entscheidungsträger zusammen. Es ist dabei auch ein wichtiger kommunikativer Fortschritt gelungen. Polnische, tschechische und deutsche Entscheidungsträger und Meinungsführer aus

---

[3] Sie steht ohne Unterbrechung in Projektkontakten und kommt mindestens ein- bis zweimal jährlich zu Konferenzen in Oberschlesien und Deutschland zusammen. Sie hat bisher keine Rechtsform. Die Kontaktbüros sind in Beuthen und Essen. Ansprechpartner sind Prälat Kowol und ich.

der Region haben sich bei uns kennen- und schätzengelernt. Die hier geknüpften Kontakte müssen aber operativ erhalten werden[4].

3. Das Schlesische Institut in Oppeln und sein heutiger Direktor Professor Lesiuk ist unser wichtigster Kooperationspartner auf der polnischen Seite. Es war nach der Teilung in Kattowitz zur Polonisierung des geteilten Industriegebiets gegründet worden (1921) und hatte nach 1945 mit der Verlegung nach Oppeln einen ähnlichen Auftrag erhalten. Mit Hilfe der leider schon verstorbenen Kattowitzer Professoren Pietrucha und Brzozek gelang ein mehr als vertrauensvoller Dialog zur Definition wesentlicher Grundlagen einer trilateralen Sanierung der Region unter Mitwirkung der deutschen Landsleute[5].

4. Der inzwischen in die Bibliothek der Theologischen Fakultät der Universität Oppeln verbrachte Bücherbestand des verstorbenen internationalen Experten Professor Wilhelm Weber, Universität Münster, zum Wissenschaftssektor der Christlichen Gesellschaftslehre erlaubt den Zugriff der Praktiker von heute im Rahmen einer Post-graduate-Weiterbildung. Dies ist für die vorgeschlagene Symbiose von Sozialer Marktwirtschaft und Christlicher Gesellschaftslehre genauso wichtig wie für die Akzeptanz bei den regionalen Führungskräften[6].

5. Das vor sieben Jahren mit Unterstützung des deutschen kirchlichen Hilfswerkes Renovabis gegründete Jugendbildungszentrum KANA der Diözese Gleiwitz ist ein weiterer Mosaikstein. Ein Schwerpunkt der Tätigkeit von KANA ist Ausbildung am PC und in der Internet-Anwendung und -Programmierung.

6. Die ständige Kooperation mit polnischen, deutschen und tschechischen Bischöfen Schlesiens ist eine zentrale Aufgabe. Die europäische Umstrukturierung wird nur erfolgreich sein, wenn sie kulturell fundiert ist und katholische Akzeptanz hat.

---

[4] Darum kümmert sich bisher leider niemand professionell. Vielleicht nimmt sich wegen ihrer wissenschaftlichen Zuständigkeit künftig die Fakultät von Professor Bendkowski in Zabrze dieser Aufgabe an.

[5] Inzwischen ist die freundschaftliche Verbundenheit so weit gediehen, daß Lesiuk – einer meiner Vertreter im Vorsitz der Arbeitsgruppe – eine deutsche Dissertation über Carl Ulitzka, den großen Zentrumsführer in Oberschlesien, als externer Gutachter begleitete und kein von uns beratener deutscher Wissenschaftsbesuch in Oppeln am Schlesischen Institut vorbeigeht. Dennoch ist es noch ein langer Weg, bis der ursprüngliche Auftrag des Instituts nicht mehr aus nationaler, sondern aus europäischer Perspektive wahrgenommen wird.

[6] Sie bildet mit einem Teil der einschlägigen Bücher meiner Bibliothek den Grundstock der Weber-Kiefer Bibliothek für Oberschlesien. Sie soll durch den größeren Teil meiner Bücherei in Essen ergänzt und ebenfalls in Oppeln oder in Beuthen aufgestellt werden.

7. Ein von Ökonomen und Juristen selten beachteter Faktor ist das Museum als Kommunikationsfeld der Kultur, das externe Investoren in die kulturelle Tradition einstimmen und über das Potential dieser Region orientieren kann. Die intensive Partnerschaft mit dem Oberschlesien-Landesmuseum in Ratingen-Hösel – am Rande des Ruhrgebietes und gefördert vom Patenland NRW – erfüllt diese Aufgaben in einer immer dichter werdenden Kooperation mit allen Museen zwischen Breslau über Troppau, Beuthen und Tarnowitz bis nach Teschen. Außerdem baut es grenzübergreifend private Heimatmuseen auf, um in den Subregionen die geschwächte Identität neu zu stärken. Hösel dokumentiert gegenwärtig umfassend Oberschlesiens Kultur und seine komplexen trilateralen Strukturen. Schritt für Schritt gelingt mit jeder gemeinsamen Ausstellung der Transfer in beide Richtungen.

8. Ausbaufähig ist die Zusammenarbeit zwischen Industrie- und Handelskammern und besonders zwischen den Handwerks-Kammern. Dieser Punkt hätte eigentlich eine längere Berichterstattung verdient. Aber zu erwähnen ist in jedem Fall die Zusammenarbeit mit der überaus innovativen Wirtschaftskammer Gleiwitz (in Tradition des früher sehr großen Landkreises Beuthen-Tarnowitz mit West-Oberschlesien bis an Oppelns Grenzen) und die Kooperation der IHK Essen mit der Wirtschaftskammer Kattowitz (in enger Verbindung zur Messe Kattowitz).

9. Ergänzend zur interdisziplinären Landeskunde mit dem Schlesischen Institut in Oppeln konnte für die wissenschaftliche Kooperation in Ökonomie und Technologie die Wirtschaftswissenschaftliche Fakultät der TH Gleiwitz mit Sitz in Zabrze/Hindenburg gewonnen werden. Zur Zeit wird erwogen, gemeinsam mit dem Essener RWI ein regionales Institut oder Zentrum zur Begleitung von Neustrukturierung und Europa-Integration zu gründen. Der Fakultätssitz in Zabrze ermöglicht auch die operative Begleitung der Städtekooperation.

10. Die nach empirischen Erfahrungen wirkungsvollste Kooperationsebene in und mit Oberschlesien finden wir in den großen Städten. Aus den schon oben geschilderten Gründen der Patenschaft von NRW für Oberschlesien und der nach 1950 entstandenen Beziehung zwischen Städten des Ruhrgebietes und Oberschlesiens lassen sich Testmodelle von Städtepartnerschaften entwickeln. Insbesondere die Städtepartnerschaften zwischen Essen und Hindenburg/Zabrze sowie Recklinghausen und Beuthen/Bytom sind vielversprechend. Die Bereitschaft auf beiden Seiten ist groß und könnte den Druck in Richtung regionaler Dynamik verstärken.

Dieser Rahmen für die interne und externe Vernetzung könnte die industriellökologisch-kulturelle Umstrukturierung intensivieren und über gestiegene Wettbewerbs- und Europaqualität für genügend Effizienz sorgen. In diesen wie in anderen erfolgversprechenden Bereichen fehlt die notwendige Durchschlagskraft. Hier müssen die Kräfte zielorientiert gebündelt werden. Sonst geht der gegenwärtige Zustand weiter, in dem eine Vielzahl idealistischer, karitativer und sozialer Projekte zur Linderung des unbefriedigenden Status quo bewundert wird, der aber die eigentliche Umstrukturierung verhindert und verzögert. Briten, Amerikaner, Franzosen, Japaner und andere kümmern sich um diese „Notlage" jenseits von Angebot und Nachfrage überhaupt nicht und machen auf der von uns „beruhigten" Lage „business as usual". An einer nachhaltigen Gesundung Oberschlesiens sind sie nicht interessiert. Wenn die Geschäfte nicht mehr gut gehen, suchen sie nach einem anderen Standort.

V. Eckpunkte zum Nachdenken

Die Originalität der hier ausgebreiteten Gedanken liegt darin, daß sich ein in den Details und Untergründen des heutigen trilateralen Oberschlesiens kundiger Landsmann an deutsche, polnische und tschechische Wissenschaftler, Kirchenleute, Unternehmer, Gewerkschafter und Politiker wendet und um begleitende Partnerschaft bittet. Es handelt sich hier also nicht um den Regelfall, daß gut gemeinte Analysen und Vorschläge von Dritten kommen, die die regionalen Besonderheiten nicht kennen – schon gar nicht die eines historisch, ethnisch, politisch, industriell und ökologisch sowie im nicht lauteren Wettbewerb der europäischen Staaten verminten Geländes. Wenn man als Deutscher mit anderen dieser Region helfen will, muß man einerseits die „political correctness-Position" der deutschen Meinungsführer und Entscheidungsträger gegenüber Polen und Tschechien überwinden; andererseits muß man für diese Region (was überwiegend für ganz Polen und Tschechien gilt) anerkennen, daß sie eine große Industrietradition und kulturelle wie wissenschaftliche (11 Nobelpreisträger!) Substanz hatte und darum nicht wie ein östliches Entwicklungsland behandelt werden darf.

Vor diesem Hintergrund muß die ordnungspolitische Symbiose aus den eigenen Strukturprinzipien, aus der humanen Verantwortung des Unternehmers, aus der Städtezusammenarbeit und aus der Ergänzung von industriellen und landwirtschaftlichen Subregionen entstehen. Die Kooperationsofferte trifft auf bewährte oberschlesische Prinzipien, die auf Revitalisierung warten. Die Christliche Gesellschaftslehre ist hier kein fremdes Feld – seit Ulitzka und Korfanty bis zum Oppelner Erzbischof und dem Prager Kardinal Vlk heute. Nicht von ungefähr hat der in Oberschlesien gewählte Reformer Leszek Balczerowicz hier seine größte Anhängerschaft. Gleiches trifft auf Vaclav Klaus zu.

Die folgenden zehn Positionen sind ein Wagnis. Ich trage sie offen vor und bitte, sie als Vorschlag zum Nachdenken zu betrachten. Interdisziplinarität mit Wissenschaft und Praxis, eingelagert in regionale Trilateralität, leitet uns bei diesen Eckpositionen:

1. Es gilt, die zentralistische Fremdbestimmung durch Warschau und Prag abzubauen, neue europäische Bürokratiebestimmungen zu verhindern oder zu mildern und die noch ungewohnte Eigenbestimmung – subsidiär und kooperativ unternehmerisch – zu entfalten und eine funktionsfähige Selbstverwaltung aufzubauen.

2. Eine trilaterale und grenzübergreifende Konzeption muß helfen, aus der vernachlässigten Grenzlage innerhalb Polens und Tschechiens herauszukommen und damit eine Mittellage und Brückenfunktion in Mittelosteuropa zu gewinnen. Aus dieser geostrategischen Konsequenz sind eine vom Start an marktwirtschaftliche Ausdehnung auf die Nachbarregionen zu versuchen und eine christlich orientierte Entwicklungshilfe (und wenn sie in den ersten Jahren noch so klein ist) zu beginnen.

3. Das Ende der über 150jährigen Montanwirtschaft und der entsprechenden Verbundstrukturen darf nicht als regionale Katastrophe das „Klima" belasten, sondern muß als marktwirtschaftliche Chance für Freiheit und neu gestaltete Lebensbedingungen begriffen werden – mit dem alten Selbstbewußtsein des „Made in Oberschlesien-Gorny Slask" im internationalen Wettbewerb.

4. Der EU-Beitritt Polens und Tschechiens eröffnet für Oberschlesien-Gorny Slask-Slezsko viel größere Chancen als für die übrigen Provinzen Polens, Tschechiens oder Deutschlands. Das setzt voraus, daß man vor allem in Brüssel diese Modelloption begreift. Außer der Übernahme der sogenannten Kopenhagener Beitrittsprinzipien mit

   – Übernahme des demokratischen Rechtsstaats in die Verfassungsstrukturen,
   – Übernahme der Ordnungsprinzipien der Sozialen Marktwirtschaft mit offenen Märkten für Güter, Dienstleistungen, Menschen, Kapital, Boden- und Privateigentum,
   – Anerkennung und Partizipation der Minderheiten, hier auf beiden Seiten der Regionsgrenzen die Einbeziehung der großen deutschen Volksgruppe,

   kann sich in dieser Region eine Ordnungspolitik aus der Symbiose von marktwirtschaftlichen Prinzipien, ethischen Essentials von Müller-Armacks und Röpkes „Jenseits von Angebot und Nachfrage" und Nossols „Zivilisation der Liebe" ergeben, die das europäische Ordnungsdenken stark befruchten kann. Die EU-Juristen werden der europäischen Sanierung und notwendigen Neustrukturierung Schlesiens nicht helfen, wenn sie bei traditionellen eindimensionalen Denkstrukturen bleiben. Das zu übernehmende Gemeinschaftsrecht hat im europäischen Profil sowohl christlich-kulturell wie marktwirtschaftlich noch erhebliche Lücken, wenn man an „Einheit in der Vielfalt" oder an subsidiäre Selbstverwaltung im Menschen- und Weltbild der Schöpfungsordnung denkt.

5. Eine gleichzeitig humane wie marktwirtschaftliche Aufgabe ist es, eine neue Konzeption der Stadtsanierung für seit über 70 Jahren in der Bausubstanz

nicht sanierte Städte zu entwickeln – in „Private-public partnership" und Wettbewerb!

6. Die Förderung des Mittelstandes als Ordnungsfaktor wie als soziale Größe gesellschaftlicher und kultureller Stabilität erhält durch den Zusammenbruch alter Beschäftigungs- und Arbeitsplatzstrukturen der großen Massenbetriebe eine moderne Entwicklungschance, wenn es gelänge, die Reste der hervorragend qualifizierten Zulieferbetriebe aus der Montanwirtschaftszeit zu retten. Aus Unwissen sieht das heute niemand in der Region.

7. Die ökologische Verantwortung für diese geschändete Region muß neu definiert werden und wegen der Problemnähe dezentral geordnet werden. Das gilt für die ganze Natur mit Wasser, Boden, Luft und gleichzeitig für die Bausubstanz, den Verkehr, die Gesundheit und das Wohnen der Menschen. Eine jahrzehntelange Arbeitsbeschaffung und eine Vorbildfunktion der Region in Mitteleuropa für „sustainable development" könnte in Bewegung kommen.

8. Die deutsche Volksgruppe in der Region Oppeln muß angeleitet werden, nicht getrennt und nach innen, sondern verbunden für das Gesamtwohl von Oberschlesien zu wirken. Dann wird sie vielleicht von Brüssel, Warschau und Prag als konstruktiv-europäischer regionaler Faktor und nicht als nationaler Fremdfaktor wahrgenommen und bewertet. Die gleichzeitig ökonomische, rechtliche und kulturelle Aufgabe der Einbeziehung der Alt-Schlesier in die langfristige Umstrukturierung würde nicht nur die Glaubwürdigkeit der Anwendung des Heimatrechts stärken und ein Werk des Friedens sein; sie würde darüber hinaus die trilaterale Identität, das europäische Bewußtsein und dringend benötigte Substanz in Human- und Sachkapital stärken.

9. Die Umstrukturierung ist über lange Zeit schmerzlich, benötigt die Geduld der Einwohner und wegen unvermeidlicher Rückschläge auch einen „langen Atem" aller. Die Region hat gegenüber anderen Umstrukturierungsregionen Europas einen großen Vorteil. Sie ist tief religiös verwurzelt[7]. Es ist aber zu empfehlen, daß sich Ökonomie, Kirche und Kultur strategisch immer wieder verständigen, damit die „katholische Akzeptanz" der Umstrukturierung erhalten bleibt. Kardinal Hengsbach hat uns das bei der Umstrukturierung des Ruhrgebiets gelehrt, und ich gebe das an die alte Heimat zurück.

---

[7] Die Religiosität dieser Region stellten in Gleiwitz (Juni 1999) 850 000 einen Tag lang betend Wartende unter Beweis, bis endlich der zwischenzeitlich erkrankte Papst Johannes Paul II. erschien.

10. Sollte es im Zuge der schwierigen Umstrukturierung dieser alten europäischen
    Industrieregion gelingen, das freiheitlich-christliche Menschen- und Weltbild
    in Kooperation mit der in Deutschland entwickelten Sozialen Marktwirtschaft
    (viel mehr als die klassische liberale Ordnung, die nur dann funktionierte,
    wenn es eine haltbare Werteordnung als Basis gab) in Symbiose und prakti-
    sche Anwendung zu bringen, dann werden nicht nur die Oberschlesier, son-
    dern ganz Europa die Gewinner im globalen Wettbewerb mit den USA und
    Asien sein.

Vor allem unseren geistlichen Schirmherren der Konferenz sei die durch Vertrei-
bung, homo sovieticus und ethnischen Nationalismus bis in die Wurzeln gestörte
Kommunikation der Menschen und Institutionen ihrer Region ans Herz gelegt.
Ohne Wahrheit kein Vertrauen und keine Liebe. Die tägliche „communio" der
Kirche sollte die „communicatio" der Welt in der Region neu entwickeln.

Schlesien auf dem Weg in die Europäische Union
Hrsg. von Lüder Gerken und Joachim Starbatty
Lucius & Lucius, Stuttgart, 2001

Programme der polnischen Regierung und der regionalen Selbstverwaltungsorgane zur Umstrukturierung Schlesiens

Tadeusz Donocik, Warschau

Die Wojewodschaft Schlesien ist ein Gebiet mit großem wirtschaftlichen Potential. Ihre Entwicklung hängt jedoch von zahlreichen Faktoren ab, vor allem vom Erfolg des Umstrukturierungsprozesses in der Montanindustrie. Der Strukturwandel der Industrie Schlesiens berührt viele Bereiche. Die Bewältigung dieses Problems ist für den gesamten Staat von größter Bedeutung.

Die Lösung der besonderen Probleme, mit denen sich die Wojewodschaft Schlesien konfrontiert sieht, erfordert eine enge Kooperation der wichtigsten Akteure in der polnischen Regionalpolitik: Zentralregierung, Selbstverwaltungsorgane der Wojewodschaften, Sozialpartner im weitesten Sinne und auch die Europäische Union mit ihrer Regionalförderung. Zur Zeit wird die Regionalpolitik sowohl auf zentraler Ebene – zuständig ist hier der Minister für Wirtschaft – als auch auf der Ebene der Wojewodschaften gestaltet. Bei den Wojewodschaften ist der Vorstand der Wojewodschaft mit dem Marschall an der Spitze verantwortlich.

Derzeit basiert die Strukturpolitik der Zentralregierung in der Montanwirtschaft auf dem Programm zur Reform des Steinkohlebergbaus in Polen in den Jahren 1998–2002. Es wurde am 30. Juni 1998 verabschiedet (mit Änderung vom 21. Dezember 1999). Dieses Dokument wurde der Zentralregierung vom Wirtschaftsminister als mittelfristiges Wirtschaftsprogramm vorgelegt.

Die Ziele des Reformprogramms lassen sich wie folgt zusammenfassen:
1. Anpassung der Unternehmen an die Erfordernisse der Marktwirtschaft und Aufrechterhaltung der Konkurrenzfähigkeit der polnischen Kohle auf dem Binnenmarkt;
2. Befriedigung der Binnennachfrage sowie Ermöglichung wirtschaftlich begründeter Exporte bis 2010 unter Berücksichtigung der Umweltauflagen und Wettbewerbsregelungen der Europäischen Union bei gleichzeitiger Öffnung des Marktes für alle Energieträger nach dem Prinzip der Reziprozität.

Hauptziel der Umstrukturierung der Stahlindustrie in Polen sowie auch des von der Regierung verabschiedeten Programms ist die Sicherung der langfristigen Rentabilität und internationalen Wettbewerbsfähigkeit der gesamten Branche sowie jedes einzelnen Stahlunternehmens. Dieses Ziel wird mit Hilfe folgender Mittel verfolgt: Umstrukturierung der Beschäftigung, Kostensenkung, Privatisierung, Modernisierung und Anpassung der Kapazitäten an die Nachfrage.

Das Programm zur Umstrukturierung des Kohlebergbaus umfaßt auch eine Reihe von Sozialmaßnahmen wie Vorruhestandsregelungen für jene Arbeitnehmer, die wegen ihres Alters kaum Aussichten auf eine neue Stelle haben, die Unterstützung von Bergleuten, die außerhalb des Bergbaus beschäftigt werden können, und schließlich die Förderung von Unternehmensgründungen. Darüber hinaus soll die Diversifizierung der Bergbaugesellschaften die Güter- und Dienstleistungsangebote außerhalb des Montanbereichs erhöhen. Ähnliche Sozialmaßnahmen und Übergangshilfen sieht das Programm zur Umstrukturierung des Hüttenwesens vor. Die Umsetzung dieses Programms hat bereits die Modernisierung der meisten Hütten sowie einen Kapazitätsabbau um rund 7 Mio. Jato. Stahl sowie die Schließung umweltschädlicher und veralteter Produktionslinien ermöglicht.

Die Reformierung und Umstrukturierung sowohl des Kohlebergbaus als auch der Stahlindustrie haben in Schlesien tiefgreifende Umwälzungen zur Folge. Zur Abfederung der dabei entstehenden Probleme trägt zumindest teilweise die Tätigkeit der Kattowitzer Sonderwirtschaftszone bei. Ihre Einrichtung im Jahre 1996 war eines der wichtigsten Instrumente zur wirtschaftlichen Entwicklung der Region. Die Zone soll eine optimale Nutzung des regionalen Potentials gewährleisten und die Investitionstätigkeit anregen. Sonderwirtschaftszonen sind vor allem für ausländische Investoren interessant. Mehr als 75% des Investitionskapitals stammt von ausländischen Firmen. Führend sind dabei Unternehmen aus Deutschland und den Vereinigten Staaten. In der Kattowitzer Sonderwirtschaftszone wurden bereits mehr als drei Mrd. Zloti investiert und rund 10 000 Arbeitsplätze geschaffen. Dadurch trägt sie bereits jetzt zur Entschärfung schwerwiegender wirtschaftlicher und sozialer Probleme in der Wojewodschaft bei. Sie zeigt darüber hinaus deutlich, daß Erfolge bei Ansiedlung von Unternehmen im heutigen Polen von den jeweiligen Präferenzen, der industriellen Tradition, der technischen Infrastruktur sowie von den ökonomischen Rahmenbedingungen abhängen.

Diese Umstrukturierungsprozesse werden seit der Mitte der 90er Jahre durch regionale Programme gefördert, die die EU mitfinanziert. Das erste hier zu nennende Programm, PHARE STRUDER (PHARE ist eine Programmreihe der EU zur Kooperation mit den mittel- und osteuropäischen Beitrittskandidaten, *Anm. d. Hrsg.*), soll Regionen unterstützen, die einem besonders tiefgreifenden Strukturwandel unterworfen sind. Es konzentriert sich auf den industriellen Strukturwandel, die Mobilisierung lokaler Potentiale, die finanzielle Förderung sowie die Umschulung und die Beratung klein- und mittelständischer Unternehmen (KMU's). Im Rahmen dieses Programms konzentriert sich die Oberschlesische Agentur für Regionalentwicklung auf drei Komponenten: Förderung regionaler Institutionen und ihrer Tätigkeit, Schulung und Beratung sowie kleinere Infrastrukturprojekte. Im Rahmen der Förderung regionaler Institutionen und ihrer Tätigkeit erhielt die Wojewodschaft 580 000 ECU. Diese Mittel wurden für Institutionen aus dem Umfeld der Wirtschaft sowie für PR-Maßnahmen wie Konferenzen, Seminare und Messebeteiligungen verwendet. Für den Bereich Schulung und Beratung wurden rund 860 000 ECU und für kleinere Infrastrukturprojekte weitere 3,8 Mio. ECU bereitgestellt. Das Programm wurde als STRUDER II neu aufgelegt. Das Programm Phare RAPID förderte und finanzierte vor allem Infrastrukturmaßnahmen in der Region. Dieses Instrument sollte die für die Ausschöpfung der Entwicklungsmöglichkeiten der Regionen notwendige Infrastruktur stärken, um so Fremdenverkehr und Unternehmensansiedlungen zu fördern, sowie die Errichtung von Gründer- und Technologiezentren ermöglichen.

Ein weiteres Programm – Phare-INREAD – sollte die Regionen auf die zielgerichtete Verwendung künftiger Fördermittel der EU sowie auf die Umsetzung zentraler regionaler Projekte vorbereiten. Im Rahmen dieses Projekts wurde das „Programm zur Umstrukturierung und wirtschaftlichen Entwicklung der Wojewodschaft Kattowitz" aufgelegt. Zu nennen wäre noch das Programm Phare ODBUDOWA (Wiederaufbau), das sich an die vom Hochwasser im Jahr 1997 betroffenen Regionen richtete.

Einer separaten Behandlung bedürfen die Hilfsprogramme der EU, die den Strukturwandel im Kohlebergbau und in der Stahlindustrie direkt begleiten. Es handelt es sich um die Programme Phare INICJATYWA I und Phare'99 INICJATYWA II. Sie flankieren die von der Regierung aufgelegten Struktur-Sozialprogramme und ergänzen die dafür bereitgestellten Haushaltsmittel.

Das Programm INICJATYWA I soll den Prozeß der Umstrukturierung des Kohlebergbaus und der Stahlindustrie insofern fördern, als es die Folgen des Beschäftigungsabbaus in der Montanindustrie abfedert. Die Fördermittel sind für aktive Sozialmaßnahmen bestimmt; sie werden aus dem Staatshaushalt finanziert: Umschulung freigesetzter Arbeitskräfte, Sozialleistungen im Bergbau sowie Umschulungsverträge für die Beschäftigten in der Stahlindustrie.

Ein Teil dieser Mittel ist für die Schaffung neuer Arbeitsplätze in kleineren und mittleren Unternehmen bestimmt. In diesem Zusammenhang sind folgende Maßnahmen geplant:
- Erstattung der Versicherungskosten an Arbeitgeber, die ehemalige Bergleute bzw. Stahlarbeiter beschäftigen,
- Vergabe zinsbegünstiger Kredite an ehemalige Arbeitnehmer beider Sektoren oder an ihre Ehepartner sowie für KMU's, die entlassene Arbeitnehmer aus der Montanindustrie einstellen wollen,

– Mitfinanzierung von Beratungsdienstleistungen für die Adressaten der genannten Maßnahmen.

Auf der zentralen Ebene ist das Wirtschaftsministerium für die Durchführung des Programms zuständig. Die praktische Umsetzung gewährleistet dagegen die Polnische Stiftung zur Förderung von KMU's. Im Bereich des Kohlebergbaus wird dieses Programm auf der regionalen Ebene von der Staatlichen Agentur zur Umstrukturierung des Kohlebergbaus (PARG), von der Bergbauagentur für Arbeit (GAP), den betroffenen Bergbauunternehmen und der lokalen und regionalen Verwaltung begleitet. Im Stahlsektor arbeitet die Polnische Stiftung zur Förderung von KMU's mit den von der Umstrukturierung betroffenen Unternehmen, mit zuständigen Arbeitsämtern auf der Kreis- und Wojewodschaftsebene sowie mit anderen regionalen und lokalen Partnern zusammen.

Das Programm INICJATYWA läuft Ende 2000 aus. An seine Stelle tritt das Programm INICJATYWA II, das kein reines Sektorenprogramm mehr darstellt, da es auch die regionale Ausrichtung betont. Dieses Programm setzt sich aus zwei Grundkomponenten zusammen: Maßnahmen zur Unterstützung des Strukturwandels in der Montanindustrie (unter Anwendung von Instrumenten aus dem Programm INICJATYWA I) sowie der Einrichtung eines lokalen Zuwendungsfonds. Dieser Fonds richtet sich an Gemeinden aus der Wojewodschaft Schlesien, deren Unternehmen sich vor einem Umstrukturierungsprozeß befinden. Die Gemeinden erhalten die Zuwendungen für kleinere Investitionsprojekte, die in einem Wettbewerb ermittelt werden und die zum Arbeitsprogramm der Wojewodschaft passen.

Die vorgelegten Projekte betreffen vor allem folgende Bereiche: Schaffung neuer Arbeitsplätze außerhalb der Montanindustrie, Ausbau der KMU's, Innovationen und Technologietransfer, Bildung und Arbeitsmarkt, Umweltschutz sowie Verkehr. Die Projekte werden nach einem vorher festgelegten Reglement von einem regionalen Lenkungsausschuß begutachtet. Er wird vom Marschall der Wojewodschaft bestellt. Ferner werden sie von dem Bevollmächtigten für die Umsetzung des Programms und der Vertretung der EU in Polen bestätigt. Das Programm läuft bis September 2002.

Das Programm INICJATYWA I fördert daneben den „Aufbau von Institutionen"; dies wird in Twinning-Absprachen mit Institutionen aus den EU-Mitgliedsstaaten umgesetzt. Eine Twinning-Absprache umfaßt:

– langfristige technische Hilfen und Schulungen für regionale Institutionen, die an der Umstrukturierung der Montanindustrie und der Überwachung ihres sozialen Teils beteiligt sind,

– kurzfristige Direkthilfen, Beratung und entsprechende Schulungen für regionale Institutionen, die an Umschulungsprogrammen für frühere Arbeitnehmer aus der Montanindustrie beteiligt sind,

- kurzfristige Beratungshilfen für regionale und lokale Institutionen, die für die Schaffung neuer Arbeitsplätze verantwortlich sind.

Im Rahmen des Programms Phare 98 INICJATYWA I hatte die EU – laut Finanzmemorandum vom 24. Dezember 1998 – Polen Mittel in Höhe von 30 Mio. Euro (davon 20 Mio. für die Finanzierung der Umstrukturierung im Kohlebergbau und 10 Mio. für die Stahlindustrie) gewährt. Das Programm Phare 98 INICJATYWA II ist dagegen mit Mitteln in Höhe von 31 Mio. Euro ausgestattet: 12 Mio. wurden für die Umstrukturierungsmaßnahmen im Kohlebergbau, 10 Mio. für die Umstrukturierung der Stahlindustrie und 9 Mio. Euro für die Regionalentwicklung bereitgestellt.

Der Wojewodschaft Schlesien wurden auch Mittel aus dem Kohäsionsprogramm Phare 2000 zugeteilt. Es setzt sich aus drei Komponenten zusammen:
- Entwicklung von Institutionen,
- Förderung von Investitionen, die zur Übernahme des „Acquis Communautaire" beitragen und
- Umsetzung vorläufiger regionaler Entwicklungspläne in fünf Wojewodschaften zur Förderung der Kohäsion.

Im Rahmen des Kohäsionsprogramms sind Projekte gefragt, deren Umsetzung zur Verwirklichung von Zielen der Regionalentwicklung einzelner Wojewodschaften beiträgt und die die Voraussetzungen der Phare-Verfahren erfüllen.

Die Projekte sollen mit den Kohäsionszielen von Phare 2000 übereinstimmen: Förderung von Humanressourcen, Förderung des produzierenden Gewerbes (hauptsächlich der KMU's) sowie Ausbau und Modernisierung der für Unternehmen relevanten Infrastruktur sowohl mit regionalem als auch mit lokalem Charakter. Die Selbstverwaltung der Wojewodschaft Schlesien hatte ein vorläufiges Entwicklungsprogramm mit den jeweiligen Schwerpunkten vorgelegt. An dessen Ausgestaltung beteiligten sich auch gesellschaftliche Akteure aus der gesamten Wojewodschaft. Nach Absicht des Wirtschaftsministers, der Wojewodschaftsbehörden sowie der Europäischen Union sollten möglichst viele Vertreter aus Gesellschaft, Wirtschaft, Wojewodschaft, Kreisen und Gemeinden an der Vorbereitung und Einführung des Programms Phare 2000 beteiligt werden.

Die Vorschläge auf regionaler Ebene wurden vom Wirtschaftsministerium auf ihre Übereinstimmung mit den Zielen der regionalen Entwicklungsstrategie des Zentralstaates und im Hinblick auf den Stand technischer Vorbereitungen begutachtet. Schließlich weist der Landeskoordinator für die Hilfsprogramme die eingereichten Anträge an die Europäische Kommission weiter. Die Wojewodschaft Schlesien will sich im Rahmen des Phare-Programms auf vier Prioritäten konzentrieren:

(1) Entwicklung von Humanressourcen,
(2) Umstrukturierung traditioneller Industriegebiete und Schaffung neuer Formen wirtschaftlichen Engagements,

(3) Förderung endogener Entwicklungspotentiale der Region über den Aufbau moderner integrierter Verkehrs- und Transportsysteme unter Berücksichtigung ökologischer Belange und

(4) multifunktionale Entwicklung ländlicher Gebiete.

Im Rahmen des Programms zur Umstrukturierung traditioneller Wirtschaftssektoren in Industriegebieten und Schaffung neuer Formen wirtschaftlichen Engagements hat die Förderung von KMU's Priorität. Ihre Entwicklung wird als beste Alternative zu den Unternehmen aus der Schwerindustrie angesehen. Die Förderung kleiner und mittlerer Unternehmen geschieht durch finanzielle Unterstützung bestehender bzw. neu gegründeter Firmen sowie durch Beratung und Unterstützung von Experten. Vorgesehen ist auch der Ausbau und die Modernisierung von Straßen und Verkehrsnetzen, die auf die Bedürfnisse der KMU's ausgerichtet sind. Diese Priorität gilt vor allem in Gemeinden, die unter den Strukturwandlungen im Bergbau, der Stahl- und in der Textilindustrie zu leiden haben. Im Rahmen der Priorität „Entwicklung von Humankapital" sind Schulungen für Arbeitnehmer, deren Arbeitsplatz gefährdet ist, und auch für Manager kleiner und mittlerer Unternehmen vorgesehen. Die Priorität „Förderung endogener Entwicklungspotentiale der Region" will den internationalen Flughafen Katowice – Pyrzowice an das Autobahn- und Schnellstraßennetz anbinden. Im Rahmen der Priorität „Multifunktionale Entwicklung ländlicher Gebiete" wird der „Lokale Zuwendunsfonds" geschaffen; er soll die Entwicklung der lokalen Infrastruktur fördern. Das gesamte Programm soll zur gesellschaftlichen und wirtschaftlichen Kohäsion der Wojewodschaft Schlesien beitragen und Voraussetzungen für ihre ausgewogene Entwicklung schaffen.

Die EU stellt Mittel in Höhe von 37,15 Mio. Euro für die Umsetzung das Programms Phare 2000 in der Wojewodschaft Schlesien zur Verfügung. Die Mitfinanzierung aus inländischen öffentlichen Mitteln (Staatshaushalt, Haushalt der Wojewodschaft, Gemeinden) wird auf 35,77 Mio. Euro geschätzt, die des privaten Sektors auf 16,18 Mio. Euro. Der Beginn des Programms ist für das Jahr 2001 geplant; es muß zuvor noch von der Europäischen Kommission und einem Ausschuss aus Vertretern der Mitgliedstaaten genehmigt werden. Darüber hinaus wird die Wojewodschaft ein Finanzierungsmemorandum mit der Regierung der Republik Polen abstimmen. Das Programm soll im September 2003 auslaufen.

Es gibt noch eine Reihe weiterer Hilfsprogramme der EU, deren Mittel in die Wojewodschaft Schlesien fließen werden:
- ISPA finanziert große Projekte (mehr als 5 Mio. Euro) im Bereich Verkehrsinfrastruktur und Umweltschutz,
- SAPARD fördert die Landwirtschaft und ländliche Gebiete sowie
- Phare CROSSBOARDER.

Die Erfahrungen sowohl der Zentralregierungs- als auch der Selbstverwaltungs-organe auf der Ebene der Wojewodschaften bei der Umsetzung europäischer Hilfsprogramme werden bei der Zusammenarbeit mit den Strukturfonds nach dem polnischen EU-Beitritt sehr hilfreich sein. Sie sind auch von zentraler Bedeu-tung für die künftige Gestaltung der Kooperation der Zentralregierung Polens, der zentralen Administration und der Selbstverwaltungsorgane mit der Europäi-schen Kommission.

Schlesien auf dem Weg in die Europäische Union
Hrsg. von Lüder Gerken und Joachim Starbatty
Lucius & Lucius, Stuttgart, 2001

Was kann Polen aus dem Strukturwandel des Ruhrgebiets lernen?

Paul Klemmer, Essen

Was die positive Entwicklung großstädtisch geprägter Regionen oder Ballungs-
gebiete betrifft, besteht heute in der Regionalforschung Einigkeit darüber, daß
die wirtschaftliche Entwicklung eines Teilgebietes nicht nur von harten Standortfaktoren wie Infrastruktur-ausstattung, Lage, Ressourcen, Erwerbspersonen-
potential, verfügbaren Gewerbeflächen bzw. Löhnen und vom Preisgefüge wichtiger Einsatzfaktoren abhängt. Diese Tatbestände dürfen nicht vernachlässigt werden, aber noch wichtiger werden Standortfaktoren wie Milieus, Regionalkultur,
Herausbildung von Kompetenzbereichen oder Gründungs- und Innovationsklima.
Dies zeigen auch Untersuchungen für das Ruhrgebiet. Versucht man z.B. die Ar-
beitsplatzentwicklung oberzentraler Einzugsbereiche (alte Bundesländer) allein
über die harten Faktoren regressionsanalytisch zu bestimmen, kann man in der
Regel nur etwa 40 Prozent der Entwicklungsvarianz statistisch erklären. Hierbei
kommt den Dichtewerten und den groß- bzw. kleinräumigen Erreichbarkeits-
verhältnissen besondere Bedeutung zu.

Die neuere Regionalforschung kann durch Verknüpfung von Agglomerations-
und Innovationsforschung belegen, daß sich das großräumige Entwicklungsgefälle
im Zeitablauf nicht nur als relativ stabil erweist, sondern sogenannte regionale
Netzwerke entstanden sind, bei denen Ballungsräume eine motorische Funktion
für ganze Regionalkomplexe übernehmen. Sollten die Innovations- und Grün-
dungsprozesse, wofür immer mehr spricht, besonderen Einfluß auf die Regionalentwicklung haben, dann hätte dies auch Konsequenzen für die regionale Wirtschaftspolitik bzw. die regionale Wirtschaftsförderung. Unterstellt man nämlich,
es gäbe die Möglichkeit einer Innovationsbeeinflussung – etwa über den Aufbau
oder die Förderung von (regionalen) Forschungsnetzwerken –, müßte die kapital-
durch eine innovationsorientierte Regionalpolitik abgelöst oder zumindest um
eine solche ergänzt werden. Vor allem würden die Ballungsräume eine neue Bewertung erfahren.

Aufbauend auf solchen Überlegungen kann man Regionen in einer gewissen Vereinfachung in drei größere Kategorien einteilen:

(1) Eine erste Gruppe spielt in einer Art „Welt- oder Europa-Liga" mit. Das sind Regionen, die angesichts ihrer Forschungseinrichtungen und Forschungsverbünde in globaler Hinsicht zu den wichtigen „Inseln der Wissensentstehung" zählen, Sitz von zentralen Unternehmensverwaltungen sind (Headquarter-Funktion), über ein attraktives Wohn-Umfeld verfügen, infrastrukturell voll ausgestattet sind, bereits aufgrund ihrer Einwohnerzahl unter Vertriebsaspekten interessant sind, sich durch einen spezifischen Lebensstil und ein gutes Wirtschaftsklima auszeichnen und untereinander in einer engen Handels- und Informationsverflechtung stehen. Diese Regionen vermögen sich nicht nur aus eigener Kraft an der Spitze des Regionengefüges zu halten; vielmehr sind sie, was wichtig ist, auch Quelle innovatorischer Prozesse, die auf größere Regionenkomplexe, Bundesländer bzw. Nationen ausstrahlen. Dann werden sie zu wichtigen Funktionsträgern. Der Globalisierungs- und Internationalisierungsprozeß hat in Verbindung mit der Verkürzung der Produktlebenszyklen die Anforderungen an diese Regionen erhöht und kann einzelne Positionen in Frage stellen. Läßt man einmal die Hauptstadt-Regionen außer Acht, zählen in Europa zu diesen Regionen u.a. die Großräume um Mailand, Barcelona oder Zürich, in Deutschland wären die Regionen Frankfurt oder München zu nennen, um nur einige wichtige Beispiele aufzuführen. Das sind Gebiete, die Ausgangspunkte für großräumige Netzwerkbildungen sind, wobei sie selbst vielfach Überlagerungen oberzentraler Verflechtungsbereiche darstellen. Fehlen solche motorischen Gebiete, sinkt ein größeres Bundesland oder eine Nation in die ökonomische Zweitklassigkeit ab. Selbst das Ruhrgebiet ist noch nicht Mitglied dieser Europa-Liga, will es aber werden. Es wäre zu prüfen, welche Regionen in Polen für diese Gebietskategorie in Frage kommen. Das alte oberschlesische Industriegebiet könnte möglicherweise wichtige Voraussetzung als Aufstiegskandidat aufweisen.

(2) Daneben treten eine National- sowie eine Regionalliga. Erstere umfaßt Gebiete, die in klassischer Weise als oberzentrale Verflechtungsbereiche gekennzeichnet werden können. Die Großstädte dieser Regionen haben eine großräumige Umlandversorgungsfunktion und sind Mittelpunkt einer Region (etwa Region Kassel). Gesamtwirtschaftliche Ausstrahlungen bzw. innovatorische Funktionen für größere Regionenkomplexe treten hier jedoch zurück.

(3) Hinzu kommen schließlich komplementäre Regionen (gehobene Mittelzentren mit deutlichem Umlandeffekt), die gerade auf landesplanerischer Ebene wichtige Aufgaben zu erfüllen vermögen.

Heute besteht Einigkeit darüber, daß die Fähigkeit einer Region, eines Bundeslandes oder einer Nation, Innovationen hervorzubringen und erfolgreich in die Märkte zu integrieren, über die Zukunft der wirtschaftlichen Entwicklung eines Gebiets entscheiden wird. Unter Innovationen versteht man hierbei angewandtes neues Wissen, das sich auf Märkten durchsetzt, d.h. in der Regel auf eine mobilisierbare Nachfrage stößt. Das neue Wissen kann neue Produkte und Produktionsverfahren (technische Innovationen), aber auch neue Organisationsformen, strategische Konzepte, Regeln oder Werte (strategische, institutionelle oder soziale Innovationen) umfassen. Nicht immer handelt es sich hierbei um grundlegende Änderungen überkommener Produkte, Verfahren, Konzepte oder Regeln (sogenannte Basisinnovationen), in der Regel dominieren vielmehr marginale Änderungen entlang bestimmter (Technik-)Linien. Hier kommt kleinen und mittleren Unternehmen sowie Unternehmensgründungen besondere Bedeutung zu; die Erfassung der marginalen Änderungen bereitet jedoch besondere Probleme, so daß sie zumeist unterschätzt werden.

In marktwirtschaftlichen Systemen sind es primär private Unternehmen, die vorhandenes Wissen aufspüren, markt- bzw. anwendungsfähig machen und es auf eigenes Risiko einführen. Es ist vor allem der Wettbewerb, der Unternehmer durch Preis- und Kostendruck laufend dazu zwingt, über Änderungen der Produktqualität oder die Durchsetzung grundlegender Änderungen bei den Produktionsverfahren bzw. bei den Absatz- und Beschaffungskonzepten Marktpositionen zu halten, zurückzuerobern oder auszubauen. Manchmal sind kleine und mittlere Unternehmen in diesem Prozeß überfordert. Dann kann der Staat ergänzend versuchen, diesen komplexen Innovationsprozeß zu beschleunigen bzw. seine Rahmenbedingungen zu verbessern.

Das Innovationsverhalten von Unternehmen und Regionen und damit die Bewertung eines bestimmten Standortes unter Innovationsaspekten erweist sich als komplexer Untersuchungsgegenstand mit diffusem Erklärungsfundament. Da Innovationsaktivitäten in der Regel nicht direkt meßbar sind, beschreibt man das Innovationsverhalten, um zunächst auf die zu erklärende Größe einzugehen, zumeist über die Forschungs- und Entwicklungs (FuE)- bzw. Patentintensität, die Förderintensität (etwa Mittel des Bundesministerium für Bildung und Forschung je Beschäftigten) oder grundsätzlich über den Bedeutungsanteil FuE-intensiver Sektoren. Dies führt, wie bereits betont wurde, zumeist zu einer Unterschätzung der marginalen Verbesserungen in kleinen und mittleren Unternehmen bzw. jener Innovationsaktivitäten, die nicht öffentlich gefördert werden bzw. die kein spezifisches FuE-Personal benötigen.

Was die Erklärung eines regional divergierenden Innovationsverhaltens betrifft, erweist es sich als sinnvoll, zwischen der Entstehung, Ausbreitung und Adaption neuen Wissens zu unterscheiden. Neues Wissen entsteht in der Regel in der noch nicht auf spezifische Verwendungszwecke ausgerichteten Grundlagenforschung, d.h. in (öffentlichen bzw. privaten) Universitäten, in Großforschungseinrichtungen, aber auch in den Forschungsabteilungen der Unternehmen selbst, wobei Forschungs- und Entwicklungsaktivitäten der privaten Wirtschaft häufig größenabhängig sind. Vielfach spricht man, was bereits betont wurde, von sogenannten „Inseln der Wissensentstehung" und unterstellt den Ballungs- und Verdichtungsgebieten die besondere Fähigkeit, neues Wissen zu generieren.

Aber die mengenmäßige Konzentration von sozio-ökonomischen Aktivitäten auf engem Raum reicht nicht aus, um das zu erzeugen, was man in der Sprache der Regionalforscher als entwicklungsbegünstigende Ballungsvorteile kennzeichnet. Dies verlangt vielmehr das Vorhandensein eines spezifischen Milieus bzw. einer spezifischen Kultur im Sinne einer „kollektiven Subjektivität". In einer solchen Kultur kommen gemeinsame Werte, Normen und Einstellungen zum Ausdruck, die häufig zu einem regionalen Lebensgefühl führen, das überregionale Aufmerksamkeit und Anerkennung findet.

Ein solcher Kulturbegriff kann auch für eine Kultur der Selbständigkeit bzw. eine Unternehmenskultur stehen. Dann weist er auf eine wichtige Determinante der Regionalentwicklung hin, die man üblicherweise als „Unternehmerhumankapital" bezeichnet. Es wird immer deutlicher, daß vor allem solche Regionen zu überleben vermögen, die über ein Potential von Menschen verfügen, die Unternehmergeist im Sinne von Risikobereitschaft, Wagemut, Selbständigkeit des Denkens und schöpferischer Phantasie aufweisen. Dies kann, muß sich aber nicht in einer Gründungsbereitschaft äußern. Vielmehr sind solche mentalen Prägungen auch für den unternehmensinternen Strukturwandel von entscheidender Bedeutung. Auf alle Fälle impliziert diese Kulturkomponente mehr als Erwerbsmotivation; sie ist eine Geisteshaltung, die echte Aufbruchsstimmung induziert und Innovationsbereitschaft dokumentiert. Sie muß sich in der Regel mit produktbezogener Kompetenz paaren. Diese steht für eine fachliche Ausrichtung, die schwer ersetzbar ist und die keine Ubiquität darstellt.

Fragt man nach Einrichtungen, die solche Einstellungen vermitteln und darum auch als „Quellen" von Unternehmensgründungen angesehen werden können, stößt man in der Regel auf bereits vorhandene und zumeist mittelständisch geprägte Unternehmerfamilien, auf diversifizierte und expandierende Großunternehmen sowie auf die Hochschulen. In den ersteren wird der Unternehmergeist quasi mit der Muttermilch weitergegeben, bei den zweiten ist es die unternehmensinterne Ideenvielfalt und Dynamik, die zur Selbständigkeit animiert, bei den Hochschulen könnte es der Bildungs- und Forschungsprozeß sein. Vergleiche vor allem mit amerikanischen Hochschulen zeigen, daß deutsche Hochschulen hier noch weitgehend versagen. Zumindest sind Gründungen aus Hochschulen heraus immer noch eher die Ausnahme als die Regel.

Nimmt man etwa das Ruhrgebiet, so herrschte dort lange Zeit eine Mentalität und damit ein Milieu vor – ich will nicht von Kultur sprechen, da dieser Begriff zumeist eine positive Wertung beinhaltet –, das von den Großbetrieben der Schwerindustrie bestimmt war. Nicht die Mobilität, die Bereitschaft zum Wechsel oder das sogenannte Querdenken wurden dort honoriert, sondern die Treue zu einem Unternehmen, die Eingliederungsfähigkeit in ein Team und die physische Leistungsfähigkeit bzw. die körperliche Gesundheit. Bei Krupp wurde man von der Wiege bis zur Bahre versorgt; Arbeitnehmer, die 20 oder 30 Jahre im Unternehmen gearbeitet hatten, erhielten eine goldene Nadel für besondere Treue. Da die Großunternehmen vielfach von staatlichen Aufträgen abhängig waren und wegen ihrer Bedeutung als zentrale Bereiche einer Schwerindustrie im Falle einer Krise Subventionen erhielten, ergab sich eine verbreitete Neigung zur Immobilität und zum Attentismus. In solchen Regionen dominiert das Erhaltungsinteresse, der Wille zur Umstrukturierung ist unterdurchschnittlich ausgeprägt. Es entsteht das, was man in Deutschland „Filz" nennt: eine auf Erhaltung ausgerichtete Interessenverquickung von Unternehmern, Gewerkschaften und Kommunalvertretern. Das Argument der 10.000 gefährdeten Arbeitsplätze wurde zum Hebel, um immer wieder Subventionen zu fordern.

Ähnliche Mentalitäten findet man häufig in Regionen, in denen eine großbetrieblich geprägte Landwirtschaft vorherrscht. Wer dort einen Betrieb aufgibt, gibt nicht nur einen Beruf auf, er wird einer Berufung untreu. Solche Gebiete bieten nicht unbedingt jenes Klima, das einer Innovation förderlich ist.

Ein Kontrastbild liefert in Italien die Region Mailand. Diese Region mit ihren rund fünf Millionen Einwohnern ist für viele Regionalforscher faszinierend. Einerseits weist sie viele Umweltprobleme auf, andererseits ist sie durch Heterogenität, kleinbetriebliche Strukturen und gewaltige Dynamik geprägt. Von der Bevölkerungszahl her ist diese Region so groß wie das Ruhrgebiet, innerlich ist sie ein Kontrastmodell. Es besteht die Fähigkeit zur steten Umorientierung und Modernisierung. Die italienischen Regionalforscher sprechen von einer „cultura del fare", einer Kultur des Machens, die über ein spezifisches Unternehmerhumankapital verfügt. Diese handeln häufig intuitiv von einem Tag auf den anderen (giorno dopo giorno). Sehr zutreffend hat dies Hans Magnus Enzensbergers herrliche Milieuschilderung ausgedrückt:

„Selbst wenn sie wollten, wären die Deutschen, die Engländer oder die Finnen gar nicht in der Lage, es den Italienern gleichzutun. Dazu sind sie nämlich nicht schlau genug, nicht zynisch genug, nicht begabt genug; zu stur, zu festgefahren, zu dilettantisch, zu verklemmt. Sie haben viel Kraft in ihre wohlgeordneten Systeme investiert, zu viele Ressourcen, Aufgaben, Hoffnungen an den Staat delegiert. Sie sind aus der Übung gekommen, wenn es darum geht, auf eigene Faust vorzugehen und zu sagen: Ich und mein Clan, meine Familie, mein Laden, wir kommen durch, auch wenn die anderen verrecken. Sie glauben immer noch an die Chimäre der Sicherheit, sie hängen immer noch einer Ordnung an, die vielleicht schon zum Anachronismus geworden ist. Keine Angst, wir werden es nicht soweit bringen wie die Italiener. Oder sagen wir lieber: vorläufig nicht. Das Modell Italien ist nämlich kein rational entworfenes Modell; es ist ein unkalkulierbarer, produktiver, phantastischer Tumult. Wir werden es weiter mit gemischten Gefühlen betrachten, mit Angst und Bewunderung, Entsetzen und Neid."

Daß der Begriff des Milieus beziehungsweise der Kultur auch für andere Bereiche gilt, soll kurz an dem dualen Ausbildungssystem Deutschlands deutlich gemacht werden. Die Ausbildung von Jugendlichen erfolgt dort parallel in Unternehmen (zum Beispiel Handwerksbetrieben) und Einrichtungen des betriebsexternen Bildungssystems. Wichtig ist aber, daß Jugendliche in Unternehmen recht früh Erfahrungen mit dem alltäglichen Berufsleben machen. Das kann Verhaltensweisen prägen. Um es mit einem Bild auszudrücken: Die Faust des Meisters im Nacken eines Auszubildenden bewirkt, daß die junge Frau oder der junge Mann dazu erzogen wird, solide Produkte zu erstellen und Qualität zu produzieren. Letztlich wird hierdurch eine Kultur der Solidität geschaffen. Das war und ist eine mentale Prägung, die in beachtlicher Weise für das berühmte „Made in Germany" verantwortlich ist. Hier entstanden Fachkräfte, die nicht nur über Fachwissen, sondern über eine die Solidität fördernde innere Einstellung verfügten.

Nach Ansicht mancher Wirtschaftshistoriker verdankt z.B. Preußen seine positive wirtschaftliche Entwicklung teilweise der Verfolgung der Hugenotten in Frankreich. Diese Verfolgung bewirkte, daß Unternehmer, häufig calvinistischer Prägung, aus Frankreich fliehen mußten und nach einer neuen Heimat Ausschau hielten, in der keine religiöse Verfolgung stattfand. Die preußischen Könige erwiesen sich als tolerant und gewährten diesen Unternehmern Schutz. Die Folge war, daß diese Unternehmer in ihrer neuen Heimat Betriebe gründeten, die erfolgreich waren. Dies erklärt auch, warum viele Unternehmer in Preußen bis heute noch französische Namen tragen. Oder ein anderes Beispiel: Durch den Verlust der deutschen Ostgebiete verloren viele dort ansässige Unternehmer ihre Betriebe. Man kann nachweisen, daß der wirtschaftliche Aufschwung in Baden-Württemberg zu einem großen Teil auf Unternehmensgründungen vertriebener Unternehmer beruht.

Dieses Unternehmertum, das eben auch im Zusammenhang mit der Region Mailand angesprochen wurde, ist darum von entscheidender Bedeutung. Es steht für eine Kultur der Selbständigkeit. Insofern ist es berechtigt, von einem Unternehmerhumankapital zu sprechen. In vielen östlichen Nachbarländern Deutschlands gibt es noch Elemente eines solchen Unternehmerhumankapitals. Sie bewirkten in Polen, in Ungarn oder in der Tschechischen Republik eine erfolgreiche wirtschaftliche Entwicklung. In Rußland gibt es dagegen kaum eine solche unternehmerische Tradition. Bei den Chinesen hingegen ist diese Mentalität stark ausgeprägt. Alle Regionen Asiens, in denen chinesische Bevölkerungsteile beobachtet werden, verzeichnen darum eine äußerst günstige wirtschaftliche Entwicklung. Manchmal führt dies, wie das Beispiel Indonesiens zeigt, aber auch zu Konflikten zwischen verschiedenen Bevölkerungsgruppen.

In Deutschland gibt es nun den Versuch der Bundesländer, eine Regionalpolitik zu starten, die Milieus prägt, Kompetenz schafft und dabei auf die Hochschulen zurückgreift. Zunächst schlug sich das in teilweise ungeordneten Aktivitäten nieder. Man unterstützte an Hochschulen Spezialvorlesungen, Gründungstage, vergab Gründungsstipendien und löste eine bunte Fülle von Einzelaktivitäten aus mit der Absicht, eine Gründungskultur zu schaffen. All dies erweist sich jedoch nicht als ausreichend. Immer deutlicher wird, daß man animierend in die Hochschulen hineinwirken muß und es vor allem Unternehmer sind, die diese Animationsaufgabe am besten zu bewältigen vermögen und daß man Hochschullehrer braucht, die sich aktiv beteiligen. Erst die Erfolgsstories von Unternehmern animieren Studenten und Mitarbeiter zur Nachahmung. Zu diesem Zwecke muß eine auf Dauer angelegte Zusammenarbeit von Unternehmern, zumeist aus dem regionalen Umfeld, und Hochschulen bzw. Hochschulangehörigen gesucht und unterstützt werden. Dies verbindet sich mit dem Gedanken der Kompetenzvermittlung. Das heißt, in Sachgebieten, die in der Produktionstradition der einzelnen Regionen eine Rolle spielen und in denen auch an den Universitäten geforscht wird, müssen sogenannte Kompetenzzirkel aufgebaut werden.

Felder dieser Art können die Medizintechnik, die Entwicklung neuer Werkstoffe, die Gentechnik, aber auch neue Dienstleistungen sein. Wichtig ist nur, daß man an der Produktionstradition von Regionen ansetzt und zu einem auf Dauer angelegten Gedankenaustausch kommt. Unternehmer können Produktideen, für deren Behandlung sie gegenwärtig keine Zeit haben, durch Arbeitsgruppen an den Universitäten weiterentwickeln und zu Geschäftsideen werden lassen; Hochschulangehörige stellen ihre Forschungsergebnisse vor, um diese von Unternehmern auf ihre Marktfähigkeit hin prüfen zu lassen und erhalten gleichzeitig Anregungen für weitere Forschungsaktivitäten. Aus einer solchen Zusammenarbeit bzw. dem damit verbundenen Dialog entstehen jene Fühlungsvorteile, die die Regionalforschung unter dem Oberbegriff Ballungsvorteile subsumiert. So entwickelt sich fachliche Kompetenz, die man auch durch eine spezifische Berufungspolitik stärken kann und die zur Herausbildung sich selbst tragender sogenannter Kompetenzzentren führen kann. Die Zusammenarbeit in diesen Kompetenzzentren muß fakultätenübergreifend sein bzw. für alle Fakultäten offen sein. Häufig sind es nämlich Juristen, Sozialwissenschaftler und Ökonomen, die aus Produktideen Geschäftsideen werden lassen. So kann man jene Einrichtungen, die für das Nachdenken bezahlt werden, mit jenen zusammenbringen, die mit neuen Ideen Geld verdienen.

Parallel dazu müßte ein die Kompetenzzirkel begleitender und alle Fakultäten ansprechender Studiengang eingerichtet werden, in dem Unternehmer als Dozenten auftreten. Unternehmer müssen quasi animierend in die Hochschulen hinwirken und aus klassischen Hochschulen Gründungshochschulen machen. Erst die Erfolgsstories von Unternehmern, das Einladen von Mitarbeitern und Studenten in Unternehmen sowie die Konfrontation von Ideen animieren zur Selbständigkeit bzw. zur Unternehmensgründung. Letztlich geht es um die Schaffung eines spezifischen Milieus, aus dem bei gleichzeitiger Bündelung in Kompetenz-Cluster eine spezifische Unternehmenskultur bzw. das vielzitierte Unternehmerhumankapital entsteht.

Schlesien auf dem Weg in die Europäische Union
Hrsg. von Lüder Gerken und Joachim Starbatty
Lucius & Lucius, Stuttgart, 2001

Aufgaben und Möglichkeiten der Weiterbildung bei Strukturveränderungen in Industrieregionen am Beispiel des Ruhrgebietes

Eberhard Steinmetz, Essen

I. Strukturwandel und Erbe

Das Selbstbewußtsein einer Region wird maßgeblich durch ihre Industrie und das Wirtschaftsgeschehen geprägt. Oberschlesien, das Ruhrgebiet und auch das Saargebiet besitzen große Ähnlichkeiten. Kohle und Stahl bildeten oder bilden die Basis ihrer Entfaltung. Auch nach Schließung vieler Zechen und Konzentration der Stahlproduktion auf wenige Betriebe wirkt das Bewußtsein und das Verhalten, das früher geprägt wurde, nach. Außenstehende ordnen den Beschäftigten bei Kohle und Stahl gerne eine gewisse Schwerfälligkeit zu. Das mag nach außen diesen Eindruck erweckt haben; es sind aber positive Eigenschaften für Zusammenarbeit und Zusammenhalt in kritischen Situationen ausgeprägt worden; vor allem die Tätigkeit unter Tage verlangt gegenseitige Verläßlichkeit und Vertrauen. Dieses prägt die Familien, die Kinder und zugleich die Atmosphäre in einer Region. Dazu kommt eine gehörige Portion an Selbstbewußtsein. Früher gab es dafür das Wort „Mannesmut vor Königsthronen".

So besitzt gerade Oberschlesien in den Menschen ein Potential der Stabilität, das bei Neugründungen und bei neuer Orientierung von großem Nutzen sein kann, wenn es gelingt an das Miteinander anzuknüpfen und gleichzeitig die Menschen von den neuen, fachlich zweckmäßigen Zielen zu überzeugen. Der vielbeschworene „Teamgeist" könnte zusammen mit dem Willen, langfristig auf ein Ziel hinzuarbeiten, vor allem Anfangsschwierigkeiten überwinden, die bei Umstellungen aufkommen. Es gilt also, die Fähigkeit zur Konstanz mit der Bereitschaft zu Neuem zu verbinden.

Mit dem Strukturwandel haben wir im Ruhrgebiet auch einen Wandel in den Bindungen festzustellen. Die Bindungen an die Unternehmen sind längst nicht mehr vorhanden; man ist nicht mehr so wie früher „Kruppianer". Die Jugend ist ohnehin viel schneller auf Neues orientiert. Das sind gute Voraussetzungen, den Wandel zu vollziehen. Die Industrieregionen waren immer Räume des Wandels.

Das Ruhrgebiet vollzieht den Strukturwandel vor allem bei Kohle und Stahl sehr zielgerichtet. Man darf nicht vergessen, daß die chemische Industrie in der Region ebenfalls heimisch ist, wie auch Unternehmen des Maschinen- und Anlagenbaus, verfahrenstechnische Firmen und Dienstleister. Die Kohle hat die wirklich großen Probleme aufgrund der ungünstigen geologischen Bedingungen. Der Stahl hat keine vergleichbaren Probleme. Die Gesamtmenge der Stahlproduktion hat sich kaum verändert. Wohl aber ist man zu größeren Einheiten übergegangen und konzentriert sich auf nur noch wenige günstige Standorte. Am stärksten betroffen vom Strukturwandel sind nicht nur die Zechen, sondern auch die Zulieferindustrie. Die Zulieferindustrie geriet nicht nur durch die Reduzierung des Kohlebergbaus unter Druck, sondern auch im internationalen Wettbewerb wegen der hohen Herstellungskosten in Deutschland. Entlassungen und erhebliche Einschränkungen bis hin zu Betriebsschließungen waren die Folge. Aber teilweise gelang auch die Neuorientierung. In Spezialitäten, zum Beispiel in der Hydraulik, konnte das große Know-how aus der Anwendung im Bergbau für andere Bereiche genutzt werden.

Vor 150 Jahren war es der Aufstieg; seit 50 Jahren ist es die Reduzierung im Montanbereich. Essen zum Beispiel hat die erste Umstrukturierung unmittelbar nach dem Zweiten Weltkrieg erfahren, als die Alliierten die Schließung der Krupp'schen Stahlwerke in Essen anordneten. Essen begann nach heutiger Begriffsprägung Dienstleistungsstadt zu werden. Die Hauptverwaltungen großer Unternehmen haben ihren Sitz in Essen, wie RWE, Ruhrgas, Ruhrkohle; vergessen sollte man aber auch nicht die großen Handelsunternehmen wie Karstadt oder Aldi in dieser Region.

Sichtbare Zeichen für den Wandel im Ruhrgebiet waren auch die Ansiedlung von Opel in Bochum und die Gründung der Universitäten zunächst in Bochum, dann in Dortmund und schließlich in Duisburg, Essen und in der Peripherie der Ruhrregion. Heute gibt es gerade im Ruhrgebiet ein dichtes Netz von Universitäten.

II. Weiterbildung bei Strukturwandel

Der Strukturwandel heißt für das Gewerbe, sich auf neue/andere Produktionsziele einzustellen. Das fällt leichter, wenn die Anlagen bloß umgestellt werden müssen, weil die Industrie auf Bisherigem aufbaut und ihre Produktionsmöglichkeiten technologisch weiterentwickeln kann. Der Strukturwandel ist gewissermaßen abrupt, wenn sich die Produktion von Bergbau auf Dienstleistungen umstellen muß, wie es beispielsweise in Essen der Fall war. Dann müssen die Industrieanlagen völlig abgeschrieben werden; sie überleben dann bestenfalls als Museumsstücke der vormodernen Zeit. Was für Anlagen gilt, trifft auch auf Wissen zu: Es wird weitgehend entwertet. Insofern ist die Weiterbildung der Arbeitskräfte die Voraussetzung für einen erfolgreichen Strukturwandel. Sie ist die Basis für Neuansiedlung und Weiterentwicklung von Substitutionsindustrien.

1. Notwendigkeit

Weiterbildung ist auch ohne Strukturwandel erforderlich. Sie wirkt dem Wissensverfall entgegen und vermittelt neues Wissen in alten Gebieten und in neuen Feldern. In vielen Gebieten finden Änderungen statt. Im einzelnen seien Bereiche mit starken Veränderungen angesprochen:

Technik
Wir beobachten Veränderungen in der Fertigungstechnik, Verfahrenstechnik, in der Elektronik. Es gibt neue oder veränderte Produkte. Die Automatisierung bis hin zur Robotertechnik springt allenthalben in die Augen. Wir sehen heute schon die menschenleere Fabrik. Die Zunahme der Steuerungs- und Regeltechnik wurde möglich durch Elektronik, EDV, PC, durch die Abbildung von Prozessen und Abläufen in Modellen auf elektronischen Rechnern. Wir erleben eine erhebliche Umwandlung in der Kommunikationstechnik, in der Medientechnik in Form von Multimedia, bis hin zum „Kaufladen" bzw. „Informationsladen" Internet. Erhebliche Veränderungen bei den Werkstoffen oder im Verkehr vollziehen sich laufend und werden schnell selbstverständlich.

Wirtschaftliche Aspekte
Die Veränderungen in der Wirtschaft, in den Unternehmensstrukturen und in der Administration seien mit einigen Stichworten ins Gedächtnis gerufen: Globalisierung, Shareholder Value, Fusionen, Ausgliederungen, Automatisierung, Personalabbau, neues Management, insbesondere auch Personalmanagement. Schon immer steuerten die Kosten die Möglichkeiten der technischen Realisierung. Das Bewußtsein dafür ist aber wesentlich schärfer geworden. Neue Produkte oder neue Dienstleistungen benötigen für ihre Einführung und Erprobung Risikokapital. Das Management in den Unternehmen muß sehr viel flexibler auf Anforderungen reagieren können. Unternehmensziele und Unternehmensstrategien, die Behandlung des Risikos von Entwicklungen, der Rückzug auf Kerngebiete oder die Hinzunahme neuer Arbeitsgebiete sind wichtige Aufgaben. Nicht zuletzt sei auf die in der Verwaltung stattfindenden Veränderungen hingewiesen.

Recht
Während wir früher zunehmend die Einflüsse der Kosten und wirtschaftlicher Überlegungen auf die technischen Abläufe zur Kenntnis nehmen mußten – dies geschah vor allem in den 60er Jahren – sieht man heute zunehmend den Einfluß der rechtlichen Vorschriften in unserer Welt und auch in den Unternehmen.

Umwelt und Sicherheit standen zunächst im Vordergrund, aber ebenso ist inzwischen das Arbeitsrecht ein wichtiger Faktor in der Ausgestaltung des betrieblichen Geschehens geworden.

2. Aufgaben

Die Weiterbildung ist oft genug die Feuerwehr zur Lösung von Problemen. Sie besaß früher auch einen hohen Belobigungsfaktor. Heute ist der Belobigungsfaktor wegen der Personalknappheit in den Unternehmen sehr zurückgetreten. Die Vermittlung von Kenntnissen und die Lösung von Problemen stehen im Vordergrund, wenn es darum geht, Weiterbildung in Anspruch zu nehmen.

Die Weiterbildungseinrichtungen organisieren Wissen und stellen es zur Verfügung, um Befähigungen zu schaffen oder auszubauen. Es werden Fähigkeiten in Wissen und Methode vermittelt. Darüber hinaus dient die Weiterbildung dem Gedankenaustausch, das heißt dem Erfahrungs- und Ideenaustausch. Es ist auf keinen Fall zu unterschätzen, wie sehr die geistige Welt davon geprägt wird. Einschätzungen müssen vermittelt werden. Es ergeben sich persönliche Einstellungen. Es entstehen allgemein vorherrschende Auffassungen und – allgemein betrachtet – in vielen Bereichen ein vorherrschender Zeitgeist. Es besteht die große Gefahr, daß wir dabei in Bewertungsfallen hineintappen und dem Memosyndrom erliegen. Darum hat die Weiterbildung auch die Aufgabe, Freiräume für anders geartete Ideen, die den vorherrschenden zur Seite oder teilweise entgegenstehen, zu schaffen.

Die Natur macht uns vor, wie sie erfolgreich Entwicklungen voran bringt. Die Grundlage der Evolution ist die Fähigkeit, Variationen, d.h. Mutationen, zu erzeugen und an die nachfolgenden Generationen weiterzugeben. Die geschlechtliche Fortpflanzung ist weitaus wirksamer als die einfache Zellteilung, und sei diese auch noch so schnell. Die Veränderungen müssen sich im Umfeld bewähren, die besser angepaßten Varianten werden vorherrschend. Ähnliches gilt für neue Ideen und neue Möglichkeiten in der Arbeitswelt. Die Verbreitung der neuen Idee, ihre Diskussion, Prüfung und schließlich die aus praktischer Erprobung resultierenden Erfahrungen sind Gegenstände in der Weiterbildung. Daraus folgt für sie:

(1) Die Variation des Bestehenden durch neue Ideen muß gefördert werden. Dies ist vergleichbar der Mutation in der Natur.

(2) Die neuen Ideen sind in der Diskussion – im geistigen Vorfeld – zu erhärten und evtl. umzugestalten, bis sie realisierbar erscheinen. Dies ist die erste Selektionsstufe.

(3) Indem die neuen Ideen realisiert werden, wird ihre Leistungsfähigkeit und Anpassung überprüft. Dies ist die zweite Selektionsstufe.

(4) Die neuen Möglichkeiten und Erfahrungen müssen möglichst schnell auf andere Gebiete übertragen werden. Dies ist vergleichbar der geschlechtlichen Fortpflanzung in der Natur.

(5) Es geht auch entschieden darum, Kräfte zu bündeln und auf bestimmte Ziele hin zu optimieren. Dies folgt dem Prinzip des besten Wirkungsgrades, der auch in der Natur herrscht.

III. Die Rolle des Hauses der Technik (HDT)

1. Zielsetzung und Arbeitsweise

Im folgenden möchte ich Ihnen das „Haus der Technik" vorstellen, das sich seit mehr als 70 Jahren der Aufgabe der Weiterbildung widmet. Aus seinen Erfahrungen läßt sich vielleicht einiges auf die Region Schlesien übertragen. Ich werde daher auch Details aus unserer Arbeit vortragen, um zu zeigen, wie manches ganz praktisch gemacht wird.

Die Idee zum Haus der Technik stammt aus der Zeit vor dem Ersten Weltkrieg 1912/13. Die aufstrebende Industrie sah schon damals für ihre Mitarbeiter die Notwendigkeit, nach einer gewissen Zeit die Kenntnisse, die an den Hochschulen erworben worden waren, aufzufrischen. Es mußten aber ebenso neue Erkenntnisse hinzu erworben werden, um an den Fortschritten in der Technik teilzunehmen. Die technischen Fachvereine behandelten in ihren Arbeitskreisen sehr spezifische Fachfragen. Auch allgemeinere Informationen waren erforderlich. Es gab kaufmännische und technische Kurse auf allen Ebenen der Beschäftigten.

Die Zielsetzung des Hauses der Technik war von Anfang an die Konzentration auf fachübergreifende Gesichtspunkte und dennoch zugleich die spezielle Orientierung der Veranstaltungen. Dies ist bis heute ein Charakteristikum des Hauses der Technik. Die endgültige Gründung des HDT war im Jahr 1927. Wenn man sich die wirtschaftlichen Krisen nach dem Ersten Weltkrieg vergegenwärtigt, so ist es nicht erstaunlich, daß die damaligen Themen bis heute nichts an Aktualität eingebüßt haben, wenn auch die konkreten Inhalte damals etwas anders ausgerichtet waren. Es gab zum Beispiel noch nicht die Elektronik.

Das HDT ist ein gemeinnütziger, eingetragener Verein. Es ist seit 1946 zugleich Außeninstitut der Rheinisch-Westfälischen Technischen Hochschule (TH) Aachen. Die TH Aachen, Universität Münster, TH Hannover waren Gründungsmitglieder. Heute bestehen mit den Universitäten Essen, Münster, Bonn und Braunschweig Kooperationsverträge. Aber auch zu anderen Hochschulen hat das Haus der Technik über Professoren, die vortragen, gute Beziehungen. Das Arbeitsgebiet des HDT umfaßt die gesamte Technik, Wirtschaft, Recht, Management,

Medizintechnik, Biotechnik usw. – also auch die an die Technik angrenzenden Gebiete.

Die Veranstaltungsarten Seminare, Tagungen, Kongresse dauern durchschnittlich zwei Tage. Kurse, Lehrgänge, die vor allem in der HDT-Akademie organisiert sind, dauern eine Woche bis zwei Jahre. Studiengänge, die einer systematischen Ausbildung dienen, werden mehr und mehr nachgefragt; auch sie dauern ein bis zwei Jahre. Das Haus der Technik führt im Jahr 1.500 bis 2.000 Veranstaltungen durch. Die mittlere Besucherzahl in den letzten Jahren ist rund 25.000. Im Boom des Anfangs der 90er Jahre waren es bis zu 40.000. Das Haus der Technik verfügt über einen Referentenstamm von etwa 10.000 Fachleuten aus der Praxis und den Hochschulen. Die 78 fest angestellten Mitarbeiter des Hauses der Technik organisieren die Veranstaltungen, sie tragen selber nicht vor. Das Haus der Technik hat Zweigstellen in München, Berlin und Halle/Leipzig.

Die Grundsätze der Arbeit des Hauses der Technik sind:
(1) ein neutrales Forum zu sein,
(2) praxisorientiert zu arbeiten (theoria cum praxi, sowie aus der Praxis für die Praxis),
(3) hoch spezialisiert und zugleich fachübergreifend (interdisziplinär) die Veranstaltungen auszurichten,
(4) den Erfahrungsaustausch unter den Fachleuten zu katalysieren – vor allem in Seminaren, Tagungen und Kongressen,
(5) marktgerecht zu operieren, das heißt, das Angebot nach der Nachfrage auszurichten,
(6) ständig Neues zu erproben, das heißt in einem bestimmten Umfang neue Themen zu suchen und neue Formen anzuwenden,
(7) Wissen und Methoden, vor allem in Kursen und Lehrgängen der Akademie, systematisch zu vermitteln.

2. Wettbewerb und Pluralität

Das HDT hat aber kein Monopol in Sachen Weiterbildung; vielmehr findet Weiterbildung auf allen Ebenen statt, im Markt herrscht Wettbewerb und Pluralität.

Von den vielen Trägern der Weiterbildung seien einige genannt. Der Überblick ist nicht vollständig, zeigt aber die Vielfalt in den unterschiedlichen Ebenen und Bereichen: Industrie- und Handelskammer, Handwerk, Bildungswerke der Arbeitgeber, Bildungswerke der Gewerkschaften, Berufsförderungswerk (Bundesanstalt für Arbeit), Freie Träger wie HDT, TAW, DVS, VDI, VDE, VDEh und auch kleinere Einrichtungen (meist gemeinnützig), Universitäten (wissenschaftliche Weiterbildung), firmeninterne Weiterbildung, ausgegründete eigene Weiterbildungsgesellschaften der Firmen, so z.B. von Siemens oder Ruhrkohle, kommerzielle Weiterbildungsanbieter (Verlage u.ä., nicht gemeinnützig).

Ein besonderes Problem im Weiterbildungsmarkt stellen Institutionen dar, die stark subventioniert werden und aufgrund der Subventionierung beim Wettbewerb um ausgeschriebene Maßnahmen deutlich niedriger anbieten können. Nach unserer Erfahrung sollte Weiterbildung plural marktwirtschaftlich organisiert sein. Pluralität und Wettbewerb fördern neue Ideen und die beste Form. Kostendeckende Preise sind in jeder Weise hilfreich. Dem Veranstalter sichern sie die Existenz; dem Nachfrager bieten sie ein wichtiges Entscheidungskriterium für die Teilnahme.

Im Zusammenhang mit den Universitätsgründungen Mitte der 70er Jahre erhob sich die Frage, wie das Haus der Technik neben diesen seine Berechtigung haben könnte. Die Antwort ist einfach, und die letzten 30 Jahre haben es bestätigt: Das Haus der Technik ist auf die Zusammenführung von Praxis und Hochschule spezialisiert. Natürlich könnten die Hochschulen dasselbe auch leisten; sie müßten aber dazu eigene Einrichtungen schaffen. Im neuen Hochschulgesetz des Landes Nordrhein-Westfalen sind solche Möglichkeiten eröffnet worden. Diese Einrichtungen wären jedoch wieder von derselben Art wie die schon bestehenden, nur wäre die Hochschule die Eigentümerin bzw. Gesellschafterin. Ob dieses nun ein neues Tätigkeitsfeld für die Hochschulen selbst eröffnet, kann noch nicht gesagt werden. Die Auswirkungen auf die Wirtschaft können zur Zeit auf keinen Fall prognostiziert werden. Die Hochschullehrer, die großes Interesse an der beruflichen Weiterbildung haben, fanden bisher ihren Weg zu den bestehenden Einrichtungen. Sie konnten sich dort entfalten und ihre Ideen für weitere Entwicklungen einbringen. So ist zu schließen, daß neu zu gründende Weiterbildungseinrichtungen der Hochschulen selbst vermutlich für die berufliche Weiterbildung kein neues Potential erschließen. Das Spezifikum der Hochschulen bleibt die wissenschaftliche Weiterbildung.

IV. Erfahrungen aus der Arbeit des HDT

(1) Die allgemeinen Grundlagen des Wissens und des Könnens, der Methode, werden in der Ausbildung vermittelt. Diese sollte nicht zu weit gehen und nicht zu früh spezialisiert sein. Für Letzteres ist die Weiterbildung da. Weiterbildung muß kontinuierlich berufsbegleitend stattfinden. Sie ist mit der Entwicklung selber verzahnt.

(2) Das zentrale Stichwort, das die Tätigkeit der Weiterbildung charakterisiert, heißt „katalysieren". Das heißt, die Weiterbildung muß auf dem vorhandenen Potential aufbauen, dieses ergänzen, optimieren und auf die jeweiligen Belange ausrichten. So kann dann für die Personen wie auch die Region selbst eine neue höherwertige Qualität realisiert werden.

(3) Weiterbildung kann den Strukturwandel nicht ziehen oder die Entwicklung vorgeben bzw. propagieren, sondern nur hilfreich begleiten. Der Fehler vieler Programme, die von Regierungen angeregt und betrieben werden, besteht darin, daß man glaubt, Vorgaben machen zu müssen, um etwas voranzutreiben. Besser ist es, die Freiräume zu schaffen. In diesen Freiräumen kann die Weiterbildung in der Tat nun wiederum dazu beitragen, daß Ideen induziert werden. Systementfaltung ist besser als Systemlenkung. Andererseits sind staatliche Mittel für Forschung und Entwicklung sowie die Einführung neuer Techniken dringend erforderlich. Dazu gehört auch die Förderung von Status-Symposien und Einführungsseminaren. Weiterhin ist staatliche Unterstützung für Maßnahmen zur Umqualifizierung von Arbeitslosen dringend geboten.

(4) Eine Gefahr besteht natürlich darin, daß auch die Weiterbildung Modeerscheinungen folgt. Ihre Aufgabe ist daher, Kontinuität zu bewahren und gleichzeitig Experimente zu wagen. Kleinere Einrichtungen und vor allem rein kommerzielle Anbieter werfen sich ausschließlich auf die Rosinen. Es ist jedoch notwendig, immer wieder neue Themen abzuleiten und zu erproben. Die Fachbereichsleiter im Haus der Technik haben die Freiheit, 10% des Veranstaltungsvolumens, das sie planen, für neue Ideen einzusetzen und dafür keine besondere Risikoabschätzung vorlegen zu müssen. Im Gegenzug sind sie gehalten, die 10% schlechtesten auszusondern, wenn die Wirtschaftlichkeit nicht mehr gewahrt ist. Dieses zu managen, ist ein eigenes besonderes Feld.

(5) Je höher das Niveau einer Veranstaltung angesiedelt ist, desto größer muß der räumliche Rahmen gezogen werden. So macht das Haus der Technik die meisten seiner Veranstaltungen in der hohen Spezialisierung praktisch im gesamten deutschen Sprachraum bekannt. Nur so wird eine ausreichende Zahl von Teilnehmern erreicht. Für Diskussionen ist eine kritische Mindestzahl an Personen erforderlich. Es gibt natürlich auch eine gewisse Obergrenze in der Teilnehmerzahl, bis zu der ein wirklicher Gedankenaustausch stattfinden kann. Die Regionalisierung der Weiterbildung ist für die allgemeinen Fähigkeiten angezeigt. Eine ortsnahe Versorgung mit ausreichender Teilnehmerzahl ist dabei möglich. Bei speziellen Veranstaltungen dagegen sind in der Tat größere Räume nötig. Ein Nebeneffekt der großräumigen Tätigkeit sind Kontakte unter Teilnehmern und Referenten, die sonst so nicht zustande kämen und die befruchtend wirken.

(6) Für die Entwicklung ist Ideenreichtum erforderlich. Geistige Teilnahme, Austausch von Gedanken und Einschätzungen lassen Neues aufkommen. Ein Problem bei der Entlassung von Führungskräften ist u.a., daß am Ende der eine verbleibende Mitarbeiter die unterschiedlichen Gedanken, die früher zwei oder drei weitere Kollegen zu einer Frage mit beisteuern konnten, nicht selber denken kann, auch wenn er selbst der Beste von den dreien gewesen ist.

(7) In der Umstrukturierung einer Wirtschaft kann man davon ausgehen, daß die Mitarbeiter, die in andere neu aufkommende Bereiche wechseln, das Verantwortungsbewußtsein und die Kommunikationsfähigkeiten, das Organisationskönnen, also die Managementeigenschaften schon oder noch besitzen und diese nur ausgebaut und vertieft werden müssen. Dagegen sind sie fachlich mit den neuen Aufgaben vertraut zu machen und in die Begriffswelt sowie in die Denk- und Arbeitsweisen einzuführen.

(8) Bei Umorientierungen wird die länger dauernde Lehrveranstaltung, der Kursus, im Vordergrund stehen. Der Unterschied des Charakters von Seminaren, Tagungen, Kongressen und Symposien einerseits, bei denen der Gedanken- und Erfahrungsaustausch im Vordergrund steht, und den Kursen und Lehrgängen andererseits, die der Wissensvermittlung dienen, wurde schon erwähnt. Gerade bei länger laufenden Kursen bzw. Lehrgängen kann die Weiterbildung ihre Katalysatorfunktion nur dann wirklich wahrnehmen, wenn sie sich an der Nachfrage des Marktes – konkret: an den Belangen der Betriebe, die bisher arbeitslose Erwerbspersonen einstellen sollen – orientiert. Wir haben entsprechende Erfahrungen mit staatlich geförderten Maßnahmen. Vom grünen Tisch aus können sehr leicht Fehlentwicklungen ausgelöst werden. Ein Beispiel aus unserer Arbeit in den neuen Bundesländern will ich dazu beisteuern. Die Arbeitsverwaltungen in den neuen Bundesländern haben kurz nach der Wiedervereinigung das Thema Umweltschutz für außerordentlich wichtig gehalten und demzufolge uns mehrfach dazu veranlassen wollen und auch veranlaßt, solche Kurse aufzulegen. Wir haben darauf aufmerksam gemacht, daß die Unternehmen lieber die Umweltschutzbeauftragten und übrigen Mitarbeiter im Umweltschutz aus ihrem eigenen Personal rekrutieren als Betriebsfremde dafür einzustellen. Man könnte vermuten, daß auf diese Weise vielleicht manches vertuscht werden sollte; aber das sollte man einmal nicht unterstellen. Es geht einfach darum, daß derjenige, der den Betrieb kennt und die Vorschriften erlernt, wesentlich besser das Notwendige realisieren kann als ein von außen Kommender. Interessant war nun unsere Erfahrung, die wir mit den arbeitslosen Teilnehmern der Umweltschutzveranstaltungen machten. Da gab es Leute, die uns zunächst einmal nachwiesen, daß der Raum, in dem sie saßen, zwei Quadratmeter zu klein war oder daß die Tische nicht die richtige Größe hatten. Da gab es auch Leute, die sich selber alle möglichen Freiheiten nahmen, also zum Beispiel nicht zu bestimmten Veranstaltungen oder Teilen von Veranstaltungen erschienen. Das soll kein Pauschalurteil sein. Dennoch, so schlechte Erfahrungen wie dort machten wir mit anderen Veranstaltungen nicht. Zum Beispiel waren die Teilnehmer eines Kursus „Bauen im offenen Markt" außerordentlich kooperativ. Die Vermittlungsquoten des Arbeitsamtes lagen für diese Teilnehmer bei nahezu 100%, während die Quoten bei den

Umweltschutzkursen ausnehmend niedrig waren. Gute Erfahrungen machten wir auch mit Kursen, die wir in Westdeutschland noch in den 80er Jahren durchführten, als es arbeitslose Architekten und Bauingenieure gab. Sie wurden für den Messebau und das Messewesen umqualifiziert. Zur Zeit machen wir gute Erfahrungen mit unseren Kursen zu „Webobjects", allerdings bieten wir diese auch auf dem freien Markt an. Sie gehören also nicht zu den vom Arbeitsamt geförderten Maßnahmen.

(9) Staatliche Förderung von Kursen und Lehrgängen für Arbeitslose ist unbedingt angezeigt. Die Auswahl der Themen sollten die erfahrenen Weiterbildungsinstitute aus ihren Kontakten zu den verschiedenen Wirtschaftszweigen, die Leute aufnehmen wollen, ableiten. Die Themen sind aus der im Gang befindlichen Entwicklung in der Region abzuleiten.

(10) Die generelle Schlußfolgerung aus unserer Arbeit lautet: Weiterbildung muß marktmäßig nach Angebot und Nachfrage organisiert sein. Das schließt ein, daß in der Weiterbildung eine große Pluralität herrschen muß, sowohl hinsichtlich der Themen als auch hinsichtlich der Bildungsträger. Planwirtschaftliche Strukturen in der Bildung, wie sie gerade von staatlicher Seite oder auch von den Gewerkschaften immer wieder vorangestellt werden, sind längst nicht so effizient wie die Pluralität. Weiterbildung erfordert die Beobachtung der Entwicklung in der Technik und Wirtschaft. Also ist ein ausreichendes und effizientes Informationssystem erforderlich.

V. Tendenzen der Weiterbildung in Deutschland

Dies waren einige praktische Beispiele und Schlußfolgerungen aus der Arbeit des HDT. Abschließend sei auf die Tendenzen, wie sie sich bei uns in Deutschland abzeichnen, eingegangen:

(1) Nach wie vor wird die Weiterbildung der akuten Problemlösung dienen.

(2) Nach wie vor wird die Weiterbildung die Aufstiegsqualifizierung betreiben.

(3) Aktuelle Themen, die sich zur Zeit positiv entwickeln, liegen im Management, insbesondere im Personalmanagement, bei Unternehmensstrategien, bei Logistik und Organisation oder bei technischen Themen in Kommunikation, Fahrzeugbau und Verkehrswesen.

(4) Seminare und Tagungen, die die Entwicklung begleiten, können und sollen zu kostendeckenden Preisen angeboten werden, um eine gesunde Weiterbildungsstruktur zu sichern.

(5) Insgesamt stellen wir eine starke Zunahme des Eigeninteresses der Teilnehmer an Langzeitstudiengängen mit Abschlüssen fest. Das heißt, für den Hauptteil der Teilnehmer (fast ausschließlich) bezahlen normalerweise die Unternehmen

die Veranstaltungsgebühren. Bei den Lehrgängen und Studiengängen, die längere Zeit dauern, bezahlen die Unternehmen auch, erwarten aber von den Teilnehmen, daß sie ihre private Zeit abends oder an den Wochenenden dafür mit einsetzen. In diesem Bereich stellen wir nun die Sonderentwicklung fest, daß es auch Teilnehmer gibt, die ihre Gebühren selbst bezahlen.

(6) Zusammenfassend läßt sich also sagen: Weiterbildung und Wirtschaftsentwicklung sind aufs Engste miteinander verzahnt, die Rückkopplungseffekte sind hilfreich für die wirtschaftliche Entwicklung in einem Land.

VI. Der Weg in die Europäische Union

Schlesien auf dem Weg in die Europäische Union
Hrsg. von Lüder Gerken und Joachim Starbatty
Lucius & Lucius, Stuttgart, 2001

Die grenzüberschreitende Zusammenarbeit des Freistaates Sachsen mit der Republik Polen und der Tschechischen Republik

Stanislaw Tillich, Dresden

Meine Ausführungen geben einen allgemeinen Überblick über die grenzüberschreitende Zusammenarbeit mit unseren Nachbarn, der Tschechischen Republik und der Republik Polen. Darüber hinaus legen sie dar, welche Einwirkungsmöglichkeiten der Freistaat Sachsen als deutsches Bundesland im Beitrittsprozeß dieser Länder zur Europäischen Union hat.

Sachsen ist das einzige der neuen Bundesländer, das eine gemeinsame Grenze mit zwei Nachbarn hat, mit der Tschechischen Republik und mit der Republik Polen. Insgesamt ist diese Grenze 566 Kilometer lang. Das ist für ein kleines Bundesland, Sachsen hat eine Fläche von 18.000 km² und eine dichte Besiedlung von rund 250 Einwohnern/km², eine sehr lange Grenze. Von dieser Grenze ist ein Teil politisch seit Jahrhunderten unumstritten. Das ist die Grenze zur Tschechischen Republik, dem früheren Böhmen. Die Tschechische Republik ist erst nach dem Ersten Weltkrieg als selbständiges Staatswesen wieder entstanden, war Jahrhunderte lang vorher ein Teil des Königreichs Österreich/Ungarn, wobei Böhmen das wichtigste Industriegebiet Österreichs war. Die Grenze ist topographisch definiert durch das Erzgebirge und weitere Gebirgszüge. Endgültig wurde sie im Rahmen des Wiener Kongresses festgelegt.

Demgegenüber ist die Grenze zu Polen neu. Es ist keine historisch gewachsene Grenze, sondern wurde durch die Teilung Deutschlands und Europas und die Neuordnung der europäischen Grenzen von den Siegermächten des Zweiten Weltkrieges definiert. In diesem Sinne stellt sie eine neue Grenze entlang der Flüsse Neisse und Oder dar und entstand unter Inkaufnahme der Teilung von Städten wie Görlitz, Guben oder Frankfurt/Oder. Eine Grenze, die zunächst auch auf der polnischen Seite als Provisorium galt, bis man endgültig die Grenzziehung vor und im Prozeß der deutschen Wiedervereinigung regelte. Die Wiedervereinigung hat dazu geführt, daß die Grenze Sachsens zur Republik Polen und zur Tschechischen Republik eine „Außengrenze der Europäischen Union" geworden ist.

Lassen Sie mich noch auf einige historische Aspekte hinweisen, die die Verbundenheit Sachsens mit Polen und der Tschechischen Republik deutlich machen. Zu Böhmen gibt es jahrhundertealte enge Beziehungen. So waren die Ober- und die Niederlausitz bis in das 17. Jahrhundert hinein Teile des Königreichs Böhmen. Böhmen und Sachsen waren im 19. Jahrhundert zwei der reichsten Industrieregionen Europas. Sachsen war bis in die 20er Jahre des 20. Jahrhunderts die Region in Deutschland mit dem höchsten BIP pro Kopf. Ähnlich war es in Böhmen: Eine Region mit einer breiten Produktionspalette und einer ähnlichen Unternehmensstruktur wie in Sachsen, d.h. sehr stark eigentümer- und unternehmerorientiert. Zwischen den beiden Regionen gab es eine sehr intensive industrielle Verflechtung. Diese Gemeinsamkeit besteht nicht in gleicher Weise zu Schlesien, da die schlesische Industrieregion anders strukturiert war: Insbesondere die oberschlesische Industrieregion mit einer starken Montanindustrie (Kohlebergbau, Eisen und Stahl) war in der Grundstruktur anders als die sächsische Industrielandschaft, aber im Sinne einer Wechselbeziehung waren sie doch stark miteinander verflochten. Neben den wirtschaftlichen Verbindungen gibt es in der Geschichte, insbesondere des sächsischen Kurfürstentums und des späteren Königreichs, eine Fülle von Querverbindungen in die beiden Nachbarregionen. So hat der Freistaat Sachsen gemeinsam mit der Republik Polen im Jahre 1997 die 300jährige Wiederkehr der Wahl von August dem Starken zum König von Polen gefeiert.

Die gemeinsame Geschichte, die gemeinsamen Werte und die Zugehörigkeit zum gleichen Kulturkreis sind wesentliche Gründe dafür, daß sich der Freistaat Sachsen von Anbeginn für eine intensive grenzüberschreitende Zusammenarbeit mit diesen beiden Ländern eingesetzt hat. Bereits in seiner ersten Regierungserklärung vor dem Sächsischen Landtag am 8. November 1990 hat Ministerpräsident Biedenkopf hervorgehoben: „Wir haben gute Nachbarn unter den Bundesländern im Westen [...]. Aber wir haben auch ganz wichtige Nachbarn in Europa: Polen und die ČSFR. Mit beiden verbinden uns viele gemeinsame Interessen. Die Oberlausitz und der Görlitzer Raum lassen sich nur wiederbeleben, wenn ihre Brückenfunktion erschlossen wird, wenn die Straße weiterführt nach Osten [...]. Wir haben die Aufgabe, in Zusammenarbeit mit Brüssel, in Zusammenarbeit mit der Bundesregierung die Voraussetzungen dafür zu schaffen, daß sich diese Nachbarschaft entfalten kann [...]".

Diese Grundhaltung schlägt sich in Art. 12 der Verfassung des Freistaates Sachsen nieder; er verpflichtet das Land, die grenzüberschreitende Zusammenarbeit zu fördern. Mir ist gegenwärtig nicht bekannt, daß es eine Landesverfassung in einem anderen deutschen Bundesland gibt, die mit derartiger Deutlichkeit die staatlichen Organe anhält, sich um die grenzüberschreitende Zusammenarbeit zu kümmern. Darüber hinaus hat der Freistaat Sachsen eine Reihe von Vereinbarungen mit seinen Nachbarn geschlossen, die diese Zusammenarbeit zum

Gegenstand haben. Dies ist zum einen die „Gemeinsame Erklärung" des Freistaates Sachsen mit der Tschechischen Republik vom 5. Dezember 1992 und zum anderen die „Gemeinsame Erklärung" zwischen den Grenzanrainerländern zu Polen und mit den ehemaligen Grenzwojewodschaften Polens vom 13.11.95.

Durch die Verwaltungsreform in Polen ist mit der Wojewodschaft Niederschlesien eine in ihrer Größe dem Freistaat Sachsen entsprechende Einheit entstanden (bestehend aus den bisherigen Wojewodschaften Breslau, Hirschberg, Liegnitz und Waldenburg). Mit dieser Wojewodschaft hat Sachsen die „Gemeinsamen Erklärungen über Zusammenarbeit" vom 17. September 1999 und 2. Mai 2000 unterzeichnet. Die Zusammenarbeit umfaßt die Bereiche Kultur, Bildung, Wissenschaft, Gesundheitswesen, Familie, Frauen und Soziales, Jugendaustausch, Sport und Tourismus, Verkehrsinfrastrukturplanung, Landwirtschaft, Ernährung und Forsten, Umweltschutz, Wirtschaft und Energiepolitik; Unterstützung der Zusammenarbeit lokaler Gebietskörperschaften sowie den Erfahrungsaustausch der staatlichen Verwaltungsebene.

Die erste Sitzung der gemeinsamen Arbeitsgruppe Sachsen-Niederschlesien wird in wenigen Tagen in Dresden stattfinden. Bereits jetzt gibt es eine gute Kooperation in den verschiedensten Bereichen. Ein Beispiel für die Zusammenarbeit Sachsens mit Polen ist die Förderung von Kontakten auf Unternehmensebene. Dazu eröffnete im Auftrag des Sächsischen Staatsministeriums für Wirtschaft und Arbeit die Wirtschaftsförderung Sachsen im April 1996 ein Verbindungsbüro in Breslau. Zukünftiges Ziel ist in diesem Bereich auch die Schaffung grenzüberschreitender Gewerbegebiete (z.B. im Dreiländereck Neugersdorf, Zittau). Notwendig ist dafür die Schaffung geeigneter Rahmenbedingungen für grenzüberschreitend tätige Unternehmen, die Erweiterung der wirtschafts- und regionalpolitischen Spielräume für die Grenzregionen durch die Europäische Union z.B. bei staatlichen Beihilfen und die Nutzung der jeweiligen Vorteile (Know-how auf der einen, Lohnkostenvorteile auf der anderen Seite) durch die Unternehmen selbst. Voraussetzung dafür ist auch und vor allem die Verbesserung der grenzüberschreitenden Infrastruktur im Grenzgebiet (Ausbau der A 4, weitere Straßenanbindungen, z.B. im Dreiländereck) sowie die Schaffung entsprechender Grenzübergänge (z.B. Hagenwerder, Dreiländereck Zittau-Nord).

Eine enge Zusammenarbeit gibt es auch im Hochschulbereich. So gibt es bereits 23 Kooperationsprojekte von sächsischen mit polnischen Hochschulen. Zu erwähnen ist insbesondere die Zusammenarbeit des Sächsischen Staatsministeriums für Wissenschaft und Kunst mit der Universität Breslau im Rahmen eines Projektes des EU-Programmes TEMPUS zur Unterstützung des Aufbaus der Hochschulstruktur in der Wojewodschaft Niederschlesien. 39 Schulpartnerschaften bestehen derzeit allein zwischen Sachsen und Niederschlesien. Außerdem laufen bereits die Vorbereitungen für die Einrichtung eines deutsch-polnischen Bildungsganges an einem Gymnasium in Görlitz (15 polnische Schüler ab September 2000).

Weiterhin bestehen ca. 40 Partnerschaften zwischen sächsischen und polnischen Städten. Ein weiteres Beispiel grenzüberschreitender Zusammenarbeit ist die Wiedererrichtung des Fürst-Pückler-Parks in Bad Muskau. Zwischen dem Landesamt für Denkmalpflege in Dresden und der Zentralbehörde für den Schutz und die Pflege von Gärten- und Schlösserensembles in Warschau wurde dazu eine Vereinbarung zur Wiederherstellung des Muskauer Parks geschlossen.

Unter dem Motto „Sächsische Tage in Breslau" hat sich der Freistaat Sachsen im Juni 1998 in Breslau vorgestellt. Eine Reihe von Kulturveranstaltungen sowie Wirtschafts- und Warenpräsentationen haben einen Überblick über die Vielfalt der partnerschaftlichen Beziehungen zwischen dem Freistaat Sachsen und den Wojewodschaften Niederschlesiens vermittelt. Es ist beabsichtigt, im Nachgang zu den Sächsischen Tagen in Breslau auch Niederschlesische Tage in Sachsen zu veranstalten. Der Freistaat Sachsen arbeitet im Deutsch-Polnischen Umweltrat mit, fördert im Rahmen des Deutsch-Polnischen Jugenwerkes Kontakte zwischen Jugendlichen aus den Grenzregionen und ist an der Verleihung des deutsch-polnischen Journalistenpreises beteiligt und vieles andere mehr. Auch in der Deutsch-Polnischen Regierungskommission für regionale und grenznahe Zusammenarbeit ist Sachsen vertreten. Im März 1994 wurde in Landsberg a.d.W. in der Republik Polen die Deutsch-Polnische Wirtschaftsfördergesellschaft gegründet. Gesellschafter dieser Aktiengesellschaft von deutscher Seite sind die Länder Brandenburg, Berlin, Mecklenburg/Vorpommern und Sachsen. Ein Kontaktbüro der Wirtschaftsförderungsgesellschaft wurde im Dezember 1997 in Dresden eröffnet.

Was die grenzüberschreitende Kooperation mit der tschechischen Republik angeht, möchte ich Ihnen auch noch einige Aktivitäten des Freistaates Sachsen näherbringen: Die Einrichtung der „Sächsisch – Tschechischen Arbeitsgruppe" geht auf die Unterzeichnung der „Gemeinsamen Erklärung" vom Dezember 1992 zurück. Ihr Ziel ist es, ein Gesprächsforum zwischen den betroffenen Ministerien der Tschechischen Republik und den Ministerien im Freistaat Sachsen zu bilden, wobei die Zusammenarbeit auf der Grundlage eines Arbeitsprogrammes erfolgt. Von großer Bedeutung ist der Aufbau wirtschaftlicher Kontakte. So hat die Industrie- und Handelskammer (IHK) Südwestsachsen in Plauen ein Kontaktbüro für sächsisch-tschechische Wirtschaftskooperationen eingerichtet. Darüber hinaus hat die Wirtschaftsförderung Sachsen ein Büro in Prag eröffnet und beteiligt sich alljährlich an der Internationalen Maschinenbaumesse in Brünn. Eine wichtige Voraussetzung für ökonomische Kooperation ist eine funktionierende Infrastruktur, die leider gerade im Erzgebirge oft noch ein Engpaßfaktor ist. Vor diesem Hintergrund ist neben dem Ausbau bestehender Bundesstraßen und Grenzübergänge der Bau der Autobahn A17 Dresden-Prag so wichtig. Deutliche Fortschritte gibt es auch im Umweltschutz. Der Einbau von Filteranlagen in tschechischen Kraftwerken, Wiederaufforstungen und Bodenschutzkalkungen sind nur einige Maßnahmen, um die verheerenden Umweltschäden im Erzgebirge zu beseitigen.

Ein gutes Beispiel dafür, daß Begegnung und gemeinsame Ausbildung junger Menschen die Integration in ein gemeinsames Europa fördert, ist ein ab Schuljahr 1998/99 eingerichteter binationaler Bildungsweg am Friedrich Schiller-Gymnasium in Pirna. Je 15 deutsche und tschechische Schüler lernen hier von Klasse 7 bis zum Abitur gemeinsam. Dem ging im Mai 1998 die Unterzeichnung einer Vereinbarung zwischen dem Staatsministerium für Kultus des Freistaates Sachsen und dem Ministerium für Schulwesen, Jugend und Sport der Tschechischen Republik voraus.

Wie diese Beispiele zeigen, gibt es eine Fülle grenzüberschreitender Kontakte und Aktivitäten. Einen wesentlichen Beitrag zur Belebung der grenzüberschreitenden Kooperation leisten die vier Euroregionen Neisse-Nisa-Nysa, Elbe/Labe, Erzgebirge/Krusnohori und Egrensis, die 1991/92 entlang der Grenze zur Tschechischen Republik und der Republik Polen gegründet wurden. Ziel dieser Regionen ist es, auf die Verbesserung der Infrastruktur und des grenzüberschreitenden Verkehrs, auf den Abbau von Umweltbelastungen, auf die Förderung des Tourismus und auf die Belebung der wirtschaftlichen Zusammenarbeit hinzuwirken und darüber hinaus als Forum der Verständigung zwischen den Grenzregionen und der Landesregierung bzw. den Regierungen der Nachbarstaaten zu dienen. Des weiteren wirken die Euroregionen mit bei der Koordinierung grenzüberschreitenden Projekte z.B. im Rahmen INTERREG und PHARE/CBC[1]. Wir sind fest davon überzeugt, daß das Niveau unserer nachbarschaftlichen Beziehungen mitbestimmt wird durch das dichte Netz grenzüberschreitender Kontakte, das sich in den vergangenen Jahren entwickelt hat. Diese Beziehungen füllen als „kleine Außenpolitik" die Europaabkommen, Verträge und Gemeinsamen Erklärungen mit Leben. Vor diesem Hintergrund stellt die Staatsregierung jährlich auch finanzielle Mittel für gemeinsame Projekte der Euroregionen bereit.

Einen wesentlichen Beitrag zur Verbesserung der Infrastruktur und der Umweltbedingungen, der Belebung der Wirtschaft, Verbesserung der Arbeitsmarktsituation, aber auch zur Unterstützung von Wissenschaft und Kultur im Grenzbereich leisten die von der Europäischen Union im Rahmen von INTERREG II und INTERREG III sowie PHARE/CBC bereitgestellten Mittel. Die Republik Polen erhielt im Förderzeitraum 1994–99 jährlich rund 55 Mio. ECU (ca. 88 Mio. DM), die Tschechische Republik rund 25 Mio. ECU (ca. 40 Mio. DM) aus PHARE/CBC

---

[1] INTERREG und PHARE/CBC sind interregionale bzw. polnische Regionalentwicklungsprogramme.

zur Förderung von Projekten der grenzüberschreitenden Kooperation. Über INTERREG II standen dem Freistaat Sachsen zwischen 1994 und 1999 Mittel in Höhe von 146 Mio. ECU (ca. 235 Mio. DM) zur Verfügung.

Die sächsische Staatsregierung wird sich mit Blick auf die guten Erfahrungen bei der grenzüberschreitenden Zusammenarbeit dafür einsetzen, daß auch in der neuen Förderperiode INTERREG III (2000–2007, Sachsen erhält Mittel in Höhe von ca. 200 Mio. EURO, entspricht ca. 391 Mio. DM) die finanzielle Ausstattung von PHARE/CBC und INTERREG es gestattet, die begonnenen Projekte weiterzuführen, die gemeinsamen Begegnungen zu vertiefen, die Beziehungen auf wirtschaftlichem und kulturellem Gebiet zu intensivieren und damit auch die polnischen und tschechischen Beitrittsvorbereitungen zur EU zu unterstützen. Die Projektvorbereitung für INTERREG III läuft bereits.

Innovativ für die Bundesrepublik ist, daß in den Geschäftsstellen der sächsischen Euroregionen Projektkoordinatoren eingesetzt wurden, die die Projektträger von der Projektidee bis hin zu Projektanträgen beraten und Kontakte zu den Nachbarstaaten vermitteln sollen. Die Projektkoordinatoren sammeln bereits jetzt entsprechende Projektvorschläge. Mit dem Beginn der Förderprogramme ist gegen Ende des Jahres 2000 zu rechnen.

Unser Engagement im Prozeß der EU-Erweiterung steht auch in Zusammenhang mit unseren eigenen Erfahrungen seit 1990; sie lehrten uns, daß es neben eigenen Anstrengungen im Land auch der Unterstützung durch starke Partner bedarf, die nicht nur durch finanzielle Transferleistungen, sondern auch durch Bereitstellung von Wissen und durch persönlichen Einsatz diesen schwierigen Prozeß begleiten. Die Einbindung der Länder in die Unterstützung der Beitrittsbemühungen erfolgt zum Beispiel durch Partnerschaften zwischen Institutionen in Mitgliedstaaten und Beitrittsländern (sogenanntes Twinning).

Um diese Beitrittspartnerschaften einmal deutlich zu machen, möchte ich ein gerade von der tschechischen Regierung ausgewähltes und der Kommission bestätigtes sächsisch/tschechisches Projekt vorstellen. Es handelt sich um ein Twinning-Projekt im Rahmen des Phare-Schwerpunkts „Institution building". Twinning-Partner sind das sächsische und das tschechische Innenministerium. Das Projekt heißt im Phare-Programm der Tschechischen Republik „Stärkung der Strafverfolgungsbehörden". Im Kern geht es darum, innerhalb der tschechischen Polizei Strukturen für eine effiziente Bekämpfung der organisierten Kriminalität aufzubauen und eine entsprechende Gesetzgebung zu begleiten. Dazu wurde ein erfahrener Polizeiführer als Langzeitexperte und „Vor-Beitrittsberater" für 18 Monate nach Prag entsandt.

Weitere Einwirkungsmöglichkeiten im EU-Beitrittsprozeß Polens und der Tschechischen Republik hat Sachsen als Land über den Ausschuß der Regionen. Vom Präsidium des Ausschusses der Regionen wurde am 13. Mai 1998 eine Kontaktgruppe „Ausschuß der Regionen/MOEL-Zypern" gebildet, die sich aus Mitgliedern des Präsidiums (ein Vertreter je Mitgliedstaat) zusammensetzt. Ziel dieser Kontaktgruppe ist es, den Dialog zwischen den lokalen und regionalen Gebietskörperschaften der Erweiterungskandidaten und dem Ausschuß der Regionen in Gang zu bringen. Gegenstand dieses Dialogs muß aus Sicht des Ausschusses der Regionen auch sein, das Verständnis und die Sensibilität für Subsidarität zu vermitteln, deren Einhaltung sich der Ausschuß der Regionen zum Ziel seiner europapolitischen Arbeit gesetzt hat. Der Ausschuß der Regionen ist der Überzeugung, daß ein Europa der Bürger nur durch ein Europa, das von unten nach oben aufgebaut ist, verwirklicht werden kann. Je eher die gewählten Vertreter der Kommunen und der Regionen der Erweiterungsländer und somit auch die Bürger in diesen Dialog einbezogen, gehört und verstanden werden, desto größer wird dann die Chance einer erfolgreichen EU-Erweiterung. Über die Arbeit dieser Kontaktgruppe wird regelmäßig im Präsidium und in den Plenarversammlungen des Ausschusses der Regionen berichtet. Im Anschluß an die Berichte finden regelmäßig Debatten statt. Somit wird die Arbeit dieser Kontaktgruppe von allen Mitgliedern des Ausschusses der Regionen politisch begleitet.

Abschließend möchte ich noch einige Bemerkungen zur EU-Osterweiterung machen: Nach der offiziellen Eröffnung der Beitrittsverhandlungen mit sechs weiteren Bewerberländern am 15.2.2000 (2.Welle) und der Eröffnung der sensiblen Kapitel mit den Bewerbern der 1. Gruppe tritt der Erweiterungsprozeß jetzt in seine entscheidende Phase. Sachsen nimmt zusammen mit Brandenburg an den Sitzungen der in Brüssel stattfindenden Arbeitsgruppen „Erweiterung" teil und berichtet dem Bundesrat über den Erweiterungsstand. Nach jüngsten Einschätzungen der Kommission wird sich der Erweiterungsprozeß noch länger hinziehen. Voraussetzung ist, daß es den 15 EU-Mitgliedern gelingt, in der laufenden Regierungskonferenz die für die innere Erweiterungsfähigkeit der EU notwendigen institutionellen Reformen durchzusetzen. Szenarien mit konkreten Terminen gibt es noch nicht. Es gibt bei allen Kandidatenländern noch beachtliche Defizite in der Umsetzung des Acquis. Deshalb muß dem Aufbau der Verwaltungen weiter höchste Aufmerksamkeit geschenkt werden. Besonders schwierig in den Beitrittsverhandlungen sind dabei das Agrarkapitel und das Kapitel über den freien Personenverkehr.

Der Freistaat Sachsen steht der Osterweiterung positiv gegenüber; denn sie bietet die Möglichkeit, das europäische Modell einer freiheitlichen und pluralistischen Gesellschaft, der sozialen und ökologischen Marktwirtschaft, der Rechtsstaatlichkeit und der Demokratie in den Osten unseres Kontinents auszudehnen.

Neben Chancen müssen beim Erweiterungsprozess auch eventuelle Probleme angesprochen werden, die insbesondere die an die mittel- und osteuropäischen Staaten angrenzenden deutschen Bundesländer betreffen. Ob die ersten Kandidaten bereits 2003 beitreten können, hängt von zwei Entwicklungen ab: Zum einen muß die EU im Rahmen der Regierungskonferenz ihre eigenen Mechanismen reformieren (Abstimmungsmodalitäten im Ministerrat, Anzahl der Kommissare, etc.); zum anderen müssen die Beitrittsländer den gesamten gemeinschaftlichen Besitzstand zum Tage des Beitritts umgesetzt haben. Dies wird nicht für alle Politikbereiche möglich sein; daher wird man wohl Übergangsfristen auf beiden Seiten einräumen müssen. Gerade dem Freistaat Sachsen ist daran gelegen, daß der sogenannte EU-Acquis zumindest in den sensiblen Politikbereichen Umwelt, Landwirtschaft, Personen- und Warenverkehr sowie innere Sicherheit vollständig umgesetzt ist. Es wird Probleme in den Bereichen Freizügigkeit und Dienstleistung geben, solange der Unterschied im Lohnniveau sich nicht auf eine innerhalb der EU übliche Spanne angenähert hat. Weitere Themen, die die sächsische Öffentlichkeit besonders beschäftigen, sind der befürchtete „Kriminalitätsimport" und die Schengen-Problematik insgesamt. Hier wird eine enge Zusammenarbeit mit den Nachbarstaaten notwendig sein, um diese Probleme lösen zu können.

Mit der Einbindung der Beitrittskandidaten in die EU werden die jungen Demokratien Osteuropas stabilisiert, Rechtstaatlichkeit und wirtschaftliche Entwicklung in den Kandidatenländern gestärkt. Dies ist gleichbedeutend mit Stabilität in Europa, mit einer langfristigen Garantie für Frieden, Freiheit und Wohlstand. Durch die Bündelung seiner Kräfte kann Europa an Gewicht in der Welt gewinnen und die globalen Herausforderungen besser meistern.

Schlesien auf dem Weg in die Europäische Union
Hrsg. von Lüder Gerken und Joachim Starbatty
Lucius & Lucius, Stuttgart, 2001

Schlesien als Region Polens in der Europäischen Union

Martin Seidel, Bonn

I. Einleitende Bemerkungen

Die nachfolgenden Ausführungen gehen der Frage nach, welche Stellung und Bedeutung Schlesien zukünftig als Region Polens in der Europäischen Union (EU) haben wird. Sie werden die Regelungen der EU und die aus dem Beitritt Polens zur EU resultierenden rechtlichen und politischen Bedingungen aufzuzeigen versuchen, die für die wirtschaftliche, die kulturelle und die gesellschaftspolitische Entwicklung Schlesiens bis hin zur möglichen Entfaltung einer regionalen schlesischen Identität von grundlegender Bedeutung sein werden.

Im Stadium des Vor-Beitritts stellt sich für Polen wie für alle anderen Beitrittskandidaten verständlicherweise die Frage, zu welchem Zeitpunkt mit dem Beitritt zu rechnen ist. Von vordringlichem Interesse ist ebenfalls die Frage, unter welchen Übergangsregelungen und Anpassungsfristen sich der Beitritt vollziehen wird. Im Falle Polens stehen dabei die Freiheit der Niederlassung, die Freizügigkeit des Kapitalverkehrs, die Freizügigkeit der Arbeitnehmer, die Übernahme der Umweltstandards, die Übernahme des Agrarpreisniveaus und die direkten Agrarbeihilfen im Blickfeld.

Die Regelungen des Gemeinsamen Marktes besagen, daß EG-Ausländer, die sich in einem anderen Mitgliedstaat wirtschaftlich betätigen, gegenüber den eigenen Staatsangehörigen nicht benachteiligt, d.h. auch beim Erwerb von Grundstücken nicht diskriminiert werden dürfen. Es gibt in der EU Rechtsschutz vor dem Europäischen Gerichtshof gegen jede Form der Diskriminierung. Die europäische Rechtsprechung ist sehr stringent und von den nationalen Gerichten infolge des Vorrangs, den das Gemeinschaftsrecht vor nationalem Recht hat, zu beachten. Für Polen ist der freie Erwerb von Grund und Boden durch EG-Ausländer ein heikles Problem. An die Nachfahren früherer deutschsprachiger Schlesier, die sich wahrscheinlich am allerwenigsten als Käufer bemerkbar machen werden, braucht dabei nicht einmal gedacht zu werden. Die Errichtung des Gemeinsamen Marktes unter den derzeitigen Mitgliedstaaten hat gezeigt, daß zwar ausländische Investitionen, ohne die es keinen wirtschaftlichen Aufschwung gibt,

nicht jedoch immer die ausländischen Investoren willkommen sind. Übergangsregelungen lösen das Problem nicht; sie helfen immer nur in den Fällen, in denen
eine zu erwartende gegenläufige Entwicklung ihren Grund entfallen läßt. Beim
Beitritt Portugals war eine solche Entwicklung vorauszusehen: Die wirtschaftliche Entwicklung Portugals nahm einen Verlauf, der den Emigrationsdruck min-
derte. Die Übergangsregelung erfüllte ihren Zweck und konnte auslaufen. Ist eine
solche Entwicklung nicht zu erwarten, wird die Forderung nach einer Verlänge-
rung der Übergangsregelung laut werden. Deshalb ist gemeinschaftsrechtlich von
vornherein eher an den „Ordre public"-Vorbehalt zu denken, unter dem die Regelungen der Niederlassungsfreiheit und der Freiheit des Kapitalverkehrs stehen.
Die Berufung auf ihn unterliegt allerdings ebenfalls der Überprüfung durch den
Europäischen Gerichtshof.

Die Freizügigkeit der Arbeitnehmer ist angesichts der traditionellen Ost-West-
Wanderung von Arbeitnehmern im umgekehrten Verhältnis ersichtlich mit trau-
matischen Ängsten behaftet; gelegentlich wird von dem „trojanischen Pferd der
Ost-Erweiterung für Deutschland" gesprochen.

Ein ebenso heikles wie sensibles Thema ist die Erstreckung der Agrarpolitik
mit ihrem hohen Preisniveau auf Polen, die mit einer beträchtlichen Anhebung
der Preise für Agrargüter und damit der Lebenshaltungskosten verbunden ist.
Ein System von Abschöpfungen auf die Einfuhr von Agrarerzeugnissen aus Polen in die alte Gemeinschaft und umgekehrt eine Subventionierung der Ausfuhr
von Agrarerzeugnissen aus der alten Gemeinschaft nach Polen ließe zwar das
derzeit niedrigere Preisniveau in Polen unangetastet, würde aber die Standortbedin-
gungen für Produktionen, die auf Agrarerzeugnissen aufbauen, innerhalb der
Gemeinschaft verfälschen. Die Unterstützung der Einkommen der landwirtschaftlichen Bevölkerung erfolgt seit der Reform der europäischen Agrarpolitik der
anfänglichen 80er Jahre zwar zunehmend über direkte Beihilfen; nach dem derzeitigen Verhandlungsstand sollen indes etwaige direkte Beihilfen zugunsten der
polnischen Landwirtschaft nicht, wie in der Gemeinschaft im übrigen, über die
Gemeinschaftskasse, sondern über den nationalen Haushalt finanziert werden.

Ein gleichermaßen heikles Problem ist die Übernahme der Umweltstandards
der Gemeinschaft durch Polen. Die zuständige Kommissarin nannte unlängst
öffentlich Kosten in Höhe von 40 Mrd. Euro, die bis zu Jahr 2005 von Polen als
Eigenleistung im Zusammenhang mit der Übernahme der Umweltstandards auf-
zubringen sind. Schlesien wäre in seiner wirtschaftlichen Entwicklung besonders
getroffen, wenn die Mittel nicht aufgebracht werden könnten.

Eine befriedigende Lösung aller aufgeworfenen Probleme, die der Beitritt mit
sich bringt, ist für die wirtschaftliche Entwicklung Schlesiens vermutlich von wesentlich größerer Bedeutung als für andere Regionen Polens. Daraus wiederum
folgt, daß es auf die schlesische Stimme bei den Beitrittsverhandlungen und später im Rahmen der Politikgestaltung der Gemeinschaft – sei es im Ausschuß der

Regionen, sei es im Europäischen Parlament, sei es im Rahmen der nationalen und europäischen öffentlichen Meinungsbildung – entscheidend ankommt. Das Schlimmste, was Schlesien passieren kann, wäre, daß es bei der Lösung der Schlesien betreffenden Fragen nicht gehört oder sogar überhört wird.

II. Schlesien als historische Wirtschafts-, Siedlungs- und Kulturregion

Schlesien ist nach dem Verständnis aller Lexika und Enzyklopädien eine geographische Region. Es liegt inmitten einer größeren Teilraumes des östlichen Mitteleuropas, der sich, wie eine deutsch-polnische Forschungsarbeit aus jüngster Zeit aufzeigt[1], als ein dicht besiedeltes „Verkehrs-, Städte und Verdichtungsband" von Sachsen über Schlesien und Galizien bis zur westlichen Ukraine im nördlichen Vorland entlang der vom Erzgebirge bis zu den Karpaten reichenden mitteleuropäischen Gebirgszüge erstreckt. Diese Großregion, deren mittlerer Teil durch Schlesien als Brückenregion gebildet wird, ist der am dichtesten besiedelte und mit Abstand bevölkerungsreichste Siedlungsraum des östlichen Mitteleuropa. Wirtschaftlich ist er weit in die Geschichte zurückreichend durch eine starke Bündelung von Gewerbe und Infrastruktur bestimmt. Als historischer Siedlungsraum wirkte er in den Frühjahren seiner Entstehung als Leitlinie der Völkerwanderung und später der Ansiedlung Deutscher in Mittel- und Osteuropa. In politischer Hinsicht war der Siedlungsraum ungeachtet seiner wirtschaftlichen Verflechtung zu keiner Zeit eine Einheit. Im Verlauf seiner politischen Geschichte, die durch Grenzverschiebungen bestimmt ist, gehörte er zu Kur-Sachsen, zu Böhmen, zu Österreich und zum Königreich Polen, später zu Preußen/Deutschland, Rußland und Österreich und nach den Grenzverschiebungen von 1945 nunmehr zum kleinen Teil zu Deutschland, zum größten Teil zu Polen und zum Teil zur Ukraine. In ethnischer Hinsicht kennzeichnet die Großregion eine Jahrhunderte lange Nachbarschaft deutscher, jüdischer, polnischer und ukrainischer Bevölkerung, in der Zeit nach 1945 die zwangsweise Umsiedlung und Vertreibung bestimmter Bevölkerungsgruppen.

Auch nach der Eingliederung Polens in die EU wird die Großregion zu keiner irgendwie gearteten substaatlichen Einheit zusammenwachsen. Die EU ist kein Bundesstaat, sondern ein Staatenverband, der die territoriale Hoheit ihrer Mit-

---

[1] Thomas Rößner, Institut für Länderkunde Leipzig in Zusammenarbeit mit Galina Anissimowa, Universität Lemberg, Tomasz Komornicki, Polnische Akademie der Wissenschaften Warschau, Krysztof Miros, Polnische Akademie der Wissenschaften Warschau, und Angela Röttger, Institut für Länderkunde Leipzig, „Die mitteleuropäische West-Ost-Achse Sachsen-Schlesien-Galizien", Leipzig 1998.

gliedstaaten nicht berührt. Schlesien wird daher ein territorialer Hoheitsbereich Polens bleiben. Durch die wirtschaftliche Eingliederung Polens in den Gemeinsamen Markt, in die Wirtschafts- und Währungsunion sowie in die Gemeinsame Außen- und Sicherheitspolitik und in die Zusammenarbeit der EU-Mitgliedstaaten im Bereich der Innen- und Rechtspolitik wird Schlesien indes in einen überaus engen wirtschaftlichen und kulturellen Verbund zu Deutschland, zu Tschechien und zur Slowakei hineinwachsen, der einem staatsähnlichen Verbund gleichkommt. Mit der Aufnahme der Ukraine in die EU ist aller Voraussicht nach zunächst nicht zu rechnen. Die Wiederbelebung der alten, bzw. die Herausbildung einer neuen, intensiven wirtschaftlichen Verflechtung mit dem östlichen Teilbereich des historischen Siedlungs- und Wirtschaftsraumes bleibt daher der sondervertraglichen Ausgestaltung des Verhältnisses zwischen der EU und der Ukraine vorbehalten. Polen wird als Mitgliedstaat der EU an dieser mitwirken. Auf längere Sicht hin ist die Entstehung einer integrierten Wirtschaftsstruktur, die die gesamte historische Großregion umfaßt, keine unrealistische Vision.

Schlesien wird seine historische Funktion als Brückenland in Zukunft dank seiner wirtschaftlichen Einbindung in die EU mehr denn je wahrnehmen können. Im eigenen Interesse wird es auf seine neue Brückenfunktion nicht verzichten können.

III. Geographie und Bevölkerung Schlesiens

Staatsrechtlich ist „Schlesien" in seiner Gesamtheit und in seinen geographischen Teilbereichen Teil des polnischen Staatsgebietes. Anders ausgedrückt: Schlesien ist auch nach der Gebietsreform Polens von 1999, die zur Errichtung von Selbstverwaltungskörperschaften neben den Wojwodschaften (territoriale Doppelstruktur) geführt hat, innerhalb Polens weder im Ganzen noch jeweils in seinen drei Teilbereichen eine politische Einheit. Das im deutschen Sprachgebrauch „Schlesien" genannte Territorium bestand bis zur Gebietsreform 1999 aus sieben den deutschen Regierungsbezirken vergleichbaren Wojewodschaften: den vier niederschlesischen Wojwodschaften Jelena Gora (Hirschberg), Legnica (Liegnitz), Walbrzych (Waldenburg) und Wroclaw (Breslau) und den drei oberschlesischen Wojewodschaften Bielsko-Biala (Bielitz), Katowice (Kattowitz) und Opole (Oppeln). Seit der Gebietsreform besteht „Schlesien" (Slask) aus drei größeren Wojewodschaften und daneben aus drei den Wojwodschaften zugeordneten Selbstverwaltungskörperschaften. Diese sind die Wojewodschaft bzw. Gebietskörperschaft Dolny Slask (Niederschlesien), die Wojewodschaft bzw. Gebietskörperschaft Opole (Oppeln) und die – um die Wojwodschaft Czestochowa (Tschenstochau) erweiterte – neue größere östliche Wojwodschaft bzw. Gebietskörperschaft Slask (Schlesien).

Mit der Gebietsreform wurde die Bezeichnung „Schlesien" (Slask) für die östliche Wojewodschaft bzw. Selbstverwaltungskörperschaft, die mit dem Verwaltungssitz in Kattowitz (Katowice) das oberschlesische Industrierevier umfaßt, reserviert. Der polnische Sprachgebrauch kennt aber nach wie vor für die Region „Schlesien" als Ganzes die Bezeichnung „Slask" und kennt auch die Unterscheidung zwischen Dolny Slask (Niederschlesien) und Gorny Slask (Oberschlesien).

Es gibt Menschen, für die sich mit Schlesien – infolge Ansässigkeit, Geburt oder familiärer Abstammung oder eines Bekenntnisses zu Schlesien – das Gefühl gemeinsamer Identität verbindet. So etwas wie eine – alte oder neue – schlesische Nation gibt es indes nicht. Es hat sie auch in der Geschichte nicht gegeben. Zu der Zeit, als sich die beiden alten Herzogtümer Polens der böhmischen Krone unterstellten, gab es in Europa „Nationen" im Sinne ihres neuzeitlichen Verständnisses noch nicht. Nach gegenwärtigem Verständnis, das vor allem auch dem Europäischen Gemeinschaftsrecht zugrunde liegt, wird die „Nation" durch die gemeinsame Staatsangehörigkeit definiert. Die Einwohner Schlesiens mit polnischer Staatsangehörigkeit gehören im Sinne des Gemeinschaftsrechts der polnischen Nation an. Zur Zeit der Zugehörigkeit zu Deutschland empfanden sich die deutsch-polnisch durchmischten Oberschlesier nicht als eine „Nation", sondern als eine Bevölkerungsgruppe. Sie setzten sich aufgrund einer empfundenen gemeinsamen Identität als deutsch-polnische Volksgruppe von den Niederschlesiern ab. Wenn sich in Schlesien oder in Oberschlesien in den letzten fünf Jahrzehnten in der Bevölkerung das Bewußtsein einer engeren Zusammengehörigkeit entwickelt hat, so ist dies nicht ein schlesisches „Nationalgefühl", sondern das Empfinden regionaler Zusammengehörigkeit sowie das Gefühl der gemeinsamen Teilhabe an einer regionalen Lebensgemeinschaft.

IV. Schlesien als Region der Europäischen Union

Das Recht und die Verfassung der EU machen den Mitgliedstaaten zur Auflage, die „Grundsätze der Freiheit, der Demokratie, der Achtung der Menschenrechte und der Grundfreiheiten sowie die Rechtsstaatlichkeit" (Artikel 6 EU-Vertrag) zu wahren. Die Mißachtung dieser verfassungsrechtlichen Vorgaben durch einen Mitgliedstaat kann zum Ausschluß aus der EU führen. Die Mißachtung dieser Grundsätze verhindert auch die Aufnahme als zukünftiges Mitglied der Union. Aus der Strukturauflage des Artikel 6 des EU-Vertrages, und auch nicht aus einer anderen Regelung des Verfassungsrechts der EU, ergibt sich indes keine entsprechende Verpflichtung der Mitgliedstaaten, ihr Staatswesen nach den Grundsätzen des Föderalismus zu organisieren oder auch nur durch die Errichtung von Gebietskörperschaften, die auf der Grundlage einer ausreichenden Autonomie über Regionalwahlen zu den Vertretungskörperschaften bestimmte staatliche Aufgaben erfüllen, zu regionalisieren. Das Fehlen einer solchen Verpflichtung oder auch nur Auflage mag man bedauern. Der Föderalismus ist eine zweite Form der republikanischen Gewaltenteilung; er trägt zur politischen Stabilität der Mitgliedstaaten und damit zugleich zur Stabilität der EU bei. Man mag das Fehlen einer solchen Auflage um so mehr bedauern, als die regionale Selbstverwaltung nicht nur der Stabilisierung der Demokratie dient, sondern auch ein beachtlicher Faktor der Steigerung des wirtschaftlichen Wachstums ist.

In einigen Mitgliedstaaten der EU sind indes historisch oder ethnisch begründete Tendenzen der Regionalisierung des Staatsgebiets zu verzeichnen, die als Folge ihrer inneren Dynamik bei einer gemeinschaftsrechtlichen Verpflichtung der Mitgliedstaaten zur Regionalisierung ihres Staatsgebiets sich leicht in Tendenzen zu einer echten Sezessionierung umwandeln könnten. Die EU kann daher die innerstaatliche Regionalisierung nur im Einvernehmen mit dem jeweiligen Mitgliedstaat anstreben und gegebenenfalls begünstigen. Grundsätzlich ist die Regionalisierung und die Föderalisierung des Staatswesens der Mitgliedstaaten, so wünschenswert sie aus der Sicht der EU auch sei, den Mitgliedstaaten als Eigenaufgabe überlassen.

Gewisse mittelbare und faktische Zwänge für die Mitgliedstaaten zur Regionalisierung ihres Staatswesens ergeben sich jedoch unbestreitbar als Folge bloßer Eingebundenheit der Mitgliedstaaten in die EU und der Politikgestaltung der Union. Vor allem werden durch das Wirken des „Ausschusses der Regionen" und durch die Beteiligung der EU an der regionalen Wirtschaftsförderung der Mitgliedstaaten regionale Entwicklungen in den Mitgliedstaaten in starkem Ausmaß begünstigt. In dem „Ausschuß der Regionen", der mit dem Vertrag von Maastricht zugleich mit der Errichtung der Wirtschafts- und Währungsunion als Beratungsorgan eingerichtet worden war, sind nach den einschlägigen Regelungen der EU die „regionalen und lokalen Gebietskörperschaften", wie sie in den Mitgliedstaaten entweder bereits bestehen oder gegebenenfalls von diesen eingerichtet werden, vertreten. Die innerstaatliche Zuweisung der den einzelnen Mitgliedstaaten zustehenden Sitze im Regionalausschuß ist zwar ebenso wie die Auswahl der „regionalen und lokalen Gebietskörperschaften", Sache der Mitgliedstaaten. Die Mitglieder des Regionalausschusses werden indes, wenn auch auf Vorschlag der jeweiligen Mitgliedstaaten, im Einvernehmen mit den anderen Regierungen einstimmig bestellt. Insoweit besteht eine gewisse wechselseitige Mitbeteiligung sowohl bei der Auswahl der Kandidaten als auch mittelbar bei der innerstaatlichen Sitzverteilung. Zu den Belangen der EU, die von den Mitgliedstaaten zu berücksichtigen sind, zählt eine innerstaatliche Verteilung der Sitze, die historisch gewachsene regionale Strukturen wahrt.

Mit der Reduzierung der Anzahl der Wojewodschaften und der Errichtung der diesen territorial zugehörigen als Selbstverwaltungskörperschaften eingerichteten Regionen ist Polen – als erstes Beitrittsland – der ungeschriebenen Auflage der EU zu einer funktionsadäquaten Regionalisierung seines Staatswesens nachgekommen. Die Reduzierung auf drei neue schlesische Wojewodschaften und die Errichtung von drei Selbstverwaltungskörperschaften in Schlesien dürfte eine optimale Repräsentanz Schlesiens als Region Polens im „Ausschuß der Regionen" der EU gewährleisten.

Die „Region" ist auch kein Rechtsbegriff der Regionalförderung der EU. Die EU beteiligt sich über die „Politik des wirtschaftlichen und sozialen Zusammenhalts" mit Mitteln des Regionalfonds, des Sozialfonds und des Agrarstrukturfonds an der Regionalförderung der Mitgliedstaaten. Die Regionalförderung der Gemeinschaft ist ungeachtet ihres finanziellen Ausmaßes rechtlich auf eine bloße Mitverantwortung der EU für eine regional ausgeglichene Anhebung der Lebens- und Wirtschaftsbedingungen in den Mitgliedstaaten beschränkt. Die Regionalförderung selbst ist auch nach dem Vertrag von Maastricht, der die Gemeinschaft in eine Wirtschafts- und Währungsunion umgewandelt hat, als Teil der Wirtschaftspolitik primär eine Aufgabe der Mitgliedstaaten.

Die Beteiligung der Gemeinschaft an der Wirtschaftsförderung der Mitgliedstaaten orientiert sich an sogenannten Zielgebieten, die ihrerseits in unterschiedlichem Ausmaß von der EU gefördert werden. Den Zielgebieten, die in jüngster Zeit aus Gründen der Konzentration der Förderung der Gemeinschaft von sieben auf drei reduziert worden sind, liegen wiederum Förderregionen zugrunde, die von den Mitgliedstaaten festgelegt werden. Für die Förderung in diesen Arbeitsmarkt- und Förderregionen gelten indes, wenn sie die Voraussetzungen eines Zielgebiets erfüllen, von der Gemeinschaft festgelegte einheitliche Kriterien. So gesehen, wirkt die EU im Rahmen der Bildung von Regionen in den Mitgliedstaaten durchaus mit. Die Festlegung einheitlicher Förderkriterien durch die Gemeinschaft ist unerläßlich und unverzichtbar; denn über die Regionalförderung der EU bzw. die Mitfinanzierung der nationalen Regionalförderung durch die Gemeinschaft vollzieht sich in doppelter Weise ein Ressourcentransfer, nämlich zum ersten innerhalb der einzelnen Mitgliedstaaten von den wohlhabenderen Regionen auf die weniger wohlhabenden Regionen und dann vor allem zum zweiten innerhalb der EU selbst von den wohlhabenderen Mitgliedstaaten auf die weniger wohlhabenden Mitgliedstaaten.

Als regionale Fördergebiete der Mitgliedstaaten im Rahmen der Regionalförderung der EU stellen sich weniger die historischen Regionen als die auf den Zweck der Regionalförderung der Gemeinschaft zugeschnittenen spezifischen Wirtschafts- und Arbeitsmarktregionen dar. Wahrscheinlich werden nach dem Beitritt Polens zur EU nahezu alle in Schlesien eingerichteten Wirtschafts- und Arbeitsmarktregionen, und damit zugleich die in Schlesien errichteten drei regionalen Selbstverwaltungskörperschaften sogenannte Ziel 1-Gebiete und damit aus Mitteln der Gemeinschaft vorrangig geförderte Regionen sein. Voraussetzung der Förderung der Gemeinschaft ist aber neben der Einrichtung von Wirtschafts- und Arbeitsmarktregionen eine effiziente nationale Regionalförderung; diese Vorbedingung, deren Erfüllung zu den Kopenhagener Beitrittsvoraussetzungen zu rechnen ist, wird selbst bei einem hohen Finanzierungsanteil der Gemeinschaft bei der regionalen Wirtschaftsförderung in Schlesien, mit dem zu rechnen ist, durch die Mitbeteiligung der Gemeinschaft nicht ersetzt.

V. Voraussetzungen für den Beitritt Polens

Neben Polen bemühen sich zur Zeit 11 weitere Staaten um Aufnahme in die EU. Die Erweiterung der EU nach Osten ist ungeachtet der Kosten, die sie vor allem für die Beitrittsländer selbst verursacht, aus politischen Gründen unausweichlich. Die Funktionen und Garantien der EU, insbesondere der Friedensprozeß und die Friedensgarantie, können dauerhaft in Westeuropa nicht zum Tragen gelangen, wenn sie nicht auf Mittel- und Osteuropa erstreckt werden. Polen steht aus Gründen der Größe seiner Bevölkerung, seiner Grenze zu Deutschland und aus Gründen seiner Geschichte in der Mitte der zwölf Beitrittskandidaten. Wie Barbara Lippert[2] mit Recht hervorhebt, wird in Polen das „Sinnbild der Teilung Europas und ihrer Überwindung" gesehen.

Der Beitritt Polens wird sich aber nicht losgelöst und auch nicht zeitlich versetzt zur Aufnahme weiterer Drittstaaten, insbesondere einer ersten Gruppe von Drittstaaten, vollziehen. Politische, aber auch ökonomische Gründe schließen die Bevorzugung eines Bewerberlandes ebenso wie dessen Zurücksetzung aus. Mit der bevorzugten Aufnahme eines Drittstaates in die EU entstehen zu den anderen Bewerberstaaten Außengrenzen, die nach deren Beitritt wiederum abzubauen sind. Außerdem entscheiden die bevorzugt aufgenommenen Bewerberstaaten als neue Mitglieder über die Bedingungen der Aufnahme ihrer früheren Konkurrenten. Zwischen den Beitrittsverhandlungen, die mit den Beitrittsländern einzeln geführt werden, bestehen somit kaum auflösbare Interdependenzen. Auch kann die Einheit des Erweiterungsprozesses diesen insgesamt verzögern und damit einzelne Beitrittsländer zusätzlich benachteiligen.

Die Europäische Gemeinschaft hat inzwischen die ihr als Voraussetzung für die Erweiterung als Aufgabe obliegende Reform ihrer institutionellen Struktur und ihres Entscheidungsprozesses in Angriff genommen. Ohne die angestrebte

---

[2] Barbara Lippert, „Deutschlands spezielles Interesse an der polnischen Mitgliedschaft", in: Fritz Franzmeyer/Christian Weise (Hrsg.), „Polen und die Osterweiterung der EU", Berlin 1996, S. 120ff. (120).

Reform wäre die Handlungsfähigkeit der EU nach innen und nach außen nach einer Erweiterung auf bis zu 28 Staaten nicht gewährleistet. Die Themen der Regierungskonferenz, die noch in diesem Jahr ungeachtet bislang eher magerer Ergebnisse mit Erfolg abgeschlossen werden soll, sind auf die Ausweitung der Mehrheitsentscheidung im Rat, die Einführung der sogenannten doppelten Zählweise bei Abstimmungen im Rat mit qualifizierter Mehrheit, auf die verstärkte Einschaltung des Europäischen Parlaments in den politischen und den Gesetzgebungsprozeß und auf die Beschränkung der Zahl der Mitglieder der Kommission beschränkt. Ob die genannte Reduzierung der Themen der Konferenz zur Erhaltung der Handlungsfähigkeit der EU ausreicht, darf ernsthaft bezweifelt werden.

Die für die Erweiterung unerläßliche Neuordnung der Agrarpolitik der Gemeinschaft und die grundlegende Umstrukturierung des Finanz- und Ressourcentransfers der Gemeinschaft zugunsten der neuen Mitgliedstaaten, die mit einer Umlenkung bisheriger finanzieller Zuwendungen an weniger wohlhabende Altmitglieder verbunden ist, steht bislang noch aus. Die beiden Reformen müssen von der EU vorab aufgegriffen und durchgeführt werden.

Polen wird zu gegebener Zeit in seiner gesamten geographischen Einheit Mitglied der EU und insbesondere in die Regelungen des Gemeinsamen Marktes einbezogen werden. Für geographische Teilbereiche Polens – und damit auch für Schlesien – kann nach den Regeln der EU zumindest nicht mit einem auf Dauer angelegten, wie auch immer gearteten Sonderregime gerechnet werden. Das gilt für Regelungen, die Schlesien als eigenen Wirtschaftsraum und Investitionsstandort begünstigen würden, gleichermaßen aber auch für Regelungen, die eine auf Schlesien begrenzte dauerhafte Suspendierung bestimmter Prinzipien des Gemeinsamen Marktes, beispielsweise die Einschränkung der Niederlassungsfreiheit, brächten. Sonderregime dieser Art hat die EU bislang nur für an der Peripherie gelegene territoriale Bereiche der Beitrittsstaaten, beispielsweise für die portugiesischen Inseln der Azoren und für die britischen Kanalinseln, nicht jedoch für Wirtschaftsregionen akzeptiert, die in ihrer geographischen Mitte liegen und auf Grund des Sonderregimes zu einer Art Exklave im Gemeinsamen Markt und in der Wirtschafts- und Währungsunion würden. Deutschland, Polen und die EU streben daher für Schlesien und andere territoriale Teilbereiche kein Sonderregime an. Alle drei Verhandlungspartner setzen mit Recht darauf, daß besondere wirtschaftliche und politische Probleme, die der Beitritt Polens zur EU für Schlesien oder andere territoriale Teilbereiche Polens mit sich bringen kann, im Rahmen der bewährten internen Verfahren und Regelungen der EU lösbar sind.

Die Gefahr einer „Überflutung" Schlesiens mit deutschem Kapital oder eines „Ausverkaufs" polnischen Grund und Bodens an Unionsbürger deutscher Nationalität oder polnischer Unternehmen an deutsche Konzerne ist nicht annähernd so groß, wie befürchtet wird. Solchen Entwicklungen, falls sie wider Erwarten dennoch eintreten sollten, kann durch die bewährte Anwendung der Regelungen und Verfahren der Gemeinschaft durchaus entgegengewirkt werden. Die Gemeinschaft ist nach dem Vertrag von Maastricht gehalten, die Identität ihrer Mitgliedstaaten zu wahren. In Polen vollzieht sich die Identitätsbildung seit der Westverschiebung seiner östlichen Staatsgrenze und seiner westlichen Staatsgrenze in einem geographischen Bereich Europas, der nach dem Gemeinschaftsrecht eben so wenig geographisch wie völkerrechtlich in Frage gestellt werden kann. Die Identität des polnischen Staates und der polnischen Nation, die von der EU und ihren Mitgliedstaaten zu wahren ist, wird sich nach der Aufnahme Polens in die EU in allen seinen Landesteilen ungeachtet der früheren fast siebenhundert Jahre langen deutschen Besiedelung und Geschichte bestimmter Gebiete weiterhin herausbilden können.

VI. Brückenland Schlesien

Schlesien kann – organisiert in drei Wojewodschaften und regionalen Selbstverwaltungskörperschaften – davon ausgehen, daß es sich als Brückenland und historischer Wirtschaftsraum nach der Aufnahme Polens in die EU zu einer Wachstumsregion entwickelt. Die Aufnahme Polens in die EU führt zu einer Eingliederung der schlesischen Wirtschaft in den Gemeinsamen Markt der Gemeinschaft und zur Einbindung der schlesischen Wirtschaft in die Wirtschafts- und Währungsunion, die durch offene und freie Märkte über alle regionalen und Landesgrenzen, durch Wettbewerb und durch eine stabilitätsorientierte Wirtschafts- und Währungspolitik gekennzeichnet ist. Diese Erwartung besteht ungeachtet der immensen Probleme des Umweltschutzes und der Umstrukturierung seiner Wirtschaft, insbesondere im oberschlesischen Industrierevier. Ein vertragliches Sonderstatut zugunsten der Absicherung der wirtschaftlichen Entwicklung Schlesiens dürfte jedoch im Rahmen der Beitrittsverhandlungen, so wünschenswert es auch erscheinen mag, nicht erreichbar sein. Es hätte eine unkalkulierbare Präzedenzwirkung und sollte daher nicht erst angestrebt werden. Erreichbar könnte aber ein – mit der Wirkung von vertraglichem Gemeinschaftsrecht ausgestattetes – Protokoll zum Beitrittsvertrag sein, das unter Hinweis auf die finanzielle Beteiligung der Gemeinschaft die Umstrukturierung bestimmter Regionen zu einer vorrangigen und notwendigen Aufgabe der polnischen Wirtschaftspolitik während der Übergangszeit festlegt. Das Erfordernis der Bildung und des Ausbaus „grenzüberschreitender Regionen" mit Tschechien, der Slowakei und Deutschland könnte ebenfalls in einem Protokoll zum Beitrittsvertrag bekräftigt und vertraglich festgeschrieben werden.

Ein wesentlicher Faktor wirtschaftlichen Wachstums ist die Pflege regionaler Kultur. Sie ist für Schlesien als Ganzes und für seine Teilbereiche nicht nur eine Aufgabe der Wojewodschaften und der regionalen Gebietskörperschaften, sondern auch der Universitäten, der Forschungs- und Bildungseinrichtungen, der Wirtschaftsverbände und der gesellschaftlichen Vereinigungen. Deutschland als größtes Nachbarland Schlesiens wird sich mit seinen entsprechenden Institutionen voraussichtlich partnerschaftlich an allen Entwicklungen, die in Schlesien auf eine Pflege regionaler Kultur hinauslaufen, beteiligen. Ein Gebot der Achtsamkeit dürfte dabei aber sein, daß das entstehende äußere Beziehungsgeflecht der betreffenden Institutionen in Schlesien, insbesondere der Universitäten und der Bildungseinrichtungen, nicht ausschließlich oder übergewichtig auf Deutschland ausgerichtet zur Entstehung gelangt.

VII. Entwicklung der Verantwortlichkeiten

Die wirtschaftliche Entwicklung Schlesiens als Region Polens im Gemeinsamen Markt der EU – insbesondere auch in der europäischen Wirtschafts- und Währungsunion – hängt nicht nur von den Wirkungen der Marktkräfte, der Bildung grenzüberschreitender Regionen mit Deutschland, Tschechien und der Slowakei sowie der Pflege einer regionalen Kultur ab. Maßgeblicher Faktor ist die Wirtschafts- und Gesellschaftspolitik der Warschauer Zentralregierung, von der Schlesien nach dem Betritt zur EU in gleicher Weise wie zuvor abhängig bleibt.

Im Rahmen der EU ist die Wirtschafts-, die Sozial- und die Gesellschaftspolitik auch nach ihrer auf Grund des Vertrages von Maastricht erfolgten Umwandlung in eine Wirtschafts- und Währungsunion primär ein Zuständigkeits- und Verantwortungsbereich der Mitgliedstaaten. Zur Wirtschaftspolitik gehört auch die regionale Wirtschaftsförderung und die wirtschaftliche Infrastrukturpoltik. Die Zuständigkeit und Verantwortung für die gesellschaftliche und wirtschaftliche Entwicklung in Schlesien bleibt daher auch nach dem Beitritt Polens zur EU eine Aufgabe der polnischen Zentralregierung. Die EU kann sich für Schlesien an der regionalen Wirtschaftspolitik und an der wirtschaftlichen Infrastrukturpoltik nur nach Maßgabe ihrer Ausgestaltung durch die Warschauer Zentralregierung beteiligen. Da Polen indes auf einen hohen Anteil der EU bei der Finanzierung seiner regionalen Wirtschaftsförderung und seiner wirtschaftlichen Infrastrukturpolitik angewiesen sein wird, dürfte die Gemeinschaft relativ große Mitwirkungsmöglichkeiten bei der Ausgestaltung der Politik, insbesondere auch bei der Festsetzung ihrer regionalen Prioritäten, haben. Der „Ausschuß der Regionen", in dem, wie aufgezeigt, die Belange Schlesiens in Brüssel zur Geltung gebracht werden können, ist in die Ausgestaltung der Maßnahmen der Gemeinschaft obligatorisch eingeschaltet.

Die drei schlesischen Wojewod- und Gebietskörperschaften dürften auch in Zukunft hinsichtlich aller Maßnahmen, die wie der Ausbau der wirtschaftlichen Infrastruktur oder der Gestaltung der rechtlichen Rahmenbedingungen die wirtschaftliche Entwicklung Schlesiens betreffen, weitgehend von der Zentralregierung in Warschau abhängig sein. Für eine autonome Wirtschaftspolitik fehlt den – weitreichend zwar mit wirtschaftspolitischen Planungsaufgaben betrauten – Regionen die finanzielle Autonomie. Gesetzliche Regelungen – wie die unzulängliche Liberalisierung des Grunderwerbs –, die notwendige ausländische Investitionen behindern, können weder von den Regionen noch von den Wojwodschaften ohne Zustimmung oder Ermächtigung durch Warschau geändert werden. Abzuwarten bleibt, ob den Regionen bzw. Wojwodschaften die Errichtung sogenannter bilateraler Wirtschaftsforen für Unternehmer, die von der Wirtschaft getragen werden, etwa nach dem Vorbild des in Deutschland von der sächsischen Wirtschaft getragenen und auf deutscher Seite in Dresden angesiedelten Deutsch-Ukrainischen Wirtschaftsforums, anstatt auf der Schiene Dresden/Warschau auf der Schiene Dresden/Kattowitz oder der Schiene Dresden/Oppeln oder auf der Schiene Dresden/Breslau gelingt. Abzuwarten bleibt auch, ob es sehr bald mit oder ohne „consent" der Warschauer Regierung zu dem für die wirtschaftliche Entwicklung Schlesiens notwendigen Ausbau der grenzüberschreitenden Regionen mit Tschechien, mit der Slowakei sowie mit Sachsen bzw. mit Brandenburg kommt.

In der derzeitigen Vorphase des Beitritts ist die Abhängigkeit Schlesiens von der Politik, wie sie in Warschau gemacht wird, nicht geringer, sondern eher noch größer. Sie betrifft die Fördermaßnahmen der EU im Rahmen ihrer der sogenannten Heranführungsstrategie, die sich über das PHARE-Programm und aller anderen Programme sowie die Europäische Investitionsbank vollzieht. Alle Förderungsmaßnahmen werden von der Zentralregierung in Warschau ausgehandelt und intern umgesetzt, ohne daß Schlesien zur Zeit seine Belange in Brüsseler Gremien zur Sprache bringen und sich im Ausschuß der Regionen oder im Europäischen Parlament wie nach dem Beitritt Gehör verschaffen kann.

VIII. Zeitpunkt des Beitritts

Ein fester Zeitpunkt für den Beitritt ist seit jeher eine Forderung der polnischen Europapolitik. Er ist Polen indes seitens der EU bislang ebensowenig wie den anderen Beitrittskandidaten in Aussicht gestellt worden und läge auch nicht, wie das zur Zeit bemerkbare Stocken der Beitrittsverhandlungen beweist, im Interesse Polens. Voraussetzung für den Beitritt ist außer der Vollendung des Transformationsprozesses von einer Staats- in eine Privatwirtschaft eine Leistungs- und Wettbewerbsfähigkeit der polnischen Wirtschaft, die dem unbehinderten wirtschaftlichen Wettbewerb aus den anderen Mitgliedstaaten auf Dauer standhält. Dem Fortschrittsbericht, den die hiermit beauftragte EU-Kommission für 1999 der europäischen Öffentlichkeit vorgelegt hat, ist nicht zu entnehmen, daß in Polen bereits alle Maßnahmen getroffen worden sind, die die Übernahme des sogenannten gemeinschaftlichen Besitzstandes erfordert. Die vom Europäischen Rat 1993 relativ abstrakt festgelegten Beitrittsvoraussetzungen sind, so die EU-Kommission, von Polen bislang noch nicht erfüllt. Insbesondere seien bislang nicht die erforderlichen Maßnahmen zur Errichtung eines funktionierenden Kapitalmarktes getroffen worden; namentlich müsse die Zulassung ausländischer Banken und der Erwerb von Grundstücken durch EU-Bürger ohne Diskriminierung gewährleistet sein. Diese unbefriedigende Entwicklung ist auch in den anderen Beitrittsländern festzustellen.

Das wirtschaftsrechtliche System der Europäischen Gemeinschaft, insbesondere das Regelungssystem des Gemeinsamen Marktes, das aus den vier Grundfreiheiten, einer strikten Kartell-, Antitrust- und Fusionsaufsicht, einer Kontrolle der Subventionierung der Wirtschaft und aus dem Grundsatz der Gleichstellung der öffentlichen Wirtschaft mit der privaten Wirtschaft besteht, ist, historisch nachweisbar, auf die Integration von annähernd gleich entwickelten Volkswirtschaften zugeschnitten. Im Rahmen einer Wirtschaftsgemeinschaft, die durch ein starkes wirtschaftliches Gefälle bestimmt wird, kann der Gemeinsame Markt zu einer wirtschaftlichen Entwicklung zu Lasten der weniger wettbewerbsfähigen Volkswirtschaften führen. Zum Ausgleich einer solchen Entwicklung, die bereits seit den ersten drei äußeren Erweiterungen der EU feststellbar ist, hat die EU die Politik des wirtschaftlichen und sozialen Zusammenhalts eingeführt. Diese führt jedoch bislang und wird in der erweiterten EU erst recht zu keinem Ressourcentransfer führen, der disparitäre Entwicklungen hinreichend ausgleicht. Ein ausreichender Finanzausgleich würde die Umwandlung der EU, die nach wie vor ein Staatenverband ist, in ein echtes Staatswesen voraussetzen. Überdies geht die Maastrichter Wirtschafts- und Währungsunion von der Eigenverantwortlichkeit der Mitgliedstaaten für die Konvergenz der wirtschaftlichen Entwicklung aus, indem sie die Wirtschaftspolitik als Zuständigkeit der Mitgliedstaaten festschreibt und die Haftung sowie das Einstehen der anderen Mitgliedstaaten und der Gemeinschaft für das wirtschaftspolitische Fehlverhalten eines Mitgliedstaates im Sinne einer Nichterfüllung der Konvergenz der Wirtschaftspolitik und der nationalen wirtschaftlichen Entwicklung ausschließt.

Die neuen Mitgliedstaaten sind von Anbeginn an nicht nur in den Gemeinsamen Markt, sondern auch in das Regelungswerk der Maastrichter Wirtschafts- und Währungsunion, wenn auch nicht sofort in dessen dritte Stufe eingebunden. Wenn die neuen Mitgliedstaaten nicht den für sie möglicherweise fatalen Wirkungen der einheitlichen Währungspolitik ausgesetzt sein wollen, sollten sie sich die Möglichkeit der Anpassung ihrer wirtschaftlichen Verhältnisse, wie sie die Anpassung der Wechselkurse ihrer Währungen zur Währung der Gemeinschaft ermöglicht, zumindest für eine gewisse Zeit nicht nehmen lassen, d.h. im eigenen wirtschaftspolitischen Interesse nicht sofort den Eintritt in die dritte Stufe der Währungsunion und die Übernahme der Einheitswährung der Gemeinschaft anstreben.

IX. Sorgen der Bevölkerung

Die Wirtschaft in Polen befindet sich in einem Aufholprozeß, der bereits in der
Vor-Beitrittsphase zu offenen Märkten und zunehmendem Freihandel nicht nur
mit den Ländern der EU, sondern auch mit Drittstaaten, die später Partnerländer
Polens in der EU sein werden, führen muß. Als größtes Beitrittsland trägt Polen
eine besondere Verantwortung, daß die den Beitrittsländern im Zusammenhang
mit den Europaabkommen auferlegte zwischenstaatliche wirtschaftliche Verflechtung im Rahmen der Central Free Trade Association (CEFTA) als unerläßliche
Vorbedingung der äußeren Erweiterung verwirklicht wird. Die Bildung von grenzüberschreitenden Euro-Regionen mit Tschechien, der Slowakei, Deutschland, mit
Litauen sowie mit den Anliegern der Ostsee ist eine konstitutives Element der
notwendigen außenwirtschaftlichen Verflechtung. Zu den auf das Inland ausgerichteten Maßnahmen zählt mit Vorrang die Schaffung der Bedingungen für die
Herausbildung eines leistungsfähigen Kapitalmarkts. Soweit die inländische Er-
sparnisbildung hierfür nicht ausreicht, ist der Rückgriff auf die ausländischen
Kapitalmärkte unausweichlich. Ohne einen leistungsfähigen Kapitalmarkt, der
ausländische Kapitalzufuhr erfordert, können die für die Umstrukturierung und
Anpassung der Wirtschaft erforderlichen Investitionen nicht finanziert werden.
Alle echten oder vermeintlichen Probleme, die wie der angebliche „Ausverkauf
nationaler Unternehmen" oder die angebliche „wirtschaftlichen Kolonisierung"
mit ausländischen Investitionen verbunden sein können, bleiben bei einem ausreichenden wirtschaftlichen Wachstum und einem gelungenen Aufholprozeß eine
vorübergehende Erscheinung. In einer Wirtschaftsgemeinschaft hat ein wirtschaftlicher Nationalismus ebensowenig wie der politische Nationalismus eine Heimat.

Die vorstehenden Ausführungen bedeuten nicht, daß die verständlicherweise
in der Bevölkerung in allen Beitrittsländern bestehende Befürchtung einer „Überfremdung" und „Kolonisierung" ihrer Wirtschaft nicht ernst genommen werden
sollte. Vielfach kann ihr nicht mit dem Argument entgegen getreten werden, daß
Investitionen, gleichgültig durch wen sie erfolgen, letztlich Arbeitsplätze, Einkommen und Wohlstand schaffen. Auch der Hinweis, daß ausländische Investitionen bei einer zu erwartenden späteren Steigerung des Wohlstandes, nach dem
Beispiel Deutschlands und anderer Volkswirtschaften in vergleichbarer Situation,
zurückgekauft werden können, verfängt vielfach nicht. Gerade unter den Bedingungen der EU ist der Rückkauf indes uneingeschränkt gewährleistet. Da der
Integrationsprozeß allerdings nicht nur auf die Wirtschaft ausgerichtet ist, sondern die Bürger und Völker erfaßt, sollte auf diese Befürchtungen auf allen Seiten
Rücksicht genommen werden.

Dies gilt auch hinsichtlich der etwaigen Befürchtung einer „Überfremdung"
insbesondere Schlesiens mit deutschem Kapital. Ob diese Gefahr überhaupt besteht, ist eine offene Frage. Polen wird sich zwar möglicherweise zu einem günstigen

Standort für die deutsche Wirtschaft entwickeln; welcher seiner Landesteile indes ein bevorzugter Standort für deutsche Investitionen sein wird, bleibt aber rein ökonomischen Entscheidungen der Unternehmen vorbehalten, die in Polen im Gewand international strukturierter Konzerne auftreten werden. Der als besonders sensibel eingestufte Landerwerb Deutscher schlesischer Herkunft wird wahrscheinlich als Trauma in die Geschichte Schlesiens eingehen. Jedenfalls träfe er gegebenenfalls auf durchaus mögliche politische Maßnahmen, die ihn eingrenzen könnten.

Im umgekehrten Verhältnis braucht die Öffnung der Arbeitsmärkte, die sich als Folge der Freizügigkeit für Arbeitnehmer ergibt und die ökonomisch sinnvoll ist, nicht als ein unlösbares Problem – im Sinne des verschiedentlich befürchteten „trojanischen Pferdes der Osterweiterung" – betrachtet zu werden. Zweifellos wird mit dem Beitritt Polens zwischen Polen und Deutschland eine innerhalb der Gemeinschaft in dieser Art einmalige innere Wirtschaftsgrenze entstehen; auch wird die traditionelle Ost-West-Migration zusätzlich belebt werden. Der deutsche Sozialstaat ist jedoch hierdurch kaum ernsthaft gefährdet, da das Freizügigkeitsrecht keineswegs uneingeschränkt gewährleistet ist. Bei einer verantwortungsbewußten Politik auf beiden Seiten braucht auch das Aufkommen vom Fremdenfeindlichkeit ernsthaft nicht befürchtet zu werden.

X. Gemeinsame Verantwortung

Deutschland und Polen tragen gemeinsam Verantwortung für das Gelingen des Erweiterungsprozesses, insbesondere für die Eingliederung Polens in die EU; das wirtschaftliche Schicksal Schlesiens liegt ebenso in den Händen der beiden Regierungen. Zu wünschen und zu erwarten ist, daß beide Regierungen diese Aufgabe im Rahmen einer „Gemeinschaft von Interessen" im Sinne des früheren polnischen Außenministers Krysztof Skubiszewski[3] verantwortlich wahrnehmen und dabei im Auge behalten, daß – unvermeidbare – Verständigungskrisen zwischen Deutschland und Polen nicht zu Krisen der Integration Europas ausarten dürfen.

Straßburg ist im Rahmen der europäischen Integration zum Sinnbild der Aussöhnung und Verständigung zwischen Deutschen und Franzosen erstarkt; Schlesien könnte vielleicht diese Funktion eines Tages als polnische Region in der EU zwischen Polen und Deutschland erfüllen.

---

[3] Zitiert nach Roland Freudenstein und Henning Tewes, „Stimmungstief zwischen Deutschland und Polen", in: Internationale Politik, Heft Nr. 2, 2000, S. 49ff.

VII. Zusammenfassungen

Schlesien auf dem Weg in die Europäische Union
Hrsg. von Lüder Gerken und Joachim Starbatty
Lucius & Lucius, Stuttgart, 2001

Śląsk na drodze do Unii Europejskiej
Polityka ustrojowa socjalnej gospodarki rynkowej i chrześcijańska nauka społeczna

Podsumowanie najważniejszych wyników 7. Sympozjum poświęconego Alfredowi Müllerowi-Armackowi

W dniach od 4 do 7 maja 2000 roku Stowarzyszenie Socjalnej Gospodarki Rynkowej (ASM) zorganizowało wspólnie z Instytutem im. Waltera Euckena z Fryburga VII Sympozjum poświęcone Alfredowi Müllerowi-Armackowi na zamku Pławniowice koło Gliwic, na Górnym Śląsku. Jeszcze dziś ten położony w sercu Europy region wzbudza ze względu na swoje zmienne i bogate dzieje zainteresowanie wielu osób, przede wszystkich tych, które stamtąd pochodzą. W trakcie otwierania się Unii Europejskiej na wschód będzie on odgrywał istotną rolę. Celem sympozjum było nawiązanie dialogu z kręgami decyzyjnymi kościoła, polityki i gospodarki, przyczynienie się do rozpoznania i rozwiązania strukturalnych problemów regionu Dolnego Śląska poprzez kontakty naukowców z różnych dziedzin oraz naświetlenie perspektyw związanych z przystąpieniem Polski i Czech do Unii Europejskiej.

Carl Goerdeler, przywódca niemieckiej opozycji wobec narodowego socjalizmu, przewidział bardzo wcześnie (1937), że despotyzm niemiecki musi doprowadzić do katastrofy. O nieudanym zamachu z 20 lipca 1944 roku stwierdził, że po zbrodniach dokonanych na naszym narodzie i innych narodach będzie on zupełnie bez znaczenia. "Naprawdę chodzi o wielką, rozpaczliwą próbę wydobycia ojczyzny i świata z okropnego nieszczęścia, w jakie wpędziła go nieskończona wina." Przezwyciężony dopiero niedawno podział Niemiec i utrata wschodnich ziem niemieckich są ceną za nieszczęście narodowego socjalizmu, przez które cierpiała właśnie Europa Wschodnia i Środkowa.

Kreisau (Krzyżowa), położony na Śląsku majątek pruskiego feldmarszałka Helmutha von Moltkego, jest symbolem niemieckiego ruchu oporu. Obecnie stworzono z niego pozostawiające głębokie wrażenie miejsce spotkań europejskich. Kreisau (Krzyżowa) gwarantuje łączność i rozbudzenie świadomości w kierunku pokoju europejskiego.

Konferencja "Polityka ustrojowa socjalnej gospodarki rynkowej i chrześcijańska nauka społeczna – Śląsk na drodze do Unii Europejskiej" miała za zadanie wysondować szanse koncepcji dotyczących polityki gospodarczej i społecznej, które sprawdziły się w powojennych Niemczech, w odniesieniu do restrukturyzacji rejonu przemysłowego na Górnym Śląsku. Specyficzną cechą Górnego Śląska i całej Polski jest katolicyzm, który zdołał się utrzymać również i akurat w okresie dyktatury komunistycznej. Z tego powodu wraz z upadkiem komunizmu nie nastąpiła – tak jak to miało miejsce na przykład w Rosji – ogólna degrengolada wartości i daleko idący brak orientacji światopoglądowej; przeciwnie, żywy chrześcijański obraz człowieka stworzył z jednej strony punkt wyjścia szybkiego przezwyciężenia reżimu totalitarnego, z drugiej zaś umożliwił szybkie sukcesy w przechodzeniu od gospodarki planowej do struktur rynkowych. Związek między chrześcijańskim obrazem człowieka a sukcesami w transformacji gospodarczej uzasadnia się faktem, że w chrześcijańskiej nauce społecznej i socjalnej gospodarce rynkowej przyjmuje się i wymaga, aby subsydiarność i solidarność były podstawami ludzkiego działania. Socjalna gospodarka rynkowa nie jest synonimem państwa opiekuńczego. Celem tej koncepcji jest raczej wspieranie konkurencji, zagwarantowanie swobody gospodarczej oraz zapewnienie jak najwydajniejszego wykorzystania istniejących środków produkcji, uwzględniając przy tym słabości człowieka jako jednostki. Chrześcijańska nauka społeczna i socjalna gospodarka rynkowa są pod względem fundamentów swoich zachowań dwiema stronami tego samego medalu i będą stanowić istotną podstawę procesu restrukturyzacyjnego na Górnym Śląsku.

Na Górnym Śląsku przemysł węglowy – podobnie jak to ma miejsce w niemieckim Zagłębiu Ruhry – stanowi istotny problem strukturalny. Z uwagi na konieczność zmniejszenia o połowę wydobycia z przyczyn związanych z gospodarką wewnętrzną i światową górnictwo górnośląskie przechodzi ogromne przemiany strukturalne. Na obszarze Górnego Śląska bezrobocie znacznie z tego powodu wzrosło i w dającym się przewidzieć czasie nie uda się tego zjawiska w większym stopniu zredukować. Istniejący kapitał inwestycyjny – związany głównie z przemysłem górniczym – jest przestarzały, podobnie jak zasoby budowlane w miastach i park maszynowy w rolnictwie; po 40 latach komunistycznej gospodarki rabunkowej trzeba będzie sprostać wielkim wyzwaniom w dziedzinie ekonomii i ekologii. Przy obecnych zasobach i istniejącym poziomie wiedzy technicznej i ekonomicznej Górny Śląsk nie może o własnych siłach podołać rozległym zadaniom restrukturyzacyjnym i modernizacyjnym. Jednakże, obok głęboko zakorzenionej w społeczeństwie religii, długa tradycja górnicza i będące jej następstwem cechy charakteru tej ludności pozwalają zachować nadzieję: górnicy przyzwyczajeni są do przyjmowania odpowiedzialności i działania w sposób godny zaufania. Zagraniczni inwestorzy powinni właściwie ocenić ten miejscowy czynnik. Aby zagwarantować skuteczną restrukturyzację i modernizację, potrzebne będzie rozwinięcie ducha przedsiębiorczości i ściągnięcie do kraju zagranicznego kapitału inwestycyjnego, gdyż tylko tak można przeciwdziałać dalszemu rozpadowi struktur. Powstać muszą drobne i średnie przedsiębiorstwa, które od dawna są na całym świecie motorami zatrudnienia i wzrostu. W tym celu potrzebny będzie kapitał inwestowany w ryzykowne przedsięwzięcia; trzeba wspierać transfer technologii poprzez zagraniczne inwestycje bezpośrednie oraz wspólne przedsięwzięcia (joint venture).

Rząd centralny musi uaktywnić siły dążące do samodzielnego uzdrowienia oraz dać pierwszeństwo stworzeniu pewnej ramy ustrojowej przed ingerencjami związanymi z polityką procesowo-transferową. Należy sobie życzyć, aby polska reforma administracyjna z 1998 roku i związana z nią nowa organizacja województw oraz ich samorządów wzmocniły region. W przypadku gdy reforma ta wprowadzi konkurencję instytucjonalną, można będzie oczekiwać, że środki państwowe wykorzystywane będą w wydajniejszy sposób. Wiele obiecującymi przesłankami są istniejące programy regionalne, które oferują pomoc finansową dla drobnych i średnich przedsiębiorstw, rozwoju infrastrukturalnego oraz restrukturyzacji górnictwa. Zmierzają one we właściwym kierunku, należy je jednak rozwijać z zachowaniem blisko związanych z rynkiem mechanizmów alokacji. Poza tym gęsta sieć uczelni politechnicznych i szkół wyższych stwarza warunki do wykształcenia zasobów ludzkich i technologicznego ożywienia Górnego Śląska. Jednak edukacja może w tym procesie wziąć na siebie jedynie funkcję katalizatora oraz wesprzeć i przyspieszyć rozwój ekonomiczny; nie może natomiast w żadnym wypadku zastąpić inicjatywy gospodarczej. W końcu należy także odkryć i wylansować za granicą potencjał turystyczny Górnego Śląska z jego lasami, jeziorami i zamkami.

W kwestii przystąpienia Polski do Unii Europejskiej Śląsk zajmuje kluczową pozycję. Ten będący swoistym pomostem region znajduje się w polu widzenia innych państw europejskich, które z tamtejszego rozwoju i sukcesów restrukturyzacyjnych mogą odczytać wolę i gotowość państw narodowych do współpracy międzynarodowej. Polska i Czechy muszą mieć świadomość tej pilotażowej funkcji Śląska. Muszą one w najbliższych latach nadrobić zaprzepaszczony pod rządami komunistycznymi proces, obejmujący rozwój i konwergencję serca Europy, i nadać znaczenie skutecznym w Unii Europejskiej zasadom ustrojowym państwa prawa, demokracji i gospodarki rynkowej; poza tym muszą przyjąć acquis communautaire Unii Europejskiej. Nie jest to łatwe zadanie, zwłaszcza że acquis niesie ze sobą sporą dawkę interwencjonizmu.

Jako pomost między Niemcami, Polską i Republiką Czeską Górny Śląsk może – po przyjęciu Polski i Czech do Unii Europejskiej – ponownie stać się regionem rozwijającym się, co już w przeszłości miało miejsce. Zgodnie z obowiązującymi regulacjami Unii Europejskiej należy nawet założyć, że znaczne obszary Śląska zaklasyfikowane zostaną jako regiony szczególnie godne wspierania – regiony będące pierwszym celem. Jednak należy w tym celu spełnić jeszcze kilka warunków, które są oczywiste w Unii Europejskiej, a więc zezwalanie – bez działań dyskryminacyjnych – na działalność zagranicznych banków oraz na zakup gruntów przez cudzoziemców. Oprócz tego należy stworzyć korzystne warunki dla przedsiębiorstw, których działalność wykracza poza granice państwa, jak np. w odniesieniu do odprowadzania zysków do kraju ojczystego, oraz zapewnić bezpieczeństwo prawne.

Regiony przygraniczne muszą chronić swobody gospodarczo-polityczne, aby móc zamienić swoje skrajne położenie na szansę. Istotnym katalizatorem w tym względzie będzie konsekwentne stosowanie zasady subsydiarności. Komisja Regionów w Unii Europejskiej oferuje tu ważną i trwałą podstawę. Innym ważnym warunkiem jest poprawa infrastruktury związanej z przekraczaniem granicy, aby wzmocnić przepływ towarów i siły roboczej w regionie. W końcu należałoby też nadal rozwijać współpracę w dziedzinie edukacji, policji, ochrony środowiska i rolnictwa oraz w sferze sztuki, kultury i partnerstwa miast. Decydujące znaczenie dla rozwoju śląskich regionów przygranicznych w Polsce, Czechach i Niemczech będzie miało przezwyciężenie przepaści mentalnej i międzyludzkiej, która częściowo jest następstwem porządku po-wojennego, częściowo zaś rozbudzanej w czasach zimnej wojny niechęci. Dlatego też celem sympozjum było wzniesienie pomostu, na którym mogliby się spotkać ludzie ze Śląska i Europy.

Schlesien auf dem Weg in die Europäische Union
Hrsg. von Lüder Gerken und Joachim Starbatty
Lucius & Lucius, Stuttgart, 2001

Slezsko na cestě do EU
Politika pořádku sociálního tržního hospodářství a křesťanská společenská nauka

Shrnutí nejdůležitějších výsledků 7. symposia Alfreda Müller-Armacka

Ve dnech 4. až 7. května 2000 uspořádala ASM spolu s freiburgským institutem Waltera Euckena 7. symposium Alfreda Müller-Armacka na zámku Plawniowice u Glivic v Horním Slezsku. V důsledku svých bohatých a dramatických dějin vzbuzuje tento region v srdci Evropy i dnes účast a zájem mnoha lidí, především těch, kteří z tohoto regiónu pocházejí. Tyto dějiny budou hrát důležitou roli i při rozšíření EU o nové členy. Cílem symposia bylo zahájit dialog s osobnostmi s rozhodovací kompetencí z církve, politiky a hospodářství, přizváním renomovaných vědců přispět k rozpoznání, pojmenování a řešení strukturálních problémů Horního Slezska a ukázat perspektivy vstupu Polska a České republiky do EU.

Carl Goerdeler, vůdčí osobnost německého odboje proti nacionálnímu socialismu tušil již v roce 1937, že vláda násilí povede Německo nutně jen jedním směrem a sice do katastrofy. O nezdařeném atentátu dne 20. července 1944 se vyjádřil v tom smyslu, že atentát sám zcela ustupuje do pozadí ve světle zločinů, jehož obětí se stal německý národ a následně mnoho dalších národů. "Ve skutečnosti se jedná o rozsáhlý a zoufalý pokus uchránit vlast a svět před strašným neštěstím, které na ně dopadlo v důsledku obrovské viny." Teprve nedávno překonané rozdělení Německa a ztráta německých východních území je cena za zlo způsobené nacismem, pod jehož tíhou trpěla především východní a střední Evropa.

Kreisan, slezská usedlost pruského generála a polního maršálka Helmutha von Moltkeho, je symbolem německého odboje. Dnes se z ní stalo významné a působivé evropské místo setkání. Kreisan představuje společné evropské hodnoty a začátek nového evropského míru.

Cílem zasedání na téma "Politika pořádku sociálního tržního hospodářství a křesťanská společenská nauka – Slezsko na cestě do Evropské unie" bylo prozkoumat možnosti aplikace hospodářské, společenské a politické koncepce, která se osvědčila v poválečném Německu, na restrukturalizaci hornoslezského průmyslového regiónu. Specifikum Horního Slezska a celého Polska je katolicismus, který byl posílen zejména v době komunistické diktatury. Z tohoto důvodu také po pádu komunismu nedošlo v Polsku na rozdíl např. od Ruska k všeobecnému propadu hodnot a k rozsáhlé ztrátě orientace. Životaschopný křesťanský pohled na člověka naopak vytvořil základy jednak pro rychlé překonání totalitního režimu a jednak pro rychlé úspěchy při transformaci struktur plánovaného a tržního hospodářství. Souvislost mezi křesťanským pohledem na člověka a úspěchy transformace je dána skutečností, že jak v křesťanské společenské nauce tak i v sociálním tržním hospodářství jsou principy subsidiarity a solidarity uznávány a podporovány jako základy lidské činnosti. Sociální tržní hospodářství není synonymem blahobytu zajišťovaného státem. Cílem této koncepce je především posilovat hospodářskou soutěž, zabezpečovat podnikatelskou svobodu a s přihlédnutím k slabostem jednotlivců zajišťovat co nejlepší a nejúčinnější využití stávajících výrobních prostředků. Křesťanská společenská nauka a sociální tržní hospodářství jsou z pohledu jejich základní funkce dvě strany jedné medaile a budou při restrukturalizaci Horního Slezska tvořit důležitou základnu.

Analogicky k vývoji v německém Porúří představuje v regiónu Horního Slezska báňský průmysl oblast s největšími strukturálními problémy. Těžební průmysl v Horním Slezsku prodělává v důsledku snížení domácí a zahraniční spotřeby a tím i snížení těžby na polovinu své původní kapacity rozsáhlý a hluboký strukturální obrat. Nezaměstnanost se proto v tomto regiónu skokově zvýšila a v dohledné době zcela jistě nedojde k jejímu podstatnému snížení.

Stávající kapitálové vybavení – vázané především v báňském průmyslu – je nedostatečné a stávající stavební substance ve městech a strojní vybavení v zemědělství je zastaralá. Po 40 letech nezřízené komunistické těžby je nyní třeba zvládnou obrovské výzvy v oblasti ekonomiky a ekologie. Rozsáhlé restrukturalizační a sanační úkoly nemůže Slezsko se svými stávajícími technickými a ekonomickými znalostmi a s existujícími zdroji zvládnout vlastní silou. Silné náboženské cítění, dlouholetá hornická tradice a z ní vyplývající charakterové vlastnosti obyvatelstva však přesto dávají naději. Horníci jsou zvyklí přebírat odpovědnost a jednat spolehlivě. Tento charakteristický a místně podmíněný faktor by zahraniční investoři neměli podceňovat. K zabezpečení úspěšné restrukturalizace a sanace se však musí vyvinout podnikatelský duch a do země musí plynout zahraniční investiční kapitál. Jen tak lze účinně zastavit propad stávající průmyslové struktury. Především je třeba podporovat vznik malých a středních podniků, které byly vždy hnacím motorem zaměstnanosti a hospodářského růstu. K tomu je však třeba poskytnout tzv. rizikový kapitál. Intenzivně se však musí podporovat také transfer technologie, přímé zahraniční investice a společné podniky (joint ventures).

Centrální vlády musejí aktivovat vlastní síly regiónu a dát přednost vytvoření pořádkového rámce před procesními nebo politickými zásahy. Lze jen vyjádřit naději, že polská správní reforma z roku 1998 a s touto reformou spojená nová organizace a samospráva vojvodství povede k posílení pozice regiónů.

Pokud tato reforma zahájí soutěž institucí, lze očekávat, že dojde k účinnějšímu využití státních prostředků. Slibné začátky signalizují stávající regionální programy, v jejichž rámci malé a střední podniky čerpají prostředky k rozvoji infrastruktury a k restrukturalizaci báňského průmyslu. Tento vývoj se ubírá správným směrem, je třeba jej však při současném zachování tržně orientovaných alokačních mechanismů dále rozšířit. Navíc poskytuje hustá síť odborných vysokých škol a univerzit velmi dobré předpoklady pro vytvoření kapitálů v podobě lidských zdrojů a pro technologickou revitalizaci Horního Slezska. Vzdělání však v tomto procesu může pouze převzít funkci katalyzátoru a podpořit u urychlit tak hospodářský vývoj. V žádném případě však nemůže nahradit podnikatelskou iniciativu. V neposlední řadě je třeba v zahraničí dobře prezentovat, prodat a využít turistický potenciál Horního Slezska s hlubokými lesy, jezery a krásnými zámky.

V souvislosti s přistoupením Polska k Evropské unii má Slezsko klíčovou pozici. Jako přemosťující región se nachází v zorném úhlu ostatních zemí Evropy, které budou z místního vývoje a restrukturalizačních úspěchů odvozovat vůli a připravenost jednotlivých národních států k mezinárodní kooperaci. Polsko a Česká republika si musí uvědomit, že Slezsko má v této souvislosti pilotní funkci. Obě země budou muset v následujících letech dohonit v době komunistického režimu promeškaný vývojový a konvergenční proces stávajících členů EU a prosadit ve svých zemích zásady právního státu, demokracie a tržního hospodářství. Navíc budou muset přijmout tzv. "Acquis Communautaire" EU.

Po přijetí Polska a České republiky do EU se ze Slezska jako mostu mezi Německem, Polskem a Českou republikou může opět stát hospodářsky prosperující regiónem. Podle platných ustanovení EU dokonce lze vycházet z toho, že rozsáhlé části Slezska budou klasifikovány jako regióny, kterým bude poskytována zvýšená pomoc. Jedná se o tzv. cílové regióny 1. Pro toto zařazení však bude nutné splnit některé další předpoklady, které jsou uvnitř EU samozřejmé. Jedná se především o udělování licencí zahraničním bankám a o možnost nákupu nemovitostí pro cizince. Navíc bude třeba vytvořit příznivé podmínky pro podniky s mezinárodní působností. To se týká především repatriace zisků a právní jistoty.

Příhraniční regióny musejí využívat všechny hospodářské a politické možnosti a přeměnit tak svou okrajovou a zdánlivě nevýhodnou polohu ve výhodu. Výrazným katalyzátorem je v tomto případě důsledná aplikace zásady subsidiarity. Důležitou a nosnou základnou pro tuto aplikaci tvoří "Výbor regiónů" při EU. Dalším důležitým předpokladem je zlepšení přeshraniční infrastruktury s cílem zvýšení mobility zboží a pracovních sil uvnitř regiónu. Dále rozšiřovat by se měla také spolupráce v oblasti vzdělání, policejní práce, ochrany životního prostředí, zemědělství, umění, kultury a partnerství jednotlivých měst. Rozhodující pro vývoj slezských pohraničních regiónů Polska, České republiky a Německa je však překlenutí lidské a mentální propasti v hlavách lidí, vzniklé částečně v důsledku poválečného uspořádání, částečně v důsledku podvědomých antipatií posilovaných propagandou v době studené války. Mimo jiné bylo proto cílem symposia postavit most, na kterém si lidé ve Slezsku a v Evropě mohou jít v ústrety.

Verzeichnis der Autoren

Tadeusz Donocik
Vizeminister im Wirtschaftsministerium
Papac Trzech Krzyzy 3–5
PL 00-407 Warschau

Referendar Ulrich Ernst
Magister des polnischen Rechts
Bei den Zelten 3
22111 Hamburg

Dr. habil. Lüder Gerken
Direktor
Walter Eucken Institut
Goethestr. 10
79100 Freiburg

Professor Dr. Theodor Herr
Am Niesenteich 9
33100 Paderborn

Pater Eugen Hillengass SJ
Geschäftsführer der Renovabis – Solidaritätsaktion
Kardinal-Döpfner-Haus
Domberg 27
85354 Freising

Professor Dr. Heinz J. Kiefer
Wissenschaftliche Arbeitsgruppe Schlesien–Slask–Slezsko
Frankenstr. 311
45133 Essen

Professor Dr. Paul Klemmer
Ruhr-Universität Bochum
Präsident des Rhein.-Westf. Instituts für Wirtschaftsforschung, Essen
Postfach 102 148
44801 Bochum

Professor Dr. Jan Kopiec
Weihbischof
Drzymaly Str. 1a
PL 45-342 Opole

František Lobkowicz
Bischof
Mons. Sramka 4
CZ-70100 Ostrawa

Professor Dr. Stanislaw Rabiej
Universität Oppeln
Drzymaly Str. 1a
PL 45-342 Opole

Professor Dr. Romuald Rak
Protonotar
ul. Gen. Zajaczka
PL 40-050 Katowice

Professor Dr. Alfred Schüller
Philipps-Universität Marburg
Direktor der Forschungsstelle
zum Vergleich wirtschaftlicher Lenkungssysteme
Postfach 1805
35037 Marburg

Professor Dr. Martin Seidel
Zentrum für Europäische Integrationsforschung
an der Universität Bonn
Hobsweg 4
53125 Bonn

Professor Dr. Dr. h.c. Joachim Starbatty
Universität Tübingen
Vorsitzender der Aktionsgemeinschaft Soziale Marktwirtschaft
Mohlstr. 26
72074 Tübingen

Professor Dr.-Ing. Eberhard Steinmetz
Geschäftsführendes Vorstandsmitglied
Haus der Technik e.V.
Hollestr. 1
45117 Essen

Dipl.-Vw. Axel Stühmer
Geschäftsführer der Aktionsgemeinschaft Soziale Marktwirtschaft
Mohlstraße 26
72074 Tübingen

Stanislaw Tillich
Staatsminister des Freistaates Sachsen
für Bundes- und Europaangelegenheiten
Archivstr. 1
02095 Dresden

RA Rüdiger von Voss
Hauptgeschäftsführer des Wirtschaftsrates der CDU e.V.
Luisenstr. 44
10117 Berlin

Professor Dr. Hans-Jürgen Wagener
Wissenschaftskolleg zu Berlin
Europa-Universität Viadrina
Postfach 776
15207 Frankfurt/Oder

Professor Dr. Hans Willgerodt
Universität zu Köln
Hubertushöhe 7
51429 Bergisch Gladbach

Schriften zu Ordnungsfragen der Wirtschaft

Herausgegeben von G. Gutmann, H. Hamel, K. Pleyer, A. Schüller und H. J. Thieme

Marktwirtschaftliche Reformpolitik

Schriftenreihe der Aktionsgemeinschaft Soziale Marktwirtschaft

---

Bd. 5 Die Verfassung des Marktes

Friedrich August von Hayeks Lehre von Staat und Markt im Spiegel grundgesetzlicher Staats- und Verfassungsrechtslehre

Von Michael Kläver, Nürnberg

2000. X/316 S. gb. DM 68,–/öS 496,– sFr 62,– (ISBN 3-8282-0114-8)

Ausgangspunkt der Lehre Hayeks von Staat und Markt ist der Begriff der Freiheit. Alleiniger Zweck des Staates bei Hayek ist die Sicherstellung eines Zustands der Freiheit, der Abwesenheit personalen Zwanges. An die Stelle der Herrschaft von Menschen über Menschen tritt die „Herrschaft des Gesetzes", der Rechtsstaat. Die große Leistung Hayeks besteht darin, dass ihm gelingt, Staat und Markt gleichzeitig im Auge zu behalten. Die freiheitliche Begründung von Markt und Staat bei Hayek vermittelt die Erkenntnis, dass das Grundgesetz als Verfassung der Freiheit gleichzeitig Verfassung des Staates und Verfassung des Marktes ist.

Bd. 4 Alexander Rüstow

Ordnungspolitische Konzeption und Einfluss auf das wirtschaftspolitische Leitbild der Nachkriegszeit in der Bundesrepublik Deutschland

Von J. Hegner, Tübingen

2000. XIV/202 S. gb. DM 64,–/öS 467,– sFr 58,– (ISBN 3-8282-0113-X)

Einer der führenden Persönlichkeiten, die sich um die Soziale Marktwirtschaft verdient gemacht haben, war Alexander Rüstow. Als Hochschullehrer und langjähriger Vorsitzender der Aktionsgemeinschaft Soziale Marktwirtschaft (ASM) hat er sowohl für die Entwicklung als auch für die Umsetzung des neoliberalen Konzepts einen erheblichen Beitrag geleistet. In dieser Darstellung werden Umfang und Einfluss seines Denkens auf die deutsche Wirtschaftspolitik eingehend analysiert.

Bd. 3 Soll und Haben

50 Jahre Soziale Marktwirtschaft

Herausgegeben von Knut Wolfgang Nörr und Joachim Starbatty

1999. XI/244 S. gb. DM 64,–/öS 467,– sFr 58,– (ISBN 3-8282-0105-9)

Die Aktionsgemeinschaft Soziale Marktwirtschaft hat es sich in dem vorliegenden Band zur Aufgabe gemacht, im Verein mit renommierten Wissenschaftlern und langjährigen Kennern der Sozialen Marktwirtschaft sowohl die Gestaltungsleistungen der Gründerväter und Nachfolger zu würdigen als auch auf dringliche Renovierungserfordernisse aufmerksam zu machen. Dabei wurde insbesondere das Spannungsfeld zwischen ökonomischen und juristischen Aspekten in den Blick genommen.

 *et* 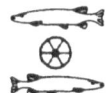 Verlagsgesellschaft mbH

Marktwirtschaftliche Reformpolitik

Schriftenreihe der Aktionsgemeinschaft Soziale Marktwirtschaft

Band 1

Wirtschafts- und Währungsunion auf dem Prüfstand

Schritte zur weiteren Integration Europas

Herausgegeben von
R. Hasse, Hamburg und
J. Starbatty, Tübingen

1997. X, 132 S., kt.
DM 49,–/öS 358,–/sFr 45,50
(ISBN 3-8282-0045-1)

Die Aktionsgemeinschaft Soziale Marktwirtschaft hat die Einführung des EURO bewußt zum Gegenstand der Analyse vieler offener Fragen und Schwachpunkte gemacht und dazu Vertreter aus Wissenschaft, Unternehmen, Gewerkschaften, Politik und Administration eingeladen. Ergebnis dieser Debatte sind die Empfehlungen der Aktionsgemeinschaft Soziale Marktwirtschaft für die Europäische Wirtschafts- und Währungsunion. Sie zeigen Schritte zur weiteren Integration auf.

Band 2

Kleine Unternehmen in Rußland

Ihre Bedeutung für die Reformen und politischen Ansätze zu ihrer Förderung

Von Rüdiger Schulze, Tübingen

1998. XVI, 363 S., kt.
DM 89,–/öS 650,–/sFr 81,–
(ISBN 3-8282-0092-3)

Kleinunternehmen spielen in einer Marktwirtschaft eine wichtige Rolle, sie erfüllen wichtige gesellschafts-, wettbewerbs- und beschäftigungspolitische Funktionen. Ihre Entwicklung wird in den Transformationsländern Osteuropas jedoch durch zahlreiche Hemmnisse gebremst.
In der vorliegenden Arbeit werden erstmals die Probleme der Kleinunternehmen in Rußland und die zu ihrer Förderung verfolgte Politik umfassend analysiert. Des weiteren wird die Notwendigkeit der Förderung von Kleinunternehmen in Transformationsländern theoretisch hergeleitet.

 LUCIUS et LUCIUS 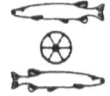 Verlagsgesellschaft mbH

Zeitfracht Medien GmbH
Ferdinand-Jühlke-Straße 7
99095 Erfurt, Deutschland
produktsicherheit@kolibri360.de